知識份子與當權者

The Intellectuals and the Powers and Other Essays

著——希爾斯（Edward Shils）

譯——傅鏗　孫慧民　鄭樂平　李煜

桂冠圖書

導　讀

顧忠華／政大社會系教授

在不同的時代、不同的國度，「知識份子」這個社群，可能被稱譽、被欣羨，但也可能被詛咒、被迫害。他們會有這麼不同的際遇，不盡然來自於本身的特質，倒有一大部份是因為「知識份子」與「權力」之間，似乎存在著一定的「選擇性親近」，而隨著不同社會與不同時空背景的變動，這一層親近的關係有時成了「晉身階」，有時卻又容易使特定成員淪為「階下囚」，引來許多造化弄人的感嘆。

知識份子之所以成為一種「類屬」的概念，流傳著幾種說法，一般認為知識份子一詞的起源，和帝俄時期扮演社會良心角色的一群文藝青年密切相關，這批主要活躍在波希米亞地區的知識菁英，一方面過著自我陷溺的生活，另一方面將解救人民的苦難視作己任，追求精神上的昇華與救贖，他們的種種行為模式，日後被描述為知識份子的「原型」。不過，本書作者希爾斯則是明白表示自己在年輕時代閱讀到曼海姆和韋伯的著作，幫助他確立了基本立場，用來批判1930年代的共產主義知識份子。在他看來，德國威瑪共和國覆滅的原因，至少有一部份責任來自於當時

的知識份子對局勢的發展「鄙視和忽略」，造成了不可彌補的悲劇。

以西方這段歷史經驗而言，知識份子的確與各種政治「意識形態」的形成過程密不可分，社會主義、共產主義、自由主義、保守主義、民主主義、無政府主義、民族主義乃至法西斯主義，莫不有一套言之成理的「論述」或「教義」，使得思想成為「信仰」和「力量」，而這套論述的生產與傳播者，非知識份子莫屬。剝除了這些形形色色的意識形態論述，現代的政治可能只剩下赤裸裸的權力鬥爭，可是光靠權力，能夠動員得了大批群眾、激發起澎湃的熱情嗎？

知識份子與權力的關係，在這裡出現了一種致命的漩渦，有多少歷代的革命家身兼知識份子的角色，又有多少當權者需要知識份子提供論述的服務，但當知識份子捲入權力的鬥爭中時，馬上會發現理論性知識抵擋不了「敵我邏輯」的貫徹，於是知識份子的獨立特性遭到了嘲弄與踐踏，特別是在極權國家裡，知識份子可能被送到「古拉格群島」，也可能被打成「臭老九」，再一次驗證「鳥盡弓藏、過河拆橋」的權力遊戲規則。

希爾斯本人顯然不太同意知識份子介入現實政治，這從他批評同情共產主義的學者「愚蠢、自我欺騙」以及反對六〇年代風起雲湧的學生運動可見一斑，類似的立論，坐實了他被貼上的「保守」標籤，而他也不以為意。較值得一提的是，他在本書中透露自己對於另一個極端——麥卡錫主義——的強烈反感，作為社會學家，他在偶然的機會參與了一群美國原子科學家發起的運動，從而見識到右派的麥卡錫主義者對科學知識份子的不信任與壓迫。基於這樣的親身經歷，他體認出「學術自由」幾乎很難得到一個穩定的地位，其重要理由之一則是「學術界自身對於它自

己作爲大社會中的一個團體的自由漠不關心」，因此他呼籲科學家們必須關心公眾對於科學議題的看法，將科學知識對公共生活和公共政策的影響作更有效的結合，以爭取社會各階層對學術自由的支持。

他的這番論點頗發人深省，畢竟科學家如果成天只埋首在實驗室，很可能根本構不上作爲知識份子的條件，當受到政治勢力莫名其妙的打壓時，才會警覺到與社會的隔閡。相對地，具備有知識份子特質的科學家們，反而可以針對社會關注的議題——如原子能的和平使用——進行公共溝通，並提供有別於官方的專業意見，形成社會進步的動力。希爾斯自己投入過《原子科學家簡訊》的編輯與發行工作，他自豪地形容這份刊物銷量雖小（約一萬五千份），但影響力卻很大，並透過國內外媒體的共鳴，將其「獨立、客觀和理性」的形象印刻到美國大眾之中。或許在回顧他一生所從事的事業時，希爾斯會認爲：參與過「美國科學家運動」，是他在實踐知識份子的天職上最有意義的成就之一。

由這個例子來看，「權力」不見得只指涉到政治權力，事實上，若再回到時空的座標上，可以發現「知識份子」的定義也不斷改變。在十九世紀，受過「高等教育」的人數，全世界加起來恐怕不會太多，而二十世紀可說是「大學」最爲急速擴張的世紀，目前不只歐美國家，幾乎世界上所有的國家都以興辦大學作爲培養人材的手段，加上所謂「知識經濟」的衝擊，二十一世紀對於知識普及的需求只會增加、不可能減少。「大學生」以往是「知識菁英」的同義詞，現在則多少呈現「通貨膨脹」的狀況，不再能自比爲菁英；至於「知識份子」，過去比較限定在創造精緻文化的少數意見領袖，現在則在專業化與大眾社會雙重趨勢的夾擊下，陷入了另一種兩難困境：一方面因爲各種知識的壟斷逐

漸打破，知識份子不再擁有詮釋文化的特權，另一方面由於大學
生數量的成長，社會階層之間的知識落差縮小，知識份子似乎也
日益「庸俗化」，不再能發揮鶴立雞群的效力。

　　面對這樣的發展，希爾斯倒不像有些保守到反動程度的學者
般，一再抱怨大學的增長會使大學生素質下降，他採取較為中庸
務實的態度，主張這種擴張代表高等教育機會均等理想的實現，
也使更多的專業型知識份子被訓練出來，參與到政府行政或社會
管理部門，與權力產生了新的結合，反而擴大了知識份子的影響
力。他進一步指出，在美國，一場大眾生活的「知識份子化」已
經展開，過去並不欣賞知識份子及其工作的政治、管理、經濟與
軍事精英，積極參與了創立訓練知識份子的機構，並且接納他們
進入權力圈子，其結果是使得權力「文明化」，靠向知識份子鼓
吹的核心價值——平等、正義、尊重弱勢等等。

　　當然，希爾斯也不是天真地認為知識份子「滲透」到社會的
主流位置後，可以完全改變權力場域的生態，一旦「政治、管
理、經濟與軍事精英」遇到麻煩，可能重新激起知識份子心中
「疏離的傳統」，這種傳統警告知識份子與當權者應該保持適當
的距離，才能夠扮演好「異議者」或「批判者」的角色。希爾斯
相信，即使知識份子愈益被納入有組織的機構中，所謂「無所歸
屬」（或「自由浮動」）的獨立知識份子愈來愈少，但是知識份
子社群實際上意味著一個「有效的行動體系」，無論傳統受到了
何種扭曲，在各個專門領域以及整個知識界，一代代的知識份子
總會將基本的模式傳承下來，並且維持一定的標準。他寫道：
「嚴肅的知識份子從來就沒有擺脫過來自於他們階層之外的社會
階層的壓力，無論知識份子在經濟和政治中的作用如何，知識份
子的任務始終面臨的任務是延續他們自身的傳統，盡他們最大的

力量發展它、分化它和改進它。」他接著表示，知識份子「始終必須與教會、國家和政黨，以及商人與軍人們做鬥爭，這些組織和人一直力圖招納他們爲其服務，如果他們不屈從於誘惑和威脅，便應箝制他們的言行，乃至懲罰他們。當前的情況與過去大致相同，知識份子的職責也仍然相同：那便是服務於他們所發現和確立的準則，並在不放們正業的情況下，找到一條參與凱撒之事的道路。」

「找到一條參與凱撒之事的道路」的確道盡了古今中外知識份子的心聲，知識份子可能來自各行各業，或許與宗教的、文化的、象徵符號的、意識形態的領域最爲相關，但是知識份子必定是以入世的態度，秉持某種理念來參與到世俗的紛擾。亦因此，另一位與希爾斯同樣關心知識份子現象的美國社會學家柯塞（L. Coser），特別用《理念的人》（*The Man of Idea*）①作爲他論知識份子的專書書名，以彰顯理念對於知識份子的重要性。柯塞所強調的「理念」，換成希爾斯，應該就等同於「傳統」，他不但在本書細數了知識份子的五大傳統，也曾經專門寫過一本《論傳統》，來釐清現代人對於「傳統」概念的誤解。這樣看來，希爾斯眞正在乎的，是想檢驗這一種知識份子的傳統，是不是會在現代的情境下消失。從上面引述的文字推論，希爾斯應該還是抱持著審愼樂觀的心態，認爲歐美的知識份子可以繼承薪火，不至於讓長久累積的資產一夕敗光。

相較於柯塞所著《理念的人》，希爾斯這本論文集似乎較欠缺完整的系統，他自承書中的論文大都是由未完成的片斷論述而成，但也代表了更廣泛、更融貫地研究知識份子的企圖。尤其在

①編按：本書中譯本已由桂冠圖書公司出版。

本書中的第三部份，作者將眼光投向新興的發展中國家，探討知識份子在印度、亞非拉等非西方社會所扮演的角色，這是一般西方學者不會特別關切的議題，而希爾斯能夠擴大他的關懷面，是值得予以肯定的。不過，讀者們在閱讀此一部份的時候，恐怕得「體諒」到這些論文寫作的歷史背景，因為其中的觀點大多是五〇、六〇年代流行的「現代化理論」，也就是難以避免帶有「西方中心主義」，將現代化化約為模仿西方制度的過程，連知識份子在各個社會的功能，也似乎都得先和自身的傳統畫清界限，再引進西方的「傳統」，才可能符合經濟發展、政治發展、社會發展的要求。這種想法的弔詭性，正在於西方的傳統被視為可以與現代相容，不至於妨礙現代性的進展，而所有非西方社會的傳統則沒有被賦予這種神奇的力量。於此同時，新興國家中執行現代化任務的知識份子，幾乎毫無例外被歸類為吸收西方知識與技術的菁英，他們究竟應該承接誰的傳統呢？

以今天「後殖民主義」的觀點來論，非西方社會的知識份子往往去認同殖民者，引致本身的文化傳統遭受到莫大的忽視與破壞，反省到這一點，希爾斯某些不自覺帶有西方優越感的觀點應該受到挑戰，畢竟非西方社會可能擁有屬於自己的「知識份子傳統」，並且在現代的情境下仍然發揮著重大的號召力量。譬如中國的士大夫傳統，在韋伯的《中國的宗教》一書中便有專章討論，雖然不見得能掌握到中國知識份子傳統的精髓，但至少點出了若干與西方不同的特徵，可以用來對照希爾斯對西方知識份子傳統的整理。至於近代中國知識份子的表現，更不盡然符合「現代化理論」對開發中社會知識份子的定位，需要慎重以對，才能避免過份簡化了知識份子現象的複雜性。

最後，就拿台灣做為例子，知識份子的「傳統」由於涉及到

「歷史記憶」的多元脈絡，呈顯出承接時的衝突。不同的時空、族群、階層、世代，都會影響到當事人對於「認同」的選擇，是日據時代的統治者或是「台灣文化協會」？是大中國意識下的五四運動傳統？或是台灣意識高漲期的「本土化」論述？或許由於有了「選擇」的空間，現在的台灣正處在「傳統不穩定」的狀態中，甚至連「野百合學運」是不是形成一個知識份子傳統，都引起了各方的論戰。從台灣經驗中唯一能肯定的，是大家不必擔心知識份子這個「類屬」會在任何社會消失不見，因為我們看到，「參與凱撒之事的道路」在民主政治與公民社會的制度下，只會更寬更廣，而願意走上這條路的，仍是源源不絕，各位現在與未來的知識份子，祝福你！

原　序

I

在青少年時代，我曾廣泛地閱讀了福樓拜（Flaubert）、波特萊爾（Baudelaire）、艾略特（T. S. Eliot）和屠格涅夫（Turgenev）；以及索雷爾（Sorel）、泰納（Taine）和雷南（Renan）的著作。我也讀了宋巴特（Sombart）的《無產階級的社會主義：馬克思主義》（*Der proletarische Sozialismus: "Marxismus"*），以及一本由格耶（Kurt Geyer）所著，現在早已忘了的小書《德國工人運動中的激進主義》（*Der Radikalismus, in der deutschen Arbeiterbewegung*）（1923），還有米歇爾斯（Robert Michels）的《政黨論》（*Political Parties*）和亨利・德・曼（Henry de Man）的《社會主義心理學》（*The Psychology of Socialism*），以及一大批十九世紀政治論戰性質的文獻。這些作者促使我提出了：為什麼這些作家、歷史學家、哲學家和其他類型的知識份子（其中某些是偉大的，且所有的都非常有意義）對他們自身的社會，對統治他們的機構和人物，會感到如此的憎惡這一問題馬克思和恩格斯也曾

觸及到了這個問題，但在我看來，他們自身的行動所提供的證據比他們的論證和分析，似乎更有意義。在 1930 年代，我帶著反感目睹了美國和歐洲的激進知識份子蜂擁投入了他們各自的共產黨的懷抱和羅網。我親眼看到了某些不同輩份且受過最良好教育、最有教養的知識份子，以及許多素養稍遜的知識份子所表現出來的愚蠢、背信棄義和自我欺騙，這使我感到厭惡。新的知識份子組織創建了起來，爲這些扭曲者提供場所；先前已建立的其他組織則被替代了，而知識氛圍中充塞著他們輿論一律的聲音。

　　到這時，我已經讀了曼海姆（Karl Mannheim）和韋伯（Max Weber）的著作：《學術作爲一種志業》（*Wissenschaft als Beruf*）給我留下了深刻的印象。它幫助我確立了一種立場，據此可以批判 1930 年代的同路人——知識份子和共產主義的知識份子。學術領域中的猶太人紛紛逃離德國，這使我有機會密切接觸了一批處於威瑪共和國某些典型活動核心和邊緣的人物。對我來說，威瑪共和國的十五期間似乎是一個輝煌的時期。我認爲這個共和國絕大部分是由一些心地善良、至多是獨立無助的人所開創和維持的，而大部分時間裏受到容克地主（Junker）、企業家、共產主義和民族主義的狂熱份子所帶來的挫折，並且被這個時期的大多數傑出知識份子所鄙視和忽略。在我看來，令人十分遺憾的似乎是，對於一個在如此廣泛地爲知識份子帶來了巨大裨益的社會之覆沒，知識份子負有不可推卸的責任。

　　威瑪共和國時期的知識份子以他們的才華，在某些情況下是以他們的天才，透過他們積極的惡作劇，討好似的默認或贊許，而顛覆了一個原來可以是康莊的社會。自然，他們並不是唯一要負責的人。即便是他們更爲敏銳，他們也不可能遏止各種事件所導致的巨大破壞：軍事戰敗和民族羞辱，通貨膨脹和失業，被蘇

共控制的德共殘忍操縱，民族主義派別的野蠻行為、軍隊和公共
事務系統的背信棄義。

　　二次大戰期間，我企望有一個多少更好一些的時代。我回憶
起了羅梅恩斯（Jules Romains）的《懷著美好願望的人》（*Les hommes de bonne volonte*）和威爾斯（H. G. Wells）的《陰謀》（*Open Conspiracy*）；我想起了那些起著零散作用和催化作用的
知識份子──亦即韋伯和曼海姆所說的自由漂蕩的知識階層（freischwebende Intelligenz）；我並不認為這種情況是可能的，但我
認為它是令人嚮往的。

　　戰爭剛結束，我便透過某些威瑪時期的朋友，而結識斯齊拉
德（Leo Szilard）。在短期內，我們組成了一個兩人同盟；斯齊
拉德組織並試圖控制一個巨大的兩人同盟網絡。他是一位令人欽
佩的人，但卻是一個陰謀家，一個仁慈的陰謀家，較韋布夫婦
（the Webbs）更為仁慈而古道熱腸，然而他終究是一個陰謀家。
他視政治家為工具，而不是合作者。透過斯齊拉德和其他朋友，
我參與了正在從機密的曼哈頓計畫（the Manhattan Project）中湧
現出來的美國科學家們的運動。我幫助籌建了《原子科學家簡
訊》（*Bulletin of the Atomic Scientists*），並得以目擊一批力圖影
響政府政策的知識份子所做的巨大努力，他們並非為了挫敗或毀
謗政策而存心過意不去，而只是要影響它。對原子能發展的國際
控制以及對其民間發展的國內控制運動，給了我許多機會來考察
和思索我那個原初問題，然而現在這個問題已精細多了。

　　從 1946 年起，我成了倫敦經濟學院的一位教員，在那裏我講
授社會學。倫敦經濟學院在亞非兩洲常常被說成是最為重要的高
等教育機構，而在那時，正像自從巴佛里奇爵士（Sir William
Beveridge）成為其院長以來一直所是的那樣，它是一個激烈爭論

的舞台，也許比世界上任何其他學府都更爲活躍，更爲多姿多采。它從當時大英帝國的亞洲部分吸引了大批學生，這些亞洲國家正處於組建英聯邦的進程中。在四〇年代，非洲學生開始日益大量地湧入這座學府，而西印度學生也開始跟上了。來自美國的學生始終構成了學院研究生中的很大一部分人；他們中的許多人是被托尼（R. H. Tawney）和拉斯基（Harold Laski）這兩位傑出社會主義者的聲譽所吸引來的〔這是在巴柏（Karl Popper）和歐克肖（Michael Oakeshott）聲譽鵲起之前。前者是與我同年來到學院的；而後者只是在 1950 年拉斯基去世之後，才來頂替他的位置的〕。羅賓斯（Lionel Robbins）和海耶克（Friedrich Hayek）是學院中德高望重的人物，但是他們所輸入的中庸、保守、反社會主義的自由主義，則是尚未進入學院的外在形象。

這時正好是大英帝國的瓦解已成落花流水之勢。邊沁（Jeremy Bentham）的空洞勸告「解放你的殖民地」最終成了政策的一部分。我見到了大量的「殖民地學生」，並且非常幸運地得以結識了他們中的一些人，這些人中一小部分自此以後已經成了傑出的學者，某些人則消失在他們國家的行政系統和最高學府中。他們中的大多數人壓根兒就消失不見了；至少他們是從我的視野中消失了，雖然我希望他們能在其社會正在經歷的苦難中生存了下來，並活得不錯。我從前常到印度餐館去，那時他們在倫敦還不像現在這麼司空見慣；在那裏我與年輕的印度人同桌而坐。我試圖想像他們在那些將爲之全力奮鬥的獨立社會中，會扮演什麼樣的角色。我把他們想像爲政治家、政府官員和新聞工作者，我想知道他們崇高而簡單的理想將是什麼，他們是否能夠克服那種反對派態度和烏托邦的大雜燴，這似乎是他們中大部份人所必有的①。

　　我在倫敦廣泛接觸「新國家中的知識份子」的同時，我還在另一半盎格魯美國人生活中與美國的原子科學家運動保持著密切聯繫。芝加哥大學為該運動的主要中心之一慷慨解囊，《原子科學家簡訊》就在那裏出版，這使我的合作工作容易多了。我見到了為數甚多的科學家，某些是著名的，像尤雷（Harold Urey）、維格納（Eugene Wigner）、法蘭克（James Franck），當然還有斯齊拉德，還有些人那時的名聲還稍遜一籌，如拉賓納維奇（Eugene Rabinowitch）和辛普森（John Simpson），另有一些人則一生都沒出過名。所有這些人的公民責任感，以及對人類的善良願望，都給我留下了深刻的印象（在邊緣地帶，此時還存在 1930 年代的同路人的繼承者，他們時時讓人們想起知識份子在政治中的犯傻本事和作惡的能力）。我在國際、國內控制原子能運動中，並在忠誠恐懼症和安全恐懼症開始襲擊我們的心靈之時，出席了眾多的會議；冗長的「彙報」，到全國巡迴演說，並時常在《簡訊》上著文。第一次麥卡錫主義佔據了我差不多十年的密切注視，直到它壽終為止。所有這些經歷以及伴隨著它們的研究，使我多年前對自己提出的問題時新如故。在 1950 年代早期，我開始講授關於知識份子的課程，並且寫成了我原初計畫的那本著作的初稿。我將其擱置一邊，以便更進一步研究這個課程。這部手稿主要探究了歐美文學界和學術界中知識份子的政治。其中有一章討論了〈無主權社會中的知識份子〉。那是基於一篇論文寫成的，論文則是在 1952 年左右關於貝特・霍塞里茲（Bert Hozelitz）論經濟發展和文化變遷的討論會上宣讀的。有人曾要我講授「知識社會學」，但我卻感到尚未準備充份，於是便轉而講授了「後發達國家中的知識份子」。這門課非常單薄，我拿定主意必須就它學習更多的東西，我意識到，我需要一種比我在倫敦的隨意經

歷以及隨手閱讀幾份印度期刊所提供的，更爲有系統的強化觀察。經過一段究竟應該到西印度去還是應到印度去做這份工作的不確定時期後，我決定到印度去。我在印度度過了 1955 年到 1956年，直到 1967 年爲止每年僅回去一次。在過去的十五年中，我一直密切掌握著印度（以及某種程度上包括了巴基斯坦和錫蘭的）知識份子的動態。

1953 年，我執教於曼徹斯特大學（University of Manchester）時，經由博蘭尼（Michael Polanyi）教授（透過斯齊拉德的引薦我先前已結識了他）的介紹，我與「科學與自由委員會」進行接觸，當時博蘭尼在「文化自由協會」（Congress for Cultural Freedom）的贊助下正在規劃那個組織，〔「文化自由協會」後來由「文化自由國際協會」（International Association for Cultural Freedom）所代替〕。透過與斯齊拉德的交往，我對科學共同體的結構發生了興趣。而麥卡錫主義者關於「秘密」的鼓譟更強化了我對科學家的興趣。

我以前對學術自由的興趣（1930 年代末期，我曾就此做過一個研究），現在又增加了對尙未澄清的科學政策問題的興趣。我所關注的這個問題超出了科學研究和出版的自由，而涉及到科學選擇的標準、科學政策中的決策機制，以及科學家、政治家和公務官員在制定政策中的相互關係，因此不僅有關科學，而且還有關科學所涉及到的問題。

我在過去曾希望將《原子科學家簡訊》辦成一份專門討論我所構想的那種廣泛意義上的科學政策的雜誌，但是那些事件留下的壓力總是非常巨大，使得這個計畫不得不放棄。然而，到六○年代初，由於約瑟森（Michael Josselson）先生（時任「文化自由協會」的執行秘書）和福特基金會的慷慨資助，我得以創辦了

《貓頭鷹》（*Minerva*）雜誌，這是一份討論包括科學研究和高等教育在內的廣義知識政策的季刊。我曾希望，並且現在仍然希望，在這份雜誌上討論其他領域的文化政策，但是卻至今尚未落實。

在五〇年代，美國知識份子對其社會中文化狀態的那種老式不滿情緒換了新的花樣。它變成了對「大眾文化」的批判。這是一種我從未抱有同情的現象。我從來就不認為觀賞電視、看卡通漫畫是受過教育者值得去做的事情，我在十五、六歲的時候便放棄了棒球，也從未接受過犯罪小說和粗俗的表演，但是我卻發現某些厭惡這類消遣的知識份子未免有點好高騖遠和過分。在我看來，那些失意的、心灰意冷的托洛斯基份子和純馬克思主義者——其中大部分人屬於法蘭克福學派的傑出份子，因為工人階級和中產階級未能達到他們那些非現實的和無人理睬的期望，便對他們忿忿不平，我因此參與了這些討論。

我曾以德國人為參照，而開始對知識份子發生了興趣。很久以來便深情地讚賞德國的大學，雖然我對它們沒有第一手的認識，但漸漸地我掌握了有關它們的知識。佛萊克斯納（Abraham Flexner）的《英、德、美大學》（*Universities, English, German and American*），韋伯夫人關於韋伯的傳記中對德國大學的概述，布倫達諾（Lujo Brentano）的《我的一生》（*Aus meinen Leben*），威拉莫維茨—莫倫多夫（Wilamowitz-Moellendorf）和保羅森（Friedrich Paulsen）的自傳，以及多卷本的《現代科學的自我表現》（*Die Wissenschaft der Gegenwart in Selbstdarstellungen*）都誘使我熱衷於黃金時代的德國大學。我與 1930 年代的許多德國學術流亡者的接觸並沒有降低我的企羨。事實上，這種企羨在我十歲左右第一次到賓夕法尼亞大學的中東文物博物館參觀時便開始

了，當時我在說明標幟上看到許多展品的原物都在柏林。

1930 年代芝加哥大學的赫欽斯（Robert Hutchins）所挑起的有關大學功能的爭論，提高了我的興趣，而韋伯的《學術作爲一種志業》則增強了這種興趣。大戰後，在一系列大學系統中的經歷，以及麥卡錫份子對大學的攻擊，促使我思考了學術自由問題以外的知識機構的適當組織，這種組織將使知識份子得以最佳地落實他們的知識責任和社會責任。我在《貓頭鷹》雜誌的編輯工作跨越了兩個時期，前一個是缺乏鑑別能力，然而財源充足的大學擴張期，後一個是由大學生，接著又由教師和宣傳人員野蠻攻擊大學的時期。這項編輯工作擴大了我對知識份子的關注範圍，而涉及到他們的工作、機構，他們與社會、文化以及人類中非知識份子成員的關係。

II

這便是本書各章的寫作背景。第一部份的論文是試圖擴大有關知識份子著作中通常所討論的問題範圍。開始時，我集中探討了知識份子與其社會的否定性關係或異化關係，之後我則試圖將這份異化的知識份子階層置於一個更爲現實主義的視角之下，以便表明絕非所有知識份子都與社會對立這個事實。在這些前導論文中，我力圖超越知識份子與其各個社會的市民秩序之肯定性關係和否定性關係。我力圖探討知識份子的制度機構以及知識產品的制度化。同時我也在這些論文中闡釋了知識份子的次級傳統（the secondary traditions），這些傳統直接決定了知識份子與市民秩序的關係。然而，我並沒有充分地探討知識生產的專業技術傳

統或初級傳統（the primary traditions），這種忽略部份可見之於本書的各篇文章，但也並非篇篇如此。

本書的第二部探討了發達國家中的知識份子。就大部分文章而言，重點再次在於知識份子的次傳統，以及知識份子與市民秩序的關係。大多數筆墨著力於英國和美國的知識份子，雖然有些地方也探討了其他西歐國家中的知識份子。

這部分中還包括了我論述知識份子與「大衆文化」之關係的文字。只有一篇文章探討了「高級文化」（high culture）。

本書第三部分的文字則探討了低度發展國家。它們不僅討論了知識份子與市民秩序之關係，同時也闡述了建立有效的知識份子社群的問題。我有關印度的文字則收入了本系列的另一本著作；所以這部分文章只是泛論了亞非兩洲的知識份子。某些論文則通篇討論低度發展國家中的知識機構，探討它們的確立和功能。

讀者可能會發現，本書中的各篇論文，似乎大都是由未完成的片斷論述拼湊而成的。其中有許多省略。其理由是，各篇論文幾乎都是在作者的自我教育過程中完成的。實際上，所有這些文章都寫作於上面所提到的那部書的初稿之後。它們代表了進一步發展某些觀點的努力，而在當時，這些觀點對我來說似乎是模糊而重要的。某些論文同時也是力圖完成那部初稿中所包含的探究法，以及回應當時美國、歐洲、亞洲和非洲的形勢。

可以說，儘管這些文字帶有隨筆式的片斷特徵，但是它們卻代表了力圖更廣泛、更融貫地理解知識份子工作的性質、作用以及生產知識產品的機構，同時比以往任何時候都更爲系統地闡釋知識份子與其社會的關係的趨向。

人們可能會注意到，這些文章中有關知識機構的分析頗爲單

薄，而且通常是有關諸如大學行政機構和學術自由等及其專門的問題的。有關科學社群的那篇論文也是高度概括性的，主要的原因是它是首次陳述這個現象的這個事實，這是可以理解的。不過，即使這種辯解，文章仍然只是泛論而已。同樣，關於知識份子傳統之結構或模式的現象學分析也不夠充分而詳實。我想，在所有這些問題上，自本書寫作以來，我已有了長足的進步，因此在我目前正在撰寫的另一部著作中，我將更為充分而詳盡地闡述它們。說實在的，本書也可被視為是另一部更厚實而系統的著作的初步探索。但既然另一本著作幾年之內無能撰成，而本書中許多也都相當完整而自成一體地探究了它們立意探討的主題，所以我相信以目前的形式發表、出版它們，也是相當合理的！

註　釋

①這裏我不妨申明，只有我的兩位可愛的學生艾森斯塔（S. N. Eisen-
stadt）和格羅斯（Joseph Gross）〔現改名爲班——大衛（Ben-Dav-
id）〕擺脫了這兩種態度。兩人在我開設的課上學習韋伯、佛洛依
德、經驗研究方法以及政治民主的社會心理條件時，從巴勒斯坦人
轉變成了以色列人。

目　錄

第一部
知識份子

1.知識份子與當權者

——某些比較分析的觀點

凡眾與知識份子

　　從宗教、藝術，以及文化和政治的所有領域而言，到目前為止已知的所有社會中的人類大眾，除了短暫的時期之外，從來沒有專注過、或直接接觸隱含在其信仰和準則之內的那些終極原則。直接實現個別行動的目的、生活中的各種需求、個人和家族利益的考慮、具體的道德操守，以及具體的規律和禁忌，主導了大大小小社會中大多數人的行為。整個社會的凝聚力以及信仰和準則的更深層、更一般的根基，只不過間歇或引起他們的注意，觸動其激情。每個社會中的日常生活只是偶爾涉及到終極價值（不管它們是認知上的、道德上的還是審美上的），而且對凝聚力的需要也是不均衡的。日常生活避開了關於傳統法規或理性法規的嚴格界定，以及對這些法規的一致支持，而且它也沒有與神聖事物不斷接觸的需要。日常生活是慵懶的，充滿了妥協和即興發揮；它是在「此時此地」上進行的。

　　然而，在每個社會中，有一些人對神聖事物表現出不同尋常的敏感，對他們宇宙的性質以及統治其社會的法規則時常進行著

思考。每個社會中都有一些少數人比他們的同胞更爲強烈地需求和渴望著時常沉浸在各種象徵符號之中，這些符號遠比日常生活的當下具體情境更爲廣泛，其時空參照對象也更爲遙遠。這類少數人需要將上述探索表現在口頭和文字的話語中，表現在詩化的或有創造性的表述中，表現在歷史回憶作品、禮儀動作和禮拜行爲之中。這一超越當下具體經驗視域之外的內在需要，便標誌著每個社會中知識份子的存在。

知識份子的任務

不過，僅只是個人需求，還不足以產生知識份子的群體，也不能決定社會結構內知識份子的偉大作用及其地位。在每一個社會中，甚至在那些對遙遠的象徵符號並無顯著敏感性（這構成了知識份子的特徵）的人群中，也存在著間斷性的接觸神聖事物的需要，並從而產生了對牧師和神學家的需求，產生了各種培養這些神職人員，並宏揚其服務宗旨的制度和程序。每個社會中，那些不能以小說故事、繪畫、雕塑或其他藝術作品的形式來創造意象的人中間，仍有相當可觀的人能夠接受文字意象、繪畫和造型藝術，並且眞正需要它們所帶來的滿足。這些人產生了對藝術和文學的需求，儘管他們本身不能創造藝術或文學。每個社會都有與其自身過去進行接觸的需要；在更爲分化的社會中，統治者便力圖借由顯示其政權與過去偉大人物的連續性而強化了他們所聲稱的合法性。倘若這不能由親族群體內的個人記憶力所提供，那麼便需要歷史編年學者和古籍鑑賞者。相應地，教會和類似教會的團體同樣必須展示其先輩的精神財富及其現實意義；這便產生了聖徒傳記以及傳記作者的活動。在規模超過部落的社會中，由

於存在複雜的任務、傳統和教育，至少是對那些有希望成為統治者或是其副手、顧問和助手的人的教育；這便需要教師和一套教育制度體系。在任何超出親族群體規模的社會中，權力機關想取得或多或少的連續性，便需要有能夠做紀錄並發佈法令和公文的行政人員；這類活動要求某種相當水準的教育，後者又反過來要求配備教員的機構，無論它們是宮廷學校，還是私立或國立的研究院或大學。每個社會中的人群，尤其是社會中行使著權威的人，至少都需要間斷性地具有某種意義上的社會穩定、凝聚力和秩序；所以他們需要有一套象徵符號，諸如歌曲、歷史、詩歌、傳記和憲法等等，它們在社會成員中間傳佈一種同類意識。

知識份子的活動及其社會處境，是知識份子的才智與社會對這些活動的需求相互協調和聯結的產物。這些活動只能由那些基於其行動而必然是知識份子的人來履行。社會越是龐大，其統治者所承擔的任務越是複雜，對那些宗教的及世俗的知識份子的需求也便越大。

即使是社會中沒有特別敏感的、思考的、好奇的和創造性的頭腦存在，所有上述需要也會出現；即使沒有才智上夠格的知識份子，社會上也照樣會有知識份子①。

知識份子的功能

一個社會道德上和知性上的統一體，就其人群規模和地域規模來說，比任何個人從他的日常直接經驗中所能夠知道的更多，並使他得以與其親族群體之外的人發生接觸；這種統一體依賴於諸如學校、教會、新聞機構之類的知性制度。普通人通過這類制度，在其童年、青年時代或成年期，能與那些最熟悉現存文化價

值體系的人發生接觸，無論這種接觸有多麼廣泛。借助於宣傳、教學和寫作，知識份子在那些就其內在秉賦和社會角色而言均不是知識份子的人群中間，產生了一種他們所缺少的見識力和想像力。藉由培養諸如閱讀、寫作和計算之類的技能，他們使凡夫俗子得以進入一個更廣大的世界。在近代早期的歐洲和當代亞非兩洲，擺脫割據創立民族，便是知識份子的成果，這就像從各種種族群體中型塑出美利堅民族是教師們、牧師們和新聞工作者們的成就一樣。統治集團的合法化自然是許多因素的結果，其中也包括了民眾服從和反對權威，然後權威維持秩序以顯示其強大威力以及主持形式正義之有效性。然而權威的合法性卻是其臣民對其所持信仰的結果；而關於權威的信仰則遠非完全依賴於人們的直接經驗，許多超出直接經驗之外的信仰是傳統和教義的產物，而傳統和教義又是知識份子的活動逐漸累積和延傳的產物。

　　知識份子提供典範和準則，展現供人們掌握的象徵符號，從而形成、引導並塑造了一個社會中的表意性傾向（the expressive dispositions），但這並不是說一個社會的表意生活處在其知識份子的絕對主導之下。實際上，這種情況從來就不曾存在過——而且事實上也永遠不會出現——因為在這種情況下，一個社會的表意生活、審美趣味、藝術創造及其倫理判斷的終極審美根據，都完全納入了知識份子所信奉的傳統之中。表意行動和表意取向合乎主導知識份子所教導和展示的東西之程度，各種社會千差萬別。在這些變異的範圍之內，一個社會的大部分表意生活回響著知識份子所展示的中心價值體系中的某些表意要素，即便這是個粗俗無趣的社會。

　　上面討論的頭兩種功能表明了知識份子引導凡眾依從更廣泛的象徵符號，並給平凡大眾提供了參與中心價值體系的手段。然

而，知識份子並非僅僅關注於幫助人們更廣泛地參與到中心價值體系的某些層面中去。他們首先關注於更深入地培植這一中心價值體系，關注於闡釋和發展替代性的潛在價值。在發明力和原創性得到高度確認和獎賞並得到准許和接受的國度，這一點被認為是知識份子的首要義務。然而，即使在個人創造性不被視作一種正面價值的制度下，那些才華橫溢的個人對歷史遺產的勞作，通過系統化和理性化而修正了這種遺產，使其適應於新的任務，用於克服新的障礙。在這一詳盡發揮的過程中，中心價值體系的各種不同潛力都得到了揭示，而且衝突的觀點也得到了確立。各代知識份子都在為其自身一代和以後各代，尤其是為其下一代，踐履這一詳盡發揮的功能。

這些特殊的知識功能不僅是為某個特定社會的知識份子而履行，同時也是為其他社會的知識份子而履行。分屬不同社會的知識份子處於一種模糊的等級關係之中，等級低的總是向等級高的學習。在東南亞、中世紀和近代早期的印度知識份子便履行了這種教育功能；羅馬共和國和羅馬帝國的知識份子曾求教希臘和其知識份子；在日本，中國知識份子曾一度履行了這一功能；在現時代，英國知識份子透過牛津、劍橋大學和倫敦經濟學院，曾塑造了印度和非洲的知識份子，以及很長一段時期的美國知識份子。在十九世紀，德國學院知識份子樹立了一種世界範圍的楷模，正如在十九和二〇世紀法國文藝界知識份子在整個文明世界為具有敏銳審美能力的知識份子樹立了種種開創性典範一樣。在十八世紀，法國啟蒙運動中的知識份子啟迪了他們在西班牙、義大利、普魯士和俄國的同行。這種功能首先是為知識份子社群而履行的。凡眾則只是隔了好幾層和很長一段時間之後，才接觸到其影響。

　　這種在單一社會之內和多個社會之間的知識活動樹立典範的功能，隱含了接受一種有關卓異知識或成就的普遍標準；某一群體知識份子的行動模式開始被視作是示範性的，因爲它被認爲更爲嚴格地合乎某種關於眞、善、美的理想要求。這類標準從來不會取得完全一致的同意，但它們常常是被任何特定時期的世界廣大地區所普遍接受。

　　進一步開發和挖掘一個文化價值「系統」中所固有的潛力之過程，必然也包含著不同程度地「排拒」人們所因襲的價值叢的可能性。在所有社會中，即便是該知識份子以其保守性著稱的社會中，相異的創造性之路以及批判否定的趨向，也都會驅策人們部分地排拒（rejection）時下盛行的文化價值系統。開發和挖掘過程本身便包含了某種限度的排拒。排拒因襲事物的程度相差甚巨；但排拒永遠不可能是徹底的和全盤的。即便是進行排拒的知識份子宣稱他們對所有因襲而來的事物都抱著「虛無」的態度，在這裏，如沒有物質上的徹底自我毀滅而要獲得徹底的排拒也是不可能的。

　　知識份子與任何社會的實際制度所體現的價值取向之間應存在著某種張力，這實際上是由知識份子的價值取向之性質所決定的，這種情況不但適用於社會的普遍成員，即凡衆的取向，而且也適合於在社會中行使權威者的價值取向。因爲知識份子的注意力最爲通常的是集中在他們身上，他們是中心制度系統的監護人（the custodians of the central institutional system）。不過在此刻，我們最感興趣的不是這一特殊形式的「排拒」或疏離（alienation），而是知識份子排拒那些已經被納入現行社會制度而爲知識份子本身所因襲盛行的價值觀。知識份子之間的這種內部疏離或異議（dissensus）是任何社會知識遺產的關鍵部分。進而言之，它還

發揮著塑造和導引任何社會都可能存在的替代性功能，它為知識份子的自身社會，以及處在這些知識份子知識霸權之下的其他社會，提供了替代性的整合模式（這種知識霸權的例子可以舉出英國費邊社社會主義者與印度知識份子的關係，十九世紀早期法國和英國立憲自由派與東南歐洲、南美洲和亞洲許多國家知識份子的關係）。

　　知識份子影響其社會並不僅僅是透過對於普遍象徵符號的闡釋途徑，儘管這些重新肯定、繼續、修正或排拒了社會所繼承的傳統信仰和準則。知識份子使普通凡人得以接觸到他們社會中的神聖價值，這並沒有窮盡他們的功能，尤其是在古代中國，以及在英國、獨立的印度、奧圖曼帝國（the Ottoman Empire）和現代歐洲，知識份子在國家高層行政上還發揮了巨大的歷史作用。當權者通常認為一種以文憑和考試為憑藉的高標準的人文教育或技術——法律教育對各種國家職能的圓滿完成是必需的。司法工作也是知識份子的一個領域。在私人經濟組織中，雇用知識份子擔任行政職務一向是非同尋常地罕見的。知識份子也從來沒有顯示過成為企業創業者的傾向。只是從十九世紀以來，首先是在德國，稍後在美國，後來又在其他工業化國家，企業商號開始雇用大批的科學家從事研究工作，並在相當小的程度上擔當管理職務。

　　同樣，在古代，知識份子以個人、當權者的顧問、太師以及朋友的身分，進而扮演了國家行政管理工作中受過高級教育的角色。柏拉圖（Plato）在錫拉邱斯（Syracuse）的經歷、亞里斯多德（Aristotle）與亞歷山大（Alexander）的關係、阿爾丘英（Alcuin）與查理曼大帝（Charlemagne）、霍布斯與復辟的查理二世（Charles II）、密爾頓（Milton）與克倫威爾（Cromwell）、

凱恩斯勛爵（Lord Keynes）與財政部，以及羅斯福（F. D. Roosevelt）總統手下的「智囊團」（the Brains Trust），僅代表了東西方古今國家中知識份子受到重用的眾多事例之一小部分。在這些事例中，知識份子應召侍奉在統治者的周圍，奉命出謀獻策，同時其計策也受到重用。然而也有許多國家和時期並沒有出現這種情況。舉例來說，威廉二世（Wilhelm Ⅱ）的宮廷相對而言很少起用當時的各種受教育階層。中國歷史上有許多重要時期士大夫得不到最高統治者推心置腹的重用，不能進入權傾一時的幕僚圈，從而釀成了士大夫的消極作用所導致的後果。在美國政治史上，從傑克遜（Jackson）總統革命的時代一直到威爾遜（Woodrow Wilson）的新自由主義，知識份子與政府的高級行政部門和立法部門一直是隔絕的，這成了那個時期的特色。在君主制度下，知識份子只是憑藉純粹的偶然性，或至少不是憑藉特意的選擇過程，而偶爾登上了權力的頂峰。阿色卡（Asoka）、奧勒留（Marcus Aurelius）和阿赫南頓（Akhnaton）是少數幾個集最高權力與關心最高真理於一身的統治者。而在以往一個半世紀的自由民主黨派政治的條件下，迪斯雷利（Benjamin Disraeli）、格拉斯通（William Gladstone）、基佐（F. M. Guizot）、威爾遜、尼赫魯（Jawaharlal Nehru），以及馬賽亞克（Thomas Masaryk）等，曾是一些出身知識份子，而在行使最高政治權威中得以發揮了出色作用的傑出人物，這種出色作用部份得力於他們自身的努力，部分則由於公民政治對他們所具天賦的廣泛讚賞，而人們強烈的知識興趣和知識上的努力則大大豐富了這種公民政治。這並非偶然的巧合；國力強大的現代國家中的自由派立憲政治，以及附庸地區的自由派「進步」民族主義運動，在很大程度上都是「知識份子的政治」。

　　實際上，在現代，首先是在西方，隨後於十九和二〇世紀在西方文明的邊緣地區以及東方，知識份子的主要政治天職一直在於闡釋和追求理想。現代自由的立憲政治大體上是在領主和將領主導的社會中，由接近並同情資產階級的知識份子所創造的。這曾是知識份子追求理想的一種主要形式。另一種形式則是培植意識型態化的政治，亦即在立憲傳統範圍之外發生作用的革命化政治。在意識型態化的政治開始（它同歐洲宗教改革一起問世）之前，陰謀、暴動和顛覆現存政權雖則常常涉及到知識份子，但卻並非知識份子的專長，知識份子也並非總是傾向革命的。然而到了現代，隨著由意識型態主導的政治活動的出現，並成為公共生活中連續不斷的根本組成部分，知識份子與革命傾向之間則真正結下了不解之緣。

　　這絕不是說所有知識份子都同等地為革命化政治所吸引。人們可以發現，公民政治中的穩健派和黨派成員、不問政治一心平靜地專注於其專業知識工作的人、玩世不恭的反政治活動者，以及忠心地接受現存秩序並為其服務的人，在現代知識份子中以及同樣在古代知識份子中都佔居著重大的比例。雖然如此，現代知識份子提供種種革命運動之學說的功能則應被視作是他們最重要的成就之一。

知識社群的結構

　　上列功能的履行只有透過一系列複雜的制度安排才是可能的。創造和複製知識產品的制度系統在歷史上也呈現出顯著的區別。它的各種變異至少部分地受到下列因素的影響：如知識份子任務的性質、知識遺產的數量、知識工作所必需的和已具備的物

質資源、知識成果的再生產方式，以及知識接受者的規模。

　　至少是從佚名的時代終結以來，想像性文學作品的創作和分析性、思索性作品的生產，一直是個體創作者的作品；他們按照其自訂的工作規劃工作，就實際創造工作而言創作者擺脫了團體組織的控制。在其文化所提供給他的一切現存事物的限度之內，他選擇了其所欲進行創作的傳統、風格、態度和體裁。恭維君主或取悅於贊助人、讀者大眾或出版商的考慮，常常是影響核心創造過程的外在因素（至多不過是外在的因素）；而創作過程本身則始終是一個自由選擇和自由適應的過程。避開審查者的指責或者暴君的不悅，也只是個體制創作過程中的外在因素。因此之故，文學創作從來不是團體組織的。文人一向是一種自我奮進的人。隨著印刷術的發展和大批讀者公眾的出現，在大多數最先進的西方國家，一小部分高雅文學和通俗文學的成功作家有可能賺到數目可觀的金錢，還有許多人則足以供養自身。要出現這種情況，不僅必須有大批受過良好教育的公眾、相對而言低廉的大量機械再生產手段，而且還需要組織完善的圖書和期刊發行系統（出版商、販售商和編輯）、向公眾推出新出版物的手段（書評、圖書目錄和文學娛樂圈），以及保護知識產權的法律（出版法）。在西方各國和日本，圖書貿易相對而言組織得較好，期刊眾多，讀者公眾規模也大，因而成千上萬的自由職業知識份子擁有發揮空間；而在亞非兩洲的各個國家，由於識字公眾數量甚少，出版和發行的機制效率又不高，從而自由職業的知識份子限於一小部分人。但不管怎麼說，他們依然在那裏存在著，而且代表了這些國家的文化和社會歷史上的一項真正的革新。

　　在這些條件出現之前（西歐在十八世紀，而其他地區則更晚才形成的），富於創造性的文人學者不得不依賴於不同的收入來

源。那些力圖以其歌曲換取熱情款待的彈唱詩人（the minnesingers）和行吟詩人（troubadours）、中國戰國時期企求博取君主重用的哲學術士、蒙兀兒（Moghul）宮廷中的詩人、白夏瓦（Peshwa）宮廷中的婆羅門學者（pandits），近代黎明時期作爲教會和君主宮廷領俸者的歐洲人文主義者等等——所有這些人都接近於獨立的自由職業知識份子，他們爲取得報酬而付出勞力。但他們不是眞正的自由職業者，因爲他們所獲報酬是年金、俸祿或親善，而不是根據契約合同透過出賣其產品而得到的。他們作爲知識的代理人而不是自主的行爲者，構成了一種近似於自由職業知識份子的世襲階層。在知識產品不能找到大批富有的購買公衆的時代和知識活動內，君主、大貴族和大廷臣，金融家和商人等的贊助，曾對那些沒有祖產之人的知識活動提供了極大的支持。在政府部門中爲文人設立種種閒職一直是一種贊助形式，較之於文職官員所獲的薪俸，充任閒職者便相形見絀了。文職官員制度在中國曾有幾千年的歷史，在十九和二〇世紀的西方，尤其是英國，也得到了普遍的奉行。從事外交、軍事工作，乃至服務於工商業，都爲那些將文學作爲一項副業的眾多作者提供了生活來源。贊助、閒職、政府工作，連同得天獨厚的靠繼承財富生活的貴族、紳士和收租知識份子的獨立地位，幾乎構成了所有那些企望從事知識工作者的特有維持生計手段。不僅文學創作是如此，就是哲學、科學和學術工作也莫不如此。它們是古代所有最偉大詩人和哲學家（也許詭辯學者除外，他們屬於自由職業的知識份子）的謀生方式，同樣也是偉大的中國詩人、波斯詩人、歐洲文藝復興時期的人文主義學者，以及近代早期科學帶頭人的謀生方式。

那些以闡發宗教生活神聖象徵符號爲專職的知識份子，則不是生活在富裕的贊助人所資助的修道院中，就是靠行乞或靠偶爾

的贊助而維持其日常生存。商人和金融家，耕種者和手藝人，以及職業軍人階層很少有知識份子產生——職業軍人階層則比前兩個群體產生更多的知識份子。世俗的和教會的官僚系統以及法律職業幾乎壟斷了讀寫能力，它們在當代的社會選擇體系所提供的機會之限度內，將那些喜歡舞文弄墨之人吸引到自己的隊伍之中，並向他們提供了閒暇，以及從事全日制或輔助性知識工作的設施。這些知識份子所承擔的任務性質、知識遺產的相對貧乏、接受者的有限規模，以及對知識性服務的較小需求——所有這些都意味著知識性活動很少要求合作性的組織。

　　現代大學的建立——最早在德國、荷蘭和瑞典，隨後在法國和英國，以後又在美國、俄國和日本，更後則又在加拿大、澳大利亞、印度和其他英聯邦國家——已經改變了知識份子社群的結構。科學曾經是那些大部分是收租者（rentier）、文職官員和貴族構成的業餘愛好者的工作，而學術研究則幾乎由僧侶、世俗官僚和租金收入者所壟斷，現在它們則幾乎成了大學的專有管轄範圍。以實驗室、研習討論班以及博士論文爲媒體的師生關係，已經促成了科學和學術產品的急劇增加，並且強化了知識發展的連續性。反過來，由於科學和學術知識的容量日益擴大以及追求原創性的偶像，知識的專門化程度也急劇增加了。獨立的知識份子，以及靠出售著作的所得和贊助而維持生計的知識份子都依然存在，他們的創造性和創作產量也沒有明顯的減少。然而，投入專門從事知識性工作（包括教學和科學學術研究）和機構以賺錢謀取生存的知識份子，在數量上大大增加了，而且他們的成果在每個現代社會的知識總產品中所佔的比例也愈來愈大。

　　科學和學術遺產的數量日益增多，複雜性也日益提高，加上對知識連續性的要求和愈益文憑化的趨勢，這些都擴大了學生的

隊伍。知識份子階層在十九世紀的歐洲公共生活中已經獲得了一種專門的地位，在二○世紀又急劇地擴大了。在那些民族感召力（national sensibilities）還相當薄弱的國度，而且還處於政治、經濟和文化上的依附狀態，大學（以及高中）的學生隊伍在政治生活中就一直發揮一種特殊的作用。這支隊伍成了民族觀念的推手。

　　伴隨而來的是，知識份子擔當行政職務的也大大增多了。這些職務包括大型公司組織內的「職員管理」職位（Staff and Line），它並不涉及到知識性問題，而是涉及權威的行使，以及負責消費品、資本設備和軍械等物資產品的生產和銷售的職位。一直到十九世紀，科學還是業餘愛好者手中的一種深奧玩具，而到那個世紀末則已經成為經濟生活中的一項關鍵要素。科學已經從化學工業傳播到農業，進而又進入工業的每一個分支以及商業的各個重要部門。在第一和第二次世界大戰期間，科學家，而且是愈來愈多的純科學家，都捲入了武裝力量。愈來愈多的科學家也開始從事與農業密切相關的研究，從事關心改良植物和動物品種並關心生態狀況的公私團體所資助的研究，以及在這些團體所控制的機構內進行的研究。

　　識字率、閒暇和物質福利的普及，再生產和傳遞影音作品的機械手段的發展，也導致了一些雇用知識份子的新公司組織的誕生。儘管直到十九世紀末，創造供給受過教育者消費的文化產品，還是自由職業的知識份子的分內之事，他們將其作品出售給一位實業家，即印刷品製造商和銷售商，或其作品由這類商人代理，但是近期的發展則將這類文化產品的知識份子生產者納入到了公司組織的架構，如電影製片廠、廣播或電視製作公司。

　　所以，在世界上所有自由的和集體的國家裏，本世紀的發展

趨勢是愈益將知識份子納入到有組織的機構之中。這種情況表明，無所歸屬的獨立知識份子愈益增多的趨勢已經被遏制了，這種獨立知識份子是隨著印刷的發展而同步發展的，而且它本身（至少在知識份子和知識產品的數量上）構成了世界歷史上的一個新階段。

　　二○世紀期間針對知識份子的多樣化和專業化，提出了一個他們在「什麼程度上構成一個社群」的問題，這種社群由相互之間的同類意識，以及對一組共同的規則和共同的認同符號的依戀而維繫在一起。在目前，知識份子並不構成這樣一個社群。然而，範圍更加廣泛的知識界中有許多次社群則確實合乎於這些標準。自然科學，甚或整個科學界和整個學術界這樣的特殊領域，都確實形成了一個接受一套共同準則的實際社群——即便是每個領域內有爭論和不同意見，也不能改變這種情況。這些社群只是不完整地和非常不充分地落實為各個專業學會和科學學會。文學藝術界也形成了這類社群，其邊界則是模糊而不確定的，比學術和科學社群的邊界還要模糊而不確定。

　　這些社群並不僅僅是言語上的比喻。它們的共同標準一直由每個成員應用在其自身的作品中，同時也貫徹在那些評選和表彰知識作品及其創作者的機構之中。這些標準就像一套習慣法體系那樣發揮作用，其規則沒有得到正式的制定，而是通過不斷的重複使用和澄清這些規則發揮作用的。精深的科學、學術和文藝雜誌的編輯、出版社的閱稿人、科學、學術和文藝著作的評論家等等，以及對大學和科研機構的職位的候選人做出評審的聘任委員會，都構成了這類社群的核心機構。最高學府總要向未來世代傳授有關知識份子社群的規則，這種傳授借助於實例而闡明了這些規則，並通過學生與教師的認同而將它們傳承下來，正如同古代

印度的宗教門徒坐在其精神導師（garu）的腳上，所獲得的不僅僅是某項具體專題的知識，而且還有解釋和應用這種知識的規則和心理態度一樣。授予諸如諾貝爾獎這樣的獎項，或者選入皇家學會或某一著名歐洲大陸研究院這樣的殊榮，都為人們樹立了模範，並肯定了某種思想典型的正確性。最有原創性的科學家，最深刻的思想家，最有學問的學者，最偉大的作家和藝術家提供了這些模範，它們則體現了社群的規則，並借助於其成就的實例而教育了人們。

由數學家、物理學和其他自然科學家組成的全球性的社群，最接近於一種團體的理想；這種團體係由普遍地獻身於一組共同的標準所維繫，而那些標準則來自於一個共同的傳統，並由所有經過科學訓練薰陶的人所承認。然而即便在這裏，專業化和軍事安全的考慮也損害了科學社群的普遍性。在知識性工作的其他領域，語言、民族榮譽，以及宗教、政治和倫理信仰的界限，則使人們不願意接受和普遍遵行知識社群所宣稱的標準。技術專業化，中學和高等教育中普通人文主義成分的減少，以及政治中意識型態因素的淡化，都破壞了各種社群的要求。雖然如此，現代世界中的這些社群儘管出現了持久的分裂和間斷性的危機，但還是贏得了知識份子的忠誠。

儘管存在著所有障礙和反對意見，知識份子社群實際上還是一個有效的行動系統。無論傳統受到了何種扭曲，知識份子還是在各個專門領域以及整個知識界，將知識生活的傳統傳承了下來，並且維持了它的標準。

知識份子的傳統

　　知識性工作是由一個複雜的傳統所支撐，同時也延傳了這個傳統，這種傳統則歷經知識階層結構的種種變遷而延續了下來。在知識份子的各種傳統中，最關鍵的傳統是那些藉以獲取成就和評判成就的標準和規則，以及那些構成有效精神財富的實質性信念（substantive beliefs）和象徵符號。所謂知識份子就是這樣一些人，他們共同繼承這些知覺、鑑賞和表達的傳統，並肯定由這些傳統認可的工作方式的重要性。人們幾乎可以說，如果知識份子沒有這些現存的，作為不可或缺遺產的傳統，那麼「天然的」本質的（natural）知識份子出於其認知和表現泛化象徵符號的心理傾向，也必然會在每代人中重新創造出這些傳統來。可以這麼說，它們是由知識性工作的性質所給定的傳統，是知識性活動的內在傳統（the immanent traditions），由公認的程序規則、評判標準、選擇課題和問題的準繩、宣讀方式、評估優劣的規範，以及供後人仿效的先前傑出模範等所構成。每一個知識活動的領域（不單單是那些具有長時間共同累積成就的技藝和專業）都具有這樣一種文化傳統，總是不斷得到增補和修正（雖然程度不同）。科學和學術的各個特殊領域中的所謂科學方法，文學創作和造型藝術以及其他藝術中的技巧，都構成了這樣一種傳統，缺少了這一傳統，即便是最偉大、最有創造力的天才要在那個領域內求得發現和創造，也都是不可能的。高等學校、科學、學術和藝術雜誌，博物館和畫廊，簡言之，知識性機構的整個系統，都在選擇那些可以在這些傳統內工作的合格人才，並訓練他們去鑑賞、應用和發展這些傳統。即便是最有創造力、迅速發展的知識

活動領域，倘若忽視它們也只會帶來巨大的損失。

這些傳統似乎依據其結構本身，便必然包含著它們與凡眾之間的某種限度張力（tension），雖然它們既沒有直接，也沒有邏輯上隱含地涉及地傳統擁護者的社會地位，以及他們與統治社會的權威之關係。傳統所內含的價值遠離於家庭、商號、官方機構、工廠、教會和公共事務處的日常例行之事，遠離於普通人的樂趣，同時也遠離於那些執掌教會、國家、公司和軍隊大權者的責任、妥協和腐化。全心全意地宗奉於這些價值必然意味著，雙方在這兩種價值取向之間至少存有初步萌發的距離感。

知識性工作是從宗教性的專注中產生的。在人類的早期歷史上，這種工作總是傾向於用宗教象徵符號，來關注終極事物或至少是超越直接具體經驗的事物。它一直像真正的宗教體驗一樣，著迷於思想和經驗的神聖性根基或終極根基，並同樣具有密切接觸這種根基的企望。在世俗的知識性工作中，這包括尋求真理，尋求體現在事件和行動之中的原則，或尋求確定自我與根本事物之間的關係，無論這種關係是認知上的、鑑賞上的還是審美表現上的。專心致志的知識性活動包含著並延續了深層的宗教性態度，以及接觸最具決定性和重要性的象徵符號及其基底現實的渴望。所以可以毫不誇張地說，科學和哲學即便從其約定俗成的意義上不是宗教性的，但也像宗教本身一樣關注於神聖事物。為此之故，在我們將要列舉的求知活動所擁有的各種傳統中，我們應該說，敬畏神聖事物，並且真誠地渴望接觸神聖事物的傳統，也許是知識份子所有傳統中最早的傳統，也是最廣泛和最重要的傳統。在伊斯蘭教、佛教、道教和印度教等偉大的宗教文化中，在一個職能分化的現代知識份子階層出現之前，透過掌握、解釋和闡述經書聖典，並培養一種相應的心態和素質而關懷神聖事物，

一直是知識份子的首要旨趣所在。（在中國，儒家士大夫階層的確立形成了它自身的傳統，就常規化的含義來說，這種傳統的公務成分和審美成分要多於宗教成分。）在古代西方，很大一批哲學知識份子也發揚著這種傳統；在更高的層次上，即使那些擺脫了部落宗教和地域性宗教的人士，也一直為這類神聖關注所驅迫。〔畢達哥拉斯（Pythagoras）、依比鳩魯（Euclid）、托勒密（Ptolemy）、亞里斯多德、柏拉圖、蘇格拉底、盧克萊修（Lucretius）和塞涅加（Seneca），都莫不如此。〕到了現代，宗教性取向雖然已不像以往那樣，吸引知識精英們在這方面發揮其創造性才華，但卻仍然是很大一部份受教育者階層關注的一個主要點，即使最有創造力的人物也是如此。

伴隨著這種接觸終極性事物的渴望，還產生了那種始終與履行重要活動密不可分的自尊感。只要人們試圖理解知識份子的傳統，以及他們同任何特定時期的社會統治者的關係，那就必須認識到這種自重感的關鍵重要性，它來自於關注並直接接觸人類生活和宇宙存在中最根本的事實；同時也要意識到那種對於從事世俗事物和常規事務者的隱含蔑視態度②。

一旦知識份子不再是宗教事物的唯一承擔者時，那種分離本身（無論它是多麼不知不覺地、逐漸地和無意地產生的）便在知識份子與其社會的宗教統治者之間形成了一種緊張關係。只要知識份子並不單純是文職官員和君主的幕僚（這本身就是一種不確定的、並產生緊張的關係），那麼公眾統治者與知識份子中間便形成了緊張關係。作為宗教事務模範的教會統治者成了知識份子的懷疑對象，而只要世俗事務的政府統治者掌管著宗教權力，那麼他們同樣也受到懷疑。這種態度絕不是普遍的，不信任的態度也不必然具攻擊性。儒家士大夫雖然鄙視道教或佛教，但只要他

們本身受到尊重和禮遇，他們就不會成爲皇權的反叛者。在西方，由於宗教活動和其他知識活動的分離已經十分顯著，從而產生了一種更加普遍的與統治者的距離感，而且這種距離感已經成了知識份子最強大的傳統。不信任世俗統治者和教會統治者的傳統——事實上是不信任傳統本身的傳統——首先在西方，隨後在以往半個世紀的亞非兩洲部分受西方傳統影響的知識份子中間，構成了知識份子的首要次級傳統。作爲這樣的傳統，它受到了我們下面將要討論的諸如科學主義（scientism）、革命態度和進步主義（progressivism）這類衆多的輔助性傳統的滋養。

　　歸根結柢，知識份子與當權者的緊張關係起自於知識份子對神聖事物的那種先天的根本取向。這種緊張表現在知識份子只想服從代表最高理想（無論它是秩序、進步還是其他價值）的權威，而反抗或譴責背叛上位價值的權威。實際上，知識份子直接地或間接地擁有的所有更爲具體的傳統，都體現了這一緊張關係。我們將指出，不管其中某些傳統的年代和起源有多麼不同，它們在形成現代知識份子與權威的關係中，都發揮巨大的作用。這些傳統包括：(1)科學主義的傳統；(2)浪漫主義的傳統；(3)啓示錄傳統（the apocalyptic tradition）；(4)民粹主義傳統（the populistic tradition）；以及(5)反智識主義的傳統（the tradition of antiintellectual order）。

　　所有這些傳統都與敬從教會權威和世俗權威的其他傳統，以及服務於這些權威的職業期望，都處於衝突之中。即便在知識份子接受權威已形成強大傳統的現代文化中，例如在近代英國和德國，這類傳統也絕沒有一個不受衝擊的安全地帶。同樣，在現代亞洲，各種獻身於神聖宗教價值、忠於世俗權威的傳統，在古代和近代曾擁有巨大的勢力，可是那些反權威、反市民社會的傳統

從西方傳播而來，並得到了源於道教、佛教和印度教的有關傳統的滋養，從而得到人們熱切而廣泛的接受。

科學主義的傳統（tradition of scientism）就是一概否定傳統本身有效性的傳統。它堅持認為我們所接受的一切東西都必須受到檢驗；如果不符合「經驗法則」（facts of experience），就必須拒絕之。這一傳統要求掃除所有確切認識現實的外在障礙，無論那種障礙來自於傳統、制度化的權威，還是內在的激情或衝動。它對任意性和非理性持批判的態度。由於強調第一手的直接經驗是不可或缺的，它反對一切來自於認知者的心錄與「現實」之間的東西。顯而易見，在這一具有巨大感染力和腐蝕力的傳統的破壞下，那些與各種制度融為一體的社會成規和傳統權威將如何成為其犧牲品。

浪漫主義傳統（romantic tradition）乍看之下似乎與科學主義傳統是不可調和地對立的。在某些地方，比如對衝動和激情的評價，它們之間確實存在著難以逾越的對峙。然而在許多重要方面，這兩種傳統則具有共同的根本特徵。浪漫主義的出發點是讚賞具體個體的實質性自發表現。因而它著重原創性，即獨一無二的事物，或從個人（或民眾）的「天賦」中產生出來的東西，它們與凡夫俗子的刻板化行動和傳統行動形成了鮮明的對照。既然邏輯推演和超然態度阻礙了自發的表達，因而它們被認為是摧毀生命的。各種制度都擁有法規，並透過因襲成規和指令而約制個體成員的行為，因而它們同樣被認為是摧毀生命的。資產階級家庭、商業活動、市場，以及整個市民社會，都抑制狂熱，並且清醒地承擔責任，從而與浪漫傳統是不相容的——所有這些都是自發性（spontaneity）和天性（genuineness）的敵人；它們將角色強加給個人，不讓他放縱自己。它們扼殺了民眾中活生生的東西。

知識份子在市民社會中是沒有市場的，他們在其中受到一種道德孤獨感的折磨。十分明顯，浪漫主義傳統很容易演變成對現存秩序的革命批判，以及像放浪形骸者那樣無視現存秩序的種種規範。在現代知識生活中，它也是最具破壞性的反權威、乃至反市民社會的力量之一。

　　革命傳統（revolutionary tradition）曾在知識份子中間找到了其領導者和廣泛的擁護者。這個傳統從科學主義和浪漫主義中吸取了許多成分，但從根本上說，它憑藉於一個遠爲古老的傳統，亦即啓示錄（apocalyptic）傳統或千秋大業（millenarian）傳統。那種堅信我們所處的這個罪惡世界，充滿了誘惑和墮落，終有一天將要滅亡，並由一個更純潔和更完善的世界所代替的信仰，起源於《舊約全書》中先知們的啓示錄觀點。它體現在關於「上帝王國」的基督教思想中，而早期基督徒期待著在其有生之年中實現這一王國。這個傳統像一條透迤奔騰的激流，雖則受到「教會」（the Church）的阻擋和遏止，但卻經由異端教派的教義和活動而一再地呈現到歷史的表層上來。它從摩尼教（Manichaeanism）中獲得了強大的推動力。這一傳統先後存活於多納圖派教徒（Donatists）、鮑格米勒派教徒（Bogomils）、阿爾比派教徒（Albigensians）和韋爾多派教徒（Waldensians）、胡斯派教徒（Hussites）和羅拉德派教徒（Lollards）、再洗禮派教徒（Anabaptists）和第五王國信徒（the Fifth Monarchy）中間，也顯現於那種堅信經過宇宙最高主宰的審判，光明世界必將戰勝黑暗世界或罪惡世界的信仰之中。它以一種改頭換面的形式一直延傳到我們自身的時代。雖則它仍然以宗教形式存在於歐洲、美洲和非洲的眾多基督教和準基督教宗派之中，但是它的真正代表則是現代的種種革命運動，尤其是馬克思主義運動。本世紀早期的馬

克思主義作家承認，再洗禮派教徒、第五王國信徒，以及平等派和掘地派（the Diggers）是他們的先驅者；雖然布爾什維克（the Bolsheviks）不那麼願意承認俄國的異端宗派是其前驅，但卻毋庸置疑，俄國宗派的世界觀及其災變式的歷史觀使得馬克思主義的社會概念和歷史決定論在俄國更容易爲人所接受了。鮮明地區分善惡、嚴厲斥責混同兩者的心態，堅持天堂失落了也要實現正義的信念，拒絕妥協或拒絕容忍妥協的頑固立場──所有這些都是教條化政治或理想主義政治的特徵，它們在現代知識份子中間是司空見慣的，而至少必須在某種程度上歸因於啓示錄傳統。

在以往一個半世紀裏，世界各地的知識份子趨之若鶩的另一個傳統爲*民粹主義傳統*（populistic tradition）。民粹主義就是信奉普通人、未受教育者和無知識者的創造性和高尚道德價值的信仰；它在民眾的實際品質或潛力中洞察到了他們的德性。民粹主義傳統以一種簡化的和機趣的方式斷言，它發現了比受教育者和上層階級的品德更爲高尚的品德。即便是那些並不尊重下層階級實際狀況的學說（例如馬克思主義），也宣稱這些階層注定要成爲其社會的核心救世力量。浪漫主義不信任資產階級社會中的理性因素和計算性因素，革命態度則痛恨上層階級是邪惡權力的代理人，啓示錄心態堅信最後的最先到來，並聲稱官方的教義（宗教的和世俗的）都掩蓋了眞理，而最後審判以及向自由王國的飛躍必將確認這種眞理──所有這些都是顯示了一種民粹主義的心理傾向。德國十九世紀的歷史研究和哲學研究，在湮沒無聞的大眾或民眾中間發現了語言和文化創造性的源泉。這類研究對那種理性的、經濟的和分析的精神充滿了浪漫主義的憎恨，並斥責這種精神是西歐文化中整個革命化和理性化趨勢的根源和產物。法國社會主義又更進一步，而馬克思主義則將此本質上浪漫化的觀

點上升爲一種系統的「科學」理論。

　　西方文化形成了一個最具創造力的中心，它主導現代人思想的那種霸權正達頂峰時期；而在處於這個中心邊緣的所有國家裏，知識份子既迷戀於西歐的文化，又被其弄得惶惑不安。不僅是在十九世紀早期的德國，而且在 1850 年代的俄國；二〇世紀美國的中西部、「印度教」教義影響下的巴西、人們充滿仇恨忿忿不平的威瑪共和國、甘地成爲領袖以來的印度，以及非洲新興國家中正在崛起的知識份子中間，民粹主義的傾向都在發揮著巨大的作用。在所有這些國家中，知識份子不是在外國接受教育，就是在他們自己國家按照他們竭力仿效的文化中心的模式而設立的機構中獲得知識的。所有這些國家中的知識份子針對他們是否不應過份崇洋、言必稱西方，都顯得焦慮不安。即認同於人民，讚揚普通人的文化更爲豐富、更爲眞實、充滿智慧，而且比他們所接受的外國文化更爲合乎國情，則一直是一條擺脫這種苦悶的道路。就大多數情況而言，民粹主義是抗議「官方的」文化，上層文職官員的文化，大學的文化，以及從中產生出來的政治、文學和哲學等文化。這樣，它很容易與其他敵視公民制度和公民權威的傳統合流。

　　還有一個值得一提的傳統是與社會秩序有關的反智傳統，它與所有這些傳統密切相關，然而卻明顯與其相悖，（antiintellectual tradition of order）。法國實證主義〔聖西門（Saint-Simon）和孔德（Comte）〕是西方最著名的反智主義傳統，其根源可以追溯到古代，以及認爲過分的智識分析和討論將會侵蝕秩序基礎的信念。柏拉圖對詩人的態度，與秦朝初年曾是儒家的李斯倡議焚書，如出一轍；霍布斯（Hobbes）認爲知識份子導致了英國內戰，泰納（Taine）闡釋說，啓蒙哲人們對 1789 年法國大革命的

爆發發揮重大作用，此外還有梅斯特（Joseph de Maistre）的思想，都證實了知識份子那種傳統的反威權主義心態中的矛盾心理。

結　語

對任何社會來說，知識份子都是不可或缺的，不只工業化社會是如此；而且社會愈是複雜，他們就愈是不可或缺。知識份子與統治社會的權威之間的有效合作，是公共生活中的秩序和連續性的必要條件，也是將更廣泛的凡眾整合到社會之中所必需的。然而，智識活動的原初動力，以及這種活動所產生的種種傳統（它們由履行智識活動的種種機構所維繫），則在知識份子與凡眾之間，以及知識份子與統治者之間形成了一種張力。這種張力永遠不可能消除，無論是凡眾與知識份子之間的徹底共識，還是知識份子完全凌駕於凡眾之上，都不能消除它。

介於這兩種極端的、不可能實現的方案之間，還存在著一系列知識份子與社會統治者之間程度不等的共識和異議。發現並實現公民道德（civility）與智識創造之間的最大限度平衡，是政治家和負責的知識份子的任務所在。研究這些截然不同的共識和異議的模式，它們在制度上和文化上的伴隨物，以及它們的興衰條件，則是列入知識份子和當權者比較研究日程的首要項目。

註　釋

本文先前曾以略微不同的形式刊於《社會和歷史比較研究》（*Comparative Studies in Society and History*）Vol.1, No.1,（October 1958），pp.5-22。

①對知識性服務的需求有時會大於合格人才的供給；這一需求將永遠大於眞正創造性個人的供給。然而，現代社會更爲常見的是，合格技術人才的供給大於對其服務的需求。

②自然，這些情感和態度並不是所有知識份子同等地共享的。並非所有知識份子都同等地涉及這些「根本性事實」（vital facts）——所以也並非所有人都對他們自身的活動具有同樣的榮耀感。知識份子對於他們傳統的敏感性差異甚大，就像凡人對他們的傳統一樣，但即便是那些相對而言不那麼敏感的人，他們也不知不覺地吸取了這些核心傳統中的許多因素。

2.意識型態

　　意識型態（ideology）是存在於不同社會中各式總括性信念模式（comprehensive patterns of beliefs）之一，是關於人和社會，以及跟人和社會有關的宇宙的認知模式和道德模式。這些總括性信念模式包括各種世界觀和信條〔「次世界觀」（suboutlooks）〕、思想運動、綱領（programs），以及意識型態。

　　將這些總括性模式相互區分開來的因素有：(1)思想綱要的明確性和權威性程度；(2)體系的內在一體化程度；(3)與當代其他模式公認的親近程度；(4)封閉性程度；(5)要求將思想貫徹在行動上的強制性程度；(6)終生的影響；(7)對信奉者所要求的一致意見；以及(8)與一心要實現這些信仰模式的集體組織的聯繫。各種意識型態的顯著特徵是，它們對極其廣泛的探討對象都有一個高度明確的闡述；它們的支持者都共同按照一個權威性的和明確的公開體系。它們圍繞著一個或少數幾個終極價值（諸如得救、平等或種族純粹），而實現了相對而言的高度系統化和一體化。它們總是堅持認為，它們同自身社會的其他世界觀或意識型態是明顯不同的，乃至毫無關聯的，並且總是竭力抵制對其信仰的創新，而對已經發生的創新則否認其存在或是其意義。並且公開接受它們會帶來情感方面的嚴重後果。接受者必須全身心地屈從於本意識

型態，它應該全面地滲透在他們的行動之中，這一點被認為是根本的和強制性的。意識型態的所有擁護者彼此之間應達成完全一致的意見；集體的合作形式被認為是信從者的適當組織模式，一則可以維持那些已信奉者的紀律，二則可以贏得或主導那些尚未信奉本意識型態的人們。

世界觀和信條往往缺乏一種公諸於世的、明確的權威形式。它們的內在結構是多元的，而不是系統地一體化的（一旦這類信條或「次世界觀」得到某個思想流派的闡釋，它們則有更大的可能來實現系統化）。世界觀同其他思想模式的關係是相互包容的，而不是割裂的（信條或「次世界觀」的包容性則稍遜一籌，但它們也並未形成相互分隔開來的明顯邊界）。世界觀內部包含著一系列信條或「次世界觀」，它們因注重世界觀中的不同要素而彼此區分開來；在某些特殊的問題上，它們還常常是相互衝突的。世界觀和信條的含糊性和擴散性，對應於在行動上遵守它們的不均衡壓力。它們的表達較少感情色彩，對它們的信奉者也不那麼要求一致意見。世界觀和信條也有它們相應的組織形式。

世界觀和信條是社會中那些肯定或接受現存秩序之輩的特徵性信仰模式。個別信條同中心制度系統明顯融為一體，其他信條也圍繞著它。那些同中心制度系統疏遠的信條，則趨向於獲得意識型態的特性，從而便超出了疏遠。意識型態只是在某些情況下主導中心制度系統，而通常則並非如此。主導中心制度系統的意識型態傾向於朝著信條的方向運作，而不單是依據它們同中心制度系統的關係來變化。

思想運動是一種或多或少是和系統化的知識模式在一般為自發的分工合作的過程中發展起來的。它是詳盡和包羅萬象的，就像意識型態、世界觀和信條一樣。它並不要求人們在行為上全面

遵從運動，也不要求擁護者之間取得完全的一致意見，而且對其他知識建構並不採取排斥態度，就此而言，思想運動並未成為一種意識型態。

綱領就是將一種世界觀、信條或思想運動的興趣焦點限制並縮小在一個特定的有限目標上。由於它與更普遍的認識原則和道德原則的關係是取決於它所緣起的模式，因而這種關係或多或少是詳盡的和明確的。既然綱領的主要特徵是其目標的有限範圍，所以它的緣起和最終目標都不太可能直接是意識型態性的。

對於同時期的世界觀和信條以及使它們得以發揮制度性作用的行為實踐（the practices），思想運動和綱領往往擁有不同的意見。但是意識型態與其不同，持不同意見者將承受嚴重的後果，其團體和外界的界限相當分明，思想上是徹底封閉的，而且意識型態企望包容認知上、評價上和實踐上所有現存的對象和事件。

各種意識型態及其信奉者宣稱他們代表一種超越性實體，諸如某個階層、社會、人種或某種理想的價值；這種實體包含著比某種團體的成員更廣泛的內涵。意識型態的集體載體，無論其實際情況如何，總是聲言為某種「理想」而奮鬥，此種理想的受益者則總是超出了意識型態群體的成員。由於理想同現存狀況始終是歧異的，意識型態力爭實現某種社會狀態，其倡導者宣稱它要麼從來沒有存在過，要麼是僅存在於過去而現在則不再存在了。

〔卡爾・曼海姆（Karl Mannheim）在《意識型態與烏托邦》（*Ideology and Utopia*）〕一書中稱前種理想為烏托邦，而稱後者為意識型態。他列在意識型態項下的，還有肯定現存秩序的各組信仰，而我們則稱其為世界觀、次世界觀、思想流派和綱領。本文既沒有套用他的術語，也沒有運用他的分類）。

意識型態和中心價值系統

　　較之盛行的世界觀或構成意識型態的個別重疊的信條來說，意識型態更加熱切地力爭較為純粹、充分或較為理想地實現個別認知價值和道德價值，而不滿於社會上已經取得的價值。意識型態也更加不懈地要求不斷接觸神聖的象徵，以及充分顯現於現存世界中的神聖事物。與中心制度系統連在一起的世界觀和信條在其綱領中要求部分地改變世界，或是做出和現存世界並無深刻歧異的改變，而意識型態則迫使其擁戴者透過一種「全盤轉變」（total transformation），來實現包含在神聖事物中的理想。它們尋求全面征服，全面改變人們的信仰，或者與現存信仰全面決裂，以便那種更純粹的理想價值形式可以在隔絕現時周圍社會的污染性影響的情況下，而培植起來。在一種盛行世界觀之下，幾種信條的各個信奉者都在某種程度上接受抱著其他信條的社群，而一種意識型態的倡導者，則由於與其他意識型態，而尤其是主導世界觀（和信條）處於針鋒相對的地位，所以便強調他們的意識型態與社會內其他世界觀和意識型態的不同性，並且矢口否認同一性和親近性。

　　雖然如此，無論每一種意識型態創造者的原創性有多麼偉大，它都是在一種現行文化當中緣起的。無論它多麼激烈地反叛那種文化，它本身並不能完全擺脫那種文化的某些重要特質。各種意識型態是對人們不充分注重主導世界觀中某種特定要素，而做出的反應，並且力圖使那種受忽視的要素處於一種更為核心的地位，進而使它成為現實。所以，任何特定意識型態的道德取向和認知取向，同周圍社會中或多或少肯定或接受中心制度價值系

統的盛行世界觀和信條的取向之間，總是存在著顯著的實質性親緣關係。

　　就形式結構來看，肯定或接受中心制度價值系統的世界觀和信條，都是一系列極爲鬆散地融合在一起的含混道德命題、認知命題和思想態度，它們都針對於一系列特定的、同時常常是極其具體的對象和情境。在絕大多數堅持這類思想觀點之人的心目中，它們並不構成種種前後一貫的系統，各個都圍繞著一個核心主題、原則、價值或象徵。一種意識型態則是這類命題和態度的某種強化和泛化，同時是對其他命題和態度的貶低，並使它們從屬於一個或少數幾個現已處於首屈一指地位的思想。所以，一種意識型態不同於一種盛行的世界觀以及信條，這表現在**它的表述更爲明確、它的內部一體化或系統化程度更高、它的範圍包羅萬象**（comprehensiveness），**它的應用相當迫切，以及更爲熱切地集中關注某些核心命題或評價**。

　　由於這些共同的結構特性，諸種意識型態不管同主導世界觀和信條具有何種親緣關係，它們本身都表現出某些共同的實質特徵，無論它們是「進步的」、「革命的」，還是「傳統的」、「反動的」。它們必然意味著與現存社會分道揚鑣。它們鼓吹按照特定的原則改變其信奉者的生活；它們要求其信奉者始終如一地和全面徹底地應用原則；它們主張全面支配他們所生活的社會，或者爲了保護自己而同其徹底決裂。（即使一種意識型態的信奉者已經成功地掌握了政府的關鍵部門，從而得以在中心制度系統內行使權力，他們同受其支配的社會的世界觀及其信條仍然是格格不入的。）

　　由於意識型態是知性建構，它們激烈地反對維持中心制度系統下的各種文化制度。它們聲稱，這類制度扭曲了關於「崇高」

事物的眞理，它們之所以這樣做是爲了維護一種現世秩序下的不義體制。

　　諸種意識型態都堅持認爲將原則貫徹到行動上具有至上價值；這是它們指控中心價值和中心制度系統虛僞、損害原則以及權力腐化的理由之一。與這種嚴厲的態度相對應，諸種意識型態及其信奉者，不管他們是否在社會上執掌政權，都無情地抨擊社會中他們沒有完全控制的人，批判他們的行爲沒有始終如一地完全合乎正確而正義的原則。意識型態要求其信奉者的行爲始終嚴格遵守其律令；意識型態的群體往往對其成員實行嚴厲的紀律約束。

　　這類超個人的世界觀中的某些部分是某些個人所堅信的，其他人則不那麼堅信；後者可能偏向於某些不同於前者所信奉的東西。一種意識型態則要求每個宗奉於它的人都更爲徹底地堅信它；在各種意識型態的擁戴者中間，較之在一種盛行的世界觀或信條的信奉者中間，似乎更少存在勞動分工。

意識型態政治

　　諸種意識型態總是關注於神聖的和世俗的權威，所以它們不可能迴避政治，除了那種徹底退出社會的極端做法之外。即便是在根本不允許公眾政治的時代，意識型態群體也強迫自身進入了政治領域。自十七世紀以來，每種意識型態都提出了關於政治的看法；說實在的，自十九世紀以來某些意識型態除了關於政治的觀點之外，已明顯沒有其他觀點了。

　　這種除了政治之外沒有其他觀點的思想狀況，顯然並非是職業政治家的態度，職業政治家只爲政治而活著，不會爲其他事物

著想。那些一心關注於政治的意識型態之所以如此，是因爲對它們來說，政治統屬包容了所有其他事情。對權威的評價是意識型態化世界觀的核心；正是圍繞著這種評價，所有其他的內容以及關於它們的評價才融成了一體。對意識型態化政治來說，所有事情都抹上了政治色彩。沒有任何一個領域具有其自身的內在價值。隱私、藝術、宗教、經濟活動或科學，以及其他自律性領域（autonomous spheres），都失去了其內在價值。按照意識型態的觀點，它們都應從政治的角度來加以理解。（這對馬克思主義來說也同樣是正確的，儘管據稱它提出了所有事物都依賴於經濟關係的觀點。生產關係是財產關係，即由國家權力所支持的權威關係！）

　　意識型態無論名義上是信仰宗教的還是反宗教的，都關注於神聖事物。意識型態尋求用一些終極指導原則來支配現實存在的每個部分，從而將存在神聖化。權威中包含著神聖事物和瀆聖事物兩個部分，前者內含於意識型態所確認的權威之中，後者則體現在盛行於邪惡世界的權威之中。通常的政治是個黑暗的王國；而意識型態化政治則是光明反對黑暗的鬥爭。

　　參與公民政治秩序下的常規生活是同意識型態化精神格格不入的。而實際上，這種意識型態的純粹性大都是混雜不純的，那種純粹的意識型態化政治只是一種例外和邊際現象。建立一個強大的機器以奪取國家政權，甚至不惜使用陰謀和顛覆活動，這種需要迫使意識型態的信奉者對現行政治秩序妥協和讓步，並且容納那些意識型態取向不純的潛在合意的支持者。失敗也損害了意識型態政治的純粹性。競爭的壓力迫使它接受與其性質格格不入的盟友，並採取同樣格格不入的措施。雖然如此，憎恨異己，強調純粹性或程度略微緩和的意識型態化政治，常常還是以某種方

式滲入到公民政治之中。

同樣，在知識份子中間也有許多繼承了某種意識型態傳統的
人，對他們來說，意識型態化政治似乎是唯一正確的政治。即便
某些知識份子似乎是常常深信意識型態化政治效率低下，他們觀
察世界的範疇仍然是意識型態化的，而意識型態的技巧和英雄則
仍然激勵和主導著他們的想像力。

意識型態的擁戴者

人類一旦達到了某種智識發展階段，意識型態建構的心理傾
向就成了其根本特性之一。然而，這種心理傾向通常是潛伏的。
在一個卡里斯瑪式（charismatic）的意識型態家身上，這種傾向
表現得最爲充分。這種人全身心地渴望接觸神聖事物，並且以總
括性的和融貫的語言傳播這種接觸。然而，卡里斯瑪式的意識型
態家不可能同一個他所代言的集體隔絕而構建一種該集體所共享
的意識型態。倘若一種類似意識型態的知性建構是在同政治派別
或宗教派別隔絕的情況下形成的，那麼它至多不過是一種宗教、
道德、社會和政治哲學的體系。只有當它被一個信念一致的共同
體所共同信奉時，它才超越了某種道德、社會和政治哲學的嚴密
體系（它們建立在某些有關宇宙和歷史的根本命題之上）。

一種意識型態的標誌性核心擁戴者（或載體）是一種意識型
態化原初群體（ideological primary group）〔亦即 Schmalenbach
所稱的同道團體（Bund）〕。將意識型態化首屬群體成員彼此聯
結起來的細帶，是意識型態化信仰體系的共同信奉者彼此之間的
相互依戀，以及感覺到信友們因接受本意識型態而共有的那種神
聖性。在意識型態化首屬群體中間，個人特質、原初特質（pri-

mordial qualities）和公民特質都削弱了，或者說爲了強化一種「擁護意識型態」的特質，而受到了壓制。同志因其信仰才成爲同志，信仰是他最爲重要的品質。一個充分完善的意識型態化之首屬群體透過嚴格界定的邊界，而與「世界」隔絕開來，這樣一則它尋求保護自身，二則它尋求征服世界。對行爲和信仰的嚴格紀律約束是意識型態化首屬群體的一個特徵；它還要求緊密的團結和毫不動搖的忠誠。

　　自然，在現實中，意識型態特質從來沒有完全取代所有其他特質，而純粹的意識型態化首屬群體也從來沒有存在過。所以，意識型態化首屬群體一再受到種種壓力，這不僅因爲意識型態作爲一種知性體系內部所固有的壓力，而且還因爲對群體中的許多成員來說，其他特質也變成了重要的特質，在此基礎上形成了種種補充性的、並常常是替代性的和矛盾的依戀感。即便是最有紀律約束的意識型態化首屬群體，也受到成員中間各種不同信仰的壓力，以及他們對「世界」的種種依戀的離心力。

　　意識型態常常是由整合程度更爲鬆散的團體所信奉的，尤其是在意識型態本身已經處於解體的狀況之下更是如此。意識型態具有一種自我複製的能力。其回聲和殘餘在其主要擁戴者已經死亡，或因失敗和幻滅而解體之後，還會繼續存在。它們會融匯到各種思想流派的運動之中。意識型態的殘餘也會轉變爲信條和世界觀。

意識型態的湧現

　　意識型態是人們需要一種知性化世界秩序的產物。對意識型態的需要是人們認知宇宙和確立道德原則之需要的強化，後者則

以一種較爲和緩以及斷斷續續的形式出現，但卻是人類的一種根本心理傾向，雖則分佈並不均勻。

意識型態產生於社會產生危機狀態，以及對當今盛行的世界觀已經感到無法接受的人們中間。一種意識型態的產生是因爲人們強烈地感到需要對至關重要的經驗做出解釋，而它們是盛行的世界觀所無法解釋的；其次是因爲人們需要一種牢靠的行動指南，而這同樣是盛行的世界觀所無法提供的；最後則因爲人們同樣強烈地感到需要對有關人士的價值和尊嚴的合法性做出一種根本辯護。僅僅拒斥現存社會以及社會精英的盛行世界觀是不夠的。一種意識型態要存在，就必須同時對社會及其文化的現存典範形成一種積極的替代性設想，並具有知解能力澄清這一作爲宇宙秩序一部分的設想。意識型態是那些卡里斯瑪人物（charismatic person）的創造物，他們的設想猶如天馬行空，令人懾服，同時又人人易懂，而且他們具有高度的知解能力和想像力。一種意識型態透過在其核心部分確立某些根本性的宇宙命題和倫理命題，而使那些接受它的人深信，他們擁有了或接觸到了終極眞理和眞諦。

某些人天生就是傾向於意識型態的，他們不斷地感到需要一種秩序井然的宇宙圖像，以及他們自身在其中之地位的明確認識。他們需要有關每種情境的明確是非標準。這些標準必須能夠用一種明確的、並可以立刻應用的命題，解釋所發生的任何事情；這種命題本身則又來自於一個核心命題。其他人則在個人危機和公共危機之下才傾向於意識型態，這種危機強化了對一種有意義的道德秩序和認知秩序的需要（一旦危機減輕，後者也就不那麼傾向於意識型態了）。

如果不是先存在一種道德判斷和認知判斷的一般模式，一種

意識型態便不可能出現，意識型態不過是對此模式的一種反應，並且是它的一個變種。換言之，必須先有一種文化傳統，意識型態才得以衍生，得以吸取它所強化並提升到核心地位的要素。一種知識化的教義（intellectualized religion）提供了意識型態得以出現的先決條件，因爲它包含了有關神聖事物之性質以及如何培植神聖事物的明確命題，而這正是意識型態所關注的。一種先已存在的意識型態既有助於形成一個意識型態傳統，也可提供一種意識型態傾向得以透過仿效和自我分化而沈澱的媒體。

　　所有高級文化中都已存在著各種意識型態和意識型態取向。然而，它們在西方文化中更是司空見慣。《舊約全書》中的先知傳統，以及神秘宗教和早期基督教中的救世傳統的不斷作用，已經形成了一組文化心理傾向，它們在西方基督教時代的歷史進程中一再得到激活。近代以來的世俗化根本沒有改變這種情況。識字率的提高和受教育階層的壯大，以及政治的「智識化」，都擴大了意識型態信仰的接受面。西方觀念傳播到亞洲和非洲，則伴隨著許多其他事物傳播了一種充滿意識型態潛力的文化。（關於意識型態擁戴者的社會成分，我們所知甚少。韋伯的觀點認爲，他們來自於交易商和手工藝者階層，以及因其傳統生活模式的瓦解而受到震撼的社會階層。這種假設只有某種程度的真實性。他們似乎也來自於受過教育的圈子以及種族上的「外來人」，這類人先前的異化狀態使他們傾向於接受意識型態信仰。）

意識型態的內源性和外源性變遷

　　意識型態的辯護者頑固地抵制那些明確修正他們的信條。他們想望擁有並且裝成是已經擁有了一種完美無缺的體系。對其辯

護者來說，它們似乎並不需要改進完善。雖然如此，意識型態從來不是完全始終一貫的，或是完全適用於它們所解釋和主導的經驗事實。即便是體系最為完備的意識型態，像所有科學的和非科學的信仰體系一樣，也都包含著矛盾、含混之詞和種種漏洞。這些便可能會引起意識型態支持者之間的爭論。他們對填補漏洞、澄清含混堅持採不同的方式，並且各個都聲稱其方式代表了對不變的且不可變的教旨的「正確」解釋。人們所感覺到的矛盾和含混之處可能純粹是知性方面的，而推動人們努力彌補它們的動力可能主要是對體系清晰性與和諧性的關注。這種努力可能會引起來自意識型態正統信奉者的對抗，這些人堅守先前的主導解釋。這樣，無論是創新者還是正統派勝利了，意識型態的先前解釋都經歷了變化。

意識型態的內源性（endogenous）變化除了這類更帶知性色彩的根源之外，還導源於各種不同政策支持者之間的衝突，而這些政策似乎是為這種意識型態所同樣認可的。由於爭論中的一個集團戰勝了另一個集團，意識型態內部也便出現了新的重點和發展。這些特質本身既是意識型態及其支持集團的不穩定性根源，同時也是它們進一步發展以應付新處境的條件，以及適應難以駕馭的現實並與之妥協的條件，這種現實則是人們充分認識和控制的對象。正是透過這類內部變遷，意識型態有時返回到了盛行的世界觀，有時則由於其重新出現而促成了盛行的文化價值體系的改變。

意識型態也因為外部現實的壓力而發生變化。「現實世界」不會輕易順應於意識型態的要求。生活「事實」也並不適應於其範疇；生活在這類事實中的人同樣不會屈服於意識型態家的勸說和攻擊。意識型態的創導人在其全盤改造現實的戰鬥中常常遭到

挫敗。挫敗是一種衝擊，一種壓力，它迫使人們修正意識型態，以適應不以人的意志爲轉移的「客觀事實」。儘管有抵制，意識型態還是得到了修改，最初是表層上的，以後則愈益進入深層。在這種應付牢不可破的「現實世界」的鬥爭中，意識型態家之間難免會有裂痕。

　　給意識型態造成壓力的另一個外在因素，是促使它產生的那種危機的緩和，以及隨之而來的意識型態取向的消散。那些因危機而陷入意識型態心態的人或者退出了意識型態首屬群體，或者與之削弱了聯繫；倘若他們頗有影響的話，他們就會修正意識型態，以使它適應於周遭社會的生活要求，而他們本人則再次同化到這個社會之中了。在這些情況下，那些嚴格界定的邊界開始瓦解了。人們不再一概用意識型態特質來界定自身了。意識型態爲了同中心制度價值系統中的主導世界觀區分開來，而做了具體入微的修正，這使它不那麼顯得脫節了；而其鮮明的意識型態要素則消退爲儀式上所用的套語。司空見慣的是，意識型態所突出的內容復歸到爲人更爲廣泛地所共同信仰的盛行世界觀，就是說，盛行世界觀或信條中那些先前不爲人所重視的、含混特徵得到了強化。

準意識型態現象

　　意識型態取向的潛力相對而言很少得到實現。與中心制度價值系統對許多同時具有意識型態傾向之人的持續影響根本無關，意識型態取向常常並不能最終成爲充分完善的意識型態或意識型態首屬群體，因爲那些受其影響之人的意識型態需要，並非十分強烈、廣泛而持久。倘若沒有一位具有非凡智力和想像力的意識

型態強人，那些具有意識型態需要的芸芸眾生就不可能實現其意
識型態傾向。

　　更為甚者，一旦意識型態首屬群體陷入瓦解之勢，那麼在這
種群體的晚期成員之間，意識型態便只能以一種零散的形式苟延
殘喘。它以這種形式繼續贏得支持者，這些人沒有了意識型態首
屬群體的紀律約束，便選擇了意識型態中具有相同性質的要素加
以應用和發展。這些要素便形成了一種意識型態傳統，得以為往
後的意識型態家和意識型態首屬群體所用。

　　有時，某些這類要素會成為一種批判中心制度價值系統，並
提出強硬要求的綱領。同意識型態一樣，綱領也是由於特別注重
「盛行」世界觀中的某些特定要素，並力圖在現存秩序下實現
之，而從中湧現出來的。一種綱領接受了盛行制度價值系統中的
許多東西，雖則它激烈地排斥某一個部分。因此，一項綱領處於
意識型態和盛行世界觀或次世界觀中間。從兩個方向都可以觸及
到它（從而也證明意識型態與世界觀及信條之間確有密切關
係）。

　　綱領形式的意識型態取向有時一心關注於特定的部分目標，
諸如廢除奴隸制度，或是爭取諸如種族群體或社會階層這樣的特
定人群的權利。它們從不擴展到以改造整個社會為目標。它們對
中心制度價值系統的依戀可能會達到如此強烈的程度，以致雖然
對某些特定的制度性行為慣例或特定信仰顯得格格不入，然則依
戀如故。這是現代某些「改革運動」的典型特徵。它們一心關注
並致力於中心制度系統的某一個具體部分，嚴厲地抨擊它，堅持
認為行為應與道德原則相一致，而且這種要求既不會屈服，也不
會妥協。綱領及其結構上所對應的社會運動，並不要求全面改造
整個社會，但它們毫不妥協地堅持要求實現其範圍有限的、理想

地確定的特殊目標。

在這類事例中，這些社會運動常常是由一小批組織成準意識型態首屬群體的人所發起的。這種群體在某種程度上劃定了自己的界限，並視自身與其敵人是截然有別的。不過，與登峰造極的意識型態首屬群體不同，整個周遭社會並沒有都被視作敵人。

信條與意識型態是不同的，雖則它也經常不知不覺地流為一種意識型態。由於信條一般並不採取一種邊界明確的團體形式，同時也由於它們較之於意識型態基本上不講什麼正統性，因而它們並不擁有意識型態那種指揮一切的知性力量。所以人們常常只是偶爾部分地抱有這類信條。除非一種信條被某個思想流派所吸收，否則它不會得到系統的詳盡闡釋，其範圍也不會擴大到無所不包的程度。其始作俑者的天才可能創造了一套融貫統一的道德、社會和政治哲學之體系，這種體系就其總括性、詳盡性和明確性而言，也許可以等同於一種意識型態的知識核心。但是如果他既沒有形成一個思想流派，也沒有組成一個意識型態首屬群體，那麼無論他的影響有多大，都是飄忽即逝的。每個人都會從中吸取他所需要的東西：這種體系會產生一種瀰漫性的影響，然則它將失去一種意識型態的必需的統一勝利力量。再者，如果偉大的思想家既沒有同其社會的中心價值制度系統完全格格不入（從而沒有同其決裂的需要），也沒有不分青紅皂白地要求其信徒在行為上完全遵從其教條，那麼他的知性建構不太可能會產生出一種意識型態，他頂多將創立一種信條或一個思想流派。

原初意識型態現象

意識型態現象的另一種變體見之於這樣一種集體，它在結構

上雖則類似於「兄弟會」，諸如青少年幫會、軍事團體和泛軍事團體，但卻沒有我們稱之爲意識型態的知性模式。它們同聯結著中心制度價值系統的盛行世界觀是格格不入的，從而明確地界定了自身的邊界。它們要求全心全意忠於團體，嚴格恪守團體的準則。它們具有極爲簡單的敵我標準。然而它們並沒有確立或信奉一種融貫的道德學說和知識學說。它們對其周圍的當代社會並沒有形成充分完善的原則性觀點；同樣重要的是，它們沒有一種總括性的秩序觀可以永久取代那種格格不入的秩序。「現實世界」是其交戰中的敵人，但它們無意於用一種具有終極意義的原則之名義，來接管它和改造它。在這一方面，它們類似於「潰退的」意識型態首屬群體，但又與其不同，它們咄咄逼人地向一個敵人開戰，並且缺乏一種知性文化。

　　原初意識型態首屬群體未能確立一種意識型態，這可以歸因於其成員沒有充分的知性秉賦，而首先要歸因於缺乏一位卡里斯瑪式意識型態人物，這種人受過良好的教育，並且有充分的知性創造力，足以爲徒衆提供一套相當複雜的信仰體系。這類群體既沒有充分接觸過中心價值系統，也沒有深入接受過意識型態取向的傳統。它們不過是「沒有思想綱領的反叛者」。（西方世界大城市中的青年幫會文化，典型地屬於這種原初意識型態組織，同十九世紀末年到第二次世界大戰前夕更爲意識型態化的德國青年群體形成了鮮明對照。）

意識型態的功能

　　意識型態常常是由在氣質和教養上已形成意識型態傾向的人所接受。這類人可能傾向於帶著咄咄逼人的情緒來表達他們的觀

點，他們可能感到極端需要區分同志和敵人，或者他們可能是在一種救世式或啓示錄式的文化中成長起來的。然而，還有些人則沒有這類情況，他們之所以受到意識型態的影響不過是出於偶然原因，或者是由於危機的壓力，這時他們需要意識型態的支持。對於這類人，意識型態可以在某種程度上和一段有限的時間內，發揮強有力的影響。如果使他們感覺到他們接觸到了人類存在的終極力量（the ultimate powers of existence），那麼他們行動的動力將會大大得到增強。他們會因爲感到自身是宇宙格局的一部分而勇氣倍增；他們先前所不敢設想的行動將獲得合法性，這是接近神聖事物所賦予的。

　　意識型態不是力圖透過衝突而瓦解中心制度價值系統，就是意在透過退出這類系統而否認它們的合法地位。在前一種情況下它們旨在「全盤」取代。即便是它們的支持者成功地取得了全社會範圍的權力，它們也不能做到這一點。倘若一個意識型態首屬群體成功地戰勝了現存的精英，並且開始統治整個社會，它也不能做到完全而持久地壓制先前居主導地位的世界觀。出於一系列原因，這種壓制是不成功的，首先是由於社會中衆多的人強烈地依戀於中心價值系統；其次，因爲存在上述情況，意識型態精英得以用來壓制的資源是不充分的──大量資源都在他們控制或支配的範圍之外。於是隨著時間的推移，某些（雖然永遠不會是全部）先前盛行的世界觀會重新抬頭。由於隨著時間的推移，一些意識型態首屬群體成員信奉意識型態的熱情逐漸消退，上述復歸過程便得到了加強。一旦他們激情消退了，他們中的許多人便重新趨向於接受模式緣起之前的文化思想。由於意識型態首屬群體繼續掌握著政權，恢復原有文化的障礙，以及存在著多種替代性行動路徑，促使群體中的某些成員（尤其是新加入的成員）訴諸

於他們一度支持過的意識型態思想體系範圍之外的觀念，於是便發生了原有文化的部分復歸。

雖然意識型態首屬群體（無論它們是否成功地實現了執政的抱負）試圖全盤改造世界的抱負注定是要失敗的，但是它們常常對價值取向的「常規」模式產生了深刻的影響，它們力圖戰勝這種模式，而它卻持續存在或重新抬頭。意識型態首屬群體還留下了殘存的支持者，他們經受了失敗和原有價值復歸的考驗。在出現常規化（routinization）的地方，如像在意識型態精英未被逐出權力系統的情況下，無論新的常規多麼偏離於意識型態的嚴格要求，它絕不會同它所取代的一樣，雖則這種新常規最初是以意識型態的名義確立的。

一旦意識型態取向通過傳統和系統教育而傳遞給下一代人，它便會遇到代際關係中特徵性的抵制，這類抵制又反過來導致了修正，以對人類的初始需要和個人需要，以及國內緊急狀況，做出妥協和適應。但是即便在這裏，意識型態取向也不會是毫無作用的。那些似乎拒斥它，或對其漠不關心的人，也生活在至少帶有某些意識型態色彩的傳統之下，這類色彩由意識型態滲入到先前盛行的世界觀及次世界觀的要素之中。

如果一個蒸蒸日上的意識型態首屬群體未能取得統治地位，那麼只要它持續了一段相當的時間，並且深刻影響了中心制度價值系統的監護者，它便會以部分重組先前主導世界觀的形式沈澱下來，並在舊世界觀的框架內突出一種新的重點。它更新了人們的感受力，強化了人們對道德取向和認知取向的需求，此前這種需求則處於半麻木狀態。意識型態與之抗爭的舊秩序永遠不可能同從前一樣了，因為舊秩序已經採納和同化了意識型態的某些重點。

真理與意識型態

　　眞理與意識型態的關係問題是由一個歐洲思想傳統提出的，這個傳統在馬克思主義以及卡爾‧曼海姆所創立的知識社會學中達到了頂點。根據這個傳統的觀點，意識型態就其本性而言，就是同眞理背道而馳的，因爲它必然包含著「掩蓋」或「僞飾」沒有說出或沒有意識到的動機或「利益」。這些「利益」促使人們將部分人偏狹的目標和利益冠冕堂皇地說成是人類的普遍目標和普遍利益，以欺騙敵對者。它們使意識型態家及其敵對者歪曲現實。意識型態是「虛假意識」（false consciousness）的一種表現，而且由於意識型態家在歷史進程和精神發展的過程中所處的地位，它不可能不是這樣的。

　　從一個更爲冷靜的立場來看，科學眞理或學術眞理與意識型態的相容性問題並沒有一個單一的明確答案，這種立場不會捲入到特定的歷史形上學之中，也不會急於證明所有其他人都是錯誤的，而它本身則是無可爭辯地放諸四海而皆準的。意識型態像所有複雜的認知模式一樣，涵括眾多的命題，即便意識型態力圖並聲稱達到了系統上的一體化，這種情況也很少出現。因此，眞實命題可能是與錯誤命題同時並存的。敵視本社會中盛行世界觀和中心制度系統的意識型態，常常包含著有關現存秩序重要性的眞實命題，或者它們指出了某些特定的變項，而那些對現存秩序持肯定態度或至少不那麼格格不入的學者和思想家則不是沒有意識到它們，就是不承認它們。另一方面，意識型態對關鍵社會結構的看法則同樣常常是根本錯誤的，尤其是對中心制度系統的運作錯誤更甚，因爲它們對這種制度存有如此嚴重的敵意幻想。

　　就意識型態的認知正確性而言,應該指出的是,沒有一種大意識型態認為,以現代科學的典型程序和精神來嚴格地追求真理是其職責的一部分。循規蹈矩的知性活動作為一種自律性領域（autonomous）和自律性傳統,這種概念本身就是和意識型態取向的整體性要求格格不入的,意識型態並不信任人的獨立認知能力和努力。與此觀點一致的一個命題是,意識型態必然是對現實的歪曲,因為它們所考慮的是未來的有利條件和利益。像意識型態取向一樣,那種認為虛假意識所不可避免的觀點設定,認知動機和標準對於決定現實判斷的正確與否起不了什麼作用。它認定,觀察和鑑別的測值,行使它們的規範,理性批評以及知識傳統,對於有關現實之命題的形成並沒有什麼重要性。這種觀點在原則上明顯是不正確的——即使在現實上,評價取向和意識型態取向也常常妨礙了人們自由發揮推理、觀察和判斷的能力。那些認為由於利益和激情的介入,所有知識都是意識型態性的,而真理是不可辨別的人,也必須承認上述觀點本身是不正確的——至少他們若要相信自身斷言的正確性,就得承認這一點。

　　自然,可以正確地認為,前述意義上的意識型態文化實際上常常影響了真理的得出。從某種程度上說,情況確實是這樣的,然而這是由於意識型態固有傾向無視新的證據,並且不信任所有持不同立場的人。所以,意識型態與真理之間出現緊張關係的主要根源,在於其倡導者要求追隨者們嚴格堅持自身的立場,以及隨之而來的要求維護信仰和行為的統一性。意識型態取向的這兩種特性造成了教條化的僵硬性,以及不願讓新的經驗促進真理的發展。這尤其適用於各門社會科學,因為社會科學與意識型態兩者的探究對象是極大地重疊的,所以社會科學常常是意識型態判斷和唯意型態判斷的對象。就自然科學而言,這種緊張關係並不

那麼突出。然則既然意識型態關注於人的本性和宇宙的本質，緊張關係也同樣存在；而且由於堅持知識的統一性，意識型態必然要抑制認識的發展。所以，無論某些意識型態所包含的見識有多麼深刻，在意識型態的場境下（或者透過意識型態家的努力所做出的）進一步深化認識的潛力，都受到了阻礙和扭曲，尤其是在其辯護者成功地牢固控制了中心制度系統，而首先控制了中心文化制度系統的地方，更是如此。

　　人們常常討論的一個相關問題是，自然和社會科學方面所有形式的科學知識是否都屬於意識型態的一部分。就我們前面的分析所界定和應用的意識型態含義而言，這個命題是必須加以拒斥的。科學知識的巨大進展處處都會受到意識型態或準意識型態殘餘的影響，就像它們會受盛行世界觀和次世界觀的影響一樣。（後者由於其固有的多元主義性質，准許人們更為自由地行使認知能力。）但是科學並不是，而且從來就不曾是意識型態文化的構成部分。科學工作的精神同意識型態是格格不入的。馬克思主義是唯一一個具有實質性科學內容的大意識型態，各門社會科學在某些方面從中受益匪淺。雖然如此，現代社會科學並不是在意識型態的語境中成長起來的，而且社會科學的發展導致了意識型態的消蝕。沒錯，社會科學是各種現代社會中受教育階層的盛行世界觀或次世界觀的組成部分。它們對現存社會文化系統的各個方面常常持有反對的和批評的態度——但是與其說它們是意識型態的一部分，還不如說是某種次世界觀的組成部分。嚴格地說，它們吸收並淡化了意識型態，然而它們本身既不是意識型態也不是意識型態的組成部分。它們從來就不是意識型態化的。說實在的，它們對意識型態具有一種溶解效果，而且在某種意義上是反意識型態的。

　　各門社會科學研究一直是真正的知性活動，具有其自身的觀察和判斷規則，並且可以接受批判和修正，就此而言，它們從來不是意識型態化的，而且在事實上同意識型態是不相容的。它們愈來愈有助於形成其所屬社會的盛行世界觀，這個事實並不是，也不能作為有關其真實性的判斷。

　　所有這些並非意在否認作為程序和實質的科學活動與科學觀點是一般文化的組成部分，或是上述意義上的盛行世界觀的組成部分。但是它們是這些文化或世界觀的非常鬆散的組成部分——正如科學的各個部分之間本身也並不是完全整合的。盛行世界觀的典型特徵就是鬆散的整合沒有一種思想觀點可以唯我獨尊、排斥其他觀點。盛行世界觀和次世界觀中的科學與非科學組成部分以千差萬別的方式相互發生影響，與此同時各個部分又具有相當的自律性。很有可能，這種關係在未來將進一步強化，而科學知識雖則永遠不會獨霸天下，但將對盛行世界觀和次世界觀發生比以往任何時候都更為巨大的影響。出於所有這些原因，諸如「科學是一種意識型態」，或「社會科學像它們所批判的各種意識型態一樣都是意識型態化的」這類斷言，都必須加以拒斥。

意識型態的終結

　　在 1950 年代，隨著共產主義國家「解凍」的開始，以及發達國家中人們對實現馬克思主義的意識型態日益感到幻滅，於是學者們便常常提到了「意識型態的終結」。提出這一概念的人最初用它來指涉當時出現的形勢。然而反對這一觀點的人則將其誤解為，本文所指的這種意識型態將永遠不可能再存在了。他們還以為，理想、倫理標準，以及一般性的或總括性的社會觀點和政

策，在人類社會中都不再有意義，或不可能再實現了。這是一種誤解，在某種程度上是由於「意識型態終結」概念的倡導者和批評者未能區分意識型態與世界觀的界限所致。更好地理解這種區分便可以消弭大部分的爭論。澄清這個詞語所引出的某些問題仍然是值得的。

首先，明顯的是，任何一個社會的存在都不可能沒有一種認知、道德和表意的（expressive）文化。關於眞善美的標準是人類行爲結構中所固有的。從認知、道德和表意的需要中產生，並借助於傳統而延傳和維繫的文化，是社會建制（the constitution of society）本身的組成部分。所以，每個社會都擁有一種文化，從而擁有一組複雜的針對人、社會和宇宙的價值取向，其中包含著倫理的和形上學的命題、審美判斷，以及科學知識。這些便組成了社會的世界觀和次世界觀。所以，世界觀和次世界觀是永遠不可能「終結」的。這場爭論實起自於人們未能區分世界觀與這裏所理解的意識型態。

但是隱含在「意識型態終結」觀點中的理論構想，則走得更遠。它不僅斷言，上述文化能夠處於一種鬆散的整合狀態，其各個不同部分具有極大的自律性，而且任何具有相當分化程度的現行社會文化大多數時候都注定處於那種狀態，它們不可能完全被意識型態所取代。這同一種隱含的理論還認爲，一種文化的各要素之間高度整合的意識型態狀態，不過是一種邊際性狀態，而且是高度不穩定的。這種意識型態狀態是不能夠持久地擴展到整個社會的。

「意識型態終結」的倡導者當時注意到了，(1)在歐洲，法西斯主義和共產主義意識型態擴展到全社會的巨神般嘗試已經失敗；(2)西方知識份子中間認爲這種擴展是持久可能的和合人願望

的信念正在失勢。

　　然則，「意識型態終結」的倡導者並沒斷言或隱含地認為，人類已經達到了這樣一種發展狀況或階段，此後意識型態再不可能出現了。意識型態的潛力似乎是人類天性的一個永恆組成部分，一旦出現危機狀態，舊有的社會精英份子又無力挽狂瀾於既倒，而精英們所掌握的中心制度文化似乎又不能找到適當的出路，這時意識型態的心理傾向便會得到強化。就大多數人而言，他們都間斷地需要直接接觸創造性和合法性的源泉或力量，並需要滲透著這些力量的包羅萬象生活組織，而對少數人而言，這種需要則是人生第一要義。大多數人被激起的需要一遇到這類少數人，便產生和強化了意識型態取向。只要人類社會經受著危機之苦，只要人類需要同神聖事物直接接觸，那麼意識型態便會一再地出現。現代西方世界觀傳統中包含著強烈的意識型態要素，它們幾乎保證了意識型態的持續潛力。「意識型態終結」論不過是斷言，意識型態的潛力不必始終得到實現，而在五〇年代的西方，這種潛力便處於衰竭之中。它斷言，這一點正在被人們所認識到，而這些事實以及它們之得到承認，都有益於社會形成良好的秩序，並促進人類的福祉。

註 釋

本文曾以略微不同的形式刊於《社會科學國際百科全書》（*International Encyclopaedia of the Social Sciences*），David L. Sills 編 New York: Macmillan Company and Free Press, 1968, Vol. 7, pp.66-76。Copyright© 1968 by Crowell Collier and Macmillan, Inc.

3.意識型態與公民道德

I

在十九世紀的西方國家中，一種意識型態化的思想籠罩並侵入了政治生活，而到二○世紀它則呈現出取得全面統治的危險趨勢。熱衷於政治的知識份子階層尤其受到了影響。這種衝擊的強烈程度因國家而異。它在美國和英國最為和緩；而在法國、德國、義大利和俄國，它則具有壓倒一切的威力。在它變得充分強大的任何地方，它都扼殺了知識生活中的自由對話，引入了與發現和創造無關的標準，並在政治中抑制或破壞了一種自由和自發的秩序所必須的寬泛共識（the flexible consensus）。它呈現為各式各樣的型態，每種型態都聲稱自己是獨一無二的。然而，義大利的法西斯主義、德國的國家社會主義、俄國的布爾什維克主義、法國和義大利的共產主義、法蘭西行動黨（the Action Franç aise）、英國的法西斯工會，以及它們稚嫩的美國親家，夭折而亡的麥卡錫主義，都屬於同一家族的成員。它們全都尋求按照意識型態的要求從事政治活動。

　　意識型態化政治的信條是什麼？首先並且最重要的是這樣一種公設，它認為應該從一組一以貫之的和包羅萬象的信仰立場出發來從事政治，而這些信仰則必須壓倒任何其他考慮。這類信仰賦予某一個群體或階級至上的重要性，而領袖和政黨則成為這些完美無缺的群體的真正代表；相應地，他們將諸如猶太人或資產階級這樣的外國勢力和種族群體，視作是所有罪惡的化身和根源。意識型態化政治並不單純是局限於政治範圍的信奉二元對峙的政治。這種信仰唯我獨尊，它要求廣被生活的每一個領域——要求取代宗教，提供審美準則，主導科學研究和哲學思索，並且管制性生活和家庭生活。

　　那些以意識型態觀念從事政治的人深信，只有他們才掌握了正確規劃生活的真理——作為一種整體生活，而不僅僅是政治生活的真理。由此便導致了深深地不信任傳統的制度（the traditional institutions）——家庭、教會、經濟組織和學校——以及現代社會中人們得以根據成規從事政治活動的制度化體制。所以，意識型態化政治要求人們不信任政治家①和他們得以工作的政黨制度。意識型態化政治也一直是由自稱為政治黨團的組織所玩弄的，就此而言，那只是因為政黨這個詞語已經成為那種積極關心政治之組織的約定俗成名詞。這並不表明，這些組織的黨徒有意於合乎憲法地在政治體制之內從事活動。意識型態化黨團的構想和期望天生就是越出於憲法制度之外的，即便它們的成立手續似乎是合乎憲法的。我們所說的憲法，不僅僅是指成文的憲法、法律和司法判決，而且還包括所有這些條文和判決的道德預設（the moral presupposition）。意識型態化政治則在「體制」之外建立起據點。意識型態化政治家鼓唇弄舌，力圖瓦解人們對這種「體制」的忠誠，並破壞它，而代之以一種新的秩序。這種新秩序將消除

現存體制中的罪惡；而且這種新秩序充滿了唯一可以拯救人的意識型態信仰。

意識型態化政治是疏離的政治（alienative politics）。參與這種政治的人處在現行社會的核心體制之外。意識型態政治家感到這類制度沒有聯繫，他們參與其中的目的，截然不同於那些為捍衛這些制度而循規活動的人②。

對意識型態化政治家來說，成為議會的成員或擔任官職，只意味著推翻或摧毀現存體制的機會，而不是按其規章工作或改進它的機會③。

意識型態化政治是將人劃分為「朋友和敵人」④，「我們和他們」以及「行動者和行動對象」⑤的政治。根據意識型態鼓動家的看法，那些不是站在意識型態政治家一邊的人，便是反對他的人。

這樣，道德分別論（morol separatism）起自於意識型態化政治的那種尖銳、恆久而不可跨越的二元論，它在善與惡、左派與右派、本族與外族、本國與外國之間，做了最激烈的和不容妥協的區分。混淆是不能容忍的，而在出現混淆的地方，它們便被當作不真實的，使人誤入歧途的和不安定的成分，而加以否認掉了⑥。

意識型態化政治一向著魔於總體性，並且還一直著魔於未來世界。它們相信，健全的政治必須有一套不僅在空間上，而且也在時間上可以說明宇宙中每一事件的學說。對意識型態化政治來說，逐年逐年地維持生計，解決歷年的和每個十年的問題，那是不夠的。意識型態化政治家必須從歷史的總體背景上認清其行動。他們必須意識到自己正在向歷史的高潮邁進，不是走向一個在所有重要方面都是全新的新時代，就是輝煌地實現人類生活中

早已失去的大同世界。無論是史無前例的全新時代的到來，還是
早已失落的時代的復歸，這種終極階段都是歷史上獨一無二的時
期⑦。對於這個可望不可及的時刻而言，其他一切事業都是一種
等待和準備。

II

認為意識型態化政治的時代正變為過去式的根據是什麼？正
當世界凝固為由布爾什維克思想所造成的兩個敵對陣營之間的緊
張局面時，當法國和義大利的共產黨正成為它們國家中最大的政
黨之時，當中東、非洲和亞洲的民族主義和族類意識型態一直在
侵蝕理性的判斷和可以理喻的道德行動之時，我們怎麼可以號召
天真之輩去設想意識型態化政治時代的結束呢？

然而這種期望也並不單純是輕浮的樂觀主義。以往半個世紀
以來支撐著知識份子中間意識型態化政治的精神本身正在逐漸失
去其勢力。馬克思主義正在解體。最初，只有羅素（Bertrand Rus-
sell）、古利安（Waldemar Gurian），以及一批歐洲社會民主黨和
自由派人士識破了布爾什維克馬克思主義的真正本性，其神話在
1930 年代中期就開始自行破滅了，然而其時它對世界其他知識份
子的吸引力卻達到了高潮。共產主義者曾聲言，蘇聯正在進入人
類歷史的終極階段，即真正的自由王國，而莫斯科審判則成為這
一聲音破產的關鍵的第一步。1953 年 6 月 17 日的柏林暴動是另
一步。當俄國人的坦克在柏林街頭掃射德國工人時，人類將超越
充滿衝突之歷史的那種大同王國的幻象被揭穿了。據馬克思主義
的想法，只有社會主義的社會之間，才可能存在一種由無產階級

的大團結所維繫起來的大同狀態，可是蘇聯人用武力鎮壓東德工
人時，卻毫無惻隱之心。匈牙利和波蘭的知識份子熱切地希望能
夠從強制性的馬克思主義中解放出來，以及俄國人對 1956 年匈牙
利革命的鎮壓，也都促成了馬克思主義神話的破滅。

　　單單是政治事件還不足以使馬克思主義威信掃地。也許更爲
重要的是它壓根兒就沒有意識到生活本身的多重性。人民仍然需
要信仰，但是馬克思主義則並不能滿足它。它的公式太簡單，對
於那些試圖在大規模的組織以及隨之而來的職業專門化趨勢面前
確立其知識份子個體性的人來說，馬克思主義什麼也沒有提供。
即便是馬克思主義中的人道主義因素（它宣稱關心窮人），也不
可能有吸引力了，因爲現時共產主義國家仍然有爲數甚巨的窮
人，而且現在有目共睹的是，資本主義國家中的窮人較之於共產
主義國家中的富人，處境還要好得多。馬克思主義的烏托邦主義
失去了其令人信服的能力——世人太疲倦了，而且在這個方面甚
至也太聰明了，許諾一種可能是虛假的、與現在沒有多大不同的
未來，已經不能使人激動起來了。諸如美國的《異議》
（*Dissent*）和英國的《大學與左派評論》（*Universities and Left
Review*）這樣的雜誌對拯救某些意識型態遺產，曾做出了有魄力
的和感人肺腑的努力。但是它們表明，現在意識型態化政治已經
多麼侷促地處於守勢，以及它們對自己觀點的有效性顯得多麼將
信將疑。它們知道，它們的神話已經褪色了，而且出於充分的理
由，知識份子的時代精神是同它們背道而馳的。在知識性生活的
每一個領域，比如經濟理論、歷史學和社會學，馬克思主義都失
去了其吸引人的能力，因爲它在知性上和道德上過於簡單化了，
也過於陳腐了，而對當代思想家心目中的諸問題[8]，則常常是謬
誤的和不相干的。作爲大學研究的教學主要課題的各門社會科學

（即使它們存在著嚴重的侷限，而且即使它們有時打上了馬克思主義的徽記）的興起，是導致馬克思主義黯然失色的一個主要因素。

民族主義對西方知識份子也失去了其學理上的感召力，它那種深層的、原初性（primordial）的影響力非常強大，但是它並沒有涉及到提供政治判斷和政治行動，乃至更不能爲其他生活領域提供約制行動的準則。在二〇世紀的西方知識份子中間，學理性民族主義從來就沒有長期佔居過主導地位，雖則在法國的莫雷斯（Maurras）和巴雷斯（Barres）的追隨者中間有過一個堅持不懈而忿忿不平的少數派，在德國，它曾一時窒息了理性，而在法西斯主義統治下的義大利，民族主義找到了眾多心甘情願的擁護者。不過現在它偃旗息鼓了。甚至可以說，自從義大利文藝復興運動（the Risorgimento）和德意志帝國統一運動以來，現在民族主義在歐洲和美國處於最低潮。國家社會主義的罪惡事例，可怕的民族自我陶醉，以及在民族的名義下所幹的恐怖行爲，至少在現時使得德國人民（包括知識份子和普通凡人）的意識型態熱情枯竭了。以往兩次世界大戰所造成的巨大傷亡和浪費，而且有可能再來一次更爲嚴酷的戰爭的不祥預兆——這些因素加上理論認識方面的改變，使得民族主義的狂熱成爲現時所存的所有替代選擇中最不吸引人的選擇。

更加甚者，社會主義和資本主義之間的激烈爭議似乎趨於和緩了。戰後美國和西歐國家經濟上的成就，加上蘇聯衛星國家的中央計畫經濟不能在政治上通行無阻，經濟計畫本身的失敗，某些共產主義國家在其經濟中重新引入市場經濟的原則，以及英國和法國的國有化工業所取得的適度成就（而絕不是引誘人的成就）——所有這些都平息了社會主義擁護者和資本主義辯護士之

間長達一個世紀的爭辯。

　　被吸引到馬克思主義之內的舊人道主義中較合理的願望，已或多或少在資本主義國家得到了實現。社會主義和共產主義國家既壓根兒沒有實現其更為宏偉的理想，也沒有比資本主義國家更出色地實現其較為合理的願望。

　　自然，美國的黑人問題常激起人們的熱情，但是沒有任何原則和學理可以提供一條明確簡便的出路。「婦女問題」已成為一個令人頭痛的痼疾，不是列舉或信奉清楚而毫不含糊的原則所能夠醫治的。平等主義的意識型態已經給後人留下了它所源起的道德平等主義這一根本積澱物，但是作為一項普遍適用的原則它已失去了魅力。情況彷彿是，舊意識型態中健全的成分已經得到了實現，而不健全的成分則已經如此明顯地表明了其不健全性，以致不可能再喚起人們得到理性支持的熱情。

　　自然，在西方以外的新興國家中，馬克思主義的、伊斯蘭教的、阿拉伯的、印度教的和泛非主義的意識型態化政治仍然存在，而且表現為一種激烈而且不妥協的形式，並常常擁有巨大的影響力。但是許多同情這些願望而嘆惜其過分的西方人士也都傾向於認為，一旦這些盛行意識型態化政治的新國家變得更為安定而成熟，這種政治也會煙消雲散的。從新近採取的溫和立場追溯過去，西方知識份子將亞非兩洲的意識型態化政治，而尤其是民族主義和部落主義，視作是一種痲疹，人們在童年才會得此病，成年人實際上就有免疫力了。

　　對知識份子來說，現在似乎已經沒有可以為之傾心的供選擇意識型態了，再沒有什麼東西可以煽動他們發揮聰明才智去為信念以及對完美世界的熱望而奮鬥了。保守主義得到了適度而真正的復興。人們紛紛站到了柏克（Burke）一邊。他們都默默地成了

「自然的柏克信徒」。《民族評論》（*National Review*）雜誌儘管文筆生動，但卻受到了孤立和冷落；那種試圖創立一種超出溫和、可以理喻和穩重限度之外的「保守派意識型態」的努力，則一向沒有成功⑨。

意識型態化政治似乎沒有充分的根據。所以，認為意識型態化政治的時代正在逐漸接近於終結，是有理由的。1960 年代晚期一陣洶湧的浪漫激情並沒有湮沒更深層的潮流。

III

相信意識型態化政治正在終結的根據之一，是它僅限於現代世界。

阿宏教授曾指出，意識型態化政治起源於法國大革命⑩。這一論點多半是正確的。實際上，只是到了十八世紀末年，意識型態化政治才在一場史無前例的激情大爆發中進入了公共生活的舞台。

意識型態化政治的大規模出現相對而言是晚近的事，其理由是不難尋覓的。直到最近幾個世紀為止，政治並非公眾之事。在貴族共和國和古代城邦民主制中，政治並沒有佔居廣大民眾的注意力。政治是統治者和那些企圖成為統治者的人才關心的事。不過，相對而言，人口中只有很少的一部分人才有這種抱負。部落利益，封建領主的利益和王朝的利益是以前社會政治生活中的至高利益，它們並沒有滋養意識型態的思想觀。更有甚者，作為政治活動中一個主要因素的知識份子階層也並不存在。那些受教育者參與文職官員（civil service）的國度，如像在古代中國、古羅

馬和中世紀的歐洲，官僚主義的精神氣圍以及對君王的人身依附
（更不要說爲獲得文官職業所做的那種教育準備了），都阻抑了
一種意識型態取向的湧現。宮廷政治的陰謀並沒有使一心專注於
意識型態的人獲得功名。也沒有出現獨立的職業化文人和新聞工
作者階層，亦即擺脫了贊助人，也不必站在當權者一邊的知識階
層。

　　希臘城邦和羅馬共和國晚期的激烈政治鬥爭，即使出現了最
嚴酷的階級對抗，也並沒有意識型態化。它們是代表「利益」而
戰鬥的。「正義」和「美好社會秩序」的觀念，除了外圍之外，
並沒有影響到這些鬥爭。

　　當然，存在著針對生活的意識型態取向，只要人類社會存
在，這種取向就必定會存在。它對所有事物都做出了判斷，所以
也對政治做出了判斷。它譴責現存政治秩序是一個邪惡的王國，
從而要求並預言它的滅亡。然而，這種針對政治的意識型態態度
並沒有滲入到政治活動的領域，因爲信奉它或受它影響的人還沒
有資格進入討論和決定政治職位的繼承以及政府行動的核心政治
圈子。

　　只要政治還不是正義的工具和實現合理秩序的工具，並且只
關注於維持秩序，維護已經取得的王朝權力和階級權力，那麼意
識型態化政治便沒有存在的餘地。那些從事政治的人並不會受它
們的感染，除了在稀有的場合之外；即便是偉大人物深受意識型
態（首要是宗教的）考慮的驅策，這種政治也沒有追隨者。

　　印刷術的發明和因此而生的將爭議傳佈到廣大公衆之中的可
能性，還有新教徒那種認爲只有《聖經》而不是教士身分才是神
聖性載體的信仰，以及歐洲人民大衆緩慢而漸進的覺醒──所有
這些都大大爲意識型態化政治創造了必要條件。然而，關鍵要素

則是一個不再專門依賴於贊助人或遺產而維持其生計的知識份子階層的誕生。

十六世紀出現於世的知識份子團體是世界歷史上的一個新階層。這個團體成員的感受力、才智和想像力都促使他們越出了日常生活的標準和要求；他們不再被迫依賴於教會、國家或君主式、貴族式和商人式的恩主，以維持其生計。於是他們不再非效忠於恩主不可了，他們獲得了選擇自由，可以信奉那些體現在現存教會和政府制度之外的象徵建構。在近代歐洲社會中，這一社會階層的規模和重要性都得到了穩定的發展，這或許是政治的「意識型態化」（就其好的一面而言，它常被稱之為「政治的精神化」）過程中的一個決定性因素。在專門化的技術訓練確立之前，知識份子與受教育者階級是合二為一的。他們一直生活在世俗政權與理想的永恆對峙之中，這種理想來自於他們作為知識份子的天性。然則，他們並沒有從其自身內創造出意識型態化政治的意象和激情。他們已經形成了眾多的傳統，諸如浪漫主義傳統；科學主義傳統和波西米亞傳統（the bohemian tradition）。雖然這些傳統對知識份子傾向於意識型態化政治起了關鍵作用，但是它們尚不足以賦予這類政治非同凡響的吸引力和感召力。

意識型態化政治的根基存在於一種意識型態傳統之中，而這種傳統來自於我們西方歷史的深層，並通過無形的流傳而一直存活在我們中間。我們的猶太─基督教文化，作為我們靈魂一部分的激情，以及人類社會的本性，都滋養了意識型態化政治。

千福年傳統（the millenarian tradition）是意識型態觀點的最古老源泉，而它是基督教教義和歷史中始終存在的一種潛在勢力；就大多數人和大多數時間來說，它通常都維繫在一種潛伏狀態。它存活於各個新教教派的經歷中，以及每個基督教社團的聖

人記載中。即使在宗教信仰已經淡化或成為空洞形式的國度，千
福年的期待和預言也保存在一種充滿馨香的傳統之中，它偶爾會
由敏銳而善感的個人概括成為理論。宗教熱情在西方文明中還從
來不曾付諸闕如過，正如諾納德·諾克斯⑪（Ronald Knox）晚年
以一種同情的理解所表明的，也正如科恩⑫（Cohn）教授從一種
非常不同的觀點出發所證實的。早在放逐之前的時代裏，猶太人
先知便預言了我們所生存的這個世界的災難性末日，即「天罰之
日」（A Day of Wrath）和「最後審判」（Last Judgement），其
時個體和集體的罪人都將受到懲罰，而一個再生的以色列將出現
在巴勒斯坦和第二個伊甸園之中。

　　對罪惡的世俗秩序進行最後審判的期待深深地根源於早期基
督教共同體。隨著社會確立為一種制度而延傳下來這種傳統並沒
有死亡。摩尼教（Manichaeism）強調光明與黑暗之間的基本分
別，並將宇宙構想成光明力量與黑暗力量之間不可調和的鬥爭場
所，它在流傳著上述千福年主義傳統（chiliastic tradition）的基督
教圈子內受到了歡迎。如果教會或一個當權機構的成員期待著世
界末日的即將到來，並由一個上帝王國取而代之，那麼教會或當
權機構實在已無從生存了。聖奧古斯丁（Saint Augustine）正是為
了面對這一觀點，才詳盡闡釋了教會本身即是世間上帝王國的構
想。但是對那些敏於思索神聖事物，並且學養才智出眾的人士來
說，現存的教會永遠不可能代表上帝王國。只要教會拒絕宣揚上
帝王國即將得到實現，它便要受到這些人士最劇烈和最嚴厲地抨
擊。

　　科恩教授既無意於支持馬克思主義的觀點，即認為千福年教
義不過是用宗教語言表達的有關階級鬥爭的意識型態；他也不信
奉反馬克思主義的觀點，這種觀點認為千福年論僅僅是一種極度

敏感的、同時也許是精神失常的宗教心理的表現。因而科恩很有說服力地表明了，千福年論如何融匯了階級仇恨、種族憎恨以及民族榮耀的幻想。有關君王、領主、富商、教皇、猶太人、土耳其人、義大利人和薩拉西恩人（Saracens）的幻念充滿了仇恨，並融合成了關於撒旦和反基督徒的可怕形象。對生存的意識型態取向是一個從未間斷過的單一複合主題，它有一段曲折而悲劇性的歷史，其中充滿了慘狀、迫害、暴力、狂暴而虛妄的渴望，虛假的救世主，神經錯亂的幻念：敵意和殊死的戰鬥。這個核心主題便是對生存的意識型態取向。

意識型態觀點苦苦專注於現實世界的罪惡；它堅信善與惡是永不混同的。它鮮明地區分了光明之子與黑暗之子，並相信，世俗性的行動均不能改善或減輕罪惡。它顯露了對現存宇宙秩序的強烈憎恨，尤其是對這種秩序的世俗受益人，即政府、經濟和教會方面的權威，乃至任何種類的權威，充滿了憎恨。它將權威視作是罪惡的代理人和居間者。

人類大眾始終不斷地受到罪惡的誘惑和引誘；日常工作和商業的卑微考慮、對家庭的依戀、對朋友的忠誠，以及對私人利益的探求，都不可避免地涉及到罪惡。那些承擔起統治現實世界之責任的人，不是從一開始便本性腐化，就是在接觸權威的過程中變得腐化了，因為權威就其本性而言就是惡魔。

然而千福年論所表達的意識型態觀點斷定，世上的罪惡統治為時不會太長。我們所看到的歷史時代終結的時刻即將到來。目前的歷史時期將由一種終結審判行動所糾正，這種審判將懲戒迷誤者和不義者，將他們超升到永福之中，同樣的正義行動將把有權勢者和邪惡者下罰到地獄之中，使他們永世不得翻身。這種將由終結審判所導入的秩序將是一個完美和諧以及平安的新王國，

那裏所有的人都依照正義和互愛的終極原則而生活。沒有衝突來玷污他們的生存；沒有貧困使他們墮落和受束縛。

為了邁入這樣一個光輝的時代，便需要有一小批奉獻者的英雄主義精神，這些人嚴格按照最高審判的指示而生活。英雄主義之所以需要，首先是為了證實那樣一些準則的真實性，這些準則最終將盛行於世，並且有助於開啓這個全新的歷史階段。

儘管千福年王國傳統具有非同尋常的悠久歷史，但它並非是那種由社會的長者向下一代人延傳的普遍傳統。接受它也並不同於普通的接受某種作為既定事物的傳統，而是追尋和渴望。這個傳統在人際之間的傳佈並不是延續的，而且任何社會通常也不會傳授它。它屬於社會底層和社會角落中的現象。它創立的群體處於熾熱如火的狀態，同教會的長久歷史相比，便顯得明顯的短命了。然而這一傳統卻擁有一段悠久而連綿不斷的歷史⑬。宣揚千福年論的基督教宗派從近東狂熱宗教信仰的發源地為始點，傳播到了東南歐洲和北非，從保加利亞傳到了義大利北部，從義大利北部傳到了法國南部，從法國南部傳到了低地國家，從低地國家傳到了德國和歐洲中部，隨後又傳入了英國。然則它的傳遞機制仍然是一個秘密。有證據表明千福年論的各個特定支系的創始人和傳播者相互之間都有個人聯繫，但是這並沒有說明為什麼供它們開墾的土壤會如此肥沃。

同樣，雖然千福年論與近代革命政治之間的內在聯繫現在已十分明顯⑭，但是其世系圖譜則更難於追溯。德國的馬克思主義者發現他們的先祖是閔斯特（Munster）的再洗禮教派（Anabaptists），以及英國內戰中的平等派和掘地派⑮。這只是承認其間的聯繫，而不是所受直接影響的證據⑯。

千福年論歷經許多不同情境而保持的連續性，也許並非來自

於一個延綿不斷的傳統，而是由於它一再地附著於其本源——「但以理書」、「啓示錄」、「西貝林書」（the Sybilline Books）和耶哈尼預言（Johannine Prophecy），這些資料對所有需要它們的人來說一直存在於我們文化的邊緣。那些渴望結束世上的不義，並且超越時代進入一個充滿和諧與情愛的純化新王國的人，便一再地轉向它們。在上一個世紀中，他們沒有必要追溯到最初的教旨。通過那些繼承者，原始教義已經轉化成了當代意識型態化政治的教義，並且全都以當代人更容易接受的言語形式流行於世。

現在的問題是，如果這不是一種像普遍傳統那樣延傳的傳統，它爲什麼會作爲一種如此一再重複的主題，而持久地存在於西方的歷史中呢？答案必須到基督教中尋找。基督教在其衆多的替代教義中包含著一個永恆的許願，這就是彌賽亞（救世主）的再次到來，以及彌賽亞到來之前的那種沒世之災的迫近，雖則由於現代社會的中心制度不可一日或缺，以及生存於其中的人類的本性，從而排除了廣泛遵行和實踐意識型態取向的可能性，但是這些社會總是存在著那麼一些人，特別受到意識型態取向的吸引力。那些出於意識型態需要，企圖通過接觸終極事物以獲得拯救的人，便總是迷戀於意識型態取向。每個社會都有無家可歸者、落魄者和不幸者，他們不能適應於任何權威和成就所要求的社會生活的常規。韋伯說過，救世主宗教最常見之於沒落的手工藝者階層和小業主階層。這一命題可以普遍類推。那些處境侷促的人，感到目前的生活太艱難的人，都傾向於接受關於生活的意識型態觀點。一個社會如果有許多人愈來愈感到處境侷促，愈來愈感到由於統治者的過錯而被遺棄和沒有受到關懷，那麼便會促使這種傾向化爲現實⑰。

　　自然，並非所有生活在落魄和不利境況中的人，都同樣深受意識型態取向的吸引。獨特的個人品質也是需要的[18]。有些人對終極準則和神聖事物具有超凡的感召力；這種特質雖然在所有人群中是不多見的，但在所有時代，尤其是危機時代，都可以在某種程度上找到它。人類之中有些人基於個人的天生秉賦，對生存的終極根據相當敏感，正如有些人需要，並有能力進行抽象推理，以及按照他們的智力來理解宇宙的神秘性一樣。有些人成了神秘主義者，有些人成了科學家，其他人則成了哲學家。還有的人深感政治、教會、家庭和性關係方面的各種世俗秩序是不義的；並總是抱怨這類秩序，於是便力圖到啓示錄文字中尋求解救之道。這就是爲何意識型態取向如此經常招來了充滿仇恨和恐懼的瘋狂之人。這種狂人即是在科恩教授的解釋中起著重要作用的偏執狂。意識型態敏感性即使並沒有利用其追隨者累積的仇恨和攻擊性，也將是與常規傳統社會的「此岸世界」處於分離和對立的狀態。其烏托邦主義以及對大同世界的追求，使得它與充滿利益衝突、折衷妥協和自私自利的世界格格不入。那些感到受傷害和受忽視者的仇恨與恐懼對這種意識型態的敏感性更是火上加油。因此之故，意識型態觀點總是充滿了暴力和破壞的意象，其實踐則常常充斥著實際上的殘暴行動和毫無人性的禁慾主義，儘管宣揚的是天下一家的友愛與萬世太平的人類大同狀況[19]。

　　意識型態化政治有時相當狂熱地要求接觸神聖事物。它們起自於悲憫以及對不正義現象的感觸，然而，任何可設想的社會都不可能達到使所有的人都永久擺脫悲憫和不正義感的狀態，正像任何社會都不可能踐履由最聖潔的先知和最瘋狂的啓示錄信奉者所肯定的準則一樣。

　　不過，近代西方國家，以及後來亞非兩洲國家中的知識份子

趨向於意識型態的傾向，並不僅僅來自於猶太基督教宗教文化的這一永久特性，這種文化甚至影響了那些並沒有接受其公開信條的人⑳。作爲知識份子（他們也處在其他傳統的川流不息之河中），這些傳統是他們作爲知識份子所特有的。

現代知識份子的大多數傳統似乎都使他們趨向於意識型態化政治；這或許並不是偶然的。這似乎是由於他們迷戀於那些超越日常生活及其責任的象徵符號而注定如此。其中的某些傳統可以看作是特定知識活動的副產品，比如說，科學主義便起自於科學研究和科學分析。另有些傳統，如像放浪傳統，則起自於特定的時代和某些人的生活模式，這些人的氣質驅使他們要努力獨立於傳統和因襲陳規，而他們對文學藝術創作的獻身熱情，以及出售其作品的有限市場，都逼得他們處在一種物質貧困和朝不保夕的狀態。還有些傳統，如像浪漫主義的傳統，則屬於人類精神深處激烈騷動的複雜產物，如此錯綜複雜，多姿多彩，以致它似乎是難以解釋清楚的。

讓我們考察一下其中的某些知識份子傳統，特別是它們與意識型態觀點的關聯，以及它們趨向於意識型態化政治的固有傾向。讓我們首先考察科學主義。科學主義必然意味著否認傳統的眞實性。它斷定，生活如果要達到最高層次，就應該按照「科學原則」來安排，而這些原則應該通過對實際經驗的嚴格理性檢驗才能得出，而且還要系統地接受科學研究詳盡而有序的檢查和實驗。它將人們普遍接受的傳統視作是取得這些原則的障礙，這類原則歸根結柢是宇宙所固有的原則。這樣，科學主義便構成了對傳統生活和制度化生活的嚴厲批判，並且拒絕接受任何權威，除非這種權威是建立在科學原則的根據之上的。它在人類面前祭起了一種社會的理想，在這種社會中，科學家以及由科學家所指導

的行政人員和政治家將實行統治，普通公民將不會抱有未得科學原則認可的任何信仰，也不會做出未得科學原則認可的行動㉑。科學主義拒斥盛行的秩序化及其中心制度和傳統，讚賞由終極科學原則所支配的理想秩序，這些都明顯地與千福年論觀點的某些特徵具有緊密的關聯。敵視眾人所接受的傳統在人類與宇宙終極原則之間所樹起的屏障，蔑視制度機構的權威，幻想一種理想的秩序（內含著宇宙存在的終極原則，並按照這些原則而運行），這些不過是少數幾種聯結這兩種傳統的緊密關聯而已。所以不難理解，接受科學主義的傳統如何能為接受世俗化的千福年論鋪平了道路，並從而導向了意識型態化的政治。

　　浪漫主義也朝著同一個方向湧流，奔騰著匯入了意識型態化政治的海洋。浪漫主義同樣認為任何現存秩序都是令人厭惡的，因為它扭曲、損害並毀壞了理想。浪漫主義的理想是個人和集體的天性之自然而直接的表述。無論是個人主義的還是集體主義的浪漫傳統，它們都竭力強調直接而充分地體驗個人創造性或共同性（民眾、民族或地區的）精神的終極價值。同千福年論的觀點一樣，浪漫主義認為對神聖事物的直接體驗是善惡的試金石。無論任何事物，一旦摻入算計、計謀、組織或妥協的成分，便會有悖於浪漫主義的旨趣。這就是為何對那些堅持浪漫主義傳統的人來說，自十八世紀以來所興起的現代大規模社會是令人憎惡的。市民社會（Civil Society）讓個人可以關注於廣闊的世界，但卻既不讓單獨的個人，也不讓整個共同體完全實現他們的根本潛能，因而被浪漫主義視作是一種任意壓抑人的制度，而與某種自由且人盡其才的理想王國形成了對照。市民社會要求妥協以及理性、謹慎的自我約制和責任心，這些品質都不合浪漫主義要求於所有行動的那種不受限制和自發性。因此之故，浪漫主義與市民社會

一直處於交戰狀態。

　　浪漫主義對知識份子世界觀的影響，遠遠超出了那些自己承認受浪漫主義支配的人。這種影響已經瀰漫於整個社會。它是決定知識份子對政治和制度權威之態度的一個主要因素。雖則它在內容上與千福年論那種可怕且令人眼花撩亂的幻想略有不同，但是兩者都致力於同一個目的──那便是以一種更充滿神聖性的生存範型（a pattern of existence）的名義，拒斥現存的秩序。

　　就精神系譜來看，波西米亞主義（bohemianism）和民粹主義（populism）的傳統，與浪漫主義緊密相關。波西米亞主義在其演變成為一種獨立的精神時尚以前，已經有了一段較久的歷史。中世紀大學裏心神不寧的學者②，靠乞討、偷竊以及售出其藝術作品的希望而生活的吟遊詩人和彈唱詩人，都是現代波西米亞人的先祖，他們是到處流浪的人。他們難以接受充塞於歐洲中世紀絕大多數社會結構的例行常規，或承擔其中的眾多責任，不願承受家庭和職業的負擔，而只是一味尋求實現其自身的創造性衝動和快樂。

　　印刷術的發展以及一批試圖靠出售其作品以維持生計的作家的出現，大為擴大了西歐社會的文人隊伍；他們在生存上的不安定和知識上的敏感性，都迫使他們過著一種沒有規律的生活。早在十九世紀開始之前，波西米亞人的作風和習尚便在倫敦和巴黎風行開來了。由於教育範圍的擴大，閱讀公眾的增多，加之那種關於創造性人物（即無視法紀的孤獨天才）的浪漫派思想的影響，那種咖啡館中的知識份子，放浪形骸的作家和藝術家，便成了西方國家所有大都會生活中的一種主要形象。巴黎是這種生活的中心，但是倫敦、柏林、慕尼黑、聖彼得堡、羅馬和紐約也都有它們的放浪文人。巴黎的波西米亞人熱衷於法國 1789 年、1830

年和 1848 年諸次革命的傳統，1871 年巴黎公社的傳統，以及學理上和實踐上的無政府主義的傳統，其他國家的波西米亞人也為這類傳統歡呼，只是都參差不等地不如巴黎文人那麼狂熱，並且都帶有自己民族的政治傳統特色。道德上、審美上和政治上的反規範傾向（Antinomianism）是那些地方特有的潮流，因而政治警察一直探頭探腦地在波西米亞的知識份子圈內尋找革命者。波西米亞人一直同社會處於交戰狀態，某些人是出於深思熟慮的根據，尋求一種較少受到傳統準則妨礙的自由生活，還有些人則是出於一種反對任何文化權威或制度權威的無規則攻擊性衝動，同時也由於無法生活在一種固定的工作常規或生活常規之中㉓。波西米亞式作風與千福年論存在著許多歧異點。波西米亞式作風通常是反對教會和基督教本身的；千福年論則是屬於基督教的，而只是敵視教會的權威。波西米亞式作風通常是同禁慾主義相對立的；而千福年論則常常是禁慾的。然而它們有一點是共同的，那便是憎惡傳統本身，以及那些與傳統聯在一起的合法權威。

　　民粹主義就是信奉各種下層階級中普通人的智慧和至上的道德價值。它是一種新的現象。就某些方面而言，民粹主義是浪漫主義的一種創造，但是它也是基督教宗派中的道德平等主義過度發展以及生活在西方文化邊緣的結果。民粹主義通過讚揚未受教育者和卑微者，而同世上的有權有勢者相對立；它否認高貴者的文化創造力，而認為下層階級才具有真正的創造力。民粹主義指責學院化的科學和學術研究只專注於那些同生命本質毫不相干的蒼白象徵符號。作為一種政治立場，民粹主義則斷言普通人民的標準應該高於由社會的權威機構——國家、法律、教會和大學——所代表的標準。這樣，民粹主義的傳統也像前述的其他傳統一樣，表達了一種對傳統文化和市民社會的深深的疏遠感，這種社

會藉助於公民政治和權力制衡而進行統治。

民粹主義與千福年論擁有許多重要的共同特徵。兩者都斥責官方的學術傳統，千福年論宣稱，對神聖經典的通行解釋歪曲了其眞正的含義，民粹主義則指責有學識者扭曲了權威，而且對民意所表達的眞理抱有敵意。兩者都反對通過權威機構、教士、教授和國會議員們的中介，來接觸至高價值。兩者都反對冷冰冰的和非人化的制度規則；傾向於崇拜卡里斯瑪人物。人民的概念與無產階級的概念很容易融爲一體，正如人民和民族的概念容易合二爲一一樣；所以民粹主義可以毫無困難地轉變成意識型態化的政治取向。

現代知識份子的傳統並不限於這些，但其他傳統大都也帶著相同的傾向。當然，這些傳統並不是同等地爲所有知識份子所接受的。它們在文人、學院派學者和科學家中間得到最廣泛的接受。但是，雖則廣義的知識份子，亦即受過大學教育的人，正愈來愈多地從事於行政和技術方面的實際工作，從而遏制了他們天生的意識型態心理傾向，然則他們獲得學歷資格時的知識氛圍以及其專業所附帶的傳統，都使他們中的許多人熱衷於意識型態。知識活動本身即內含著意識型態的要素，但是熱衷於意識型態觀點還不足以解釋以往一個半世紀來意識型態政治的風起雲湧。還必須有許多傳統的共同作用，以及這些傳統共同遇上現代社會的境況，才得以使這股洪水氾濫成災。

IV

傳統很少會滅亡。它們非常緩慢地退出生活舞台，屈服於新

的傳統，新傳統則通過納入其先前傳統的要素，並將其同化到新要素之中，而取代舊傳統。新傳統只是通過附著於舊傳統之上而緩慢發展的，從而舊傳統由它們擴大和豐富了。

所以，對我們來說，慶賀意識型態時代的終結似乎是過分樂觀了。更爲現實主義的說法可能是意識型態的沒落，而不是它的終結。諸如千福年論這樣的舊傳統已經深入到我們知識份子的骨髓之中，浪漫主義這樣的傳統則處在現時代的心臟部位，因而它們不可能在經歷了本世紀最初五十年的劇烈動盪和幻滅之後，這麼快便消失了。

我們對未來幾十年的合理希望，也許是意識型態化政治以及它所由緣起的意識型態心理傾向的沉寂。這種沉寂只有在具備了一種有效的替代方案後才得以維持。這種替代方案便是公民政治（civil politics）。

公民政治基於公民道德（civility）之上，這種道德即是公民的美德㉔，是那些負責地奉行自我約制之人的美德，無論這種人是作爲治理者還是被治理者之一。公民道德同依戀於階級、宗教和職業是相容的，但它因出於對公共利益的敬重而約制這種依戀。

公民政治並不煽動激情；它們並不將人推向英雄主義和聖人品質的極端來揭示人的本性，因爲這類極端不難理解。這類政治包含著謹愼地行使權威，力圖預見到行使權威的後果，同時認識到人類能力不可確定的局限性，以及預見的不確定性。公民政治家必須意識到行使權威和操縱道德王國之外人民之間的模糊界限。他必須在這一界限上止步，在偶爾越過界限時必須意識到這種逾越的道德代價，以及返回合法性領域的困難和必要性。他必須對社會始終具有一種親近感，與其公民同胞一起屬於一個共同的超個人實體，同時牢記他們對理想的遲鈍，而且他們沒有能力

與神聖事物維持一種連續而強烈的關係。他必須在保持這種極度親近感的同時，意識到公民同胞不那麼願意對公共利益負責，而自己則對公共利益保持一種強烈而鮮明的責任感。

在民主制度下公民政治行為困難重重。由於民主制度規模龐大，以及政治家不可能與選民直接接觸，這就使得他們之間的道德親近感難以維持；而缺乏個人關係的支持，這種親近感就只有自生自滅了。市民公德在貴族社會中很難見到，部分是因為就內在構成而言，貴族的美德（即武士的美德）與國民的美德（即公民的美德）就相差甚遠，而尤其因為貴族體制在本性上便限制人的同情性親近感的發展。自由民主體制則對公共意識提出了很大的要求，因為這類體制允許公開的衝突，並認可和鼓勵黨派活動。公共利益總是難以界定的，但是要滿足和協調各種衝突的利益，同時又試圖捍衛強人的黨派之爭辯，但又屬於良好社會之根本的種種價值，那就難上加難了。政治家本人必定是黨徒，而公民道德則要求部分地超越黨派身分，同時對公民政治秩序範圍之內的其他黨派有一種同情的理解。從事黨派活動必須同時自覺地維護公共秩序和道德秩序，這種秩序包容了反對派和同盟者雙方。

公民政治在當代社會中尤其難以實現；這種政治與民主政治絕不是完全同一的。政府所承擔的，並且幾乎是人人都認為它們應該承擔的複雜任務，使得一個獻身於此的政治家所必須掌握的事務極其龐雜，同時也使他必須盡到的義務甚為繁多，以致政治家喪失了必要的寧靜和閒暇以做出成熟的思考。任務的複雜性使得大多數公民沒有能力得以駕輕就熟地理解它們，從而產生了看不起全體選民能力的態度，這又抑制了作為公民政府根本的公民與領導者之間的那種親近感的活力。民粹主義在各國的滲透日益

深入而加劇，這導致了迫使政治家即刻滿足各階級和社會部門之要求的壓力愈來愈大。大眾傳播技術以及化學、外科手術和心理學方面控制人類行爲的方式都在發展，這持續的誘惑政治家用操縱手段來應付人們不斷的要求。這不是說政治家總是屈服的，也不是說這些技術只要應用就會獲得成功，但是這種成功可能性的存在本身就創造了一種有礙於公民道德培養和將其化爲行動的氣氛。

公民政治必然要求按照事物自身的價值來判斷事物——而在任何複雜問題中，優點和缺點往往相當含混並且交織在一起，這時便是難以做出判斷了——同時公民政治也要求敬重傳統。公民道德要求敬重傳統，是因爲它的那種親近感不僅僅是現時性的，而且還延伸到過去和將來。就過去而言，公民政治讚賞過去不可否認的實際成就，以及那些由於生前的所作所爲而使我們肅然起敬的人們之人文品質；就將來而言，公民政治洞察到了當前的一代人與生物學意義上和價值意義上的後來者之間本質上的統一性。公民政體下的人民，就主體而言，處在一種連續不斷的活人序列中，其先驅是那些漸漸消失在模糊的過去時間之幕中的前輩，其來者則是那些漸漸消失在更爲模糊的未來時間之幕中的後輩。

然而，傳統意識並非是促使人們直接思考事物現狀優越性和缺失面的意識。功利主義思想常常對事物的過去特性不耐煩，乃至傾向於假定，某種事物曾經適合於過去這一事實本身便說明它同現在和將來是沾不上邊的。然則人們需要連續性（即維持同過去的關聯），需要利用過去的智慧和機巧之所賜，這便使賞析傳統成了一種強制要求。

最爲重要的是，公民政治要求人們理解美德的複雜性：沒有

任何美德是單獨出現的，每種德行都以損害其他的德行為代價，美德與邪惡是交織在一起的；而且沒有任何關於美德等級的理論體系在實踐中是可行的。意識型態化政治的一個主要錯誤是，它們錯誤地認為，一種融貫的系統化學說可以指導人們堅定不移地按照一條不向邪惡作任何妥協的路線行動，而不招致失敗。意識型態化政治堅信，人們愈是嚴格地堅持美德，愈是強烈地附著於它，並且愈是徹底地去實現它，那麼人的行動也便愈是完美。

這便是政治分級觀念（the idea of the political spectrum）的基礎，它從美德的一極（無論它是左還是右）直通到另一極，這另一極是美德徹底的和極端的否定。公民政治的現實主義和慎重考慮不能接受這種簡單化的做法。

仕途上的政治家確實要設法避免這種簡單化必然會帶來的過分做法。阿宏教授曾經說，十九和二〇世紀的法國政治家，在一個知識份子中間的意識型態化政治最為極端的國家中，實際上通常並沒有被「左派」和「右派」之間的這種分別所左右㉟。說實在的，這是法國知識份子為什麼同他們國家的實際政治如此格格不入的原因之一。

政治實踐強調要求有某種程度的公民道德，但是它也激起鼓動性宣傳的誘惑，並且提出了滿足部門利益的簡便解決方案。如果知識份子能夠安心接受一種更為合情合理的政治思想，那麼他們對普遍價值的關心，對超越特殊「利益集團」切身利害之事物的關懷，將會對政治生活注入一種最寶貴的成分。

V

　　有理由期待知識份子捐棄他們保持了幾個世紀之久的那些反政治傳統嗎？能夠期待知識份子從終極理想的絕頂上走下來，以便他們在仍然是知識份子的同時，照樣承受作為政治家的那種重負嗎？這種政治家的未來都押在變幻莫測的政治上，而且注定要經受仕途上的沉浮不定，同時承擔保持社會運行的職責。知識份子可能會讚賞那種力圖使社會穩定發展的政治嗎？這種政治致力於不讓社會惡化就像致力於改善社會一樣急切？能夠期待他們肯定這樣一種政治實踐嗎？它並不提供終極解決方案，而且並不許諾給社會或人類帶來一種圓滿實現理想的終極景象？

　　公民政治必然會取代知識份子所偏愛的意識型態化政治，但公民政治存在許多不利因素。它們的傳統更為微小而脆弱。西塞羅（Cicero）是一位宣揚並試圖踐履公民政治之美德的人，而他卻一直被稱作是一個機會主義者；他與之妥協的黨派最終刺殺了他，這又被視作是他作為政治家失敗的證據。塔西陀（Tacitus）通過猛烈抨擊羅馬帝國公共道德的敗壞，而為公民道德大聲疾呼㉖。克拉仁敦（Clarendon）＊的公民智慧躍然於紙上，摻雜著流亡者怨恨憂鬱的心情，並且抱著對當權者的不信任；這是君王們那些失意又受冷落的顧問之輩的必然命運。莫爾（More）＊和羅利（Raleigh）＊的命運以及那些試圖教導君主們如何行動的人文主義者的幻想之破滅，都給人們留下了有關從政知識份子的慘痛記憶。另一方面，那些在我們的心目中大名鼎鼎的「君王謀士」，如首屈一指的馬基雅維利（Machiavelli）、哈里法克斯（Halifax），

以及其他人，則給政治描繪了一種陰暗的形象，它使人覺得譴責政治是正義的，而獻身於其天職理想的知識份子就常常是這樣譴責的。

　　試圖走公民政治道路的知識份子難得有東西可以讓他樂觀或加強其地位。他自身有許多偏見有待於克服，包括整個意識型態化政治傳統的情結；而在美國，還有他對大搞政治撥款和贊助人項目的政治傳統的厭惡，他關於第四十二華爾街煙霧繚繞、缺乏教養的「年輕人民主俱樂部」的形象，以及他對工會聯盟俱樂部（the Union League Club）極端自私性的認識[22]。他一點都感覺不到處在一個偉大的知性傳統中。知識份子沒有對等的公民傳統來抗衡瀰漫於地下的千福年傳統，或者提供一種他可以在其中自由呼吸的氣氛。他的記憶中保存著威爾遜（Woodraw Wilson）、馬薩里克（Thomas Masaryk）＊、迪斯雷利（Disraeli）和格拉斯通（Gladstone），以及基佐（Guizot）這樣的人物形象，與此並列的卻是那些多得不可勝數的知識份子，他們贊同轟炸和刺殺，躬身從事幕後操縱和陰謀活動，對政治職業則既不耐煩又瞧不起。

　　如果公民政治有賴於人們承認人類能力的有限性，那麼本世紀後半葉公民政治的建設，由於科學的發展，將不是那麼容易了。生理學、生物化學、神經學、應用數學和控制論（cybernetics）的日益先進，以及某些熱衷於心理學和社會科學之輩的愚蠢宣傳，都不太可能喚起對人的能力的謙遜之感，人們也不能期待它們會增進公民政治所必需的那種同胞感情。

　　就此而言，伴隨著這種科學進步而來的教育的專門化，同樣不可能有效地支持公民政治。恰恰相反，這不是說以歷史為內容的人文主義教育在很大程度上提供了抗擊意識型態觀點的堡壘。然而，教育的極端專門化則進一步削弱了本來就已相當薄弱的和

過去的親近感。不錯，極端專門化削弱了知識份子和以往知識生活傳統的聯繫，從而也限制了他同知識份子諸傳統中許多意識型態要素的關聯。然則在許多領域，尤其是那些顯得日益重要的領域中，專門化則使知識份子更全面地受到科學主義傳統的侵害。所以，儘管專門化增強了知識份子事實至上的傾向，但也加劇了他的傲慢，他對過去的鄙視，以及他對未來無限優越的信心，這些態度同公民道德都是不那麼融洽的。

　　如果說意識型態化政治是在危急狀態下興盛起來的，那麼在一個由於人們對核子武器將造成毀滅性災難的有意識恐懼而維持著和平的年代裏，我們對公民政治的機會又作何思考呢？出現這類浩劫的可能性並不能免於激起人們潛伏的啟示錄想像和期待。這些真正的危險使得清醒、溫和和穩步展開的公民政治，相對於核子武器強加給政府的巨大任務來看，似乎顯得極度的微不足道。

　　不應該認為，公民政治只可能由意識型態化政治所扼殺，或者認為千福年論是激進化傾向的決定性因素。激進的社會改造沒有千福年式衝動照樣可以進行。西方和東方的古代社會就經歷過許多沒有意識型態的革命。每種社會秩序，即便是最公正的，也將帶來某些犧牲品，而每一社會人群中都包含著反道德規範的人。單單是這些因素便促發了某種初始意識型態政治（proto-ideological politics）的傾向，即使並不存在公開或地下的意識型態傳統，也是如此。

　　最後，對知識份子來說，公民政治並不是意識型態化政治的唯一替代選擇。在某種事例中，他們像職業政治家一樣從事於政治這一行當，捨棄了他們知識上的關懷和依戀，並且奔忙於常規化的爭取選票，維護他人利益，自我保存和自我發展的活動。他

們可能屈服於那種浮誇而自我中心的鼓動宣傳，獻媚奉承和機會主義的習慣性誘惑。簡言之，他們可能同樣遵從於他們自己關於常規政治生活的盛行刻畫。

然而這是不太可能的。最爲可能的是退出——憤怒地退出或悲傷而安詳地退出。知識份子退出政治的傳統在我們的知識遺產中屬於最深厚的傳統。人們可以是沒有意識型態化地反政治的。從傑克遜（Jackson）式革命到俄國革命這段時間裏，這一直是美國知識份子中間的主導趨向；不幸的是，儘管人們指責從衆主義、「他人導向」（other-directedness）和「組織化人」，但這種趨向仍盛行於今日美國知識份子中間。就公民政治而論，那種試圖包容「我們的祖國和我們的文化」的勇敢努力，卻並非是一個引起共鳴的成功之舉㉘。拒斥意識型態化政治並沒有走向信奉或實行公民政治。美國社會的生活得到了肯定，但其政治生活以及政治生活中的公共要素則並沒有得到肯定。

英國的情況大同小異。英國較之於世界上的任何其他國家，都保持了一種公民政治方面的較佳記錄，英國的知識份子在那種記錄中也佔居了適當的份額。那麼今天的情況如何呢？戰後的田園式想像已經通過除魅工作（disenchantment）而終結了。「巴茨凱爾主義」（Butskellism）＊已經消退了。「憤怒的年輕人」暴跳如雷。即便一旦必須做出選擇便自稱爲最溫和的金斯萊・阿米斯先生（Mr. Kingsley Amis）這位工黨，也無法嚴肅地對待政治。他的心並不在政治上面㉙。他像那些他的名字將會使人想起的人一樣，對「諸種事業的職業信奉者」抱著不信任的態度。蘇爾茲運河事件的慘敗所帶來的差辱，以及氫彈的危險，都嚴重地損害了英國知識份子從事公民政治的能力。乃至一位長期沉浮於官場、德高望重、同時清醒而負責的知識份子，霍利斯先生（Mr.

Christopher Hollis），對他的知識份子同仁說，擺在英國選民面前的主要任務，便是使兩大政黨失去人們的信任，雖然他並沒有期待真正的「自由派復興」㉚。奧斯本（John Osborne）先生沒有這種長期從政的經歷，其反政治的立場要激烈得多：「我不能再繼續對那些統治我們生活的白痴發笑了……他們已不再滑稽可笑，因為他們已不僅僅是危險的，而且還是謀殺者……他們愚蠢、遲鈍、無可救藥地沒有想像力，沒有創造性，而且嗜殺成性㉛。」

VI

　　知識份子自己能夠重新培養出一種公民政治心態嗎？他們在修正其自身觀點的同時能夠使意識型態化政治的傳統保持沈寂嗎？他們能夠形成並強化以往半個世紀的嚴酷經驗所激起的那種如蕾初出的公民道德之心嗎？

　　這種「自我文明化」的努力要想獲得成功的一個條件是，我們不應認為我們可以或應該完全清除意識型態遺產。在這份遺產中存在著有價值的成分，它們值得保存在任何受到我們尊重的政治思想之中。對道德平等的要求，對權威以及權威為延續自身而維持的制度機構的不信任，堅持正義的要求和過一種英雄式生活的號召，乃至對世上天堂和自由王國的信仰，所有這些都有其某些合理的成分。否定它們只會使公民政治蒙受的庸人政治（philistine politics）（而不是不正義的政治）這樣的責難，那就是責難它沒有感情或同情心，沒有想像力，怯生生地死抱住已有的事物。我們知識階層中的意識型態要素是不會這麼容易、這麼快便消亡的，以致其後繼者能夠不受任何影響而從事於公民政

治，這種政治僅僅關注於維持秩序和保持事物的現狀㉜。

人類心靈深處的這類意識型態衝動是不會銷聲匿跡的。它們曾經被迫走到極端，並且融化成無從實現的希望，這個事實並不意味著它們本身是不道德的。它們那些教條化的信奉者已經信譽掃地，但是這不應該影響到它們本身。沒有它們，生活會更爲寒碜，而一個政治體制如果試圖完全不要它們或完全違逆它們而運行，那麼它便會發現社會中那些最敏感的精神力量再度與其處在激憤難平、不可調和的對立之中。

並非是意識型態化政治所追求的那些實質性價值造成了浩劫，毋寧說，它是由用以追求特定價值的那種僵硬刻板、獨佔排外和過分極端這類特性造成的。忠於人們的民族、種族或文化上的共同體，並沒有什麼邪惡之處。讚賞平等，獻身於任何特定的理想也無任何可惡之處。眞正惡毒的是將諸如平等、民族或種族團結這樣的某一特定價值上升爲君臨一切的至上價值，並堅稱它在所有生活領域都居於獨佔性的統治地位㉝。

所以，只要公民政治的擁護者並不斷絕同意識型態化政治的任何實質性價值之間的所有連續性，那麼，公民政治將會有一種良好的機會獲得知識份子更持久的獻身熱情。相應地，公民政治的成功機會也將會增大，只要它們將其所頌揚的謹愼微用之於在各種相互競爭的價值之間尋找一種合理的平衡，而不是僅僅只尋求自我維持——這樣的話將淪爲無原則的機會主義。

完全否認公民道德與意識型態之間的所有關聯，這不僅有悖於事實，而且將會把公民道德轉變成一種意識型態。公民道德將成爲一種純粹政治的意識型態，這種政治除了獲取和維護權力以及維持公共秩序之外，不關心任何實質性價值，也絕對沒有任何其他興趣。如果否定公民道德與意識型態思想觀所堅持和扭曲的

實質性價值之間的關聯，那麼堅持公民道德的人將犯意識型態化政治所犯的同一種道德分離論錯誤。

VII

　　知識份子怎樣才能保留這些崇尚自發而靈性的表達，並且有助於培養個體性的浪漫主義要素，同時又遏制其過分的膨脹呢？浪漫主義要求極端的個體性，而且相應地過度誇大制度性生活對個體性的限制，以此使人們厭棄任何社會秩序，也促使知識份子對抗社會秩序，並從而激起秩序的監護人對抗知識份子。塞利哀伯爵（Baron Ernst Seillière）晚年在眾多的著作中所痛責的那種「帝國主義」（imperialism），可以瓦解任何社會秩序，而尤其是自由化的秩序。所以必須找到一條保存浪漫主義的眾多價值，同時又限制其過度膨脹的道路。

　　有必要重申一下關於各個領域分離的那個老觀念，這是現代自由主義的根本觀念。自然，這個觀念的實現只能是非常不完善的；經濟生活不能完全獨立於政府和政治，反之亦然；宗教與政治也不能完全分離；文化與政治同樣不能完全分離。雖然如此，在承認和接受它們之間必要的合作與關聯的同時，非常重要的是，各個領域實際上和思想上的領導者應該意識到，各個領域原則上的分離是合乎理想的。這種分離將是對抗浪漫主義和意識型態化要求的堡壘，那種要求會將單一的一套標準普遍地應用於各個領域。不同生活領域之間的分離是不會使那些尋求完全一致性的意識型態化政治家和知識份子高興的。然而，沒有這種分離，公民道德將會滅絕，而我們最好的知識傳統會受到損害。

　　實現各個領域之間廣泛的分離，同時保持它們之間的重疊和關聯，應該是充分可能的。事實上，西方社會中的人們在很大程度上就是這麼做的，不管做得多麼不徹底和沒有原則。眞正的困難在於使知識份子接受這種作爲合理政策的分離。在個體性與制度之間並不存在那種完全不可逾越的矛盾，如像浪漫主義所堅稱的那樣，雖則兩者之間必定無可避免地存在某種張力。知識份子對自身領域之外的現行生活的不信任態度，就來自於他缺少關聯意識（sense of affinity）。

　　這種將社會成員團聚起來的關聯意識之性質仍然是一個神秘的謎。它似乎或多或少與個人的同情能力有關——不單單是同情那些他以實際上或透過文字和造型象徵所遇見的個人，而且還有那些不知名的同類個人。在某種範圍之內，它與個體性是密不可分的；而不知個體性爲何物的社會也處在沒有公民關聯意識的狀態。恐懼會使關聯意識萎縮，而一旦關聯意識受到了限制，反過來又會導致人們懼怕自己的同胞。要是知識份子或多或少能克服他們對權威的那種幾乎是原初性的恐懼和迷戀（他們害怕權威會摧毀他們的個體性），那麼公民道德將會得到一種長足的發展。

　　上層階級與下層階級之間的道德距離在現代西方社會中已經縮小了。這部分地是由於國民收入的分配發生了變化，下層階級的收入增多了，而上層階級減少了，以致各個階級的生活標準現在比以前任何時候都更爲接近了，無論其間的差異有多麼巨大，而且在某種程度上是應該保留的。不過我想意義更爲重大的是公民意識（the civil consciousness）在西方社會中所發生的變化。這在某種程度上是新教思想的潛力內在發展的產物——也正是這同一套思想和情感激發了千福年的傳統。認爲人人都可以成爲聖人，認爲所有人都具有一種共同的內在特質——歸根結柢是神聖

的實質，而在具體和中介的形式上是世俗的實質，這種看法是現代民族國家與基督新教相結合而發展起來的。從這種結合中還產生了公民的觀念，由此又產生了我們關於公民秩序作爲一種生存世界的現代觀念，一個國家的所有成員都參與在這個世界中。

　　現代世界中公民道德相對興盛是歷史上的一件新事物。伯利克里（Pericles）的《葬禮演說》（*Funeral Oration*）隱約地預示了它的綱要。偉大的羅馬先驅者無論多麼氣勢龐大，卻至多不過是勾勒了人文世界的可能性，而沒有顯示公民道德在古代世界中充分發揮了作用。公民道德的發展相當遲緩，也相當不完善。它在其發展過程中遇到了惡性膨脹的意識型態──兩者在現代世界中似乎具有某種含混而糾纏不清的相互依賴關係。然而，隨著個體性（現在仍是不完備的，而且永遠不會完美實現）在愈益廣大的人群中的擴展，下層階級中間公民關聯意識的範圍和威力似乎也的確是增大了，這些階級先前只是作爲掌權者的臣民和勞動力而生存著，但並不與其統治者處在相同的道德和公共界域之內。總的來說，現在各個階層中間所存在的公共意識較之先前西方社會所顯示的，都更爲高漲──儘管存在著階級衝突，意識型態上的分裂與爭執，但公民意識的高漲仍是事實。乃至種族障礙似乎也在慢慢地屈服於日益上升的公民道德潮流。知識份子曾經是眞正的政治「文明化」的輝煌前輩，他們自身將更爲深入地走向這個文明化的進程，並趁著歷史走向的一個巨大轉折，而促成意識型態之時代的終結，這樣的希望是不是過高了呢？

註 釋

本文先前曾以略微不同的形式發表於《塞瓦尼評論》（*Sewanee Review*），Vol. 66, No. 3（July-September, 1958），pp.450-80。

①敵視政治家和無原則地達成利益妥協的「議會清談會堂」，以及敵視公民政治職員的卑微素質，都屬於意識型態鼓動家的永久性主題。希特勒（Hitler）說，政治家就是「這樣一些人，他們唯一的現實原則就是無原則性，他們常擺出一副粗野無禮和一意孤行的專橫姿態，並具有不知羞恥的說謊本事〔《我的奮鬥》（*Mein Kampf*），Munich, 1941, p.72〕。「議會本身就是爲了愚弄『普通人民』這個專門目的而設立起來進行清談的」〔列寧（Lenin）：《國家與革命》（*State and Revolution*）第二篇，〈奪取國家政權〉，載《列寧著作集》（*Collected Works*）Vol. 21, New York, 1932, p.186〕。在擁有高級知識份子的另一端，愛德蒙・威爾遜（Edmund Wilson）處於其自身的意識型態階段時曾經寫道：「我們社會已經在其專門化的職業政治家中間產生了一種曾經玷污人類歷史的最可惡的集團之一———個似乎獨一無二地集腐化、無教養和不稱職爲一體的集團。」〔《新共和》（*New Repubic*, 14 January, 1931），重印於《光明之岸》（*The Shores of Light*, London, 1952, p.529）〕。意識型態化知識份子的反政治文獻不勝枚舉：代表性的著作爲 Hilaire Belloc 和 G. K. Chesterton 合著的《黨團制度》（*The Party System*, London, 1911）。

②安諾林・貝範（Aneurin Bevan）是一位除了其他天賦之外，還具有強烈的天生意識型態氣質的人，他針對激進派進入眾議院曾寫道：

「這位先生是人民的權利保衛者，他來到這裏是爲了讓當權者了解民意……他應該牢記在心的第一件事情是，這些當權者並不是他的先祖。他的先祖以往沒有作用，現在已成爲厚厚的灰塵，湮沒了他自己的腳步聲。他的先輩們是牧羊、耕地或服侍那些政治家們的，他們的名字出現在他周圍的大牆上。這些人的肖像在長廊上輕蔑地注視著他……他代表他的人民第一次來到這裏，他將創造的歷史將不單純是他現在讀到的故事插曲。那將是全然不同的歷史，就像他現在所改善的社會地位那樣不同。」〔《消除恐懼》（*In Place of Fear*, New York, 1952, p.6）〕。

③參閱列農·托洛斯基（Leon Trotsky）：《英國往何處去？》（*Whither England*? New York, 1925），pp.111-12：「我們共產主義者絕不會傾向於勸告……無產階級轉過來支持議會……問題……並不在於是否值得去使用議會的手段，而在於……是不是可能利用這種爲了資本主義的自身發展和長治久安而由資本主義創立起來的社會制度，當作推翻資本主義的槓桿。」

④ *Carl Schmitt, Der Bergiff des Politischen, Munich, Leipzig, 1932, pp. 14ff.*

⑤關於意識型態化政治的分別論的明顯證據，可以見之於萊特斯（N. Leits）：《布爾什維克主義研究》（*The Study of Bolshevism*, Glencoe, Ⅲ., 1953, pp. 291-309, 384-390, 430-442）。

⑥參閱雷蒙·阿宏（Raymond Aron）：《知識份子的鴉片》（*The Opium of the Intellectuals*, New York: Doubleday, 1957），第一章：「左派的神話」。我在拙文〈權威主義『左派』和『左派』〉〔收於Richard Christie and Marie Jahoda編：《「權威主義人格」研究》〔*Studies in the "Authoritarian Personality"*, Glencoe, Ⅲ, 1954, pp. 24-49〕〕中，探討了馬克思主義傳統的知識份子中間關於左派和

右派神話的深刻根源，以及它甚至滲入了據稱是科學的社會學和社會心理學的研究之中。

⑦《共產黨宣言》宣佈：一種新的自由社會將取代充滿各種階級和階級對抗的階級社會，「在其中，每個人的自由發展是所有人自由發展的條件。」該書初版時，兩位作者將這視作是一種完全獨一無二的狀況：「迄今存在的所有社會的歷史」都是「階級鬥爭的歷史」。1888 年，恩格斯加了一條糾正這一觀點的腳註，它說：「所有有文字的歷史都是階級鬥爭的歷史。曾經存在過一個財產公有的史前時期，那是沒有階級衝突的。從而，共產主義將是在一個更高的階層上復興自從歷史的開端時期以來就已經失去了的社會。」

〔馬克思和恩格斯：《歷史著作集》（*Historisch-Kritsche Gesamtausgabe*, Part I, Vol.6, Moscow, Leningrad, 1933, pp.525-526, 546）〕。

⑧即使梅洛龐蒂教授在晚年也多少對馬克思主義失去了信心，而阿宏教授曾不遺餘力地對龐蒂融合存在主義和早期馬克思主義的創造性努力，做了詳細入微的和毀滅性批判。

⑨參閱克里斯托（Irving Kristol）：〈舊真理與新保守主義〉，《耶魯評論》（*The Yale Review*），Spring, 1958, pp.365-73。

⑩阿宏前揭書，p.42。同樣的觀點亦見之於布羅根（D. W. Brogan）教授最有趣的隨筆〈法國大革命是一個錯誤嗎？〉刊於《劍橋雜誌》（*Cambridge Journal*），Vol. I, No. 1（October, 1947），pp.43-55。

⑪《狂想：宗教史上的一章，詳論十七、十八世紀》（*Enthusiasm: A Ch apter in the History of Religion, With Special Reference to the XVII and XVIII Centuries*, Oxford, 1950）。

⑫《千福年的追求》（*The Pursuit of the Millennium*, London, 1957）。

⑬參閱弗如姆（LeRoy Edwin Froom）：《我們父輩的先知信念：先知釋義的歷史發展》（*The Prophetic Faith of Our Fathers: The His-*

torical Development of Prophetic Intepreation, Washington, D. C.: *Review and Herald*, 1948, Vols. 1-4）；倫西曼（Steven Runciman）：《中世紀的摩尼教徒：一項關於基督教二元論異端的研究》（*The Medieval Manichee: A Study of the Christian Dualist Heresy*, Cambridge, 1947）；奧伯倫斯基（Dmitri Obolensky）：《鮑格米勒派：巴爾幹新摩尼教研究》（*The Bogomils: A Study in Balkan Neo-Manichaeism*, Cambridge, 1948）；以及前引諾克斯：《狂熱》。我還想請讀者注意詹姆遜（Storm Jameson）小姐同情性的文章：〈二元論傳統〉，載 *Times Literary Supplement*, 6 August, 1954。

⑭阿宏同上書，第九章，「尋求宗教的知識份子」，pp.264-94；伏格林（Erich Voegelin）：《政治宗教》（*Die Politischen Religionen*, Stockholm, 1939, pp.39-42）；格里希（Frits Gerlich）：《共產主義作為一種千年王國論》（*Der Kommunismus als Lehre Vom Tausendjährigen Reich*, Munich, 1920, 尤其是 pp.17-78。

⑮參閱恩格斯：《德國農民戰爭》（*The Peasant War in Germany*, New York, 1926）；考茨基（Karl Kautsky）：《宗教改革時代歐洲中部的共產主義》（*Communism in Central Europe in the Time of the Reformation*, London, 1897）；伯恩斯坦（Edward Bernstein）：《克倫威爾與共產主義：英國國內大革命時期的社會主義和民主制》（*CromWell and Communism: Socialism and Democracy in the Great English Civil Revolution*, London, 1930）；布洛赫（Ernst Bloch）：《作為革命神學家的托馬斯·閔采爾》（*Thomas Münzer als Theologe der Revolution*, Munich, 1921）。

⑯不錯，1840 年代德國工人階級運動和英國工人階級激進主義的風起雲湧之地，恰恰是十六至十八世紀新教宗派主義的活動區域。一個似乎不無理由的假設是：宗派生活的意識型態傳統使人們更容易接

受革命觀念和激進觀念，因為它們是相通的；反過來，由於那些深受法國大革命的革命傳統和黑格爾派（歸根結柢是基督教的）歷史觀念感染的理論家們的幫助，那種宗教狂熱的傳統便轉化成了意識型態化政治竭力宣揚世俗英雄主義的教義。

⑰桑德克勒（Bengt Sundkler）：《南非的班圖先知》（*Bantu Prophets in South Africa*, London, 1948）；巴蘭迪爾（Georges Balandier）：《黑非洲的當前社會學》（*Sociologie actuelle de L'Afrique noire*, Paris, 1955）；以及沃斯萊（Peter Worsley）：《喇叭將會響起：一項關於美拉尼西亞「船貨」崇拜的研究》（*The Trumpet Shall Sound: A Study of "Cargo" Cults in Melanesia*, London, 1957）。這些著作都表明了救世性的彌賽亞宗教與傳統制度的崩潰所造成的被剝奪狀況之間的關聯。

⑱科恩教授斷定，偏執狂傾向是傳佈千年王國論的一個必要條件。他的觀點不僅得到了千福年意象和熱望之內容（這是他的著作所十分詳盡地描述的）的支持，而且也得到了當代宗教性和政治性的千年王國群體之經驗的支持。他並沒有宣稱。這類群體的所有成員都必定是偏執狂，而只是說領導人一定是如此：「總有很大一批人傾向於用黑白兩種顏色來察看生活，深深需要膜拜完美的救世主，憎恨邪惡的敵人；有些人……並非偏執狂，然而強烈地傾向於偏執狂心態。一旦這些傾向受到外在環境的激勵，那種鼓吹最後鬥爭教義和新時代即將到來的彌賽亞領導人形象，就能夠產生顯著的結果——不管這種領導人是一位真誠的狂人，還是一個騙子，或者兩者皆而有之。最先受到吸引的人多半是那些尋求其情感需要得到認可的人，而這種情感出自於他們自身的無意識衝突。這些最初的追隨者，恰恰因為他們是真正的信徒，從而能夠使新運動充滿信心、精力，並且顯得無情無義，以致它將把廣大完全不是偏執狂，而只不

過是煩惱、飢餓和恐懼之人，都吸引到自己的隊伍中來。」（前引書，pp.311-312）。這一四平八穩的刻畫多半是真實的，只是依我看來，他似乎忽略了宗教上的或意識型態上的敏感性，即對遙遠事物的敏感性，那並不是與偏執狂必然相關聯的；這種品質與偏執狂的關聯並不會超過它與想像力和好奇心的關聯。

⑲人們只要讀讀和平主義者文字，便會明白，對和平與友愛的宣揚如何摻雜著一種由默想受殘害的軀體和宇宙毀滅所得的快感。馬志尼（Mazzini）曾寫道：「我傾向於愛那些遠離的人……接觸則使我恨他們。」波爾頓·金（Bolton King）：《馬志尼傳》（*Life of Mazzini*, London, Everyman edition, 1912, p.55）。

⑳在印度，共產主義迄今為止獲得最大成功的地區，恰恰是先前基督教傳教教育影響到的人口比例要大於印度其他地方的區域，這完全是偶然的嗎？當然，這並不是有意單單用世俗化的基督教觀點的決定性影響，來解釋印度的左派運動。

㉑參閱海耶克（F. A. Hayek）：《科學的反向革命》（*The Counter-Revolution of Science*, Glencoe, I11, 1952），它出色地闡述了科學主義的最重要源泉之一，即來自於笛卡兒（Descartes）、而在聖西門（Saint-Simon）和孔德（Comte）的著作中得到詳盡發揮的思想。史金納（B. F. Skinner）的《桃源二村》（*Walden II*, New York, 1948）則是當代科學主義立場的極端表述，其他相近的表述不勝枚舉，馬克思主義也是其中之一。馬克思主義的科學主義屬貝爾納（J. D. Bernal）教授表述得最為出色，他曾寫道：「科學已經將改造人類生活的手段置於我們控制之下，這種改造至少同文明起源時技術發展對人類的影響一樣巨大；但這種變化在一個關鍵方面是不同的，那便是它們可以有意識地進行。我們已經可以看到這樣一種可能性，掃除我們文明中所存在的大多數障礙，實現充分人文化的

和社會化的生活。」〈科學與文明〉，載路易斯（Day Lewis）：
《被束縛的心智》（*The Mind in Chain*, London, 1937, pp.194-195）。

㉒瓦戴爾（Helen Waddell）小姐曾引證塞茲堡宗教會議（the Council
of Salzburg）的話來描述這些放浪文人的先驅說：「他們與眾不同
地裸體走在公共場所，躺在烘餅的平底鍋中，經常出入於小酒館、
賭場和妓院之中，用爲人所不恥的手段來維持生計，同時死不悔改
地頑固堅持他們的宗派教義，從而斷絕了改善其狀況的希望。」
《流浪學者》（*Wundering Scholars*, 7th ed., London, 1942, p.188）。

㉓波特萊爾（Baudelaire）曾說：「對共同體有用，在我看來似乎一
向是人性中最可惡的東西。」參閱《笑的本質及其他隨筆、日記和
書信》（*The Essence of Laughter and Other Essays*, *Journals and
Letters*, ed. Peter Quennell, New York, 1956, p.178）。

㉔公民道德的含義較舉止文明得體爲廣。這個詞的含義竟會縮小到如
此程度，以致只是指涉面對面交往活動中的舉止文明得體，這僅僅
是由於我們詞彙的貧乏，並表明了我們關於政治事務之思考的貧
乏。由傑出的英國作家所著的兩本近作——巴克爾爵士（Sir Ernest
Barker）的《文明舉止的傳統》（*Traditions of Civility*, Cambridge,
1948）和尼克爾遜爵士（Sir Harold Nicolson）的《得體行爲；文明
舉止研究》（*Good Behaviour; Being a Study of Certain Types of Civi-
lity*, London, 1955）——並沒有意識到這一術語的古老含義。

㉕避免意識型態化政治並不等於就是實行公民政治。按照佔優勢的利
益集團的旨意從事政治屬於第三種選擇，並且是政治家們最常做出
的選擇。假如「利益」是不可變通的，那麼公共秩序就要受到巨大
的損害，就像它受到意識型態化政治的損害一樣。

＊克拉仁敦（1609-1674），英國政治家、歷史學家，曾任英王查理
二世的樞密顧問和大法官。——譯註

＊莫爾（1477-1535），英國人文主義者，天主教聖徒，曾任下院議長，內閣大臣（1529-1532），《烏托邦》一書作者，因反對國王亨利八世的離婚案和教會政策，而被誣陷處死。——譯註

＊羅利（1554?-1618），英國作家，探險家，女王伊麗莎白一世的寵臣，因被指控陰謀推翻James I, 先被囚於倫敦塔（1603-1616）後被處死。——譯註

㉖塔西圖說：「不敢想像，那個時代的阿諛奉承竟達到了如此墮落和羞辱人格的程度，以致不僅僅是那些被迫用卑躬屈膝保護其高昂氣概的公民，而且包括所有的前執政官，大多數的前軍事執政官（ex-praetors），以及一大批卑微的元老院議員，都迫不及待地竟相站起來提出可恥的和荒謬絕倫的動議。人們傳說，堤貝里斯（Tiberius）常常走出元老院而用希臘語高呼：「這些人怎麼會如此自願地去做奴隸！」〔《史記》（*Annals*, Book 3, section 65）〕。

㉗這種情況絕不限於資本主義的美國或資產階級政治家。拉薩爾（Ferdinand Lassalle）曾說：「我實在害怕工人代表團，我在裏面總是聽到相同的演說，並且必須握那些粗糙，熱騰騰和潮濕的手。」〔福特曼（David Footman），《享樂之路》（*The Primrose Path*, London, 1946, p.183）〕。知識份子針對政治家（無論其階級背景如何）的態度可以歸結為：「我在路上碰見了謀殺者，他戴著一個酷似卡斯爾雷（Castlereagh）的面具。」

＊馬薩里克（1850-1931），捷克哲學家，捷克共和國的主要締造者，首任總統（1918-1935），曾是布拉格捷克大學哲學教授（1882）。——譯註

㉘參閱阿爾文（Newton Arvin）等人：《美國與知識份子》，黨派評論叢書第四輯（*America and the Intellectual, Partisan Review Series*, no. 4, New York, 1953）。

＊巴茨凱爾是英國二〇世紀保守黨政治家。巴茨凱爾主義指對立的政治家支持同一政策的情況。——譯註

㉙參閱《社會主義與知識份子》，費邊派信條第304號（*Socialism and the Intellectuals*, Fabian Tract 304, London, 1957）。

㉚「下次我們應該做什麼？」《觀察者》（What Shall we do next time? *The Spectator* No. 6765, 21 February, 1958, pp.225-26）。

㉛「他們稱其爲光明正大」（They Call it Cricket），見馬施勒（Tom Maschler）編《宣言》（*Declaration* London, 1957, p.67）。

㉜新保守主義的危險之一在於，它沒有認識到，公民政治改善社會的熱切程度，一如其一心保存以往留傳下來的事物。參閱帕金（Charles Parkin）：《伯克哲學的道德基礎》（*The Moral Basis of Burke's Philosophy*, Cambridge, 1956, chap.6, pp.109-30）；以及前面提到的克里斯托在《耶魯評論》上的那篇眼光銳利的文章。

㉝很少有作家像康拉德（Conrad）這樣對意識型態化政治做了這種批判，而同時對它們的理想則仍保留著一種熱切的同情之心。在《西方人衆目所視》（*Under Western Eyes*）一書中，娜塔利‧哈爾丁（Natalie Haldin）在結尾處說：「我必須向你承認，我永遠不會放棄展望消除所有分歧的那一天……疲憊厭煩的人們最後將大團結的那一天……但因著它們的勝利，心靈卻感到了悲傷，因爲這麼多的理念都爲了一個理念的勝利而毀滅了。」

4.知識生活的傳統

──它們在現代社會中生存與成長的條件

I

從十九世紀到二○世紀，理性的─經驗的觀點（rational-em-
pirical）──即一種具有獨立的求知慾、廣泛的閱歷、規律化的調
查與分析、合理的判斷和創造力鑑賞的觀念，它一直是大多數國
家知識份子的主要特點。它以各種各樣的形式被包含於藝術、科
學和系統思維等各種知識活動中，當代世界各個地區，知識份子
都已經擁有或渴望擁有它，它也成為人們識別知識份子及其群體
的標準。

理性經驗觀隨著現代西歐文明的發展而成長，它幾乎擴展到
當今世界的四面八方，包括俄羅斯、美國、非洲、南亞以及亞洲
中所有東南亞國家和中國及日本。

理性經驗目前在穩定而不拘泥於基督教思想的歐洲之特別條
件下成長。其條件之一是：每個國家的知識階層都有近似聯合體
的組織，這個聯合體可以是知識階層與教會和政府的聯合，也可
以是對依據新基督教中所闡述的古典人文主義而形成的單一文化

傳統有共同觀點的知識份子形成聯合；另一條件是：知識活動的崇高地位，這個條件既關係到知識份子與教會和政府的聯合，也關係到互相輔助且互相關聯的大學機構、貴族統治的政府、上流社會和農場主人團體。

現代知識生活誕生於獨裁的政體，這個政體在現代歷史過程中偶爾也會出現各種啓蒙運動的火花，它有時朝著限制權力的君主制度發展，有時朝著由各種組合形成的共和自由主義和民主主義制度發展，它存在於等級森嚴的社會制度中。在它的政府裏，大多數是農民群眾、君主階層、獨裁的官僚主義和封建主義，它在這種條件下繁榮，正如它在商業化的貴族社會裏發展以及其後的君主立憲社會裏繁榮昌盛。

理性經驗觀是一種現代知識觀，早期社會裏，它主要是一種業餘的工作，是大多數現代知識傳統的偉大開拓者們熱衷的業餘興趣愛好。不是人們爲謀求生存而進行的職業工作，因此，在創造知識的奮鬥中，偉大的創造者們幾乎沒有得到任何社會報酬。

現代知識觀具有豐富的內容和形式，它既吸收大學教義，也出現於藝術和文學的職業實踐，儘管這些藝術和文學被外國傳統所感染。它不但補充新的科目材料，改變本身的興趣焦點，而且進入政治，並在與各政治活動和信仰流派相接觸中獲取各種營養分。

在四個多世紀生涯中，現代知識生活不但一直在穩定成長，而且也一直在鞏固和完善其本身、擴展其技術、加深和開展其理解能力、豐富其傳統，因此給予後續的創造天才們很多新機會去擴展和改變現代知識生活。從整個世界的角度來看，現代知識生活所要面對的問題是，它是否能在其從未存在過的狀態下持續下去。

　　現代知識生活必然發展的前提是知識生活本身模式的改變，並與政治、經濟、組織和文化環境的變化同步。在現代知識生活已達到較高創造水準的社會裏某些變化已經發生，在知識生活擴展到歐洲以外的地方也發生了某些變化，而這些地方，知識生活是做爲一種新的、外來的而不是本土知識傳統內部進化的事物。

II

　　在現代知識活動傳統的持續流動範圍內，腦力工作的系統累積模式已有明顯的擴展，與此擴展緊密相關的是科學和學術活動更加頻繁。大量增加的知識份子階層中，大部分人都在從事腦力工作，並且他們的工作與以前腦力勞動者的工作保持有意識的而又特別的聯繫。大量加強科學、或至少是運用學術社會裏最優秀的天才，不僅是科學與學術進步的自然特點，也是科研中訓練方法的自然特點，它已經在每個領域裏聯合導致學術和科學文獻的大量增加，每個知識份子都必須去閱讀本領域內的文獻，並對學術文獻有所貢獻。長期以來，單獨的科學家或學者幾乎都不可能閱讀所有與自己感興趣領域相關的材料，我們都處於這一點，當一個人知道每個領域過去和現在最好的工作是什麼的時候，他就通過了這一點。如果一個人希望既能保持接觸過去最優秀的知識作品，同時又要繼續從事並非自己領域的事，那麼他事實上是一個非常有選擇能力的人。由於專業工作中的制度和規定對知識份子有所限制，因而專業工作也限制了知識份子的注意力，減少了他們的興趣，削弱了對較大的知識社群及其傳統的依附性。大多數情況下，這些限制把知識份子貶低到多餘的程度，知識份子不

可能在高度相關、濃縮和複雜的傳統領域內進行創造,特別在科學和學術領域內更是如此①。

　　雖然這個問題沒有影響某些國家的知識階層,如那些現在仍然無法在一定的規模上進行更高級的科學和學術研究的、低度發展的極權主義或多元化政治國家的知識份子②,然而它開始出現於印度——低度發展的多元化國家中具有最先進知識的國家。它也存在於共產主義中國——低度發展極權主義國家中擁有最先進知識的國家。在發達的極權主義國家的知識份子生活中,如蘇聯、波蘭、捷克和民主德國,知識繼承的巨大壓力毫不亞於高度發展的多元化政治國家。

III

　　除來自於歐洲王室的獨裁、制憲的維新黨(Whig),或來自於在各種不同條件下存在於當今歐洲及世界各地的資產階級自由主義的變化以外,知識生活的環境沒有任何其他的變化,已有的變化主要反映在知識份子數量規模和道義的變化方面,無論從絕對數量還是從人口比例上,每個國家的知識階層都比以前大得多,每個國家都要花費大量的收入保持和訓練知識份子階層,為其服務的社會部門也相應變得更大更複雜。在道義變化方面,主要是極具滲透力的民粹主義(populism)政策的變化。所謂民粹主義就是要求社會要比以前更加普及教育和要求知識份子應更致力於服務社會。在每個領域裏,如政治生活、經濟生活、知識活動組織的發源地以及包含它的文化世界都可見到這個變化。

　　現代知識生活主要生長於:(1)多元化的大眾社會,這些社會

的特點是政治組織民主化、經濟工業化、人民個性化、政治多元化以及文化中日益增加的浪漫化和民粹化。(2)極權主義社會，這些社會已經有較高的工業化或極力尋求成爲工業化國家，並且試圖在複雜的現代文化中形成嚴格單一的理想模式。(3)不發達國家，包括不發達的極權主義軍事寡頭政治和民主主義的政治多元化國家，它們以農業經濟爲主，但試圖成爲工業化的國家，它們的文化主要爲傳統文化，與發達的西方國家相比，現代知識觀的支持者們與其他人之間更加顯得格格不入③。

　　西方國家以及最發達的極權主義國家，由於知識階層的技術部分發展不平衡，和知識生活的傳統模式及現代理性經驗觀被扭曲，使得它們都帶有專業訓練和職業活動的特點，也兼有與人文科學思維遺傳的傳統僅有微弱聯繫的特色。在發達的多元化社會裏，知識生活的組織一直在變化，但這並不是由於思想意識型態涉及的結果（但在發達的極權主義社會政權中，意識型態是重要的力量），而是由於軍事和工業發展中科學的重要性日益顯著。由於知識份子興趣的變化、調查研究新技術的出現和大規模、新形式經濟資助的出現。所有發達的社會，無論是多元化政治還是極權主義政治，大規模、新形式的經濟支持都是極其重要的。在更深層次上說，發達社會的知識生活的理性經驗傳統模式與「通俗文化」（mass culture）同時存在。這種通俗文化平庸而粗俗但卻一直存在，並且由於電影、廣播和電視的發展，它比過去更加廣泛，更容易看見和聽見，理性經驗傳統也正受到日益擴漲的浪漫主義的挑戰，浪漫主義與繼承的傳統規律和制度格格不入，像通俗文化，浪漫主義歷史悠久並對理性經驗觀的出現做出過巨大貢獻。新世紀以來，理性經驗觀從其本身的利益出發，大量吸收了浪漫主義文化。重疊在通俗文化和浪漫主義文化之上的是廣泛

分佈、深入發展的民粹文化。一方面民粹文化尊重理性經驗觀並
要求與其求同存異，另一方面它也對現代知識傳統中「傑出人物
統治論」的論調表示厭惡。在發達的西方多元化政治國家及日
本，通俗文化現象更加顯著，因為它們的政府及其經濟發展水準
允許通俗文化更充分、更自由的表述自己。在較發達的極權主義
國家和不發達國家的大都市裏，通俗文化也得到發展，但由於國
家貧窮和極權主義實行文化中央管制，通俗文化一直受到壓抑和
踐踏，新浪漫主義和民粹主義也遭受同樣的命運。

IV

在所有發達和不發達的社會裏，支持現代知識傳統的知識活
動比西方早期所擁有的知識活動更實際，也有更大的不同。歐洲
中世紀和現代以前的其他文化中，世俗權貴主要要求正統合法。
知識份子則不同，因為他們信奉上帝，他們通過寫戲劇、歷史和
散文表達自己對世俗權貴的抨擊和批評，但正統合法是統治者的
主要要求。二〇世紀後半葉，情況發生改變，所有尋求生活在高
水準、現代化社會的國家，包括發達和不發達國家，它們的知識
份子一直投身於必須的事業，並已取得了巨大的進步。政府、經
濟和社會部門需要知識份子掌權，並且隨著社會的發展，這種需
要會越來越多，通過已有的或傳統範疇內知識份子的作用轉化只
能滿足小部分需要，但即使知識份子都轉而去做這些工作，這些
需要也不能完全得到滿足。除了戰時以外，一般沒有必要做這種
迅速的轉換。我們可以通過擴大高級培訓機會，訓練技術、經
營、科研及公共行政等方面新的知識份子以滿足這些要求。

　　如果沒有一個優秀的高等教育系統去培養新的「職能的」知識份子——包括公務員、應用科學家、工程師、會計、教師等為國民經濟所必需的各種職業，一個現代化的國家將不可能存在。這些職業獨立於軍備建設並為國家和社會的職能所需要。為了發展理性認識，我們一直在訓練更加專業化的知識份子，他們很少依賴早期腦力勞動者已形成的規律或成熟的經驗傳統。為此我們需要大量的類似專業的知識份子，以培養更多更專業化的人才。

　　發達社會裏，當這些需求不斷增加時，為培養知識份子而設立的教育機構就已存在。其目的就是為了培養大量的新專家。不發達國家培養知識份子的機構一部分是按新的思路進行設計，一部分是按已有的雛形逐步建立。與發達國家相比，不發達國家的主要問題④是缺少足以與發展其學科相適應的教師隊伍，很少有高質量的合格人才充實到教師隊伍中，但教師隊伍確實需要更多合格的高質量人才，因為每個國家都要求教育能培養出更大量的人才。所有這些都加劇了充實教師隊伍的困難。所以在此條件下，很多國家都面臨著降低教師隊伍的標準，降低學生入學和畢業的標準。

　　不發達國家剛剛自主發展時，老一輩知識階層中很少有人具備現代知識，因此，擴大充實補充的範圍意味著以前訓練中很少接觸現代知識傳統的新階層被吸收到知識份子群體中。在有大量知識份子的發達國家，如果所有的職能任務都需要去試一試並部分得以完成，如果所有渴望對文化做出更大貢獻並由此獲得更高的社會地位的理想都得以實現，那麼這個國家更多的擴充意味著吸收大量的低能人才⑤。

　　為了培養國家需要的或政府機構以外的職能運轉所需的大量人才，每個國家都採取一系列的行政措施和經濟支持來幫助滿足

對這個數量的擴充要求。擴充人才的壓力也被施加到「社會正義力量」所不能考慮的以前沒有受過高等教育的人群中,通過細心的觀察,我們發現這個「被迫隊伍」中的大部分人都厭惡知識生活傳統的有效引入。師生或者師徒之間的個人聯繫與滲透過程中延續存在的知識生命傳統創造力,與超過這個聯繫的知識份子數量缺少的壓力形成鮮明的對照。被補充的知識份子,如果他們的文化背景裏所需的普遍接受能力、天生資質和求知慾都比較低,那麼引入和發展知識生活傳統都將會遇到更多的困難。

　　適合於理性知識職業實踐的高度專業化和在學習課程上對這些要求的反應起著類似的作用。接受知識傳統不但依賴於以前相互之間的親密關係(如受教育家庭環境中的相互溝通),依賴於一個人的悟性和求知慾,而且依賴於將來知識份子所接受的正式培訓情況。補充數量及社會範圍的擴大已使正式培訓背上了沉重的負擔。正規培訓中入學資格的不加選擇、降低本科生發展水準的標準以及加大退學與不及格的比例使這種負擔得以減輕。在某些國家,以上兩種結果都會產生。因此這些國家正規教育被壓縮和專業化,專業設置僅僅爲了滿足國家需要和適應很多學科的國際發展要求,從而造成了一批其專業文化中不具備廣泛知識傳統的所應有的知識,對知識傳統中不可預知的因素也缺乏廣泛敏感性的專家學者。

　　隨著本世紀結束,受教育階層中缺乏傳統文學和成熟文化知識的人在所有的國家都會有所增加。在英格蘭,有文化的紳士們對貴族理想的軟弱堅持,某種程度上彌補了這些缺陷。在法國,依靠中學字母表上嚴格的古典符號,使得受教育階層公共觀點中的人文主義也在某種程度上對它有所補償。蘇聯文學中的維多利亞理想也部分的阻止了職業階層中這種趨勢朝著「更深的文盲」

發展。然而，儘管努力去阻止這些不足之繼續發生，但它仍會存在並會繼續發展。大多數不發達國家，無論極權主義的還是多元化國家，這種情況將會變得更加突出，因爲這些國家強調民族文化並對殖民地宗主國的文化懷有偏見和仇視。此種文化的殘跡已在教學大綱的文字裏被刪除。正如政治家們一直認爲的那樣，高等教育是刪除殖民時代文化殘餘有用的基本工具。

V

所有的國家都要求不斷地壯大知識份子隊伍，以便更好的爲其服務。這些要求自然會使統治者對高等教育機構應該如何運行感興趣，在高度發展的多元化社會裏，統治者們只對畢業生的數量規模而不對學生學習的內容感興趣，但一般地，統治者更傾向於支持培訓應用知識人才。如工程、技術、化學以及近來的生物學研究、控制論、某些社會科學學科分支等等。然而總體來說，統治者們總是限制本身侵犯學習的課程內容、教學大綱或者教師隊伍的充實與發展。

極權主義國家更關心的是偏離正統信仰的危險，所以它們的很多知名人士進入教師隊伍並得以提升和發展，也有很多名人被寫進教科書。

這種情況偶然也試圖干擾知識生產的過程，或至少像沒有進行過知識創作的外行那樣干涉知識生產過程。極權共產主義國家精心設計的教義使得它比極權的國家社會主義具有對知識更廣泛的干擾。它一直試圖統治控制知識活動的內容，並使其達到它的理想。但統治者們從來就不能保證讓知識份子只遵守市民義務，

避免顛覆的活動和提議。或者使知識份子只進行對國家有利的工作。它們也需要做出巨大的努力去使知識份子的工作僅僅是爲了表率和鞏固統治者的理想。

爲了達到此目的，極權主義的精英已經建立了一整套的綜合控制系統，他們試圖組織遠遠超過現代知識活動內部自然要求的知識生活或組織國家經濟和社會職能任務所要求的知識生活。在很多領域，這個政治機器規定了與任何創造性工作內部不確定性相矛盾的統一。通過控制任命、提升、經濟資助和公共傳播設備，極權主義一直試圖預先決定知識作品的內容，特別是在與其崇拜的理想和政治敏感問題緊密相關的場合裏更是如此。

多元化社會，包括發達和不發達的社會，知識份子的成就主要是根據知識標準而得到判斷、提升。任命和成功與否主要都是由這些標準來衡量的，政治宗教、社團和個人因素偶然也會影響這些標準，特別是在知識階層的文人中。而在更制度化和更專業化的知識階層，這些因素的影響則相對較少，政治精英一般禁絕對此標準進行干涉，甚至在美國也很少出現這種事。即使在美國有比英國更多的政治精英干涉知識標準。在極權主義社會，政治精英們試圖通過嚴格控制產生知識職業後備人才的整個教育系統，控制選舉和公民的權利來把他們自己的標準施加在整個知識範圍內。

這個已經引起相對於知識創造性和知識傳統的精心設計與發展無關的標準侵入到知識活動中。

官僚們通過採用監視知識工作和控制它們符合官方要求等措施使這種強加的干涉能在某種程度上得以實現。總的來說，這種官僚政治會吸引那些有較少知識創造能力的人。但這也阻礙了官僚們進行有效的監視，因此在任何情況下，官僚們都不能進行有

效的監視。知識活動的政治管理監察員也有很多種，有傲慢的恃強凌弱者和毫無目的的溫順的文丐們，也有盡所有努力使其政治上級感到高興，並盡力使處於不利條件下的創造性知識份子能自由從事職業活動的知識保護神，知識系統內，通過資助的傾斜，獎勵去國外旅行、分配更好的住房，給予榮譽和知識系統內進行提拔等形式控制早期偏離正軌的人。而代表政治精英施加控制的人本身也是職業知識份子，他們僅僅是業餘的政治家，但這並不妨礙他們以政治作爲判斷標準。

VI

　　與十九世紀相比，二〇世紀的知識生活已在更多的方面對外部有所要求，有更多來自於政治精英和管理人員的壓力及更多的各種意識的壓力作用於它。這些外部壓力使知識活動更加制度化，甚至當極權主義和寡頭政治精英們的理想要求不復存在時，大量的依靠知識機構產生的組織機器或者受到國家經濟資助的個人，非制度化的知識活動產生的組織機器仍然束縛著現代世界任何社會中有知識能力的人在職能應用方面的廣泛信仰。

　　所有國家的經濟領域裏，知識活動經費一直在大量增加，幾乎所有國家的大學都依靠政府的經濟支持，英格蘭兩所較古老的大學四十年來都依靠自己辦學，而新的大學也僅僅只能受到國家部分資助，這種情況在加速發展。美國與英格蘭一樣，在來自於政府的行政和軍事部門的幫助下，公立大學的處境得到了改善，私立大學財政預算中享受聯邦資助的部分也日益增加，印度、日本和蘇聯也能看到類似的發展。因爲，這些國家想控制現代大學

系統和尋求加速科學技術研究的發展。極度貧窮國家裏，只有少量的現代知識活動設備，由於沒有私人贊助，教育科研資金主要由國家提供。即使最不穩定且分散的知識活動也要求有正規的工作人員，並爲其提供穩定的收入。

現代國家財政政策已經破壞了文學事業資助的古老形式：如印度的土邦主不再提供贊助，而這曾經是他們從善的行爲之一。只有美國私人贊助在知識活動中仍然佔據主要地位。慈善基金作爲贊助的古老形式一直適應於現代知識生活，它已被組織化和擴展到幾乎每個知識創造環境中，在組織過程中，這種古老的形式今天仍然存在的贊助者——委託人之間的委託關係仍然自由而隨便。

很多領域中，科學研究性質的變化已經促進科研規律化、制度化，很多現代大規模科學和研究迫使早期不需合作的科研需要共同合作和共同管理⑥。換句話說，知識傳統過程的模式變化已增加了對知識機構以外的其他部門經濟的依賴。在科學和學術領域，合作日益成爲可能，合作的大規模需要大量資金：與十九世紀相比，現在更多的研究項目要求更多的職員，從而耗費更大的資金。而當教授及其研究生們提供足夠的人力時，極其複雜的儀器設備也使科研需要巨大的費用。少量的贊助已不再能支付購買科學儀器的費用。這些複雜精密的儀器要求大量職工專門操縱它。調查消費者的購買力及研究國家收入和工業生產情況，調查人們對國家政策的態度和政治態度，這些社會和經濟研究的新形式花費了巨大資金，五十年前的科研人員對此簡直不可思議。現在科學家再也不能像一個半世紀從前那樣，不需商量和不需尋求任何幫助就能決定去做什麼並付諸實施。現在他們必須向政府部門、研究院、基金會或大學申請資助，然後這些項目也必須轉給

政府或基金會。這個過程在美國最先進，在英國、法國、德國、日本和印度也邁出了巨大的步伐。由於同一種原因或其他的原因，它在蘇聯可能更普遍、更佔優勢。它比較小規模地落腳於非洲和中東的貧窮國家。事實上，在脫離制度化的文學以外幾乎沒有現代化的知識活動。

與十九世紀或二〇世紀早期的掌握較大權力的德國、法國或其他歐洲國家的文化和教育的政治家相比，現在管理知識生活資助的政治家們，已經產生很大的變化。現在那些掌握管理，經濟和知識工作大權的政治家更加精心設計知識活動，並且他們與知識活動也具有更緊密的聯繫。

由於政治家的轉變——知識份子充當政治家並起政治家的作用，影響了單個調查者在選擇調查的問題及步驟和選擇實際情況等方面所起的作用。

知識份子擁有知識活動中制度化部分的大部分決定權，即使在大量政治精英和政府管理人員參加知識活動的國家情況也是如此。迄今為止，極權主義國家知識階層各部門意志的力量發生改變，這種改變一直抵抗各種施加在改擇問題、分析問題和選擇職業上的壓力，當然，也不是每次都成功。西德正在做一種新努力，使大學研究適應於工業的發展。儘管西德曾經在純科學研究方面超過蘇聯並取得成功，但西德現在這種努力是否會比蘇聯的研究和發展更成功，我們將拭目以待。

即使知識傳統具有強大的剛性，仍然面臨著政治管理工作持續侵犯的威脅。多元化國家裏，如美國、英國和東德，掌握管理經濟權力的政府官員試圖避免引進政治因素，並以傑出的學術思想來指導知識傳統的發展。然而，為了知識傳統的健康發展，應由積極創造知識的人士決定知識傳統的發展，但經濟權力為別人

所控制這一簡單事實，知識以外的因素總是有機會干擾、侵犯知識傳統的發展。

VII

到此爲止，我們一直在討論與科學和研究相關的知識份子階層和高等教育與研究機構的工作，雖然這方面的重要性和比例成分本世紀有巨大的增加，但本節我將不再完全討論知識階層的問題。知識份子並沒有使腦力勞動的作用變得枯竭。無論過去，還是現在，獨立的知識份子，投資收入者或自我維持的知識份子等一直起著的傳統作用，並且將仍然存在。

由於電影、電視、廣播方面的技術進步和爲滿足政府和個人政治宣傳而廣泛增加的雜誌增刊，因此，受雇用的知識份子的數量增加了。在我們正在討論的除了知識份子數量以外的三種社會特點中的任何一種裏，這種趨勢幾乎相同。極權主義國家尤其如此，因爲這些國家更多的考慮是它們的政治理想，這種政治理想要求人們觀點統一而不管這種理想在知識作品評論和職業政策中帶有政治精英的偏見。雇用機會的增加允許很多人可以從事自己的專業知識並得以培訓，允許有文學抱負的人獲得一份固定收入而不再靠出賣文字獲得不穩定的收入。在未發展國家裏，文盲和貧窮限制了大學作品的市場，資訊的提供吸引了很多不是從事教學或公務員的文人。

私人學者或獨立的作家——不受作家協會的控制並能自由進入各個出版單位——仍然在發達的多元化社會裏存在。優秀的文學作品和強大的市場購買力，以及知識階層中既無投資也不受雇

用的學者和文人隊伍逐漸縮小，使得獨立作家的市場得以維持生
存。然而在亞洲和非洲不發達國家裏，完全獨立或自我維生的作
家幾乎沒有。與此相對照，廣大知識份子受雇於大學、中學、學
院，報紙與期刊、廣播系統，政府與私人管理組織或研究機構等
等。

　　極權主義國家不允許存在靠投資收益的知識份子，但卻肯定
存在透過銷售作品而自我維持的文人和藝術家，並且數量還很
多，但他們不擁有政治多元化國家中文人和藝術家擁有的獨立自
主。因為，他們是負有政治義務的作家協會會員，他們必須遵守
政府的要求，否則將不允許其作品進入社會。由於文學作品創造
的特性，其實際工作不可避免地由個人承擔，但在極權主義國
家，文學作品已經廣泛實行制度化、規律化。官員們允許按照他
們以為是正確的政策解釋、倡導、讚揚和批評文學作品，出版任
何作品或從刊物上撤出它都是按與此相同的標準和同樣的方法做
出決定。

　　既沒有必要成為高度制度化的大規模社會，也沒有必要控制
具有極權主義國家特點的文學藝術創作過程，因為，它與文學創
作活動內部必然相矛盾。只要文學作品直接環境的制度化是完全
成功的，那麼它僅僅通過壓縮創造成就即能取得成功。應該補充
的是，單一的控制是很少成功的。因為控制文學的組織，如作家
協會，出版單位和期刊都存在不同的觀點，並且他們也有不同的
政策和提供設備給不同觀點和風格的作家。進一步說：作家有時
也在某種程度上佯裝出他們的態度，雖然因為監督人員的懷疑，
這種做法常常以失敗而告終。

　　在表達的傳統模式方面，高度發展的多元化國家處境就根本
不同了。但這些國家，由於出版商或編輯固執己見，使得具有某

種突出風格及觀點的作家很難出版作品，至於那些平庸而對出版商態度較溫和的作品卻容易出版，儘管如此，任何刊物都存在自己的出版組織。

即使在多元化政治國家裏，大衆媒體也要求比書和期刊更大的投資，它或者受政府控制——電視和廣播，或者由政府進行調節。政治標準有時會影響職業政策或文藝作品的接受與創作。多元化政治國家中，評論家們對大衆媒體中存在和創作的作品的文化和知識水準提出質疑，這些評論家們指責大衆媒體的社會化威脅了知識傳統的生存，但這個威脅沒有像極權主義國家那樣受到壓制、排除或者禁止並消除。相反，人們卻被存在於大衆媒介中易於獲得名譽和運氣等特點而誘惑。原先堅持高級文化傳統的知識份子轉而成爲大衆文化寫平庸的作品。雖然這些批評的理論假定是正確的，但既沒有證據也沒有理論證實它。在大衆文化中，也常創造一些高質量的文學作品，而堅持傳統貴族文化不一定是高質量文學作品。不容懷疑腐化和各種渴求的存在，如：渴望創作文學作品，有穩定收入和被提升及獲得成功。但我們沒有理由得出結論：這些腐化和渴求也影響了那些帶有極強動力或傑出的文學藝術天才們。

VIII

亞洲和非洲不發達國家的現代政治精英已在某種程度上提出對現代化的渴求。他們的國家缺乏使現代知識生活得以繁衍的任何社會環境。僅僅通過在大學裏、西方文明中心，或外國傳教士和牧師投資的機構裏學習，才能獲得他們的現代知識觀。這種機

會是很少的，正如擁有現代知識觀的職業也很少一樣。

　　除了印度，那些不發達國家很少有知識精英，而且他們存在的領域也僅限於政府當局，教育、政治、雜誌（常為政治性雜誌）和執法機關（也常常作為政治活動的舞台）。幾乎不可能有現代學術和科研，也很少有現代形式的文學市場，幾乎沒有人能夠把文學作為職業，除非他們的作品能找到佔統治地位的大都市讀者。

　　印度、日本和中國，除了幾個特殊的學科和考古學、歷史和語言學方面的中心以外，直到最近，這些地區的現代知識領域裏幾乎沒有先進的科研和先進的教育。大多數非洲、南亞及東南亞的國家都是如此，政府的科學部門相當小，勝任工業部門要求的科學人才也很少，造成這些的原因部分是由於工業規模較小，另一部分是由於本地工業沒有得到研究和發展，而外國工業又大多在大都市裏。

　　要使國家實現現代化，我們就應該堅持這樣的信仰：即僅僅只能透過知識份子的創造才能實現國家現代化。現代化政府必須由受過高等教育的知識份子組成。這也是其組成的必要前提，這就要建立系統的知識機構，而像以前支離破碎的現代化知識機構，如這兒有一所中學，那兒有一所工程學校等已不適應現代化的發展。知識機構的傳統結構已不適應現代知識機構系統。知識份子向知識機構提供職員的態度和知識機構培訓知識份子的形式都受到現代知識傳統的挑戰。

　　在為糾正這些不足而進行的鬥爭中，政府⑦幾乎是唯一的發起人、倡導人，而且也幾乎只有政府為這個鬥爭提供經濟來源⑧。

　　由於這個原因，受到國家支持、促進和密切監視的知識活動主要是在不發達國家，而較少帶有發達的多元化政治國家的烙

印，僅僅當政治精英需要了解某些重要知識活動時，他們才會有意識地栽培它。在大多數不發達國家裏，由於只有少量的人和資金支持知識機構和知識活動的發展，因此，不可能大量促進知識發展。在印度和巴基斯坦，支持知識活動的最大行動就是大量建立缺少理想和指導能力的學院，如果需要從根本上得以解決這些問題，國家就必須採取措施。

即使在幫助藝術和文學的知識份子方面，亞洲和非洲不發達國家政府都已感到應該通過經濟資助和建立知識機構表示對知識份子關心並付諸行動。政府不能書寫或者繪畫，它們願意幫助而不是控制這些方面。政府一直在努力尋求爲寫作和繪畫提供工作條件。所有這些都要求政府組織考慮應用、管理、資助，提供獎賞和幫助出版這些書及繪畫等。

在科學和學術的研究中，大多數新興國家在其有限資源內都非常注意擴展和精心改造老研究機構及創建新研究機構，當然這些老的研究機構是指外國統治者在退出之前爲同樣目的而建造的。因爲這些活動，與合格的知識份子的產品一起，是政府第一個感興趣的活動，所以沒有理由懷疑不發達的亞洲及非洲國家只有少數未受專業培訓的獨立知識份子。

雖然做任何事的時候，政府的活動和經濟幫助都是不可依賴的，但政府卻從政治上干涉任命政策和干涉對教育及研究內容的決定（主要是指人事而很少指出版物）。直接的政治干涉一般不太頻繁，儘管從新加坡到西亞都很明顯的存在這些問題。更加擾亂人心的是，對所謂的「新殖民主義」制度文化裏的激進的民粹主義政治家和民粹主義者，以及他們對宗主國一如既往的感情的辱罵性抨擊。

IX

　　儘管現代知識觀及其涉及的知識過程已遍佈世界各地，但在已開始灌輸知識觀的亞洲和非洲國家裏仍保留了一個更重要的歷史事實：即它來自於西方社會。

　　在現代知識觀到達的每個國家裏，都有統治本地大多數居民的民族文化。在亞洲，這些民族文化歷史悠久並有巨大的內涵、道德和美學價值。它們也是經過千錘百煉的內涵合理性的綜合性的文化。在它們的教士隊伍中，無論是修道院還是傳統職業教育，都有其自身的知識份子。

　　相對於民族傳統的知識文化，現代知識觀及其賴以成長的傳統是外來的，而這種外來性又被外國征服者加強，因為征服者對當地民族文化施加霸權主義，排擠和統治傳統的政治中堅人士。

　　現代知識觀以不可抗拒的吸引力存在於歐洲中心以外的社會某些階層並得以發展。在東歐及非洲，特別在亞洲，通過批評傳統和強調個人主義，它贏得了支持。它的這種特點也使人們從壓抑個性文化的沉重負擔中解放出來。然而，在原本並不具有這種特性的世界各地區，因為它的崇拜者們對於自己的傳統生活模式仍保持強烈的依賴，並由於這種依附感使他們感到自己比吸引他們並且受到尊敬的外來文化低人一等。他們很難承受自己的民族文化及其所處社會受到外國統治者，甚至他們非常尊敬的外國知識份子在作品中和態度上的貶低。

　　不發達國家，與西方文化相比，知識自卑感依然存在。這種自卑感存在於蘇聯。十九世紀及二〇世紀初的美國，這種現象也

很普遍，但不完全存在。在進步最慢的極權主義國家和亞洲及非洲不發達國家的知識份子中⑨，這種自卑感強烈地存在，對西方的偏見一直強烈的存在，甚至於那些狂熱的民族文化崇拜者也是如此。它們之間聯結著相互衝突又相互依賴的繩索。為了政治目的和擺脫根深蒂固的感情，這些國家中，某些政治精英和知識精英宣稱他們自己的文化傳統非常適應於民族生活，並斷言西方觀念在各個方面僅有微弱的影響，有些人說它破壞了社會歷史中所擁有的真實和偉大，又有人說它的繁榮阻礙了社會進一步從殖民主義奴役中解放出來。絕對的保守份子──熱愛過去的知識份子和政治家，以及堅決的改革家──熱愛未來的知識份子和政治家，在這一點變得相互一致。與此同時，他們尋求重新塑造自己的社會，以便與西方傳統更加一致。

在所有發達國家中，與現代知識傳統保持接觸的主要語言是西方語言。這個事實更加證明了上述情況：在非洲，小學就用歐洲語言作為教學主導語言。在整個非洲及中東和東南亞大部分地區，高等教育水準中，歐洲語言經常作為教學的指導語言。即使在歐洲語言不是作為教學語言的地方，學生與教師中閱讀的很多資料仍然是原版的歐洲語言或被翻譯的書籍。事實與依賴於原殖民地宗主國文化的主觀經驗互相共存，同時對宗主國文化的依賴與本土傳統文化之間的緊張關係也依然存在。這種情況將一直存在，直到致力於現代知識傳統的現代本土知識份子開始按他們自己的想法進行創造，產生自己的文學以及自己的科學與學術研究，並且使其水準達到令人信服、令人尊重的要求。當這些成為現實時，那麼將良好建立起創造和利用它的知識份子的自尊，此時它就會超越本身狹隘的地方主義（provinciality）思想。

X

　　強烈的地方主義觀念以及本土文化傳統與外國文化傳統的鬥爭在更先進的多元化國家是不存在的，因爲那兒現代知識傳統是基本上的文化。對殖民地宗主國的偏見在美國某種程度上是個嚴重問題，即使在最壞階段，美國文化也僅僅是與英國、法國和德國相適應的地方文化，並且從沒有實質上完全不同的另外一種文化傳統能以相反的觀點吸引美國文化。

　　另一種反對現代知識傳統的壓力在先進的多元化社會裏已經開始吸引知識份子的注意力，如以上討論的美國及程度稍輕的英國、法國和德國都有這種情況。在較發達的國家裏，由於共產主義理想的偏見，它以一種歪曲的形式出現，這個我們把它歸結爲一種傲慢、粗俗的文化。這種文化在電影、廣播和電視等更新的大衆媒體中大規模出現，並受到知識份子以外的所有階層的接受，色情文學（pornography）就是這種粗俗文化的一部門。

　　在所有發達的工業化國家裏，生活的高標準和更多的自由時間已使從前被疲勞和需要捆住手腳的人們能獲取簡單、原始和令人高興的要求。這種結果總是被傳統文化所吸引，印度及不發達國家的大都市已能初步聽到它隆隆滾過的聲音，經濟發達的極權主義國家也同樣渴望和欣賞它，但共產主義精英壓抑它們，嚴謹的理想以及反對「大衆」和「年輕人」沉溺於享受來自於西方而不是馬克思主義的快樂，都可以解釋爲什麼共產主義精英拒絕承認這種文化爲合法文化。

　　西方國家很多知識份子認爲流行文化是對創造知識生活傳統

的挑戰和威脅。流行文化與高級的知識傳統中存在的工作相抗
爭；在其擴大聽衆的雄心裏，它已經從與偉大傳統相關聯的圈子
裏爭取了不少人；通過其本身的可視性和可聽性以及明顯的大衆
化和激發人們快樂的能力，它挑戰性地面對著創造性文化宣揚自
己具有普遍合理性和廣泛的接受者⑩。

XI

　　現代知識傳統顯示了高度的適應性和高度的合作性，如果現
代知識傳統僅停留在大學這一級水準上，那麼某些傳統將不會出
現。除此之外，他們也能忍受依賴國家經濟和偶然受到國家的監
督。十九世紀由國家經營和管理的法國和德國大學的巨大成就，
以及自從國家作爲主要贊助者以來毫不遜色的英國大學成就都證
明了現代知識傳統有能力使自己適應於新的環境。

　　即使像極權主義國家那樣的殘暴，也並不能破壞現代化知識
生活的傳統，蘇聯在物理與化學方面令人印象深刻的成就，以及
很多觀察家都注意到的蘇聯大學年輕一代知識份子的巨大活力和
追求，都證明爲實現共產主義理想而實施的政治監督和廣泛要求
都不可能完全滲透和統治併存於偉大傳統並吸引大量天才的知識
領域。只要腦力工作領域裏有知識的高級人員能相當自由的選擇
和培訓他們最親密的合作者和學徒，以及能去控制傳統組織內出
版的內容，這些傳統就能持續存在，儘管他們暫時銷聲匿跡，甚
至於文化領域——傳佈組織的管理人員包括出版單位和重要的新
聞評論，雖然它服從強大的政治掌權者或奉承者們，但殘暴庸祿
的政權也不會毀掉偉大的文學傳統。

　　在發達的多元化社會裏，從知識領域內部進化而發展的專業化，對現代知識傳統的發展比外部社會有更大的障礙。專業化要求毫無保留地接受既有的分析框架，並常常忘卻它。傳統不僅僅是從既有的框架裏添置一些東西而得到發展，而且也從其持續的演變和進化中得以進步。專業化雖有可能去完成這種發展和進步，但是很難，特別是隨著專業化成爲學習領域裏普遍特點時，跨越專業界限的相互鑑賞和評論受到阻礙，現代知識傳統的最高發展也不會超越專業界限。

　　廣義上講，沒有必要強調極端專業化會損害知識傳統的傳遞和演化，不僅是實際存在的內容，特別是被遺忘的現代知識生活傳統的作品亦然，而且現代傳統引起的廣泛思維可能性的心理感受也由於失去廣泛接觸而減少。

　　如果專業化仍然得不到控制，如果保留它的知識優點及防止它的有害反應的制度化手段沒有被發現，那麼就幾乎沒有希望在更高的水準上繼續進行創造，偉大的知識傳統將暫停傳遞並由此而中斷，它將不得不由能打破專業影響限制的強烈的好奇心重新發現，用這種強烈的好奇追求不可能從傳統中得到直接幫助。

　　從某種意義上講，在知識生活的邊緣限制暴力，過分提高入學條件、沖淡和稀釋大眾文化，以及減少對專業範圍的擴大等等都是粗暴和不文明的行爲，最近的分析表示，反對它們干擾的能量已與傳統本身的力量持平，它不僅僅是一種反覆。

　　如果一個國家的知識份子感到自己依附於知識工作的偉大模型，如果他們一直把隱含在這種工作中的標準融進自己的觀念中，把它們嵌入對自己能量的自信心之中，並積極使它們與大千世界緊密相連，那麼我們可以說，知識份子具有強烈的知識傳統並且這些知識分子有能力阻止外部干擾。

　　知識傳統不停的進行反覆提煉和演變，因爲有高度創造性的人類在眞正的浸透他們、吸收和傳佈他們，現代知識傳統不是不變的事物，虔誠地接收將使它靜止不變，僅僅只有當它與思維活躍的人相互接觸，它才能繼續發展，當然這些思維活躍的人也必須有能力去接受它的教義作爲自己的出發點，然後用新的觀點對它進行重新評定和重新塑造，這些思維活躍的人激發年輕人的靈感，並在自己領域方向裏成爲年輕人的榜樣，以此指導年輕人，他們還灌輸與自己擁有的傳統有積極聯繫的東西給年輕人。

　　對知識傳統積極的、高度的定向變成了一個堅韌的、根深蒂固的對外部壓力不可屈服的個性品質，正如一個強烈直率的個性最基本的品質一樣，這些個性品質不會由於規勸、獎賞、提升或威脅而被改變、煽動或徹底清除，換句話說，知識傳統的積極定向有巨大的彈性和阻力，在一個問題或一件主觀事件上運用知識就會形成這個定向。透過知識的運用和透過接觸有共同愛好的人，以及透過看不見的知識樂觀精神，這個定向就能得以保留。

　　重疊的官僚政府、複雜的經濟資助系統組織，以及其他的煩惱和誘惑都會吸引意志薄弱者離開腦力工作崗位，或者隨著能獲取獎勵，得到官方寵愛、升職及阿諛奉承之風而偏離自己的航線，他們不能突破這些牢固的束縛，他們既不能加入完全致力於傳統的同事之間的密切聯繫，也不會與傑出的調查者及其學生之間有親密的關係。暴政能在肉體上擊垮人們，能把他們推向不能做自己的工作，只能沉默和腐爛的外層黑暗空間，能以政治及軍事目的來統治社會，但是它不能破壞知識傳統，除非它能消滅所有接受知識傳統的人。但在這方面，現代暴政從不會獲得成功，雖然它已驅逐了很多自己的人物，把很多無辜的人關進集中營。

　　只要極權主義政府允許有創造力的、接觸偉大知識傳統的人

在實驗室和圖書館工作，允許他們帶學生，允許他們通過出版自己作品和發表自己的意見而與其他人相互交流，那麼知識傳統的延續和發展就不會存在嚴重的危險，理智思維總會有自己的道路，小溪總會向前流動。

　　然而這種假設是指現代知識傳統已存在的地方並有非常強烈個性的人準備去接受它，而對不發達國家來說，由於現代知識傳統還沒有生根，所以主要問題是播種它。

　　現代知識傳統能在傳統文化相對於它是外來的地方播種生長，但為了這些，需要放棄某些創造潛力，或至少部分地從本土傳統的戒律中解放出來，需要最深程度地激發現代傳統。現代知識傳統在其跨越時代和邊界將天才們連在一起的延續過程中需要大量的天才和適當的位置。它要求意志堅定的人和思想相近的人所居住的環境是融洽相宜的。它需要真正的自信，在不發達國家裏，現代知識氣氛軟弱，自信也更少，知識傳統暴發的機會相應的更少，但它們確實存在。

　　在這樣的國家裏，官僚暴政、專業化及更徹底的地域文化的反對壓力比發達的國家更加危險，但它們不一定都會取得勝利。吸收接納現代知識傳統並隨其前進的日本取得了成功，還有本世紀印度大量天才的出現，這些都證明了本質因素依然存在。在複雜而又耗費巨大的行政機構中，在希望立竿見影的這種持續不斷的要求裏，政府官員有責任讓現代知識傳統從閃爍的火苗燃燒成熊熊的火焰，有責任避免窒息其本質的誘惑。

XII

　　人說到底是一種無可救藥的固執而任性的生物。「人類犯罪的本性」（old Adam）不可能消除。而積極向上、渴望追求、奮勇進取、大膽探索及自我約束的心理也永遠不泯滅。與不需要傳統的亞當不同，積極的心理需要自己的傳統。這種心理曾使人發現自己能與指導和形成他們的傳統相互接觸，如果在最親近的圈子裏，他們可以在寬鬆自由的環境裏行動和發展，我們就會看到現代知識傳統在發展，在改善其本身，並且永遠堅持本來的面目。以上這些都處於不同的環境之中，它們就是從不同的環境出發來統轄自己的誕生與早期階段。

注 釋

　　本文以前曾以稍微不同的形式刊登在：*International Journal of comparative Sociology.* Vol. 1, no.2〈1960,9〉第 177-194 頁。

①在傳統之間有較少聯繫，系統而深入考慮的連續性也不是很需要的領域，如文學和藝術，這個問題就沒有如此嚴重。

②它也不影響文學創作者或藝術作品，除非它影響適合其作品層次的聽眾的數量或聽眾的接受性。

③很多極權主義國家是不發達國家；其中有幾個國家在工業水準、職業結構、知識活動與傳統的精心設計方面像多元化大眾社會，這些國家如：蘇聯、波蘭、東德、捷克都表明了明顯的知識多元化趨向，所有這些國家的極權主義機構都退出或控制自己不干涉知識活動。

④階級出身的引入使這個問題在決定職工任命，或少數民族的或國家的或政治的或其他非知識的質量變得更加敏銳，很長時間以來，它一直是發達的和不發達的極權主義國家的問題，這個問題也出現於新獨立的不發達國家，和出現於發達的多元化國家。

⑤這種情況在美國比在英國和德國要多，因而這些國家中在巨大的擴張以前接受高等教育相關年齡組的比例比美國低得多。

⑥本世紀之前不是沒有大規模「項目」，巨大的大百科全書就是大規模合作努力的作品；記載歷史和文學資源的不朽事業涉及了大量的長期合作。然而，過去的知識官僚機構似乎比現代知識管理官僚機構更小，更懶散和更少專業化。

⑦在某些情況下，在未來獨立國家需要的預想中，殖民政府也開始發

起此事。

⑧這或許是不發達國家社會結構的特性所決定的,除教會支持的機構以外,在知識活動而非大學生指導的經濟支持促進中,很少有私人開始這項投資。

⑨在這些國家裏,通過作為文化的宗主國蘇聯的建立,使得相對於宗主國文化的屬地感情變得額外複雜,至少這些國家的共產主義精英打算以蘇聯作為文化宗主楷模而取代西方的文化,然而,這種努力從未獲得成功,正如波蘭和羅馬尼亞的發展所顯示的。

⑩在發達的共產主義國家,它被看成是一種美國腐化的形式,這些毒害了沒有完全接受自己的理想傳統的人。在不發達國家,無論是傳統的還是現代的知識份子,無論是反對派還是贊成派,都認為它是不道德的工業文明中流動的腐化,甚至改革派們也希望避開它。

第二部
現代社會中的知識份子

5.當代高層次文化

I

　　幾世紀來，在今天看來人口並非稠密的古代大社會裏，只有很小部分人過著知識份子的生活。在四世紀的羅馬，誰是知識產品的創造者——詩人、歷史學家、道德和自然哲學家、語法學家、數學家、諷喻詩人、劇作者、侈談國家事務的理論家、法律和修辭學教師以及所有其他我們應該知道的受過高等教育的羅馬人？消費他們的作品和勞務的人究竟有多少——勤奮好思的公務員、律師和政治家、博學的地主、培養和支持文學家的國家中的大人物？在羅馬，所有這些人不過是一個很小的圈子，在某個時期說不定只有五千人。這個數字不可能很大，因爲每本書出版的數目都很小，因此能過一種非常熱烈而又豐富多樣的知識份子生活的人屬很少數，大部分人能賴以滿足的精神食糧在數量或多樣性上都不是很充足的。

　　讓我們看看1688年英國的一切。文化遺產比較豐富，活動也比較多樣。從事知識職業的人數肯定比羅馬時期的還多，儘管在

總人口數上相對較小。有兩所大學、大批擁有訓練有素的教師的語法學校、一座興旺的劇院、一個出版量比羅馬的印書系統大幾倍的書籍出版業。一所有行政管理人員的民族教堂，在那兒受過教育的人可以獲得一個職位。有極認真從事神學研究的異端學派，一萬名與教育和知識有關的牧師。行政人員也許比三世紀的羅馬官僚還要敗落，但是新成員的招募方式則意味著在他們中間可能經常有一些知識培訓和知識愛好的人，這樣的人有一萬人。有貴族，他們中愛好知識的人肯定只有極少數。法律界約有一萬人。有醫學界的、有劇作家和演員、設法擺脫為謀生而寫作或擺脫大人物支持的作家，有藝術家和音樂家、作曲家和演奏家。理論上講，英國是一幫在科學史上最偉大科學家的故鄉，當時的哲學和政治思想部分地反映了他們最偉大的成就。現代歷史意識開始形成。但是，具有創造性精神的人還很少。他們包括他們的讀者以及那些創造性較弱而為讀者提供教育和娛樂的人——儘管在許多情況下要比真正具有創造力的人多得多——合計起來可能少於七萬人。

　　在當代西方任何一個社會裏——美國、英國、法國或西德—情況明顯不同。知識份子協會、大學、技術學院、研究所、公共和大學圖書館、文獻服務機構、出版社、好的報紙、評論、期刊、廣播和電視、學社和專科學校，所有這些都聘任了大量的受過高等教育的人才，其中大部分是生產性的，部分則是具有一定的天賦才幹的創造性人才。他們為一大群學生、讀者和聽眾提供智力服務，同時也為小範圍的（不過數量還是相當大的）生產者提供服務，後者的工作必定會受到評估、選擇、定級以使其他的生產者和大批精神消費者對知識天地能有一個近似的概念。學院和大學的教師、科學家、作家、記者、藝術家單在美國就超過 50

萬。受眾群是相當大的，因為在 1950 年的美國，從事知識工作這一職業的人數超過 400 萬。在美國、西德和法國，這個數字的區別不是太大。

與任何一個時代相比，知識界（包括表演界）這樣的絕對數之大和成果的豐富多樣性都是無與倫比的。與十九世紀中葉和二〇世紀之初相比，知識「產品」的寶庫是巨大的，而且在這個世紀的下半葉還在繼續增長。古代遺留下來的東西被保護了起來，而且它的增值豐富了知識寶庫，增加了知識財富，也增加了每一個後續年代裏那代人的負擔。

但是，這種知識膨脹的質量究竟如何？量的增長是否就自然地意味著質的增進？每一個學科的科學真理是否只是大量已做工作的功能？歷史是否更真實，是否通過歷史學家的良知和他們所付出的大量工作而簡約地透徹到更真實的本質？詩歌的質量是否隨著寫作和出版的大量增長而得到提高？儘管恰當的回答需要有一定的條件，但首先要做出近似於適當的回答可能就是：「當然不。」

還有，我們社會中從事知識活動的人員，對於產品的迅猛增長並不是沒有一點影響的。有人會說，就如埃米斯（Kingsley Amis）就英聯邦王國中大學學生數的膨脹所說的那樣，「越多越糟」（More is worse）。還有人進一步將「More」解釋為「modern」的衍生詞，認為「現代最糟糕」（modern is worse）。

看來，「書籍之戰」、「古今之爭」一旦為現代人所獲勝，一些勝利的受益者就會發生一百八十度的轉變，並宣判它無效。這種衰減—增長通過某些同時代的東西已被追蹤到現代社會中最近各個方面的性質，追蹤到市民社會的性質。這一關係並不是新的關係。現代人一旦不相信自己，其墮落就以新的形式出現。從

《論科學和藝術的真實性》（*Discours sur les sciences et les arts*）
起，已泛起了一場吵嚷之災。主要由被說成是秩序的支持者組成
的巴黎暴眾、手工藝者釋放出了一個幽靈，這個幽靈是從敏感而
狹隘的想像力轉換到文化摧毀惡魔的魔窟。1830、1848、1871 這
些年使許多歐洲知識份子驚恐萬狀，並使他們對新時代產生恐
懼。

今天，大眾社會（mass society）的貶損者把偉大而乏味的資
產階級時代——這一時代先於「大眾社會」的形成——看作爲美
麗的、不可逆轉地失去了真正個性和思想尊嚴的時代。即使當時
一些時代精英——現代焦慮症的先驅者——飽嘗了受教育階層的
文化所受到的首當其衝的侵害。他們的批評並無特別之處。他們
把資產階級的庸俗粗鄙與流氓的暴行混同在一起。在他們所處的
時代與過去較好的年代之間他們並沒有做出什麼比較，而且在某
些方面他們也僅僅重複著諸如對逝去了的是較好的、對富有道德
的過去表示惋惜等的對現代做出的古老的譴斥。知識界中目前關
於「大眾社會」的普遍流行的概念只是這個未經檢查的惡魔最後
的形式，它的存在降低了他好的一面的文化。

當然，從確切的、公正的觀點來看，可以想像我們當今的高
層次文化比過去任何一個相當時期的文化都更貧困。關於這種惡
化的狀況可能有許多的理由或原因。天資的分佈和繁盛是一件神
秘的事。

也許有我們所不能了解的文化運動的波浪。可以相信，儘管
不是非常肯定，我們的神經器官要比我們祖先的貧乏。而且，即
使它是好的，我們的文化傳統也可能被認爲已過了其極點，也許
我們的文化傳統已到了枯竭的地步，它們已沒有任何進一步發展
的可能性，它們甚至也沒有提供任何出發點給創造的精神。如果

我們認定我們的當代文化正在衰落或正衰落到我們以往時代的水準之下，那麼正是這些可能性是我們必須予以考慮的。但是，高層次文化的質量真的衰退了嗎？

相當於「大眾社會」時代的五十年前的文化正像那些貶損者們所講的那樣已變質了嗎？

在我們這個時代，我們都為容易見到的近代廢墟、遠大成就抱負的破落，和新近形成的平庸文化的垃圾圍困著。要把這些無用的廢物沖刷到只有未來的研究生、獵集古玩的藝術愛好者和學術研究者才會關心的歷史淤泥中去，需要許多年代，也許是一個世紀。這個過程已經在現代新紀元的前幾個世紀的產品上發生過，而且那些把自己看作為精緻文化工作者的人，在考慮那些與偶爾被選出來的粗俗實例相對照的事物時，一般地只考慮大的經典事件。當他們或出於任性或出於好奇，或出於學術原因而挖掘那些在其他方面被過去所忽視了的瑣事時，他們知道他們在做什麼。他們知道他們正在應付的是低劣的東西。他們認為它的平庸削弱了他們所研究的年代裏的偉大東西。與此相對照，質量差的電影、電視的愚蠢、新聞工作的卑鄙都無條件地被表現為當代的風範和全部歷史的意義。

與其他事物一樣，我們當代的文化秩序不是同質的，而且它的同等與等級、對我們的隔離與包圍，都不能在我們的思想中形成確定的概念。不管我們當代精緻文化的質量是否優於古代，其定位和評估的任務將是非常艱鉅的。

然而，我們衰落的跡象不是非常深刻的。這就好像我們這一代人中無人能超越歷史遺產寶庫中的高度，在這裏，物理學方面有伽利略、哥白尼、牛頓；生理學方面有哈維；化學方面有波以耳；政治哲學方面有霍布斯。個人的天賦也許是偉大的，但是，

其水準肯定高於十七世紀最偉大年代裏的那些巨大而一致的努力和深厚的成就，很難實現同樣驚人的進步。在一般地具有發展直線軌跡的所有知識工作領域中，知識的情況與一個或半個世紀以前相比是大大進步了。這個進步並不僅僅是一個在被證實的內容的量上的進步，儘管這不是不相干的。對宇宙法則的理解是比較全面、深刻和艱難的──我們現在所理解的重要事情在當時我們是不理解的。同樣，我們在物理學、生理學或遺傳學之外的其他領域內也能發現這一點。相應地，它與諸如像政治和社會學研究這種較少的訓練相符合。既沒有像洛克或霍布斯那樣清晰而精確地把握住基本論點的人，也沒有深入到人的存在的根基之中並追溯其細枝末節的人。然而，即使每一位思想家的巨大成就跌到了本世紀早期的天才人物之下，即使十七世紀的一些觀點在我們中間沒有被廣泛採用，但在某種程度上我們取得的進步已經超過了他們，而且我們這代精英取得的成就水準正是十七世紀政治哲學所取得的成就的進步。

讓我們看一下被稱為夢幻者的文化夢魘的美國，那裏的歐洲人和美洲人在他們的睡夢中炮製一些源自思想表層以及恐懼與仇恨深處的陳腔濫調。與五十年前相比，美國的科學水準降低了嗎？與一次世界大戰前的先驅們相比，美國文化批評的精英更缺乏靈性、闡述缺乏雅緻、主題的把握上顯得更加膚淺了嗎？美國的繪畫現在是否比以前更差？我們的劇作家和小說家是否比五十年前的同行更窮？

也許人們會說，今天的美國在文化上所有事物都很好，因為我們從歐洲──從這個遠方的範本以及新近從那兒來的流亡者和移民身上──吸取了許多東西，而且美國的發展得力於它在自我建設的年代裏增添的被從歐洲驅逐出來的力量。當然，首先是歐

洲文化產物的美國文化會繼續大量地受益於仍然在歐洲產生的最優秀的作品，甚至在兩次可怕的戰爭所帶來的文化沉寂和文化沙漠時期也這樣。即使完全擺脫了其對古老大都市的偏狹迷戀，也沒有一個美國人能敢否認他的歐洲同事所實現的成就，不論他涉及的業務領域是物理學、化學、社會學、人類學、新聞工作還是文學批評。確實，情況正是如此。作為貢獻者和受益者加入到西方知識社群中去並非意味著創造力的不足。

在開始討論當代文化的質量時，本時期內另有一些知識生活的特徵應予注意。本世紀經歷了人類眼界的拓展和在西方世界或一切偉大文明中從未見過的人類豐富的情感流露。事實上，正是美國這一由能動的研究培養起來的新情感獲得了無比的發展。當然，東方學的研究肇始於十八世紀，繁榮於十九世紀；儘管大量的研究工作及其歷史記載早就已有了，並持續了一段很長的時間，直至沒有了可開墾的處女地。另外，人們肯定體會到了好奇心的目標範圍和情感的開放度從來沒有像現在那麼大，或者就此而言，理智也比現在更有豐富而有見地。超然於我們之外的藝術家、社會活動家和宗教信徒的生活從未像過去幾十年裏那樣得到過那麼多的研究或受到過這樣認眞而高雅的欣賞。當我們需要瀏覽、觀看、聆聽、閱讀的東西其數量永不增長，當我們不得不承認我們的文明每一點都沒有我們的先輩們的思想曾經有的那樣蒸蒸日上，所有這一切都受到特別困難的條件的制約。在東方學研究的新的復興中，美國自二次大戰以來的這些年內做出了很大的貢獻。成為戰後世界的政治變革，或者由捲入冷戰的政府及繁榮的資本主義經濟所帶來的財富，並不就是知識成就現實性減弱的理由。

我認為美國知識份子階層中的道德水準和公民誠實性並沒有

特別下降。我們得承認，一次大戰後的三十年時間見證了許多國家，包括美國在內的知識份子的屈辱程度，這種屈辱使那些不得不屈服的人非常震驚。

確實，在美國，有個別知識份子證實了他們傻呼呼和效果不大的折磨者的意願。從不關心政治的硬繭中出來的絕大部分人，已成爲誹謗中傷海外知識份子的生活和表現出自己輕浮無知的理論的倡導者。三〇年代輕率的左派思想在某種意義上也是道德同情心的進步和對正義的關心。它還伴隨著在國家的公衆生活中已消失了幾十年的知識文明的發展。確實，自二〇世紀六〇年代中期以來，在美國知識份子中曾有過公衆意識的大消退，但是與半個世紀以前相比，他們僅只是稍稍愚蠢一些。

知識階層的影響力和地位同時得到了明顯提高。對於知識生活來說，他們在繁榮學術和擁有研究和出版的機會方面從來沒有這樣從容過。

不過，後者的考慮相對當代知識生活質量的現行問題是淺顯的，它們更大的關聯將會在今後變得明顯起來。

II

讓我們重新思考關於外界文化正在下降的指責。這是一個廣泛的指責，其對象也非常模糊，而且任何一個反駁都必定會遭受粗俗的言語──而問題正產生於此。這是一種毫無區別地把個人的創造天賦和產品的平均水準、創造者和其讀者、作品和研究機構、社會文化的一般水平和知識階層的文化條件摻和在一起的批評。這是一種由將我們當代的基點與過去相當長時期內的最高成

就進行專橫比較來刻畫其特徵的批評。沒有一種批評在思想上會能忍受這一點：即在對當代文化進行估價時，它將沒有完全生活經歷的人與過去的偉人進行比較——對過去偉大的估價是以其鉅著的完全經歷爲基礎的。關於沉淪的立論是站不住腳的，而且比起其實際需要更沒有理由提出來。

不容否認有一種沉淪的**意識**（consiousness）。在歐洲和美國的許多知識份子爲一種不適感所困擾，即是一種孤立、忽視、缺失或憐憫的不適感，是一種與由社會上玩弄權術的人組成的最重要的受眾之間缺乏有影響的聯繫的不適感。這種不適感的形式可能是一種空前未有的深怨。

但是，這種抱怨並沒有任何新的東西。浪漫主義產生於大衆社會之前，而且在衆多的型態上它還遠沒有過時。它還具有著強大的生命力並以許多變化了的面目存在於我們之間，正是因爲此浪漫主義的基本原則使得具有創造力的人被隔絕於其社會之外，並爲其統治者所鄙視。另外，當代浪漫的知識份子作爲革命和人民黨主義傳統的積澱，具有著一種將他本人與「民衆」分隔開來的敏銳感覺。與他的先輩們不同（甚至到二〇世紀四〇年代），他並沒有設法將自己沉浸到「民衆」中去（或者至少是他觀念中的民衆）。他沒有將他們看作爲最高價值的楷模或貯蓄池，就像亞洲和非洲的知識份子所做的那樣。相反地，他爲他們所排斥。在當今那些放棄了革命傳統的本質而徒有虛名的知識份子的想像力中，大多數人是與文化意義上的事物不相容的。它表現爲缺乏對精緻文化的憐惜、思想的粗俗、對無用物的偏見，這些都是他從其統治者身上，特別是其國家經濟生活的新統治者身上預先發現了的。在某種意義上，大衆獲得了在浪漫主義和革命以前曾左右知識份子生活的那種形象，但不同於十七世紀只在騷亂時才偶

爾關注一下平民大眾的作家們，當代大眾社會的評論家們的思想不可能從連續的恐嚇中擺脫出來。關於「貧窮」、黑人、同性戀、遊民無產者（Lumpenproletariat）以及社會上流浪者的強烈的黨派偏見與對大部分事物的反感是一致的。

思想不能再避開的平庸、粗俗文化的那種過分熱鬧而又過於有形有色的表現增加了知識份子的苦惱。不管現代社會早期的知識份子對他們社會中大多數人貧乏的文化消費怎樣地漠不關心、熟視無睹，當代知識份子已不再有這種特權了。現代社會是民主的社會，而且大眾都是具有思想的知識份子，尤其是那些曾經認爲工人階級會成爲階級哲學繼承者的社會主義者。同時，根據他們在這些中庸、粗俗文化作品的創作和再生中的作用，以及其消費者（包括許多知識份子）對這些作品顯而易見的享用，知識份子就像他們的前輩們熟稔於資助人的無情、吝嗇和對權力的專橫、輕薄一樣，他們也熟悉日報及期刊、電影、電視上公眾娛樂的粗製濫造。

對於關注受大眾威脅的文化遺產和當代創造性活動的那些人的動機和傳統所做的解釋，就其論據而言並不充分，儘管它們恰好能使我們對之有所提防，這些論據本身必須加以考慮。當代高層次文化眞的受到大眾社會的危害嗎？在何種程度上這種危害不同於早期的危害？在多大程度上這些危害來自於大眾社會；又在多大程度上自其他源頭衍生？

高層次文化今天不是，而且從來就不是整個社會的文化。即使它將較之以前更大程度地成爲社會的文化，但是高層次文化相對其社會的其他方面必然處於一種緊張的狀態之中。如果精緻文化的創造者和消費者比他們同時代人看得更遠、更深，如果他們有著更敏銳、更強烈的感受，如果他們並不像那些缺乏創造力和

敏銳性的同時代人那樣接受公認的傳統和衆神，那麼無論他們說什麼、相信或發現什麼，都必定會增加幾分對他們某些國民的敵視程度。

知識份子在大衆社會中因爲嫉妒和對權力的懷疑而受到的危害是否比在其他社會型態中受到的危害更大？審查制度、拘留及流放都不是新東西。美國政治家和商人的互相衝突的幾次反知識主義浪潮能否達到強加於共產黨的蘇聯和中國、法西斯的義大利和西班牙或民主社會主義德國那樣的限制程度？這些國家沒有一個是或曾經是當今美國或英聯邦、西德、法國那種意義上的大衆社會的國家，廣告在電視螢幕上的空洞而且益加惡化的對創造方面的侵擾，與十九世紀法國的佛勞伯特（Flaubert）和鮑德萊（Baudelaire）所指責的，與格倫迪（Grundy）太太曾在維多利亞的英國和美國實行過的道德審查制度相比是否表現得更嚴重？雅典社會絕不是大衆社會，而且那兒也根本沒有勸導者，連蘇格拉底也被處以死刑。我並沒有要去貶低美國和西歐對理性和藝術自由所進行的干涉，但是我只想強調指出它們對大衆社會而言並不是唯一的，它們在大衆社會中並不比在其他社會中更嚴重，同時要指出它們甚至在最大範圍內也不能獲得大衆社會的「大衆」（mass）特徵。

大衆社會一個特有的特徵是，當其面對優雅文化時就會產生心理緊張。這就是曾經使美國政治家們敵視知識份子的復發性因素的人民黨主義。毫無疑問，這是對知識階層內外的知識生活的擾亂。但是政治家們，甚至人民黨人以及分享他們權力的人，從不缺乏反對在他們看來犯有叛逆罪和瀆聖罪的那些人的合法性。實際上，這些是知識份子要繼續成爲知識份子所必然要經受的風險。因此，只要有知識份子，他們中的活躍份子就必然會對他們

從前輩那裏接受下來而且顯而易見與他們同胞共同遵守的傳統，進行重新解釋和變革。他們的同胞並不樂意擁有那部分被知識份子歪曲了的神聖事物，而且這不是大衆社會、就是寡頭政治社會的原因。大衆社會有其固有的特殊的危險、困擾和腐敗，但我懷疑巨大的危險是否將大衆社會推向唯一的毀滅性境地。

　　有時人們斷言大衆社會的文化以一種迂迴的方式產生一些具有潛在危害的結果，這些結果構成的危險比早期社會的統治者所採取的粗魯的外部壓力要大得多，也就是說，它不是採取強制的手段，而是採取引誘的方式。它爲那些人提供了高收入的機會，使他們接受只爲生產低劣價値的作品而創辦的機構所提出的雇傭條款。電視、電影、公共出版物、廣告業吸引了相當一部分具有一定知識水準的人。但是，這種機會、甚至對此機會的接納是否必然地危害到高層次文化？這裏將產生兩個問題。首先，具有傑出天賦的人在其肉體之外的任何方面是否都易受侵害？如果他的才幹伴隨有動力和自信，這種自信通常是與才幹的成功運用相聯繫的，那麼他就不可能從能充分發揮其才能的領域被排擠出來。即使他爲金錢和名譽所引誘，並被引入另一個領域——例如從文學轉到電影，或從學術研究轉到新聞業，他的才能可能就在那兒得到了充分地展露。

　　反對我主張的觀點包括：某些領域不能爲重大的成就提供機會；進入他們的圈子即相當於自我毀滅。事實上，在大衆宣傳媒介的各個方面，在電視和電影中，高質量的作品似乎表明，眞正的天賦並沒有因爲從傳統優雅文化的媒介轉到完全服從於平庸、粗俗文化的大衆媒介工作，而不可避免地被浪費掉。

　　當然，對某個人而言有可能會浪費掉其才幹，因醉心於官職和熱衷於權力、名譽、收入或樂於自虐而自甘墮落。在質量上，

大眾傳播媒介中作品的金錢誘惑與知識份子們所遇到的其他誘惑旗鼓相當。在數量上，前者擴展到更大範圍的人，並在極端情況下許以更多的報酬。對知識份子需要通過有意創作低級文化作品而獲得大量的金錢來講，現在有著比大眾媒介得以發展之前多得多的機會。文學是最有可能受誘惑影響的領域。肯定還有一些不爲人知的天才因生活方式和電影世界中的商業關係而被搞得昏頭轉向及消亡掉。阿吉（James Agee）、韋斯特（Nathaniel West）和菲茨傑拉德（F. Scott Fitzgerald）就是常被引證的例子；但是，把這些具有才幹的人的不幸僅歸結爲好萊塢的失敗是過於簡單化了，正如除了他們的不幸之外，還留下了眞正有價值的作品是不容爭辯的一樣。詩人和藝術家以及其他人在好萊塢的誘惑被創製出來以前就已經墮落了，而且有許多種與好萊塢沒有一點干係的，現在爲人們所仿效的墮落方式。並不是所有的文學家、詩人、學者、畫家、科學家、教師都受到引誘或者視誘惑而不見——即使我們承認，他們在大眾媒體中的經歷使他們無論在其內外都不能形成創造性的表達。

　　通俗化（popularization）被大眾社會的批評家們說成是優雅文化被腐蝕的方式之一。當然，通俗化並不就是大眾社會的產物。它是主體的發展中某種複雜狀態的產物，對此外行人是不能即刻領會的。今天需要通俗化的並不只是無知者或整天守在電視螢幕之前的被動接受者。在許多科學和學術研究領域，產品如此豐富，以致於對一名外行者——甚至是一名科學者或學者——而言，要深入其中是非常困難的，即使他能夠理解這些專門術語。沒有通俗化，對專門化的毀壞將比使其通俗化更糟。通俗化仍舊是通俗化，也許大眾社會的批評者在思想上把通俗化置於《新科學家》（*New Scientist*）或《科學的美國人》（*The Scientific*

American）的水準之下。他們在思想上可能把《生活》（*Life*）和《讀者文摘》（*Reader's Digest*）看作爲通俗化的刊物，這些刊物無疑也不屬於我們的高層次文化部分，但很難看到它們有什麼危害。沒有一個與知識性事務具有關係的人靠吸收這些雜誌來供養他的思想，而且這些刊物的許多讀者也不會進入我們社會的高層次知識份子的活動圈子。因此，如果它們是有害的，也僅是對這些雜誌的作者和編輯者有害，而且由於這些人有著各種知識抱負並與知識刊物混在一起，可能以這種方式造成危害——或者至少像大衆文化的批評者所指出的那樣造成危害。

首先讓我們考慮一下對人們（男人或女人）的智力或表達能力產生危害的究竟是不是他們偶爾在大衆刊物、報紙或大衆廣播節目所發表的創作。從鼎盛期開始，托尼（R.H. Tawney）的後期學術和文學風格肯定沒有下降，因爲在他的早年生活時期，他是教育工作協會（Workers' Educational Association）的一位家庭教師。阿宏（Raymond Aron）教授的思想並沒有變得缺乏精妙或缺乏力量，因爲他偶爾爲《紐約時報》（*New York Times*）撰稿，並更經常向《費加羅報》（*Figaro*）投稿。羅素（Bertrand Russell）並沒有受到《瞭望》（*Look*）雜誌上文章的智力傷害；艾耶爾（A. J. Ayer）教授不是一個貧困的哲學家，霍伊爾（Fred Hoyle）也不是一名貧困的天文學家，因爲他們都是傑出的廣播員。具有傑出才能的知識份子由於讀者根本無法領會其分析和闡述的一般水準而不斷喪失寫作文章的頭腦是毫無道理的。一名致力於通俗化的知識份子隨時間的推移自然會停止把自己擁有的一切都通俗化，而且不得不成爲將他人的作品予以通俗化的人。但是，無論是擁有各種有創見作品的人、受其推動的人，還是事實上投入大量精力於各種創造性努力的人都沒有任何跡象表明正在不知不覺

地受到通俗化偶然活動的削弱。科學家和具有一定科學素養的通俗化者之間的接觸對先輩們的科學著作並沒有產生任何危害。在過去的四十年中，美國、英國和法國的科學並沒有受到被稱作「科學的通俗化」（scientific popularization）的報刊發展的危害。我們特別傑出的政治哲學家有多少在成為政治分析家①之後而湮沒於他們的職業之中？可能有一個選擇的過程，這個過程把具創造性的人和被迫做這些工作的人從受過嚴格訓練而投身於使外行人易於理解其結論，而不是僅對結論加以補充的那些人中區別開來。

　　但是那些普及者本人究竟怎麼樣？他們有些什麼危害？就我看來，他們對他們的讀者以及被其普及的作品的作者根本就沒有任何危害。他們對自己也許有一點危害；他們也許對粗俗感到內疚，因為他們分別具有對知識份子的偏見。他們也許覺得地位低下和不幸，因為他們十分清楚，他們的活動範圍在知識地位上要比他們使之普及的作品的作者低得多。他們可能會使知識界中的少數人妒忌，因為他們未曾選擇這些人的作品予以普及。事實上既不是他們自己也不是他們的普及化作品困擾著他們所接觸主體的決定性力量的主流。有沒有因為里斯曼（David Riesman）教授上了《時報》的封面或者因為默頓（Robert Merton）成為《紐約人》（*New Yoker*）形象的對象而使得美國社會變得更好或更壞？

　　然而進一步講，低級文化作品的生產不需要依靠對其生產者的直接衝擊來破壞精品文化，無論是強迫還是誘使。它能剝奪他們的市場，尤其是剝奪有鑑賞力的讀者以滿足對保持其高品位技巧的需要。對於那些天生的鑑賞功力不高，需要由明顯佔優勢的高層次文化環境提供幫助的消費者而言，改變其審美能力是當然可能的。在所有西方國家，自然包括美國，有許多人倘若沒有選

擇更糟的文化狀況，他們肯定會對文化現狀非常滿足。如果不使他們的生活降至目前的水準，他們實際上也許會生活得更好，由此可知，他們更願欣賞他們同輩知識份子的精品文化。換句話講，無論在何種意義上，如果大多數人並未受到大衆媒體的影響，那麼情況可能要比他們看起來要好得多，正如在強制性閱兵儀式下的軍人的忠誠一樣。

大衆媒體文化可能阻止大衆審美力的提高。然而，事實表明在美國及英國，極少數人——在人數上可能比十九世紀末葉的要多——其鑑賞力與過去一樣富有。美國和英國最好的評論性刊物上的文學評論的質量在其學識、遠見和熟慮性方面並不比兩國五十年前的水準遜色多少。這些評論所批評的作品，其通俗化程度可能比以往任何時候都大。如果它是大得多，即以這些社會的外部文化氣氛將會更加宜人，而且這些評論將會使富有創造性的知識份子更加確信，他們所需要的反應是存在的。但是，至少足以引起優雅文化產品的各個領域中達到相當水準成就的微小回響。關於將來它必然萎縮的預言肯定是毫無根據的。

如果沒有一個文化產品是有用的，那麼由此釋放出來的一些購買力就可以花費在精品之上。這可能會影響到靠市場爲生的那些知識份子的經濟利益，而且這還可能會進一步提高文化的一般水準。這是二次世界大戰期間英國的情形，而且也可能就是今天蘇聯的情形。大戰後，在英國大量供應的低級文化產品曾變得很有用，各類售書商興隆的生意明顯降了下來。同樣，這種情況可能會在蘇聯發生，如果大量的文化或其他消費品都進入市場的話。

因此，當大衆的要求可以隨意獲得其所希望要的東西時，反映當前大衆文化趣味分佈狀況的精品文化市場是有限制的，而且

具有投資資本的創業家不會自投羅網地將他們的財力投到回報率相對較小的市場領域。然而，今天還有許多具有傑出成就的書稿沒有出版嗎？確實，如果有更多的錢投到用於出版、傳播劣質的書，投資者就不會將他們的錢投到作品較上乘而市場又相對無利可圖的生產上去。這是規律，但因各種各樣的原因這一規律實際上是不會完全發生作用的。有熱心於更有價值的文化活動而接受較小的投資回報的投資者。許多出版商出版市場較小的優秀作品而放棄出版市場較大而價值較小的作品，他們這樣做，是因爲他們儘管也追求著商業利潤，但還是關心著遵循高級文化的傳統。

高級文化產品在市場上的相對無利潤，因那些不考慮投資最大可能回報的投資者的存在而得到補償。那那些不曾分有書籍出版商業傳統的大部分投資者的新增利益有可能會改變這種最壞的局面。人們還會繼續看到這點，但同時又不能肯定它會存在於一切情況之中。他們中的一些人會獲得這樣一種榮譽，即它部分地與放棄利潤聯繫在一起，而且他們還將爲傳統的責任所同化，這種責任從來也沒有與商業這一行業相分離過。

關於市場法則運行歸之於高級文化領域結構的理論不僅在事實上是錯誤的，而且在倫理準則上也是有問題的。它在倫理上的問題是因爲它包含有這樣的意義：即不太具有文化鑑賞力的人將不會被允許滿足他們的願望。同時這一問題還因爲它包含有這樣的含義，即強加於人的高級文化才是眞的。它事實上的錯誤是因爲市場並不是完全不適合於高級文化產品，也因爲高級文化不會，也從未不曾而且也將永遠不會完全依賴於市場的。

我們常常聽到舊的資助體系爲這樣的人所讚賞，那些人爲它的過去而惋惜，並將它與本世紀富人平庸的麻木不仁相比較。然而，必須牢記強加到其受益人陳舊的個人資助是怎樣的苦難和屈

辱，它又是怎樣的變化無常和不合常規，而且在它最鼎盛的時期
少數人又是怎樣地受到它的感染。

　　由個人資助者對知識份子個人直接的私人資助還存在著，但
他扮演著一個吝嗇的角色。舊式的捐助和助學金的地位已被大
學、國家和私人基金會所取代，而且與本世紀初葉的同類機構相
比，它們在不足時表現得更自由、更大方、更公正。

　　隨著群眾中有文化人的增長，對少數作者來講要靠出售他們
的文學作品來維持自己，同時對大多數作者來說要通過教書或偶
爾的新聞工作為自己提供並不很充足的文化或藝術收入，這只有
在當代才是有可能的。電視和電影拓寬了這些新增的機會。正當
銷售很小的好書需要其他的及通常質量很糟而銷售很大的書的財
力支持的時候，畫家們則需要藝術學校、基金會、博物館、教會
以及私人收藏家們的支持。科學家和學者不可能永遠依靠出售其
產品而獲得的回報來進行研究。最近，一些國家中的科學家已開
始有選擇地將他們的勞務在契約的基礎上出售給政府機構，但是
他們的勞務（或他的成果）的購買人（買主）不是在市場銷售科
學發現或發明的最終成果的商業投資者。

　　因此，在我看來，關於大眾和商業文化對高層次文化流派的
高級文化產品的創造者和這些作品的市場先買權會產生消極影響
的批評理論並沒有什麼。然而，高層文化的情形還沒有圓滿，還
有許多缺點和危險，而且其中一些正是我要述及的。

Ⅲ

　　知識份子從有固定收入的人，或地主、公務員、朝臣的業餘

角色轉變到正式職業，伴隨著生產和銷售的不斷增長過程。生產——即使是手稿的複製——通常需要有一些組織機構，而且戲劇著作若沒有組織就不可能創造出來。但是，哲學化的實踐、詩歌或歷史的寫作實踐以及從事科研的實踐都是個人的努力，它們通過傳統的同化、導師指導下的研究以及口頭討論和通信等非正式的傳授而引入到社會組織之中。詩歌創作仍沿用此方式，小說創作也一樣。但是歷史則不再那樣，而且科學創造的方式與歷史相比則更不同。今天，歷史研究產生了歷史學家的培訓、細緻整理檔案、向學者們提供資金以使他們能獲取文獻的機構這樣一種錯綜複雜的系統。它需要一個出版商、編輯和評論員的網絡，有時歷史的寫作甚至是一項共同合作的工作。今天，科學研究要求有一個非常精緻而又花費很大的組織系統——在中等學校的科學教學、大學教授、研究培訓，昂貴的設備製造和獲取，有編輯委員會和仲裁人的綜合性雜誌；而且現在在提供的實驗室內，研究本身通常也是合作性的，在廣泛的領域內，實驗室之間又是互相協作互相競爭的。繪畫和雕刻在組織上還是中世紀和現代早期年代的樣式，繪畫和雕刻工作可以不再像過去那樣有組織地進行，但畫圖和雕塑的出售和銷售與過去相比，它們兩者間的區別和反差是非常大的。電影、電台和電視的機械複製設備的發展將強大的官僚作風帶進了電影、電台或電視作品，創作者使他自己招致各種不同程度的靜適或煩悶。

最大的組織變化已與財政支持和知識團體的管理發生了聯繫。業餘科學家和學者的減少甚至消亡，大學內科學家和學者的大量發展，以及他們所採納的一切文化生活比例的提高意味著當代知識份子的生活是建立在一個比過去更密實的組織結構之中。申請、認可、有計畫的勞動分工、進度安排、定期報告，現在所

有這一切與早年相比它們發生著更重要的作用，過去它們所具有的作用根本沒有得到考慮，或者是無足輕重的。知識活動任務的性質變化——知識活動更大地依賴於外部的財政支持——與私人資助方式的變化一樣，都使財政資助的體制比以前更複雜。文化花費變得越來越大了，而且知識工作者越來越無力承受其花費了。文化不常得到有知識興趣且收入固定的業餘愛好者及商人的垂青。結果是，生產者現在必須像教師或研究工作者那樣靠出賣其勞務來獲得支持。但是，像教師或研究工作者那樣的薪水絕不能支付他進行創造性工作所需要的材料和設備，同樣也不能支付其他方面的開銷，諸如差旅、秘書和技術助手，這些開銷都是必需的或者被認為是必需的。現在的設備比過去要複雜，而且愈加昂貴。在社會科學方面，直到三十或四十年以前，社會科學如哲學都有財政需求，一些研究的技術如抽樣調查和統計方法的運用，單就研究一項的費用就大大增加了。在人文科學中，微型攝影、計算機的應用、放射衰變年代釐定也提出了新的財政要求。所有這一切都要求有一個組織機構來接受研究工作者的資金申請並對申請進行審定和分配資金。他們還要求有一個組織機構來管理答應給他們的資金。這筆經費的使用將由委員會在例會上做出決定或提出建議。

　　由於這麼多的錢來自於政府和少數慈善基金會，因此知識發展的方向和範圍就表現出易受少數在知識團體之外的中心力量的控制。按理，這種可能性肯定是有的。事實上，這樣做也是有困難的，即使它已改變了決策的結構。無論在英國還是在美國都不會將由政府和私人資助者所分配的資金花費在不受知識份子成員所控制的研究或文化活動之上。通過在決策部門中的職權或諮詢作用，知識份子的團體成員行使著廣泛的控制權，包括控制研究

和教育會採取的方向。政府和慈善機構的財力差異還表明，即使某一組織具有一個清晰、堅定且可能操縱某一部分文化生活的方向觀，但由於存在著兩個資金來源而很難做到這一點。資金額和追求慾望的滿足還表明只有最反常的申請才會找不到支持——連尋找支持的反常也常常令人極度驚奇。新的知識—政治—官僚的階層作爲這種狀況的一部分已成長了起來。具有知識份子資格和成就的人被吸收到了規模比以往更大的知識團體中擔任管理和政策決策的角色。在某些情況下，這些人的退位是知識創造力的損失，但在別的情況下，這又表現爲在曾經富有創造力而現已喪失此種創造力的生活經歷中的某個新階段。總體上看，由於這些人與知識團體保持著十分親密的關係，而且爲了生計和敬重他們又依靠知識團體的評價，因此他們的觀念和水準——不管是好的還是壞的——幾乎都是他們在這個團體中的同行的觀念。

　　當然，在依賴於政府財政支持的科學的日益重要的部分中，對民族防禦的成見影響著經費的投向。然而，甚至在管理的範圍內，通過有影響的諮詢作用以及對基礎研究的某種重視，學院式科學團體的自由選擇發揮著非常重要的作用。

　　學術和科學的創造力至少至今沒有受到由於大規模的花費和勞動分工而帶來的管理污垢的危害。這個意見適合於人們特別偏好的大學，但現在許多研究是由工業和商業投資者及政府機關所管理的。這些要點集中於技術問題，而且儘管科學技術的水準很高，科學家所研究的問題還是屬於技術領域而不是基礎科學所獨有的領域。在這一領域中，知識份子工作的自主權總的來說是首要的，但這裏則並不是純粹的。有些進行最原始工作的機構在共同關心的領域內，給予他們的科學充分選擇問題的自主權。由於招募是自願的，因此選擇工作的範圍常常與個別科學家的主要興趣

相一致。儘管如此，知識團體這個領地一定是一個將民族力量、私人利益和公眾福利的考慮置於其上的，與科學好奇心和科學本身的內部管理並駕齊驅甚至更勝一籌的陣線。

受雇於這類機構中的科學家人數在以後年代裏將可能會增長。應用科學的增長對富有創造力的知識份子生活質量的衝擊會是什麼？現在應用科學主要地是大學科學的衍生物，大學水準的工作仍保持在最高點，特別是在那些有著最高願望和最高聲望的實驗室中。後者的這些實驗室與知識創造活動中心之間將會保持緊密的關係，而與第一流的大學之間的關係將會繼續保持優勢。他們將會輸送科研帶頭人，而且其教學和刊物會提供支配技術研究的一般理論傾向。他們的組織方式──受支配於追隨某人的嗜好的自由──通過將被評定的政府和工業實驗室的組織，通過內外部科學家和可靠的科學管理人員來把其標準具體化。因此，大學科學文化為官僚管理機構的觀點所淹沒的可能性似乎很小，在政府和工業科學機構部分上面，對不斷接近大學水準的組織來說其形勢是較好的。

然而，這並非就是一切。由於工業和政府實驗室中科學家人數的增長，大學將擔負著培養未來研究人員的任務。這在化學方面已有很長一段時間了，在物理、統計、數學等方面也開始這樣做了，同樣在較少得到發展的學科如社會學和心理學方面也開始了。

大學生的大量增長──他們是期望提高其尊嚴這一慾望的產物，在這一意義上他們是大眾社會的產物──會損害到我們社會中的高層文化嗎？實際上有一種認為它們會這樣做的普遍見解。如果新招收的學生與上一代學生具有相對的知識水準，那麼他們就不需要這樣做了。在許多國家，包括美國，肯定有許多不在大

學校內而具有大學智力水準的年輕人。許多人缺乏有效地運用其
智力的動力和文化，他們來自於社會自信心受壓制的家庭，而且
他們害怕讓自己理智地去做事。還有，尤其在美國，初中級教育
的質量就這樣：即能力沒有提高，或者反而萎縮下去。在任何情
況下，甚至在對經濟上較貧窮階層子女而設的國家獎學金和類似
的幫助上，有許多人不能與我們社會的較高層次文化的機構取得
有效的聯繫。因此，似乎有尚未發展才能的傾向，它使下一代才
可能需要相當的充實以保持現在學識的水準。

　　如果他們困擾著所有的大學以及所有大學中的所有部門，那
麼增長的人數可能將頂尖的文化水準往下拉。但是，他們不會這
樣做。最大的大學以及相當好的大學都不會讓他們最好的人被日
常的教學和管理工作所淹沒──而且最好的人會發現一條繞過吞
沒他們的學生和管理工作的道路。

　　過去的五十年進一步證實：增長的人數不一定會引起退化。
那些宣稱當代高層次文化已經退化的人從未讓他們的思想轉移到
大學來；並且比較現在美國的大學與第一次世界大戰前的大學，
其水準並沒有因學生的大量增加而降低。

　　當然，即使迄今存在的選擇機制能夠充分地發揮作用，以致
於沒有一個具有一定能力和特長的年輕人在過去曾受到拒絕，即
使所有已被承認的學院和大學的學生都具備相當的能力水準，那
麼大學中人數的擴展也會導致水準的降低。這顯然不是事實。五
十年前普林斯頓、芝加哥、貝克等大學中消極的、好逸惡勞的大
學生與今天諸如密西根、明尼蘇達、伊利諾和加利福尼亞等大規
模聯邦大學中的許多年輕人並沒有什麼差別。

　　他們可能會因為擁有比半世紀前的先輩們更高於世故的知識
份子組織而稍稍好一些。今天的美國大學與五十年前相比則是更

好的知識場所，而那時的學生和教職工團體要更小些。與那時相比，現在有更多的從事重要的科學與學術研究和教學的美國大學，並且具有創造能力而不僅有生產能力的人數也比那時要多得多。如此多的人數不會降低水準，只要資質較差者的水準未被視作與較高天賦者相當。當然也不需要如此轉變。一個自重的科學和學術團體將能夠抵擋住來自學生們的消極的和政治家們的煽動性的輿論壓力，它鼓吹以一個鬆懈的標準取代更需要的標準。

問題在於科學和學術團體是否能夠自重。他們的成員能否對他們的知識傳統具有足夠的自信和專注，以此一方面頂住無可批判的民粹主義，另一方面抵制知識份子中時常刮起的瑣碎學說之風？

IV

社會中知識生活的水準和境況並不只是其所創作作品質量的函數。知識生活要求讀者形成一個能使創造繼續下去的團體，而且在這個團體中，那些要將其創造的東西廣泛傳播到社會中去的人能獲得他們所需要的支持。因此知識生活依賴於能使作品得以評論、選擇和流傳的傳播機構。當代，在科學和學術工作方面，其狀況確實十分繁榮，出版了如此多的書籍，而且雜誌不斷增多，遠遠超出了人類大腦對它們的接受能力，甚至是最特殊的大腦。不過，科學和學術界已通過使科學家和學者免受被淹沒的篩選機構來應付這種局面。在各種科學和學術團體看來，一種非正式的、不確定的、其設想尚不嚴密的雜誌社、出版社和研究中心的體系結構正在科學和學術次團體中建立起來，從這些機構中產

生的或經由這些機構推薦的作品要比其他作品更受到關注。這得
到了個人交際網和依照這一交際網建立起來的出版發行網的補
充。最後，更有力地抵禦災難的是進行文獻目錄的索引、摘要和
資料修復服務的龐大機構。通過這些手段使國際性的科學團體得
到了維持。但是除了例外，學術和科學著作的專門讀者群是學術
和科學的團體。從某種意義上講，實際上有宗教、藝術和文學上
的外行而沒有關於科學著作的外行②。美國的學術外行即使比過
去不可能會變少，但也不會增多。學術著作的讀者正如其在科學
領域中一樣，他們日益受到嚴格地限制且等同於創作者和再創作
者團體；藝術、文學和社會政治分析的外行通常被稱作爲受教育
者。這裏的情況並不是人們所樂意看到的。

　　當今諸如在美國等地方，知識階層因爲人數眾多，空間分佈
分散和專業的特殊化而存在有一種離心的趨向，對於龐大的知識
階層而言，因爲中心極小而不能給人以知識份子團體的觀念。沒
有了這種團體觀念，隨著其產生的反響的擴大，受教育階層將放
寬他們在那些被接受而非被創造的事務中的標準，並且他們將不
再在整個國家或所在地施加共同的影響。

　　藝術、文學、社會與政治分析的傳播媒介是正規日報和評
論。在這些知識機構中，在大眾傳播技術和組織方面做了大量工
作的美國似乎特別缺乏知識的傳播體系。其他西方國家儘管有許
多不完善之處，但擁有一系列小型的，不僅是正規負責的政治性
報刊，而且是文化性報刊。在美國這就不能同日而語，其現有的
正規而負責的報刊除《紐約時報》成爲全國性報刊外，均被限制
在當地或某區域內發行。在美國有少數好的報紙，諸如《華盛頓
郵報》（*Washington Post*）和《聖‧路易斯快訊》（*St. Louis Post-
Dispatch*）的發行與《紐約時報》相比更加受到地區的限制。此

外，所有這些報紙的文化性都是極其蒼白的。確實，《紐約時報》朝這一方面做了些努力，但是尤其在文學評論上，它則故意把僞想中的讀者「貶低」爲無資格的。其他的日報在文化性上幾乎是不值一提的。它們的書評在質量和數量上都是微不足道的，而且除了極少數的辛迪加特寫之外，其在社論和特寫中的政治與社會分析的水準也是令人擔憂的。芝加哥、舊金山、洛杉磯、費城、紐奧爾良、底特律都遭受了地方報紙中的知識虛無。更重要的廣播、電視或每周評論也沒有對這些不足予以補充。幾十年前曾或多或少提供了可觀東西的《國家》（Nation）和《新共和國》（New Republic）許多年來一直處於一種可憐的無足輕重的地位。它們的不幸一部分起源於它們固有的貧乏的編輯導向，它們比其讀者持續更長的政治附和，以及沒有努力將自己競相「大眾化」③。即使他們稍好些，也難以經得起《時代》（Times）周刊的衝擊力，後者有著偏見、傲慢和小聰明等缺點，近些年它較兩份知識周刊中的任何一份更成功地履行了提供大量有關世界政治、文化方面資料的作用。然而，《時代》雖履行了其自封的任務，它的成就仍然與立志只賣十萬冊以及達到百萬讀者中三分之一的讀者數的任何一本雜誌所應有的成就有別。《時代》周刊關於讀者的概念除去對勢力行爲的歪曲，必然區別於有更嚴格標準的周刊的讀者概念。按本世紀最好周刊的傳統，一份出色的周刊必定設想其讀者具有高智能、受過高等及廣泛教育、見多識廣、對各種不同的事物充滿好奇且善於做出綜合評價。

　　缺乏合格的知識周刊④對美國的知識生活構成了危害。這麼大的國家，如此分散的知識份子，而且他們所受的超級訓練和實踐又是如此的專業化，以致於那種對他們的直接專業之外的廣泛而多樣的文化、社會和政治事務的持續而興趣盎然的專注將會大

大地提高其論述問題的水準，並抵銷了因其過於專門化而產生的消極後果。當然也不乏有寫得不佳而又有專長的雜誌。然而，對於那些關心其專業之外事務的人而言，情形就不是十分令人滿意了。就他們沒有意識到的「小雜誌」而言，有高度文化修養的評論又過分學術化了（由教授寫給教授及其研究生們的報刊）⑤，低於此水準的便沒有什麼雜誌了，一直到我們獲得作為中等學校教師們的報刊《星期六評論》（*Saturday Review*）和《新領導人》（*New Leader*）⑥為止。《琴師》（*Harper's Magazine*）、《大西洋》（*Atlantic*）和《紐約人》（*New Yorker*）等對於喜愛《星期六評論》的讀者而言本來是夠好了，但是若與《相遇》（*Encounter*）相比，其弱點就太明顯了。

　　這種情形可能一方面對有廣泛影響的知識報刊，另一方面對大學的「人體科學」來說是最好天賦漸漸枯竭的部分後果。它還是美國知識商品生產的高成本，以及大眾傳播媒介和大學的財源增長的後果。部分地，它又是美國受教育階層普遍的文化依戀先天缺陷的後果。反過來，這就像是一種更正的方式未加思索而倉促地進入專業的產物，最終是初、中級教育的惡化狀況和如此多的大學教育的草率無能⑦。

　　對地方日報和目前條件下的全國性定期出版物的冷漠（仍然僅是認可的）是促進美國非大學的知識份子協會的根本障礙。正像他們學會了沒有書店的生存那樣，美國知識份子也學會了沒有一種像樣的知識出版物的生存。他們深受其害卻不自知。他們有意識感受到的需要通過專業報刊和大學圖書館與實驗室而得到了滿足。作為一種結果，與知識生產中高水準的熟練和偶然達頂峰的創造能力同時並存的是，美國的受教育階層在他們專業之外都是一群知識消費和再生產的庸人。

V

　　大學畢業生的粗俗和無知自負，以及在古典文學和社會科學領域及醫學、法律學校中教授們、新聞工作者和廣播員，更不必說律師、工程師和物理學家們對其專業學科之外的高層次文化所顯示出的懷疑或傲慢都是不能否認的，除那些具有這些特徵的人之外，如此眾多的美國出版物的錯誤，新聞時事評論員和律師們的不成熟判斷、出版商們的粗俗叫嚷，甚或是書寫封面介紹和廣告冊的那些人能提供寥寥無幾的安慰。

　　政治、經濟、軍事和科技精英並不是較好的，但是他們至少沒有自詡爲高層次文化的管理者和實踐者。

　　確實，這些只是我們文化創造力的表層現象。其中心內核是非常生動的，它的活力、好奇心、開放性都是長處，它們都有無拘無束、情不自禁、隨遇而安的優點。這導致了許多創造性努力中的拙劣作品和廢話，也導致了一些才華橫溢的創見。它在美國又產生了在知識的消費和再生產中的文化惰性和自負。處在科學、學術和藝術方面有創造力的少數派之外的受教育階層，短缺這種文化食糧並非是不可思議，它是舉足輕重的。它可能是美國眾多大眾傳播質量不佳的主要原因。與那些了解大眾文化的人所相信的事完全相反，即大眾傳播媒介的文化作爲影響因素正對受教育階層的文化構成危害，正是受教育階層的文化貧困損害著大眾文化。正是受教育階層爲如此多平庸、粗俗的素材打開了向我們的通俗文化滲透之路。並不是產生於受教育階層的有關知識都必然爲美國社會中一部分受過較少教育的人作爲樣本而接受，後

者並不需要接受由那些佔據文化客體主要位置的頑固知識份子先鋒所可能提供給他們的東西。即使到了別無選擇的境地，他們可能仍然是頑固不化的。不過，所有這些考慮在目前情況下都是虛構的。當前在文化創造之內核與外界文化的消費和再生產之間尚沒有這樣的規範統一和這樣的文化輿論。這種在受教育階層內部的分歧為什麼會存在？在多大程度上它是大眾文化的一種後果？

　　在一定程度上這是受教育階層的絕對聲望和知識機構多樣性的產物。在規範和文化實體上大的知識階層內部的分歧必定比小的更大，這大多歸因於大眾社會，別的決定因素在起源上先於大眾社會。

　　視藝術表達為自我放縱的清教主義，在美國和英國的出現遠在大眾社會之前。美國的中產階級最早的時候對高級文化的藝術與文學因素持不信任的態度，因為他們認為自己是東部都市中與親英派貴族有聯繫的上等階級，所以說美國中產階級的自負和閉鎖的地方主義並非來自於大眾社會的文化。這在所有階層都能被發現，在富豪統治階層、中等商人階層，在小城鎮的庸醫、律師、銀行家和商人中間。如果「大眾」這個詞並不只是一個「詛咒詞」，並且如其原意所指的是城市無產者，以及指以後的評論家們附加到早期意義上的職員這一「新興的中產階級」的話，那麼那種令人討厭的地方主義的傳遞者根本就沒有群眾基礎，十九世紀的美國不是一個大眾社會——它是一個存在著各種差別的社會，在這裏平等主義思想的宣揚通常是以民粹主義的形式出現的。大眾社會是它的產物，而不是相反。它的大部分文化儘管是平庸的，不是煽情就是宣揚暴力，但既不是在機構內部又不是由目前這些創造大眾文化的職業人士造就而成的。從馬克・吐溫（Mark Twain）到德萊塞（Theodore Dreiser）這種非上層社會高

層次文化的最偉大成就當然不是大眾文化的產物，同樣也不是低層次文化的產物，更不是普遍現象的產物。

十九世紀美國佔主導優勢的高層次文化沾染了新英格蘭和大西洋中部國家裏有教養的上流階級的陳腐習氣。在中西部並不欣賞針對大城市的殷勤接納。美國十九世紀的鄉村文化是阿諾德（Matthew Arnold）在「文化與無政府主義」中所輕視的英國鄉村反叛文化的變種。有鑑於第一次世界大戰後在英國這種平庸的鄉村文化的衰退，它在美國則倖存於權力的形式之中直至近代，並且其痕跡還銘刻在我們身上。

實際上在不同的社會裏，高層次文化總要引起某些懷疑，並且美國十九世紀維多利亞時代鄉村風尚的本性以及對其產生反感的敏感區域更助長了這種懷疑。此外，美國維多利亞式的體面是一幅巨大畫面中的組成部分，其中粗獷的男子氣、狂熱的愛國主義和敏感的平等主義都很重要。美國社會中的政治和經濟的精英是這幅畫面中的代表形象，直到近來他們中少數人事實上已感到有責任用淺薄的高層次文學和藝術文化的外套來裝扮自己，就像他們在大不列顛和法國的對手有時所做的那樣。

與清教主義、人民黨和鄉村傳統及多愁善感等情形相反，美國的教育體系在過去的數十年裏已造就了一個功績日益卓著的科學、技術和學術的知識界，它既沒有形成也沒有進入一個自覺的統一的知識團體。鑑於中等教育在內容上逐漸缺少知識，而且大學和學院的教育正在低溫度和少訓練的學習過程中大部分被分散，因此超級的、強有力的研究生教育和職業培訓體系得到了發展。為了彌補喪失了的基礎以及設法盡可能深入滲透到一個快速成長的知識團體中去，在每一訓練中研究生培訓都不得不變得更高度專業化。

　　這種朝專業化的邁進因科學知識固有的多樣化，以及從事研究生學習和進行專業研究的人數增長而變得更加顯著。科學的自然發展極大地增加了一個大學生在每種訓練中所應包含的文獻量和繁雜的詳細目錄。大學生數目的增多和他們每人要做一項從未有人做過的研究所需要的必要條件已趨向於比在由學科的內在發展所強制訓練中的集中更狹窄的境地⑧。

　　這種教育和科學發展的結果是，具備較少傳統文化的專家以及在他的專業工作之外的觀點和鑑賞力非常相像於那些收入較低、對國家的管理缺乏責任感並且不太關注文化與道德遺產的教育程度低的人。除了因好奇心和易感性引導他們獲得了教育所未能給予的知識的人士之外，受過良好訓練、有才幹的美國科學家、學者或技術人員對他們專業之外的知識卻十分欠缺，而且也很雜亂無章，也許比知識的貧乏和欠缺更重要的是他們對任何社會的高等教育應負責任的事情所做的無關緊要的、幼稚的和不分青紅皂白的論斷。

　　有一點可能介入這個問題：如果有這麼多的專業，它們是否真的有什麼不同？這個問題到底會不會是為不受傳統文化關係影響的科學和技術增長所貶斥的人文主義中附庸風雅的產物？受教育階層中的文化團體除了個體價值和由個體組成的整體價值之外，還有沒有可能是最偉大的天才所處水準之上的理解和體驗世界的價值？在統一的受教育階層中有任何價值嗎？這一系列問題是否是虛假的想像和對過去年代的懷舊情緒而產生的偏見，它與市民社會的評論家所展示的早期資本主義社會的形象一樣，是不真實的嗎？

　　關於知識份子階層的統一體，我的概念一部分是從十八世紀的法國，特別是從十九世紀或二十世紀早期的英國的情況中推導

出來的。在英國有某些接近於統一的受教育階層實際的觀念，這個統一體並不是由於政治或倫理觀上的同一，而是由於享有共同的文化以及具有某些不願任何對立與爭鬥的密切感而被統一起來的。受教育階層的統一體是合理的，因爲它對維護和傳播我們的文化遺產是重要的，對提高有關倫理、政治、文化、宗教以及社會政策的評判質量是重要的，對建立和支持知識階層在全社會觀念構成中的權威也是重要的。

如果認爲受教育階層享有特殊權威——完全出於自願而非強迫——是不民主的，那麼對此最中肯的回答是：生產出專家和技師不是教育的唯一功能。知識階層的任務還有：表明他們評判，使之更有學識、更加公平和更有教養，以及使他們所做的評判能聽取和充分考慮社會各方面的意見。如果他們擁有更多的共同論域、互相明白的習語（不管這些習語的差別是如何的必然與合理，都將改進評判的質量並增加吸引力），那麼他們的權威就會得到提高。

知識階層的內在統一，和他們相對社會其他部分的封閉性是不可認識的，而且人們要完全獲得這種認識也是不合理的。相對於社會的其餘部分，高級知識階層的完整統一體將產生一個等級制度和一種非常不合理的等級分化。然而，目前在任何國家，尤其在美國還尚未構成危險。而因專業化而引起的分化似乎更是迫在眉睫的危險。

本世紀，我們經歷了「受教育大眾」的分化。對高層次文化客體來說，他們儘管是無組織的，但卻是很有條理的大眾，他們賞識並無直接專業意義的文化客體。這麼多較高級的文化產品和創造力在大學中的結合，再現了大學能動活動的巨大進步。這個進程在美國是比較發達的，而在英國也是顯而易見的。它是高級

文化的超職業化大衆分化過程的一部分，它對此也做出貢獻，因爲大學是介於知識專業化和與其極爲相似的職業化之間最重要的媒介。

　　大學在美國高層次文化生活中的優勢日益上升——儘管在歐洲其程度不盡一致——這就成爲緊接於專業化之後，關於分化的極好實例。在美國，就知識產品而言，絕大數的使用者是大學中的教師、研究人員和研究生，他們同時又是生產者。當大衆的注意力不是集中在知識事物上，而有意成爲通俗文化娛樂和商業利潤的大衆時，知識機構就開始在知識份子中間相互提供各自的接受者。因此，大學中的接受者人數衆多，而且質量也好。但是，這就造成因對自己社會的文化和社會利益過於專門化而陷入隔絕的危險。

　　精緻文化的生產也許可以是職業化的，對創造性不造成危害，而事實上這種生產的某種類型，諸如科學和學術的某些分支，如果要得到充分的發展，則必須搞職業化。但是，如果一個國家中集中了過多的知識生活，這對大學在社會上的有效影響是不利的。意思是說，大學的接受者太侷限於一個年齡層次，大多是學生身分的人。至於其他方面，大學對政府的影響是通過諮詢機構來實現的，而對資格較差的大衆的影響則是透過通俗化來實現的。大部分民衆處於文化飢渴狀況。

　　當然，要審視當代美國大學非凡的生命力，會不考慮它們的眞實性甚至會降低標準。從本質上講，生命力是擴散的，是有感染力的。因此，任憑研究生教育體系的專業混亂到何等嚴重的地步，以及現行的研究方式如何部分地是體系的原因，而部分地又是體系造成的結果，這一生命力除了抵擋大學中因分化而對知識生活產生的壓力之外，可能還能夠另有作爲。此生命力還有可能

循著知識階層中的先驅者而擴展和激發，產生興趣、好奇心和嚴格的標準，而不是他們所需要的專門訓練。

專業化減弱了知識社群的統一，它分散了其注意力的焦點，而留下了不令人滿足的文化需求。這種文化需求不過是以大眾媒介的庸俗而暴戾的文化來滿足私人生活。對低級、庸俗文化的消費是覆蓋大多數受教育階層的文化沙漠造成的結果，而不是它的原因。

然而，這僅是整幅畫面中的一個局部。中等和大學教育的荒廢有可能通過新一代大學教師的努力而得到抑制，這些教師與研究生都是現在優雅文化的主要消費者和再生產者。但是，也不是沒有這樣的可能，即他們所受的專業訓練和他們的非職業文化並無規律，會使這些大學教師無力判斷大的事件，或者當他們面對一些難以預料的事件時缺乏恰當的看法，令他們的判斷如同未受過教育的人一樣不分青紅皂白，結果完全可能是對無用的騙人妙策進行強烈抨擊和糊里糊塗地受其影響，或者是竭力擁護未經深思熟慮、注定要失敗的計畫。

VI

對科學、文學、藝術、哲學等各種類型高層次文化的管理者和實踐者來說，他們的任務是盡可能地做好他們的工作。工作有三方面的內容。首先是發現或創造某種真實的、確切的、重要的事情，並以增強人類文化寶庫價值的方式予以感受、體驗和表達。第二是對文化遺產的保護和重新闡釋。第三方面則是保持和擴展高層次文化在社會其他方面的影響。此三方面的任務一樣都

承擔著自我訓練的重任，並需要極其審愼地防止迎合外行人，或者拒絕利用他們對學問的尊重。

在各個不同的社會裏，這些責任都是一樣的。它不僅是一種由外界賦予高層次文化實踐者的責任，而是從知識份子的角色繼承來的，在各個不同等級的知識生活中被感知的那種責任。特別是那些具有較強創造力的知識份子最能感受到這種責任。並非三種責任都得到人們充分而同等的接受，或者得到完全同等的執行。

第一項任務的有效執行並不完全獨立於第二項任務，雖然其中的平衡關係可能會有所變化。例如，在我們這個社會中，重要的在於創造而非維持。不過，如果高層次文化的任何方面都是創造性的，那麼它一定會注意對其自身傳統和內在統一的保護。高層次文化的發展，即持續不斷的自我更新和擴張，更需要同傳統保持持續的聯繫。不僅要再生產，而且要以此爲出發點。但是，如果高層次文化不能避免被過去的經驗所揚棄的虛假，以及不能利用以前逝去了的東西所顯示的開端，那麼它就不會取得豐富的成就。同傳統的聯繫爲最豐富創造性和精神揭開了新的可能。

在某種意義上，以自由進出的方式接受傳統，正與知識份子團體或次團體的內在統一趨於一致。它本身與自尊緊密相聯。科學和藝術的管理者、再生產者、教師自身一定感到要履行某種極其重要的任務，這一任務對人類的幸福都是必不可少的，而且甚至就它的偉大意義而言是更爲本質的。

在美國，人們已很難保持這種態度。美國社會平均主義的道德基石既無助於這種態度，也不是對似乎起源於經濟、政治和科技精英的高層次文化產生不利影響的支柱，但它是一個輝煌而重要的例外。這一論調開始於早期的教育。來自缺乏高層次文化體

驗家庭的孩子特別需要從教師那裏獲得最初的方向。超負荷工作
而工資收入少得可憐，加之本身也沒有受到過很好的教育，像這
樣的教師就很少可能極其自信地再現他們的文明的高層次文化。
甚至在中等教育方面，情況也不能使人特別滿意。

民粹主義精英的影響是顯而易見的，最近也開始出現了其他
的因素。市政的財政狀況，聯邦政府的軍備計畫，政教分離的傳
統觀念，眾多人才向大眾傳播產業的轉移，教育進步的觀點，這
些都不過是抑制美國學校對高層次文化遺產的有效感悟的因素中
的一小部分因素。大學教育水準的狀況變得越來越有利，但是它
仍然極不平坦，而且那種有害的傳統仍難以克服。結果是公眾輿
論不太關心高層次文化遺產的價值，甚至與它沒有任何關係。

事情也不是一成不變的。在電視上和廣泛出售的書籍裏、在
偶爾受辱的民族自尊的驚恐中，以及在研究生教育的巨大發展中
（可能很快就會在改進了的大學生知識生活中顯現出來），到處
都有情況穩定和實際上可能會變好的跡象。除非眞的發生變化，
否則，作為一個直接超越職業專門界線的知識社群的構成因素和
對高層次文化體系最強烈的支持因素之一，在美國都將是缺乏
的，不僅國家的公眾生活會更貧乏，而且作為社會整體的生活質
量也會更加貧乏。關於政治、經濟和社會事務的輿論導向會更加
貧乏，而且廣大公民的生活方式將會比實際的更加瑣碎和不足
道，對知識階層本身而言，危險依然很大。

然而，即使這一方面的衰退，可能仍然沒有完全削弱以創造
方式來履行知識工作的知識階層接受第一項任務的能力。第一次
世界大戰以來，國家的經歷可以支持這種論點。況且，國家正以
一種似乎與別的素質不相稱的方式致力於科學和高等教育。因
此，在這種高級的水準上，不管民粹主義的思想態度有怎樣的壓

力和干擾，關於保持創造力的觀點是好的。在美國，常常有機會讓煽動性的民粹主義死灰復燃，它會以過去曾使用過的方式來折磨知識份子。然而，如果經驗會指導我們的判斷，那麼人們就會記得麥卡錫（McCarthy）時代的不愉快並沒有使國家中嚴肅的知識生活出軌。確實，市民生活的評論者經常描繪的干擾是存在的，而且它們會誘惑和溺害一些有才華的人。但是，它們不會令所有受其誘惑的人都覆滅，而且他們中的一些人肯定繼續並甚至可能要發展目前已經在那些領域內進行的少量的未竟工作。

　　嚴肅的知識份子從未擺脫過來自於社會其他部門的壓力。知識部門與擔負著特殊作用的其他部門一樣，常常是從社會的其他部門中轉移出來的，而且這是根本不考慮知識份子在經濟和政治生活中的作用的。外界常常會猜疑知識份子對他們的神祇的信仰，並含沙射影地批評這種信仰直指社會其他部門的主導價值。以前，知識份子常常擔負著繼承他們自己的傳統，並盡最大努力地發展、鑑別和改進之的任務。他們常不得不與教會、國家、政黨展開鬥爭，要與在他們的領域內尋求支持的商人和軍人展開鬥爭，因為如果他們不向奉承和威脅低頭就會在言行上受到限制。知識份子的義務還是這樣，既要保持他們識別與發展的標準，還要在不放棄本屬於他們那個領域的東西的情況下，去尋找一種把「凱撒的事歸凱撒」的方法。

　　對知識份子來說，要發現與他們的社會之間的正常關係不是容易的，不論它是自由社會、貴族的寡頭政治社會，還是披著民粹主義偽裝的專制社會。在美國，某些方面的情況要比以前好得多。公眾的意見和政治觀點，特別堅信他們對培訓專業化職業和從事研究的知識機構的需求。在過去整整三十年中，知識份子已獲得了對經濟和政治具有影響力的地位，而一個世紀以來公民未

曾認識到這種地位。他們在大眾傳播系統中佔據了實力地位。由於這一切基於社會導向的第三種功能的充分執行而產生的豐富成果，因此作為整體的知識社群在某種較大程度上的關閉是需要的。它必定是一種超越專業的關閉。如果達到了這一點，那麼現在由知識份子佔據著的知識、社會、政治和經濟影響渠道，將會使我們社會中廣泛知識份子生活方式的大進步成為可能。如果知識份子不斷增長的影響力沒有就一般的知識水準和他們所肩負的道德義務而言的某種更為重要的關係相伴隨，那麼仍然不會有什麼進步。

VII

最近，有人提出了高層次文化的保護是否需要先鋒派（avant-garde）的問題。在最一般的意義上，如果工作領域繼續吸引靈活的具有創造才能的人，那麼先鋒派的產生是十分必要的，因為它具有了創造力的性質。創造力既包括部分吸收傳統，但也包括部分揚棄傳統。強調揚棄因素的先鋒派經常不了解究竟有多少被揚棄的傳統可以吸收。先鋒派人士戴著工人的帽子或穿著某種特別的服裝，他們以一種豪放的或者是最裝腔作勢的方式來處理人際關係。這些行為方式和先鋒派進行的創新方法或是他所扮演的對所繼承傳統予以重新解釋的角色毫不相干。先鋒派既是藝術和文學的現象，也是科學和學術的現象。如果關於創新的偏見是不分青紅皂白的，並且將偏見擴展到整個知識階層，那麼就會對文化和社會產生危害。

在一切文化領域內，對傳統的認可和變革是一項基礎性的事

情。變革的力量不能通過整個知識社群得到等量分配。團體中的大部分成員都是十足的再生產者，其他人尋求對傳統的變革和重新解釋，但沒有獲得成功，只有少部分人成功地實現了其努力。

　　然而，在科學和學術的一般領域內革新的組織和藝術、文學的無組織領域兩方面之間可能有某些區別。在後一領域，特別把自己想像成先鋒派的年輕人——包括成功者和失敗者——自十八世紀來已打算在抱負而不是在成就基礎上將自己與知識社群中的其他部分分離開來。他們發展了他們的傳統，儘管並不都是對知識份子的創造力至關重要的傳統，也不是替代他們所缺的那種替代物。豪放不羈的藝術家的這種自我分離是一種好事。在人們對特別重要的問題不得不做出判斷時，會因使得專家們變得無助的自我分離向作爲整體的知識內部擴展，而得到一個出了偏差的結果。

　　二〇世紀五〇年代，美國左翼力量的退卻導致知識份子的創造力——或者藝術界和文學界中所謂的先鋒派——是否必然與政治和經濟事務上的革命態度相聯繫的問題。從邏輯的必然立場或合理的一般意見來看，很明顯並不存在任何強制性的聯繫。爲什麼關於光的色彩、形式的最初感覺或新的概念需要這樣的信念：即現存的社會秩序將會得到變革，財產將被轉移到公共所有權之下，婦女學會獲得與男人一樣的平等，貴族政治將被廢除，以及緊密的家屬關係將會削弱他們的重要性？還有，先鋒派的高層次文化變體與革命的素養之間已產生出一種密切關係，而且這完全不是一件意外之事。在對文化傳統的揚棄和對社會與政治傳統的揚棄之間有某些心理上的關聯。這是一個與文化創造沒有必然聯繫的親和力（它可能是有危害的），這種親和力曾取得了許多功績和許多對聲望來說是持久的成就。它爲整整一個半世紀的文化

生活增添了色彩。它磨練了我們的道德與良心，並提高和歪曲了我們對所在社會的性質的感覺。它還增加了政治生活的騷動，並使高層次文化和大眾社會之間永遠也不可能完全協調的關係更加惡化。

VIII

保持同過去的連續性，並不比維護當代知識份子間的一致性更重要。在某些方面，知識份子在美國的地位是很有利的。在新一代文學家中，許多人在他們二十歲前的少年時期就具有廣泛的文學經驗。更重要的，他們出身於不受限制的教育階級，因此他們比在英國的同行具有更多的細膩的同情心。然而，一旦他們開始他們的文學生涯，他們就打算放棄他們和限制他們對文界、大學或大學中搞文學的人的廣泛關係。

在科學和學術更加形式化地受訓練的知識活動中，外界聯繫的範圍是變化無常的。科學家正越來越多地投身於實驗室之外的世界。不僅有許多人受聘到產業界和政府工作，而且那些留在大學中的人已對政治發展出一種更加強烈的興趣和更活躍的黨派活動。他們把很多重要的才能運用於政府部門。專業社會科學家沒有侷限於隱居式的生活，相反則走向社會從事研究，這為他們在許多社會部門建立起一種單向的特殊關係。他們還變得比以前更加文明。在許多方面，美國知識份子的文明走得比傑克遜革命（Jacksonian revolution）以來的任何一個時期都更遠，但它還是十分脆弱和非常容易崩潰的。

儘管取得了所有這一切的進步，但毫無疑問，生活在美國的

大部分文學、藝術和社會科學知識份子的主要「政治」傳統是不能令人滿意的。這個過失並不完全與知識份子有關。外行人，我們那些精英份子清教徒式的偏狹應對此問題負責。他們直截了當地反對干涉公衆利益，並且將漠不關心的態度加到了他們身上。今天原子核武器的存在也加到了政治精英份子極難承擔而又不能推卸的負擔之上。所有這一切事情都被強加到知識份子身上，不管是因爲好的理由還是壞的理由。曾經有過反政治或反文明的壞理由，而且美國知識份子曾經積極參與。至今知識份子也沒有表現出改善此狀況的任何跡象。

　　與非知識精英保持良好關係的義務有關的責任之一是，政治生活的「文化」，即引入規範以及對每天的政治生活的深層問題給予深切的關注、理智的思考。我們的知識份子是教訓、譴責、藐視和反對政治家，並懷疑那些已經道德腐敗的政治家和已經成爲背叛者的知識界同行。在任何一個國家，醉心於高層次文化修習的知識份子依其聲望、影響力和自我意識來看只是社會中不同的精英人物的一部分。但是，在美國他們並沒有常常感到自己因某種看不見的關係而受到政治、經濟、敎會、軍隊和技術精英的束縛⑨。

　　他們已注意到受孤立的感受，並且很少施加影響來經受影響繼續從事發現之父的實踐，一種是哲學家和當事人在永久性的機構組織中共同合作的實踐。政治文明——由知識份子的能動活動提供給政治與政府實踐的精英文化的輸入——是現代社會的可能。自然，這不可能是永遠成功的。政治太緊張，權力機構對超脫的哲人來說因過於歪曲感覺以致於不能完全統治他們。下決斷不同於對現實的思考，而且兩者的張力通常要比他們從遠處看到的大得多。還有，兩者的相互貫穿是可能的，肯定比我們在美國

所做的可能性要大得多。這一進步是好政策的條件，也是較好理解知識社群對社會其餘部分的需求的條件。

政治生活的「文明」只是「文明進程」（process of civilization）的一個方面，這是居於社會圈子中心文化的擴展。在特殊的條件下，「文明進程」是某些高層次文化因素向通常消費平庸與粗俗文化的社會領域的擴散。

在本文前已提及的限度內，這裏的觀點似乎是比較溫和適中的。有些觀點認為，在同等職業的人們中間不斷增加平庸粗俗文化的消費，以及在過去收入可能剛好滿足消費的時候，社會階層的相互通融是高層次文化因素向那些只有一般愛好但不能使自己獲得高層次文化的人們擴展的結果。產生滿足效果的通俗化，儘管消去了文化的高雅，但也有助於文化的擴展。不是所有的擴展都是通俗化，大部分是真正的高層次文化作品的介紹和消費。我們的初、中等教育制度的純屬實踐性的改進，還將進一步促進這一擴大傳播的文明進程。富裕社會可以提供較好的感情教育、多樣化的安逸環境可以達到感情的開放和富足，有效知識的廣泛運用，這些都能推進「文明的進程」。沒有任何保證這將會發生。這些取決於知識份子。這將會是個好機會，如果他們真正擔負起他們最好的傳統中包含的義務，如果他們可以避免因拋棄知識和道德戒律而看似創造活動的自我沉醉的誘惑，但他們能這樣做嗎？

因此，如果在中心文化枯萎和乾涸時，社會環境仍得不到滋潤的話，知識份子的第一個義務就是要照管好知識之物：將他們的精力集中於哲學、藝術、科學、文學或學術的個別作品的生產和消費，有區別地接受這些作品所固守的傳統，以便迅速吸收、發揮或揚棄。知識份子的另一項義務是：要記住他們對這個社會

負有什麼樣的責任。這不是兩個相互分離的、互不關聯的義務。
對眞理壓倒一切的關注是這兩項義務的共同點。

註　釋

本文先前曾以略微不同的形式發表於《藝術與社會》（*The Arts and Society*），edited by Robert N. wilson,©1964. 再版於 Prentice-Hall, INC., Englewood Cliffs, New Jersey.

①李普曼（Walter Lippman）的名字使人想到這點：《大衆哲學》（*The Public Philosophy*）是否明顯比《大衆論壇》（*Public Opinion*）和《權謀》（*The Drift Diplomacy*）更糟？布羅根（Denis Brogan）後期的著作《法蘭西共和國》（*The French Repulic*）或《革命的價值》（*The Price of Revolution*）明顯地比他成爲廣播員和新聞記者前寫的書更糟？朱維尼爾（Bertrand de Jouvenel）是當代最著名的思想家之一，他靠緊張的新聞工作活動而謀生。

②科學的一般讀者由這樣一些科學家構成：即在個別論題上他們並非專家而有著一般的知識和技術興趣，並對技術陳述有著一定的理解力。此外，這些人就是需要通俗科學的更名副其實的外行。他們都依賴於科學顧問來告訴他們一旦獲得的結果怎樣對他們各種不同的目標是有用的。科學家和外行之間的關係就科學家尚未給予充分的重視這點而言是一個重大的倫理問題。

③《新共和國》（*The New RePublic*）目前打出了復興的信號，但它要恢復的領域太多了。就在這裏，大衆社會的文化推論的評論家贏得了一分。知識週刊在對編輯才幹和大量發行的週刊讀者數的競爭中被迫處於下風。

④《公益事業》（*Commonweal*）比兩種世俗週刊處於更高的智力水準，但是它對羅馬天主教的全神貫注限制了它的大部分感染力。

⑤《紐約書評》（*New York Review of Books*）是爲現在和過去的學術
著作而寫的。它的不尋常之處在於依賴於當代所有新左派的不定量
的資助將《政治家》（*New Statesman*）和《觀察者》（*Observer*）
兩者的文學內容非常詳盡地結合了一起。

⑥湊巧，被托洛斯基稱爲「牙科醫生的社會主義」的直接繼承者《新
領導人》（*The New Leader*）作爲一份周刊，是其中最好的，但是
它常常是爲被作者們認爲在看他們的專業文章之前對之一無所知的
那些讀者所寫的。

⑦美國教育體系早期水準的低下是教育供應快速增長的結果，並得到
了具有人民黨主義和反傳統的偏見的教育家們的支持。這種低質量
並非是民衆要求一種貧乏的教育或者保持更低的文化水準的結果。
他們不可能拒絕向他們提供更好的東西。

⑧關於創造力的主張，天才必然有其**特有**方式的浪漫觀念已變成了這
樣的觀念：要求學科主題對研究人員來說必須是唯一的。這在人文
和社會科學研究中導致了許多專門化的瑣事，甚至使研究者一個題
目接一個題目地胡衝亂撞。大量增加的大學出版社和它們對稿件的
渴求，表明了正在進行的是什麼。此外，已故的作者們以公開的形
式復活，並再次受到人們的懷念。過去論文很少出書，而且它通常
是作爲對學術界來說具有同樣打算的一系列最專門化的期刊之一而
出版的。令美國的研究工作變得雜亂繁忙的是這樣一種愛國主義精
神，它盡力去發掘被禁閉和遺忘的知識份子的墳墓，但另對墓碑的
研究相當缺乏選擇。梅爾維克（Herman Melville）、馬克‧吐溫
（Mark Twain）、亨利‧詹姆斯（Henry James）究竟能消受多少書？

⑨這種情況並非美國所特有。僅僅英國自法蘭西革命以來的長時期內
就已力圖避免這一點（過去的幾年顯示出這種好運常常是不連續
的）。

6.二十世紀中葉的英國
知識份子

I

賽爾（Basil Seal）加入南非的突擊隊之後，曼瓦林爵士（Sir Joseph Mainwaring）這位高傲的保守派份子馬上說道：「國外又多了一個新的妖怪。我看清了它的每一個側面」；而艾弗林・沃夫（Evelyn Waugh）這個曾親身受到過新妖怪襲擊的人，則以這樣的話作爲那本書的結語：「那可憐的笨蛋，他正好被重重地擊中了。」①

他正好被重重地擊中了。這標誌著反叛社會，反叛中產階級，反叛資本主義，反叛英國制度和行爲舉止的兩個十年的終結。即使在這個時期將近終結之時，奧登（Auden）這位或許稱得上是他那一代人的領袖人物的詩人，拋棄了他的祖國，而到美國定居。同他一起出走的，還有屬於這個時期中相當有才華作家之一的艾希伍德（Christopher Isherwood）。在此之前，二〇年代的兩位極受人尊敬的作家，赫胥黎（Aldous Huxley）和勞倫斯（D.H. Lawrence），已經自行放逐了，一個到了加州，另一個則

不停地到處流浪，直到去世為止。其他傑出的英國作家，如道格拉斯（Norman Douglas）、艾丁頓（Richard Aldington）、格雷夫斯（Robert Graves）等等，感到國內的生活沉悶乏味，而寧願生活在國外。英國作家一直在流動；旅遊書籍成了一個文學範疇，具有新的重要思想意義。這時的知識份子中間誰還對英國有好話說呢？英國的市鎮上「每條街道都是一場災禍，每個角落都是一個刺傷的傷口」；「英國的村野和英國村社生活則到處是巨大的不平等，社會勢利作風和令人窒息的閒言碎語，那麼誰還會對它們有好話說呢？」英國那綠色的、令人心曠神怡的土地不過是邪惡的門面，而英國人的過去則屬於精緻的假正經。

對那些感到當代英國將成為一片荒原的人來說，艾略特（T. S. Eliot）仍然是一位代表他們心聲的詩人。格林（Graham Greene）對政治的特殊興趣在其剛萌生之後不久便淡漠和忘卻了，卻描繪了一個破敗不堪、滿目瘡痍、充滿不祥之兆、暴力和背信棄義的英國，一個沒有信念和秩序的英國，而艾弗林的英國則是一個令人可鄙地不負責任、令人痛苦地瑣屑不堪之國度，愚蠢之徒統治著人們。福斯特（E. M. Forster）並不是一位革命者，但他三呼友誼萬歲，並獻身於「愛情這個可愛的共和國」，在人們對制度和傳統的普遍疏遠中，這些無疑屬於頗為雅緻的疏遠。

知識份子諸理想國的首府各不相同。對某些人來說是莫斯科，它不光是統攝了共產黨員的心靈；對另外的人來說則可能是巴格達（Baghdad）、巴黎、柏林或洛杉磯──反正無論如何不是倫敦。當然也不會是曼徹斯特、布里斯班（Bristol）、利物浦或格拉斯哥。這種首府可能存在於某個其他的歷史時期，也可能存在於想像的王國，但是它毫無疑問不可能存在於二○世紀的英國。一個由「古老的匪幫」、傭人和中等趣味者（Middle brows）所統治的破敗不堪的國家，那裏的文藝女神已經奄奄一息或戴著鎖鏈——誰會將他的心給這樣的國家？

　　三〇年代是「左派圖書俱樂部」（the Left Book Club）的時代，這類書的作者們抓住任何可以痛打英國狗的棍子，以及詛咒它死亡的一切文辭，這個年代也是《紅字》（*In Letters of Red*）、《事實》（*Fact*）、《正在到來的奪取政權的鬥爭》（*The Coming Struggle for Power*）以及《走到自由主義前面》（*Forward from Liberalism*）的時代，同樣是英國科學家中間強大的馬克思主義運動的時代。倫敦政經學院作爲對英國人生活和制度的激進批判的一個發源地，以及學術思想的寶庫，正處於其威望的高峰。對英國社會的憎恨並不單單是青少年情緒衝動的反叛的簡單問題，也並非只是不觸及整體的對英國人特定生活層面的批判。

　　說實在的，即使知識份子熱愛他的別墅，或者他的攝政時期風格的住宅，或者英國土地上的某個小景點，他的這種愛也被對英國的厭惡感的陰影所蓋過了；知識份子感到這是一個破敗不堪、正義不伸和沒有教養的社會，其統治階級的萎靡不振，其中產階級則一派清教徒的沉悶氣息。令人反感的並非是特定的制度或態度，而是涉及英國的整個氣象。這並不僅僅是共產主義份子或文藝份子的觀點。它差不多是 1920 年代和 1930 年代被認爲在大英帝國的知識圈內是值得一提的所有人的觀點。

　　這並非是說知識階層的所有份子都帶有這種疏離感——也並不是說那些疏離者是同等一致地疏遠於英國的。服務於高等文職部門的知識份子並沒有十分激動，整個新聞界和新舊綜合大學部門的所有人，也並不激動。綜合大學中學習自然科學和文學的年輕一代，較之於其長輩，更帶有疏離感，長輩們則更加關心帝國和英聯邦。然而，在人數和影響上都佔有優勢的盛行態度則屬於

疏離感。偏離於這種疏離感的意見只是一種不必認眞對待的傾向。《時報》（*The Times*）和《時報文學增刊》（*The Times Literary Supplement*）都是死氣沉沉的官方文化的僵化代表；像貝尼特（Arnold Bennett）這樣的作家就如企業家一樣可鄙。那些仍然爲其祖國而自豪的人，或者仍就援引其歷史和傳統的人，則被視爲是故步自封的極端保守派份子②。

重新發現德治的英國

　　但是到了四〇年代和五〇年代早期，情況卻大不相同了。嚴厲的批判意見聽不太到了。1953 年，我聽到一位傑出的左派人士在一次大學的正餐上用十分嚴肅的神情說：英國憲制「已接近於任何人類制度所可能達到的完善程度了」，而且甚至沒有人認爲這種說法是引人發笑的。除了少數共產份子和死不妥協的比萬份子（Bevanite）＊之外，當時誰還會從根本上批判英國？雖然對許多具體的問題各地都有抱怨，但是就主流而言，大不列顛已經很少有人再感到任何根本制度錯了。剛好相反，對 1950 年代早期的英國知識份子來說，大不列顛就整體來看，尤其是同其他國家相比較而言，似乎在根本上都是好的，乃至是完善的。還從來沒有一個知識階層像英國的知識份子那樣感到其社會和文化如此令其滿意過。令人難以想像的是，十年前的《地平線》（*Horizon*）雜誌發表了題爲〈約翰應該往何處去？〉（Where Should John Go ?）的系列文章，在這些文章中，年輕人布列頓（Briton）由於對他的祖國感到厭倦和怨煩，而全面地列出了他可以去移民的廣泛去處；目前在少數倖存下來的英國的文學期刊中，有哪一家有如此的膽識發表這樣的文章呢？（但是即便在那時，大體上是一個

三〇年代人的康諾利（Connolly）先生已經脫離時代了；普里查
特（V. S. Pritchett）先生最近稱他帶著十九世紀中葉時的波西米亞
文人作風。）

　　不錯，戰後歲月有損於 1944 － 1945 年期間為新英國而奮鬥
的那種愛國熱情。社會主義被證明是比某些人所希望的要遜色得
多；其他人則發現社會主義超出了他們所關心的範圍。各方面的
人都抱怨內地稅收（the Inland Revenue）的無底慾望，但人們並
沒有指控它是不公正的，促成這項稅收的公共事務和福利事務原
則上也未受到攻擊，即便是其最嚴厲的批判者也是這樣。官僚體
制武斷而又僵死的作風引起了稍許騷動不安；而工黨政府福利措
施的眾多裨益的遙遙無期，則造成了挖苦性的抱怨和怪言怪語。
有人批評全面學校教育，還有人批評外交政策上同美國結盟，更
有人批評眾多還要具體的問題，但是這類批評從來沒有造成深透
的裂痕或不合作。對英國社會趨向的根本批判已經不多見了。在
兩次大戰的間隔期間，劉易斯（Wyndham Lewis）的傑出之處僅
僅是他的才華和狂暴的言論而不是他對英國社會的根本否定，但
在戰後的十年裏，他成了一個稀有之鳥。

　　英國知識份子開始為一個如此團結、階級摩擦如此之少的國
家的道德風範，而感到自豪了。

　　公立學校文化長期被視為是陳年老貨（a stock in trade），對
它的非議仍然會不時地冒出來，但它對雙方來說都已不是一個嚴
重的問題了。公立學校偷偷地爬回了知識份子的心裏，在那裏它
們可以比從前更加高枕無憂地安睡了，也比從前更具有活力了。
只要舉許多事例中的一個就可以了。針對年輕的 M. P. s 之一建議
用立法措施廢除公立學校，《新國民》（New Statesman）雜誌回
應說，它們所代表的是質量而不是特權。它甚至並不感到難堪地

說：「即便是有一點小錢的有良知的社會主義者，也不得不將子女送入私立學校，不然的話他便會面對這樣的自責，他出於政治偏見而犧牲了生活中的機會。」「古老的學校紐帶」不再是對英國不公正做法的指控，它現在成了英國質量的證據。

即便是印度這個對向前看的人來說是良心上的一大古老痛楚之地，回想起來也成了英國的一大資本了。伍菊夫（Philip Woodruff）關於《印度統治者》（The Men Who Ruled India）的評著隨處可見，並得到了應有的歡呼，但是令人震驚的是評論者的那番得意神色，他為形成了這樣一個能以如此的正義和人道而進行統治的治人者階級，而頌揚自己的民族。實際上所有的人都同意，撤出印度是正確的；與此同時，似乎毫無疑問的是，英國人對印度的主權本身實在是相對偉大的——正好是所謂恥辱之事的反面，許多自由派知識份子就曾經是這麼評判這種主權的。

1942 年，晚年的歐威爾（George Orwell）挺身為吉卜林（Kipling）辯護，抨擊人們說他屬於「脂粉氣的左派圈子」的不公正詆毀，尤其讚揚吉卜林與官僚階級認同，以及他對維持一個秩序井然社會的責任感，這時十分清楚，一種極端立場已經黯然消失了。這之前的一年裏，來自另一方的一種極端立場也消散了，當時《荒原》（The Waste Land》一詩的作者親自著文，重新肯定了那同一個帝國主義「粗俗辯護士」（vulgar apologist）的功績。

儘管福利國家提供了英國社會的地基，而等級制度和權威的象徵卻愈來愈被人們所接受了。二〇年代和三〇年代最偉大的知識份子之一托尼（R. H. Tawney），曾拒絕接受貴族的頭銜，如托馬斯·瓊斯（Thomas Jones）博士在其通信中所描述的那樣，而五〇年代可有任何與此匹敵的事情嗎？恰恰相反，其時倒揭示

出，一個信誓旦旦的無政府主義者和一個文學藝術界先鋒派的狂
熱倡行者，接受了一個騎士頭銜。

　　是什麼促使知識份子同國家重修舊好的呢？是什麼使得他們
儘管帶著抱怨和傷懷，仍意識到自己是一個英國人並爲此而自豪
呢？是什麼讓他們對統治權威的象徵感到安適自如呢？爲什麼他
們重新又讚賞起英國的制度來了呢？是什麼因素促成了這種非同
凡響的集體自滿狀態的呢？

II

　　正如曼瓦林爵士所感悟到的，正是大戰開啓了這種新精神。
然而，實際上它並非是一個開端，而毋寧說是一種復興。兩次大
戰期間的二〇年代歲月中的那種稀奇古怪的反道德規範傾向
（antinomianism），更像是英國知識階層同其英國制度之關係的
主流歷程的一次歧出。十九世紀前半葉的英國知識份子從來就不
像歐洲大陸上與其相對立的那些人一樣，那樣充滿革命氣息，審
美情懷，反資產階級和反政治的衝動，以及對權威象徵的敵視。
十九世紀下半葉裏出現了大量的批判和不同意見，但是知識份子
首先通過古老的大學，同時也通過血親關係，以及倫敦上層階級
社團中的社會生活和交際生活，而同政府文職部門，教會、議會
兩院，新聞機構和政治黨團的領導部門，融合成爲一體；這種大
聯合構成了一個差不多無人可以逃脫的紐帶，同時也是當時或古
往今來的任何其他國家所不能匹敵的。世紀之交的社會主義和審
美上的反叛，都不曾培育出一種徹底疏離的教條或運動。藝術和
社會正義方面有時是分離、有時是聯合的孿生反叛中有許多重要

人物,都是外來人——主要是愛爾蘭人。對歐洲大陸上的那些煽動叛亂者和波西米亞文人來說,英國知識份子或許顯得陰鬱沉悶,但他們卻始終是盡職盡忠的。

這種殘存的忠誠曾經被反叛浪潮的怨恨所衝垮,這種國民公德曾被蔑視一切的審美傾向所遏制,縱貫兩次大戰的間隔時期,它們都處於潛伏狀態,而有待於被重新喚起。許多體察到自身內心民族情感騷動的人起初都感到難堪,因爲他們曾經憤怒地抵制這種情感,而否定這類情感實在已成了他們思想觀的核心。希勒利(Richard Hillary)是最初記下他復歸於民族懷抱的人之一。他曾告知我們,當他服務於那些他曾經拒斥的社會象徵符號時,他是感到多麼的六神無主地不自在;儘管他曾有意識地拒斥這些象徵符號,使他意識到他內心是眞誠地依戀於它們的。希勒利所描述的當然不單單是他個人的情況。

與 1914 至 1918 年的第一次世界大戰不同,二次世界大戰中沒有出現因欠缺思考而發生的屠殺;厭煩情緒當然存在,但是卻較少在無目標的大規模軍事行動中出現浪費人類生命的現象。二次大戰期間的兩位最傑出的英國將軍,因爲對其部隊的人道關懷而聲譽卓著。一次大戰期間盲目而呆板的胡亂指揮造成了許許多多青年命歸黃泉,而且極大地促成了英國知識份子在整個英國歷史上最嚴重的疏離於市民社會;二次大戰中則沒有出現這種胡亂指揮。

更爲甚者,反擊納粹主義和法西斯主義的鬥爭對於當時熱衷於意識型態的知識份子來說,不啻是一種清醒劑,這些人由此得以更清楚地認識到,他們的行動應排除一味考慮民族利益和一味講效忠於民族之傾向的可疑影響。二○和三○年代的疏離是疏離於那些初始制度(the primordial institution),即疏離於血親關

係，鄉土傳統，作爲既得勢力的教會和公民國家——全都是以維
護人類生命的名義，按照自由選擇的原則而做出的。因而，通過
一切似乎是爲原則而戰的戰爭，再次復歸於那些初始依戀的對
象，是順理成章的。

　　再者，戰爭也賦予了知識份子許多從事本職工作的機會。在
諸如內閣機構、情報部、「政治戰爭執行署」（the Political War-
fare Executive）、BBC 廣播公司、軍事情報部門以及「戰時官員
選拔會」（the War Office Selection Boards）等等這樣的官方圈子
裏，不僅是自然科學家，而且歷史學家、經濟學家、語言學家、
哲學家和其他學者，都受到了友好的禮遇。這些再加上其他事情
爲知識份子發揮其知識才華帶來了欣賞者——這同兩次戰爭間隔
期間知識份子關於官方反智主義（official antiintelletualism）的形
象形成了極其鮮明的對照。戰爭期間英國社會似乎變得愈來愈有
教養了。「促進音樂和藝術委員會」（the Committee for the En-
couragement of Music and Arts）（「音樂協會」（the Arts Coun-
cil）的前身）、「全國畫廊」（the National Gallery）中舉辦的音
樂會、圖書銷售，以及相應的圖書閱讀的增長，甚至在諸如
ABCA 和「全國消防總隊」（the National Fire Service）這樣的官
方機構的贊助下，討論小組紛紛興起——所有這些都愈來愈促使
知識份子感受到：國家並不是敵視他們的。

意識型態的淡化

　　至少同樣重要的是這樣的事實，戰爭期間政府儘管效率不
高，犯過錯誤，但卻維持了公正的形象。

　　用格里姆斯上校（Captain Grimes）的話來說，外來人和反叛

者老是抱怨公立學校「從不使大人物下不了台」，然而「戰時官員選拔會」卻是對這種抱怨的一個直接駁斥。它不考慮血統、口音和背景等因素，而集中關注於一個官員得力履行職責的必要條件。某某勛爵的姪兒或某某爵士的兒子未能通過「選拔會」的考核，這類謠傳不管是真的還是假的，都有助於使人們感到，效率和公正的考慮已經滲入了迄今為止一向為古老世家所保留的領域。二次世界大戰期間的官員選拔制度幫助消除了部分為患於戰前英國的怨恨情緒。

似乎沒有人因戰爭而發財，而幾乎人人都遭受的普遍不方便、骯髒和粗劣的食物，則同美德劃上了符號。黑市交易商的確存在，但他們並沒有被視作是統治階級道德墮落的產物，不能因為他們而指責社會。許多人認為他們是外國人。

戰時的那位巨人邱吉爾（Winston Churchill）超越了黨派，尤其是超越了粗俗企業家、得意忘形的托利黨人（Tories）和向外擴張的帝國主義份子所構成的舊匪幫，因而不啻是再度保證了，戰後英國不會讓資產階級重新單獨執掌政權了。工黨在 1945 年的大選中取得了勝利，這進一步保證了知識份子將繼續將英國視作是他們自己的國家，在這裏，他們與文職官員融成了一體，或者可以躬身治國，或者感到他們與那些治國者是親密無間的。安特萊（Clement Attlee）出身於一個教授世家，畢業於牛津大學，服兵役時受過勛，而其言語和觀點態度上的約制幾乎有點被誇大了；這樣一位人物使得保守派知識份子免除了疏離感，無論他們多麼不喜歡他政府的某些政策預期中的後果。另一方面，工黨執掌國家政權這個事實本身便緩解了它的許多知識份子成員對社會的敵對情緒，這些人過去不僅不滿於具體的問題，而且其教條和原則合乎邏輯地使他們一致反對社會。

　　通過其政黨而表現出來的對國家富強的責任心，約制了知識份子持反對立場的心態。當國家在世界上的國力似乎正在下降，而且將處於巨大的經濟困境中之時，這樣一種責任心強化了那種制約力。在國家似乎處於安全而強大的時候受到部分壓制的潛在愛國主義，一旦國家受到了威脅，便又回復到意識層面上來了。那些曾經嘲笑和憎惡愛國主義的人又開始發現自己也成了愛國者。熱衷於政治的左派知識份子長期以來就尋求解放印度、緬甸和錫蘭，而這些地方的獨立卻帶來了許多反響。那種不再是一個帝國的感受，那種喪失了某種東西的感受，亦即失落感，恰恰強化了人們的民族認同感。其次，一旦擺脫了帝國的那些有悖於道德的累贅，那麼這個國家似乎將會更加清潔，也更加值得人們熱愛，在這樣一個國度裏，差不多所有的英國人都會感到心情舒暢，也很容易熱愛它；他們可以熱烈地接受它的過去，同時也不感到它的現在令人感到恥辱。

　　當時還出現了一個新的美國。從一個不傷害人的、友好的、和善的、強大的、愛開玩笑的和忠誠的盟友───一個丑角般的得力姪兒──美國似乎一躍而成了一個具有挑戰性的巨大帝國，剛愎自用，無視英國，指責英國，甚至騎在英國頭上，並聲稱要騎在全世界所有人的頭上。忠心耿耿的英國人面對這種危險有點挺不起背來了，而四○年代後期令人憂慮的經濟危機則加劇了人們對美國不耐煩的情緒。在這種氣氛中，愛國主義受到了反美情緒的滋養。

　　對天真的、粗野的和成功的美國的憎惡，反而增強了英國知識份子從其對本民族的自我沈思中所得到的快感。

　　在戰後歲月的歐洲大陸上，法國陷入了無政府狀態，義大利和德國處在廢墟殘垣之中；富人們食不厭精，而窮人們則靠拾破

爛度日——這種情況也提高了英國人的自尊心。在大英帝國的輝煌盛日裏，帝國主義份子布列頓（Britons）曾認為，英國憑藉其道德的高尚應該成為世界的導師，而知識份子則斥責這種狂妄自大。現在從前的反帝國主義者開始將英國設想為一個模範的聯邦，是一個正確行事的最高典型，它消除了腐敗，具有公共精神、責任感、敬重過去並向未來開放，擺脫了意識型態的狂熱傾向，而且沒有自我擴張的野心。這種想像上的自我轉變，即轉變為關於一個理想聯邦的構想，得到了愛國主義的滋養，同時也是為了激勵愛國熱情才構想的。

在這一過程中還存在著另一個因素。雖則那場戰爭對先前疏離的知識份子來說一直是一場有關原則的戰爭，但是戰爭本身，以及此後在英國和整個世界上所發生的事件之進程，則標明了一條意識型態的衰亡之路。正像我剛才所說的，戰時經歷民族情感的重新喚起，再加上英國在戰後大部分時間裏所處的困境狀態，都將人們的注意力和情感集中到本民族的象徵符號上來了。黨和階級的象徵符號失去了其部分威力。與此同時，在國內和國外，教條化社會主義的基礎正在經歷幾乎是全面的崩潰。

英國人的社會主義向來就不是教條化的——除非是在那些個微不足道的死角，而且社會主義者的主導目標的變更和許多最具體的目標的實現，使得英國社會主義更加失去了教條化色彩。保守派政府實際上保存了二次世界戰後工黨的絕大多數革新措施，這幫助鈍化了社會主義意識型態的稜角。英國五○年代的絕大多數知識份子都並不堅持極端的計畫經濟和自由放任。雖然仍有少數極端份子強調這種差異，但就大多數人而言，信奉自由主義與信奉社會主義的知識份子之間並不存在很大的差異。況且，這些差異並沒有演化成為根本信條和世界觀上的差異；堅持實事求是

的共識已經解決了經濟政策上的絕大多數爭論。

　　由於意識型態，尤其是社會主義意識型態的這種瓦解，英國知識份子的分歧範圍大大縮小了。失去了可以信奉的教條之後，少數極端份子被迫將其極端主義限制在情緒和心理傾向上，並在特定的場合才表現出來。他們不大可能在這樣的基礎上形成一個宗派了。

　　還有一個因素也不妨提一下：那便是政府部門對文化機制的扶持。政府出資發起了「第三規劃」（the Third Programme），設立了「藝術理事會」（the Arts Council）和「英國人理事會」（the British Council）等，而且知識份子具有衆多受聘用的機會，這樣的一個社會怎麼可以被視作是對知識文化缺乏同情心呢？恰恰相反，這樣一個社會激起了知識份子的讚賞，同時也給了他一種支持它的責任感。

III

　　然而，還存在著某種比這更深層的因素。這便是在戰後的十年裏，同貴族和紳士聯在一起的文化被證明是優越的，並且重新在引導大衆的知識份子明星中間恢復了主導地位。這是一個不只侷限於知識份子的變化。整個英國社會都經歷了這個過程：貴族和紳士的道德風尚與文化（但不是政治和經濟地位）重新上升爲受人景仰的對象。

　　差不多一個世紀以來，貴族和紳士的文化都在退卻。一旦他們的政治權力和他們的特權日益受到限制，他們的經濟力量則受到美洲和澳洲的農業以及1914年以前的自由主義立法的破壞性打

擊，這時他們的文化權力似乎也土崩瓦解了。這種文化受到了知
識份子的猛烈批判。十九世紀的激進主義、世紀末以來的審美主
義，以及威爾斯（H. G. Wells）、高斯沃斯（John Galsworthy）、
勞倫斯（D.H. Lawrence）和蕭伯納（G.B. Shaw）等人各不相同的
深切斥責，都使人們不信任階級特權，勢利作風，繁縟的禮儀和
權力的展示了。

　　與此形成對照，資產階級的文化（亦即企業家階級的文化）
則在十九世紀的倫敦和外省（尤其是在外省），似乎緩慢地在穩
步上升。只要持異議者生活在內心的流放（inner exile）之中，被
排斥在古老的大學之外，從而享受不到這些大學所給予的機會，
只要紳士和貴族將資產者拒之門外，因為他們只是「貿易」和製
造業方面的人，那麼他們的文化在宗教和世俗的形式上都維持著
一種高度強烈的色彩。資產階級除了賺錢之外還關注於改進公共
生活；它創立了文學和哲學學會，以及圖書館；首先是通過它自
己的捐款和它所控制的地方政府，資產階級建立起了其首要的里
程碑──現代大學，以表明，它雖然被排斥在外，而且被認為是
野蠻的，也照樣能夠追求真理，並且給它在其中賺錢的骯髒城市
帶來榮耀。外省大城鎮的資產階級過著它自己的生活，一派清教
徒氣息，虔誠、自豪，對些微的變化極度敏感，而且否定傳統的
社會；部分地出於鄉土之情，部分地出於對學術的熱愛，這個階
級在其屈服於貴族文化之前，創造出了一種真正的文明──熱
切，孜孜以求而深刻。阿諾德（Matthew Arnold）、羅斯金（Rus-
kin）和卡萊爾（Carlyle）等都是維多利亞時代批判外省持異議資
產階級的偉大批評家，他們對其批評對象似乎都不夠公正。

　　然而，儘管十九世紀以及二十世紀早期的企業家持異議文化
創建了外省的現代大學，以及音樂和文學機構，但是它還是被二

十世紀中葉所擊潰了。將孩子們送入牛津或劍橋大學，或者送進
軍隊作為職業軍官，父母本人則移居南部和倫敦，拋棄小教堂而
加入國教會——這些便是英國資產階級向其上層階級敵對勢力投
降的徵象。

倫敦—牛津—劍橋三角聯盟

　　移居倫敦在二○和三○年代不僅僅是一個人口統計事實。與
其相聯的是倫敦社會（以及與之相關的牛津和劍橋）對外省中心
的文化統治（the cultural supremacy）這樣的主張。

　　貴族紳士文化在五○年代重新獲得了霸權地位，而且其主導
地位很少引起爭議。二○和三○年代極大地破壞了貴族文化，但
是對外省資產階級文化的破壞則還要厲害。知識份子所反叛的毋
寧說是資產階級文化，而不是貴族紳士文化。後者從沒有退位。
它的某些後代可能對它大逆不道，但是除了波西米亞作風和一種
徹底虛假的無產階級傾向之外，他們找不到任何東西可以取代貴
族紳士文化。與此相反，資產階級文化則只要一旦無拘無束地接
觸到貴族紳士文化，便失去了其自我聲望和精神上的自立。它不
能贏得青年人的支持，即便這些人都是在這種文化的氛圍中培養
起來的。它同貴族紳士文化並列在一起，似乎便顯得渺小和鄙俗
了。

　　這種情況不單單涉及到二次世界大戰之後英國階級結構的描
述。它對英國知識份子的發展造成了意義極其重大的後果，因為
階級地位和自我聲望的變化，是同各個階級所贊助的文化機構的
地位和自我聲望之變化相平行的。我將參照古代大學和現代大學
之關係，來說明這一情況。

　　現代英國大學就學術和科學研究而言，是世界首屈一指的，但是儘管有「大學資助委員會」（University Grants Committee）和許多大人物的努力，它們還是眼睜睜地受到了貶低。它們在有關正當生活的形象中從未佔有過一席之地，這種形象從貴族文化和地主階級文化一直演進到了高級官僚的文化。對那些接受這種形象的人來說，現代大學是事實，但不是現實。遲至 1950 年代，一旦提及大學，人們自發地便想到了牛津和劍橋大學。如果一位青年人在和一位有教養的陌生人談話，在有關大學學習的問題上，陌生人會問他「牛津還是劍橋大學畢業的？」如果他回答說是阿貝利斯（Aberystwyth）大學或諾丁漢（Nottingham）大學畢業的，那麼一方便會感到失望，而另一方則感到難堪。事情總是這樣的。

　　不錯，五〇年代較之於北方說三〇年代，已有多得多的人實際上認識到了現代大學。它們已經確立為科學和學術研究的堡壘，少了它們，大不列顛在每個方面都要遜色多了。雖然如此，上述情勢卻沒有根本的改進，它甚至還更加惡化了。衰敗反映在自我聲望的下降上，即它們自己的教職員、畢業生和贊助對這些大學的評價都回落了。

　　就相對的知識威望而言，現代大學絕沒有衰落。恰恰相反，在某些課題上，現代大學現在已經領先了。然而，聲望上的差異或許已經加大了。進入現代大學現在已比過去更不能令人滿意了。要讓第一流的年輕人離開牛津、劍橋和倫敦大學，而成為外省大學的教授，不管那個職位的傳統聲望有多麼高，已愈來愈困難了。更困難的是讓青年人留在外省；他們對某個外省名牌大學的職業前景已不那麼滿意了，而寧可將它們視作是跳板，即可以藉以維持生計，並在更好的機運來臨之前略事停留之地。更為甚

者，他們甚至毫不掩飾地表露他們的動機，彷彿那過去曾是，而且一向是相當正常的事，至於對五〇年代那些立志於揭示人性和外省生活的活力的作家——尤其是對庫柏先生（Mr. William Cooper）、阿米斯先生（Mr. Kingsley Amis）和瓦恩先生（Mr. John Wain）來說，他們的主人翁不是都依據他們程度不同的才能，而在牛津和倫敦得到了他們相應的救贖了嗎？在斯諾博士（Dr. C. P. Snow）關於劉易斯·艾略特（Lewis Eliot）世界的紀事性描繪中，主人翁不是在南下成爲倫敦和劍橋的專業階層後達到了其事業高峰嗎？在這些地方，擦得金光閃閃的桌子上放著古老的銀質牛奶壺，似乎很少有人做任何艱苦的工作，並且所有的人都過得典雅而舒暢。

IV

　　英國精英的內部團結一向是極其顯著的。知識份子與英國社會重新確立友善而和諧的關係，實際上就是知識份子同其他統治精英集團的統一化；這便是重新恢復同政府的友好關係，以及同議會、文職部門、圍繞中心權威機構的一系列機構、司法審判機關、律師學院、英國教會以及古老大學等重修舊好。

　　現已獲得道德優越性的文化並非是一種貴族文化，即不是積極有爲的貴族階級的現存文化，同時也並非是紳士的現實文化。它是一種傳統上由這些階級所啓迪的文化，適合於同這些階級聯爲一體的某些制度機構的文化。許多貴族和紳士都是相當粗鄙無知的，然則一旦他們變得有教養了，他們的文化便帶上了這樣的色彩：溫和、博通、不偏執、有公正、有節制、豐富多彩和個性

上的精緻。

　　五〇年代的文化是一種內部多元主義的文化：它給政治家、運動員、旅行家、文職官員、法官、律師、新聞記者以及各種不同傾向的藝術家和作家，都留下了一席之地。它是一種非資產階級的文化，儘管資產階級及其後代佔有這種文化的比重最大。它是一種排外的獨佔文化，除非主人許可，社會的其餘成員很少得以進入其間。英國精英的「內封閉性」（insideness）是屬於一架創造「局外人」（outsider）的巨大社會機器的一部分，它的內在團結同它外部界限的明確具體密切相關。

　　貴族文化的征服，像所有征服一樣是不完全的。在被征服的表層下面，它留下了大量遠沒有消除的情感、忠順和疑慮。英國社會是分裂的，一方面是貴族和紳士的社會，以及與他們聯爲一體的制度機構，另一方面則是外省現代社會中的持異議的資產階級。多年來，這種分裂使得「另一民族」的各種文化企望以及社會觀感和審美感受的公開表達，有了可能，甚至更爲容易了。而貴族紳士文化的重新征服則使這種表達更爲困難了，一如它模糊了這種持續而影響深遠的民族分裂，並給人留下一種統一體的虛假印象一樣。在二十世紀中葉的英國知識份子中間，像猶大（Jude）、巴斯特（Leonard Bast）和特魯斯科特（Bruce Truscott）這樣的人物可謂比比皆是，他們內心沮喪，同時又不願承認將他們同那種有教養、豐裕、世俗和優閒的迷人核心圈子隔離開來的界線。

　　早先英國文化上的兩個民族之間一直存在著敵對，甚至對抗，但卻很少相互仿效。資產階級太關注於其自身人文泛愛著作的內在重要性了，也太欣賞自身的傲然獨立了，從而不會深深擔心自己順從於貴族和紳士的標準。說實在的，貴族紳士讚賞一種

行事方式這種見解本身，便促使各實業階層遵循另一條道路。職員、商店店員和自學成才的工人則同社會等級中的各上層階級沒有太多、太近的接觸，所以不會受到他們標準的重大影響。如果他們辛勤夜讀，那這是出於對學問的純粹愛好，或是爲了獲得他們職業上的提升所需要的知識。

　　知識份子想在貴族文化的光環下轉變的願望，只不過有半個世紀的時間；它在二十世紀的頭一個傑出代表是巴斯特，只是到了1930年代，這樣的年輕人才變得相當多了。兩次世界大戰給衆多的青年人提供機會，使他們得以接受教育成爲官員和紳士，對各種專業技能和文書技能的需要也增多了，兩次世界大戰的間隔期間中學和大學的入學人數有所增加，而在二次大戰之後則有了迅猛的增加，所有這些創造了一種追隨上層階級文化的公共熱情。

　　歐洲大陸上的各種職業，諸如品酒和美食，鑑賞野花和野鳥；熟讀珍・奧斯汀（Jane Austen）的作品，沉迷於英國過去歷史的價值，讚賞「更加優哉游哉的時代」，盡職地和可靠地完成本職工作，培養個人間的關係——這些便是二次大戰後英國新興知識份子階層精神氣質中的基本要素。正是圍繞著這樣一種精神氣質，才形成了對英國的新興依戀。正是在對和「國家利害攸關」的文化象徵的依戀中，英國知識份子階層找到了其浪子回頭之路。正是通過那種文化（儘管它是典雅而受它人讚嘆的）所特有的範圍有限的同情，五〇年代的英國知識份子才將其依戀限於英國社會，也正是圍繞著這種精神氣質，人們才集中注視那些未完全被主流社會同化者的痛苦和不安。

局內人和局外人

　　二十世紀中葉式貴族紳士文化的勝利並沒有導致知識份子完全納入本民族及其制度機構。它只意味著重新依戀於上層階級的一個部分。貴族紳士文化設定了並且隱含地讚頌英國社會的觸目等級劃分；它清楚地指明了實業世界，純粹的技工，實際工作者以及道德，宗教和政治上的狂熱份子，都是卑微低下的。它頌揚歸根結柢建築在王冠和土地上的權威，鄙視同這兩種泉源無關的權威。它根據個人同這類泉源或與之相聯的制度機構的相近關係，而做出不同程度的頌揚。因此，知識份子接受這樣的理想，對社會不可能沒有嚴重的後果，這個社會就經濟組織而言大體上仍然是一個資產階級社會，並且仍然擁有許多列於貴族紳士文化之外的文化因素。

　　這種重新征服所產生的問題，是一種高級文化強加於更落後的文化之上的情境所特有的。處於邊緣地區的人出現了一種「過分同化」（overassimilation）的傾向──即變得比紳士風度所要求的更加斯文；而這些過分同化者的內心也產生了強烈的憎恨情緒，與此同時，在頂端，高級文化的受益者則形成了這樣的傾向，他們竭力將自己限於自身的文化和領域，並與其他人隔絕開來。

　　我們先探討一下後一種後果──即英國知識份子對其自身社會的同情範圍和好奇範圍愈來愈狹窄。本世紀頭五〇年英國文學的許多研究者已經評析了其主題範圍的有限性。反映工人階級生活的長篇小說當然是極其罕見，一般的作家都是如此。倘若人們綜覽一下大戰結束以來十年中的主要作家的作品，那麼人們會發

現什麼呢？比如說，在鮑威爾（Anthony Powell）、斯特拉奇（Julia Strachey）、庫柏（William Cooper）、帕洛梅（William Plomer）③、波雯（Elizabeth Bowen）、萊克（Elizabeth Lake）以及懷特（Antonia White）等人的作品中，我們根本就看不到工人階級的影子。那麼我們發現了小店主、職員和小資產階級了嗎？這稍許發現了一些。桑塞姆（William Sansom）描述了郊區生活，因爲郊外沉悶的貧乏性正好是凶神惡煞的優異土壤。普里查特（V. S. Pritchett）更加接近於同情性的描繪。然而《它永遠不會發生》（It May Never Happen）有效地，而《貝倫克勒先生》（Mr. Beluncle）則不那麼有效地刻畫了一種小資產階級的氛圍，以揭示令人捧腹的怪異行爲，以及微不足道的輕度瘋狂。企業家的表現實在是平平。老式的粗魯企業家已被普里查特先生在《絕妙的皮革》（Nothing Like Leather）中所殺死了，北方有教養的企業家家庭曾令講述著故事的局外人極其著迷，並由普里斯特萊先生（Mr. Priestley）在《陽光明媚的日子》（Bright Day）中做了同情的描寫，而五〇年代英國知識份子對這類人物的了解，像他們了解商業和工業世界一樣。

這並非是旨在評論五〇年代英國的小說，而只不過是顯示出知識份子的自發傾向和厭惡對象。這一顯示表明了知識份子對英國社會之依戀的一個特殊性質。他們的依戀以及與此相關聯的愛國主義，使他們看不見範圍廣闊的英國社會。不錯，這種依戀並沒有培育對社會中其他階級的敵視、憎恨或蔑視；而且依戀於這種文化使知識階層內部更加共同一致了。儘管這在道德上和政治上都是一個有利條件，可是在知識上卻是一種不利條件。這使他們做爲知識份子不那麼稱職了，因爲他們的眾多任務之一，是向他們的同胞和世界忠實地解釋他們的民族社會和文化。

　　知識份子對英國社會的這種特殊感情還有另一個後果。這便是知識份子階層**內部**形成了無形的，然而卻是可痛苦地感知到的圈子，它將這種具有魅力的圈子之內的人同追隨者和仰慕者隔絕了開來，即把那些被認爲充分處在貴族紳士文化之內的人，同那些企羨他們處在圈內並且也有才能進入圈子的人，分隔了開來。

　　這種圈子以許多形式表現出來。人們指控說有一個文學黑幫，一個有組織的朋友團體主導了英國人的文學生活。當然，這是每個社會中「局外人」的永久性痛苦的極端表現——即堅信在一個具有魔力的圈子核心，一個關係密切的群體實行著陰謀統治，以便有意損害被排斥者。李維斯博士（Dr. Leavis）多年來就一直抨擊布魯姆斯伯利（Bloomsbury）團體＊的邪惡，抨擊它的同仁文化（coterie culture），它華而不實的標準，以及它通過BBC廣播公司、英國政務會（the British Council）和其他官方機構所發生的不正當影響。李維斯的哀嘆像是新外省作風（provincialism）對牛津—劍橋—倫敦三角聯盟的零星攻擊再次泛起。在五〇年代中期，這種熱衷於內線圈子的現象在現代大學中比比皆是；在這類校園內，牛津和劍橋（以及相對於外省而言的倫敦）成了無形的偶像；在普通的居室裏，人們都在談論到牛津和劍橋擔任職位的問題，就像是這些事情眞的發生於那裏一樣現實而迫切。對於現代大學中學生的種種問題，人們常尖銳地抱怨說，地方性大學的學生是差勁的，然後補充說，好學生都跑到牛津和劍橋去了，有時經過嚴肅的再思考，還會說也跑到倫敦去了。知識份子階層分成了兩個民族：一個是倫敦、劍橋、牛津，高級文職官員以及斯文和老於世故者所構成的民族；另一個則是外省，出身於小資產階級和上層工人階級的人，以及處在認眞學習、勤奮和專業化的資產階級環境中的人所構成的民族。這兩個民族之間

那種令人敬畏而持久的壁壘對人們的集體自尊和個人自尊所造成的傷害，使得人們希冀到一個盡可能小和盡可能遠的機構中去工作。

未解決的問題

新知識份子同化到老知識份子階層的理想範型之中，這至少對二次大戰之後的十年來說仍然是一個艱鉅得可怕的任務。在表層上，這種同化似乎是令人歡愉地繼續著；新知識份子對每一種新的文化收穫都滿心歡喜，因爲這使他同舊文化更加接近了。比如，才華橫溢的年輕大學講師幾年之前還不能分辨葡萄汁和酒，除非是透過其後勁來看，而現在他對各種有關佳釀酒和酒商的知識則津津樂道，他甚至可以講出在兩個鄰近的加州山谷所出產的酒之間的差異。

然而，在表層底下，一切則並沒有這麼順利。在知識性職業的頂端，一個有才華甚至天才而且運氣好的人，得到了其同仁的接受，並得以進入他們的社會。而那些青年人以及並沒有獲得相當成就的人，則更爲痛苦地體驗到了做爲一個局外人的壓力。這種不安全感絕非僅僅是一個個人成就的問題；它還受到這個人所就學的中學和大學的地位，以及他所供職的機構之地位的影響。它部分地也是他的社會或家庭出身的問題，雖則相對於上述提到的其他因素而言，這沒有那麼重要。注定要生活在外省大學的人就感受到了這個因素——如果他是一所外省大學的畢業生他的感受就更強烈。受傷感的情感，受輕蔑和拒斥的記憶會愈積愈多，而幻想則會加劇這種感受。不過，在大多數情況下，對處在圈子外面者的感覺通常是通過對學生的輕微厭惡，以及冷嘲熱諷而表

達出來的。這種態度的作用對青年人要大於他們的長輩，對學生則要大於他們的教師。

這也不完全是那些感到自己是局外人的人主觀上製造一種壁壘的問題。貴族紳士和高級文職官員文化的部分排外性，並不起自於一群志同道合者的組織，而毋寧說是起因於它是一種人文主義文化這個事實，這種文化敵視失去平衡的專業性，從而也敵視那些依其實踐和傳統必然要求人們專注於專業化的職業，而現代大學則恰恰到處是這種專業化的實踐和傳統，我們看到人們對牛津和劍橋的研究生研究的矛盾心理中，仍然有這種敵視因素，而且以更加虛浮的方式；我們也看到它存在於人們對這些大學的教授和博士的學術講演題目的態度中。更為重要的是，我們在早已煙消雲散的並難以令人滿意的，且關於發展高級技術研究機構的討論中，同樣看到了這種情況。訓練這個層次上的技術專家令古老大學及其支持者感到憎惡，他們或許是合乎情理地感到，這類研究太實用化了，也太「沒有人文趣味」了，因而是他們的大學所難以接受的。與此同時，他們也不喜歡同大學平起平坐的獨立專業化機構，在這類機構中進行的技術研討彷彿像是它們和傳統的大學研究具有相同的崇高地位似的④。

最後不妨談一談一群志同道合者本身的影響問題。這種志同道合者在英國似乎並不比在其他任何中心化國家更為重要。在這些國家中，各個知識活動領域的領導人物，或者因為恰巧處在同一個學校，或者因為他們專業上的卓異成就使他們聚集到了一起，因而相互之間都建立了個人關係。總的來說，雖則偶爾似乎會發生某些由匿名的評論所促成的奇異之事，但英國知識份子生活受個人依戀的內在約制程度，似乎並不比其他國家來得大。在很大的程度上，這種生活似乎是由非個人的準則所支配的，這些

準則部分地屬於那些同某種有限制的階級和制度機構相關聯的準則，它們本身也是激起人們強烈（如果不是矛盾的話）情感的對象。

那些在這些階級和制度機構的文化之內成長起來的人，在五〇年代感到極其自由自在。但是那些屬於這種文化之外的人，則受到它們強烈的吸引，然而卻由於他們卑微的出身所隱含的意義而被排斥在外。所以並非偶然的是，當時的《新國民》（*New Statesman*）雜誌以其廣大的發行量，勢必要推出一個明顯矛盾的目錄：其政治版面上表現出胡思亂想的激進主義，而其文學和文化欄目則是斯文的文化；或者說，它勢必要使政治上的比方主義＊（Bevanism）同一種精緻的品酒餘興融成一體。

V

在伊麗莎白女王的加冕典禮上，一批作為英國傳統繼承者的新伊麗莎白份子被用企望符咒了出來，而在幾年之後，他們卻化入了稀薄的空氣之中。新時代的文化一點都不像老伊麗莎白時代的文化。新伊麗莎白時代是一個人才輩出的時代，卻都是一些外貌典雅、嬌美的人才，但府氣卻不足（not deep voice），有節制然而卻缺乏激情，玲瓏剔透然而卻不夠恢弘大度。在士大夫執政的中國之外，還沒有一個龐大的社會，其知識份子群體與統治階級如此融為一體，如此趣味相投，又如此熔公德和高雅趣味於一爐。由此所取得的共識是顯著的。然而其代價是什麼？

正像在十九世紀，公立中學和大學面臨著將富有的企業家的繼承人與後代同化入統治階級的任務，這些後代對精神上的歐洲

舊秩序已經做了必要的讓步，同樣，二十世紀中葉的英國也帶著同樣的使命，那就是將企望加入統治階級的新人同化到其偉大的傳統中去，廣泛地看來，這些人出身於中下層和上層工人階級，只要新來者不過是爲數不多的涓涓細流，而且同化機構又在舊文化的完全控制之下，那麼同化這些人是較爲容易的事情。而一旦他們的人數增多了，而且許多制度機構對舊文化採取一種曖昧不明的矛盾態度，那時同化的任務就困難多了。同化和教化新人的過程之獲得成功，付出了一定的代價，那便是人們的感受力和想像力變得狹窄了，而那些麇集於邊緣地區的人又受到了一種產生衝突的嚴峻壓力。

註　釋

　　本文先前曾以略微不同的形式發表於《文匯》（*Encounter*, April, 1955, p.1-12）。

①《打出更多的旗幟》（*Put out more Flags*）（1942）。

②這一時期的大多數時間裏，英國制度的主要讚美者是德國人，他們在英國發現了基督徒紳士階級和嚴格負責有責任心的貴族統治階級的理想典範。

＊比萬（Bevan），英國工黨左翼領袖，下院議員，並曾任衛生大臣（1945-1951）。——譯註

③威廉·帕洛梅（William Plomer）的《入侵者》（*The Invaders*）是一個例外，它爭辯說，力圖同下層階級接觸的努力，都將會毫無希望地受到挫敗。

＊布魯姆斯伯利是倫敦的一個區名，英國一批最著名的知識份子常在此聚會而形成了一個以它命名的小團體，其成員包括維吉尼亞·伍爾芙（V. Woolf）、福斯特（E. M. Forster）、斯特拉契（Lytton Strachey）、貝爾（Chiv Bell）和凱恩斯（Keynes）等。

④人們有時說，科學家，尤其是英國科學家，傾向於政治上的激進主義的原因，在於其學說的本性：這種學科要求運用不受傳統之助的理性，而且包含著按照唯理原則操縱實物。撇開這種解釋所引出的關於科學工作的可疑景象不談，它似乎沒有注意到某些簡單的事實，那就是：在二十世紀中的英國，不如於純粹科學的科學都被認爲是**有失身分的**（*infra dig*），而且英國絕大部分最出色的科學工作（包括純粹的和應用的），都是在現代大學中進行的，這些大學

給予其教職人員的聲望,除了他們通過工作所能得到的,實在少得可憐。英國的科學家,甚至是純粹科學家(應用科學家當然不談了),都處在一種至少是使他們中的某些人感到自己是局外人的那種氛圍之中。

*比萬,參見本文前註。

7.知識份子與美國社會
的中心

I

　　知識的首要角色有以下三種：(1)由想像力、觀察力，及理性力量的運作累積沉澱在著作中而形成的普遍價值之形式與象徵；(2)著作者爲儲備知識所做的耕耘；(3)詮釋知識著作的精神傳統並向這傳統之外的人傳播。知識的次要角色表現在知識的實用上或知識的應用上，這亦與知識著作密切關聯。

　　每一種角色都有一種文化，它可分析辨別爲一種獨立存在的文化，由信仰、認識類型與角色表現的規則組成；它亦可被辨別爲一種「邊緣文化」（penumbral culture），這種文化維護對角色的價值與尊嚴的及其對其著作的信仰，維護知識角色的扮演者與社會中其他角色扮演者之間積極、正常爲關係的信仰。

　　知識階層是知識角色的扮演者。知識階層因社會組織與結構的不同其狀況而相應不同。例如，數量與規模上的差異，各種知識角色的分佈及其著作類型的差異。他們的不同還表現在各自創造力的大小上，表現在他們與知識著作的累積、與傳統精神的聯

繫以及相關知識的多少上，表現在他們的內在區別及專業化的程度上。其次，應用知識的角色在其各自的社會裏所表現的重要性也不同：不同於與社會其他精英的認同程度，不同於他們對這些精英、對他們社會運作的影響。另外，知識階層間的不同在於他們各自的邊緣文化，即他們對知識行為與知識角色的看法，對知識行為與知識份子在社會中適當地位的看法。

通過首要角色的著述和次要角色的行為，知識份子影響他們的社會——影響主要的非知識機構，以及他們各自社會的精英。他們影響政治、經濟、軍事等非知識精英對知識著作、知識機構與知識份子的態度所產生的作用；也對非知識精英對知識文化的接受產生作用，對屬於社會行政分支系統中次要角色的非知識精英權力機構的確立產生作用。美國知識份子次要角色的變化及他們邊緣文化的變化構成以下論述的主題。

本世紀前的大多數社會中，知識份子主要通過信仰形式的產生來施加影響。這種信仰對非知識精英表層的滲透非常的緩慢遲疑。他們通過為人師、為人臣、為人顧問來做到這點，同時也對統治者行為知識氛圍的產生做一份貢獻而通過對宗教信仰的詮釋與傳道使他們能更直接地影響著普通大眾，當他們扮演著文職人員或司儀這些行政知識角色時，他們遵循的一套規範是他們次要的邊緣文化之一部分。到現在為止，他們亦參與了運用這種權力來控制各自社會的運作。但他們很少是實際意義上的統治者，因為統治和參與統治的過程不容易與主要知識行為的表現相結合，雖然這項規律也有幾個明顯的例外。

特別在現代，西方知識份子的邊緣文化對政治及經濟的非知識精神有極深的不信任感，甚至是厭惡感，而那些接受他們的機構、既成的傳統、執政者和知識份子便受到嚴厲批評和排斥。這

一特殊的邊緣文化在西方各個社會及其不同時代亦有不同表現。
當今美國社會中的知識份子——文學的、人文的,及學術的——
已在情感上與形象上與國家的或地方的非知識精英隔離了整整一
世紀。他們很少參與美國社會的權力運行,及這種權力的自我複
制與發展。這種社會結構直到二十世紀走過了三分之一才有所改
變。美國社會的基礎愈來愈智慧化或知識化。教育做為得到更高
生活質量與更高社會地位的一種手段,成為普遍渴望的對象,由
於具有共同國家身分,共同行為取向,及一套共同價值觀的形
成,美國社會的中心與外圍之間的距離縮小了,成為一個公民社
會,這些重大變化不是唯一地也絕非全方位綜合地滲入到美國社
會的各部分。因為這些變化與知識階層結構與文化上的重大變
化,知識機構猛增,使知識份子的數量便也相應地增多了。由於
行政知識份子角色在數量與比例上的增加,以及同時扮演這種角
色的知識份子在知識機構中獲得相應的職位,所以在表面上,非
知識精英部門吸收了許多知識份子思潮的成分。

　　知識份子與權力運行的結合及其對社會的影響通常聯繫著中
心價值系統。與中心機構系統的合併及與中心價值系統的關聯這
兩種過程的交匯加強了前者,也維護了內在和平。自然,這並不
能避免社會中生態與人口所有的變遷與失調,不能避免在它外部
出現新的中心力量,也不能避免由於疏忽、驕傲、缺乏遠見、判
斷僵化及行為失調所必然引發的災難。在美國,這種交匯在三分
之一的世紀裏起到了積極的作用,但在六○年代後期出現了負效
應。由於他們數量上的不斷膨脹,愈來愈頻繁的參政,以及知識
機構日漸顯耀的地位,其思潮滲透與擴散得相當廣泛,使美國社
會的發展與整體進程受到了阻礙。權力被削弱了;社會的中心被
蒙上了一層道德的陰影。

II

　　自傑克遜改革至富蘭克林，以至羅斯福的管理，知識份子，尤其是文學與人文傳播方面的知識份子對其社會統治集團的行為與文化方面深感痛苦。這些知識份子對歐洲有一種由來已久且至今仍留戀不已的專一執著，這與一種重視知識份子的文化有所聯繫。這種對歐洲的認同主要是由於歐洲曾在文學、科學、學術及藝術上不折不扣地是創造力的中心。雖然有時不免帶些怨恨，他們仍敬畏歐洲人的力量，那種統領一切的經濟與軍事的力量只是斷斷續續地受到來自亞洲、非洲和拉丁美洲的挑戰。但矛盾的是，在這三塊大陸上正是獨立運動的成功確立了歐洲的中心地位。歐洲主要城市在文化創造性上、以及軍事與經濟力量上的特徵大大影響了美國知識份子的歐洲觀念的形成。但這不該掩飾掉美國知識份子的歐洲觀念中帶有烏托邦色彩。對他們來說，在歐洲的土地上，知識分子被尊重，而且受到權力階層的重視。

　　在內戰與第一次世界大戰之間，美國的知識份子從歐洲看到了些什麼呢？倫敦在十九世紀的大部分時間裏，政治與文學的圈子互相重疊。迪斯雷利（Disraeli），一個著名的小說家曾任總理；另一些總理，例如格拉德斯通（Gladstone）是古典主義學者和神學研究者。英國的大學，特別是牛津大學，是培養著名政治家的搖籃，也是培訓國內及不列顛帝國最高的文職人員的學校①。

　　莫里斯・多布（Maurice Dobb）博士，劍橋之一大學的共產主義者與經濟學家，在 1928 年大不列顛出版的一本書中遺憾地將大不列顛與歐洲大陸做了比較。他認為歐洲大陸的革命馬克思主

義已找到了學術上及其他方面博學者的支持與闡述②。但對於當時美國知識份子中那些含含糊糊的社會主義者來說，英國當時的情況已如天堂一般。工黨在其皇冠上嵌入寶石，如拉斯基（Harold Laski）、G. D. H.科爾（G. D. H. Cole）、托尼（R. H. Tawney）以及韋布一家（The Webbs）——他們全是知識份子，其中一些人來自大學，所有人都是赫赫有名的大人物。保守黨中雖然匯集著各種「從戰爭中牟取暴利的厚臉皮商人」，仍小心維持著與牛津大學的聯繫。對許多美國知識份子來說，牛津是保守主義與自由主義的大樑，就如同倫敦經濟大學是社會主義的台柱一樣，（雖然社會主義也有牛津的支持）。在法國，人們知道潘勒韋（Pain-levé）曾是個數學家；雷蒙（Raymond）是一個著名數學家的兄弟；若雷斯（Jaurés）曾是一位偉大的歷史學家；克雷門梭（Clemenceau）曾編輯《曙光》（l'Aurore）；共產黨的領導人還給佛朗斯（Anatole France）、巴比斯（Henri Barbusse）和羅曼·羅蘭（Romain Rolland）領過獎，人們都知道高級官員還常宴請文人。在德雷菲斯（Dreyfus）事件裏一小群知識份子曾代表受害者組成一個小黨派；那時候最重要的小說家之一左拉（Emile Zola）的個人行動揭露了一個大醜聞，並給保守份子的集團以驚人的一拳，後者出於各種卑鄙的考慮而允許那些先前對德雷菲斯上尉（Dreyfus）的譴責站住了腳。

　　美國知識份子對德國的看法雖然模糊而不穩定，仍與他們對法國人的看法有較多相似之處，高等院校裏的知識份子似乎扮演著一個關鍵的角色：大學裏培養的是高級文職人員；由教授們組成的社會—政治團體（the Verein für Sozial-politik）表現得好像他們的宣告總能被認真地聽取與考慮；博學的律師們被邀請去賴希斯塔格（the Reichstag）。1848年的法蘭克福（Frankfurt）議會不

就被稱爲「教授們的議會」嗎？甚至工會運動被知識份子們奮力爭取過來了，這些知識份子中有大學畢業生，有互相競爭的自學者，也有一些學說辯論者，偉大的社會主義知識份子拉薩爾（Lassalle）不就是德國工會的創始人之一嗎？教授們有時可稱得上是幕後參議員；他們受到普遍的敬重。

歐洲的藝術家雖然在各自的國家裏也受到某種疏遠，但比美國知識份子自認爲的那種默默無聞相比，仍是富於魅力，受到愛戴的一個階層。歐洲藝術家們受命裝飾公共建築；藝術學院由官方資助；現代藝術受到顯貴者的贊助，這些顯貴者也都受過精練商人們的教育與鼓勵。

甚至野蠻的俄國人也顯得頗重視知識份子，這一點上他們的美國同行認爲美國人不及他們。如果說俄國並沒有給他們榮譽與贊助，至少還給他們施加迫害。迫害是注意的一種形式。托爾斯泰（Tolstoi）伯爵曾批評沙皇政權與俄國社會在道德上的墮落，但因爲他在國際上享有如此盛名，沙皇政權不能動他半分；杜斯妥也夫斯基（Dostoievsky）因爲參加了彼得拉舍夫斯基（Petrashevsky）黨派的一次會議（會上公讀了別林斯基（Bielinsky）批評果戈里（Gogol）宗教轉變的一封公開信）而被處絞死；十九世紀末期被認爲是僅次於托爾斯泰的屠格涅夫（Turgenev）被迫流亡國外。所有這些來自沙皇政府的注意被認爲是一種榮耀③。克魯泡特金（Kropotkin）和維諾格拉多夫（Vinogradoff）這些在國外的知名知識份子都站出來指責過沙皇獨裁，其他歐洲國家的情況也與俄國的一樣：革命者都是知識份子。與權力的交戰，即使是一種顛覆性的交戰，至少也表現出一種密切的聯繫。而美國知識份子甚至連這種承認都沒有得到。

幾乎一個世紀以來，特別是內戰結束之後，許多美國知識份

子大致上就是在這樣一種知識份子與權力關係的框架中，站在他們自己的位置上環顧四周，他們看到了什麼？社會生活是一片雜亂的景象，處處是腐敗，財富被戴上皇冠，而繆斯（muses）們被勒令退學，他們受到輕視、污辱，有的甚至是驚人的迫害。《草葉集》（*Leaves of Grass*）與德萊塞（Dreiser）早期小說的命運，關於高爾基（Maxim Gorki）「夫人」（Wife）的謠傳，以及阿特‧揚（Art Young）、伊斯曼（Max Eastman）和《群眾》（*The Masses*）的編輯們受到的審訊便是典型的插曲。《包法利夫人》（*Madame Bovary*）受到的審判，伍爾德（Oscar Wilde）受到的污辱與摧殘，盧梭（Bertrand Russell）的被捕及他從三一大學的退出——這些都沒有改變美國知識份子對歐洲知識份子與權力之間的聯繫的看法。

在他們的同胞的眼裏，美國政治家與歐洲的政治家十分的不同。威爾遜（Edmund Wilson）的看法倒是人們普遍觀點的一個縮影：「我們的社會終於產生了一種最能玷污人類歷史，最無用、最可憎的一群職業政治家——在政治階級裏，他們集腐敗、野蠻與無能之大成。」④

商人們也是一樣。在那些文人中間，特別是內戰時首先起家的文人中間，商人們的名聲很不好。很少有像德萊塞（Dreiser）那樣對權力如此崇拜的人會接受《金融家》（*The Financier*）的主人翁考珀伍德（Cowperwood）僅僅是因為他的個性。軍職不受尊重；教堂非常糟糕：羅馬天主教的等級制度是愚昧的典型，新教徒中有可鄙的自以為是者，有長老會的趨炎附勢者，也有數不清的派系之間的鬥爭，像那些浸信會教徒和美以美教徒也好不到哪裏去。任職於行政機構從未是美國知識份子追求的目標⑤，其實他們的工作也並不體面。梅爾維爾（Melville）是海關部門的一

個小官，惠特曼（Whitman）是司法部長的一個文書，一些有見地的科學家在農業部任職。雖然知識份子有排外主義，但外交官和領事的職能實際上與政府和政治是一丘之貉。很少有知識份子能在那裏爭取一席之地，因爲他們在政治上沒有地位，也很少有機會被選派爲大使──也有一些例外，主要是在新英格蘭。

　　整個社會讓他們感到吃驚。總的來說，美國的學者與文人從未親手創造他們生活在其中的這個世界，對這個世界他們也不負任何責任。但他們又無法擺脫掉原始的束縛。他們是這個社會的一份子──這一不可推卸的責任讓他們感到厭惡和痛苦。這些反常的愛國者不能讓自己去愛這個國家，但又無法從中解脫。在巴黎的自我流放者仍與其他美國人住在一起，但即使在國外住了很久，他們也難以否認自己還是美國人這一事實。

III

　　美國知識份子以身爲這個社會的一員而感到痛苦，這個社會的統治似乎並不需要他們──這是一種誤解。如果美國政府與社會是完全反對他們的話，他們也就不可能存在了。大約 1880 年以後，各大學得到越來越慷慨的資助；期刊雜誌有了更廣大的讀者。一個體面的知識階層形成了。這爲知識份子、文人及時事評論者們或長或短的作品提供了一席之地。也有一些出版公司出版他們的著作，然後再賣給美國讀者。在文化與知識機構裏確實流行著一種清教主義的思想，但這不至於同新一代歐洲現實主義的所謂「先進」（advanced）觀點完全吻合──這種觀點本身在歐洲也遇到了困難。

　　美國在十九世紀後半期與二十世紀早期有過雇用知識份子的要求。雖然許多政治家對知識份子有所抵觸，對政府官員的評價也較低，但聯邦政府仍雇用了或許比大多歐洲政府更多的知識份子。許多知識份子躋身於軍醫局局長辦公室，或地質調查局，或印度事務局，或專利局，近來則在農業部（農業部後來成爲一個在農業經濟與統計方面領先的知識份子機構）。然而他們默默無聞，並無實權，只是靜靜地工作著，不爲這個偉大的世界所知。他們是一些專家，文人與人文主義者並不與他們有多少默契。國家這麼大，有那麼多大學與學院，文人與人文主義者們進入科學行政機構的並不多。即使他們之間能有某種理解，但相互的排斥情緒仍不可避免。科學文職人員是僕從、不是主人，沒有決定主要政治決策的能力，也不與決策者有聯繫。雖然西北部及威斯康辛的進步政治家在顧問班子裏安排了些大學裏的社會科學家，但知識份子們注意到在整個聯邦裡事情遠非如此。

　　知識份子們感到被這個世界排除在外。在這個世界裏——在這個制定決策、授予權力的社會中心裏，知識份子受到冷落，甚至是蔑視。

　　這種感覺並沒有錯。

　　政治精英們並不需要有文人與人文知識份子作伴，並不需要他們的支持與合作⑥。大多數美國的政治精英們都曾有很長一段時間服務於政治機器。在一群沒有教養的人中間，他們學會了妥協與聯合的藝術，甚至還有一些更令人不快的東西。總地來看，美國政治精英是大眾政治的產物，無論從一開始或後來通過聯合，都沒有像歐洲政治精英那種從貴族紳士與職業階層那裏獲得的優雅精神⑦。於基本上，美國的政治精英，尤其是必須經過學徒期並爭取支持者的市政，各州中的政治精英們最不需要文學與

人文知識份子這樣的伙伴，更不用說任用他們了。政治家們在他們自己的立場上並不反對科學家，但在政治舞台上便是另一回事了。而知識份子們也不想介入政治——那種吵吵鬧鬧不合他們的口味。他們不能容忍這樣的伙伴，便很少能得到參政的機會。在這一點上英國的做法有時會有很大的不同。他們會資助一個剛從牛津畢業，有良好社會關係的年輕人，並提供給他競選參議員的機會。美國的體制在這一方面並不佔優勢。

　　公司企業也不認為需要大學畢業生，甚至也不需要科學家，只有化學工業雇用了一大批大學畢業生。化學師仍在研究生產，但他們只有在放棄了科學上的好奇心之後其管理手腕才會有所提高。科學家也被任用於國家農業研究所。他們對美國農業的進步有相當的貢獻，受到農民的尊重。但農業科學家是些專家，是些地方上而不是國家中的知名人士，他們把自己看作科學家，而不是知識份子。另一方面，鋼鐵、煤礦、鐵路等內戰至一次世界大戰半世紀以來的工業擴張中的大產業是由專事掠奪的資本家操縱的，而知識份子對此毫無用處。給予這些產業以經濟上的中心地位並使美國經濟領先於世界的科技的管理的新措施自發產生於工業部門內部，而不是在大學裏受過訓練的科學家與工程師們研究的產物。那些自稱為「歐洲」先進文化保管人的知識份子看不起贊助藝術的大資本家，這些資本家贊助辭世已久的畫家或是社會畫家。甚至那些慷慨資助學術研究的大富豪也不會與大學校長的學者有什麼聯繫，對文人們則更不理睬了。

　　金融的發展也不需要經濟學家；聯邦政府同樣也避開經濟學家們的智慧，而只有威斯康辛和其他一些進步的州採用了他們的建議。這些社會工作有地方政客與富有階層中的業餘愛好者來做。他們中心的一些人有傑出的個性與潛力，後來成為重要的人

道主義改革者。只有在新聞界、教堂及一些實行改革政策的中西部、西北部的州裏,一些知識份子才在其中央機構裏堅持下來。在新聞界,記者這個職業對一個渴望成爲自然主義小說家的年輕人來說是一種合適的訓練途徑,所以在那裏有一班堅定的知識份子;編輯室裏的知識份子們既不與歐洲知識份子潮流有什麼密切關係,也不與感到有這種密切關係的美國人有什麼聯繫。1890年至1910年之間,尤其在熱衷於蒐集醜聞的年代,新聞界與文學、人文知識份子之間的交流比其他各界精英與知識份子之間的交流都更顯著。事實上,美國知識份子是通過新聞界重新進入社會中心的——他們是做爲積極的反精英分子而做到這一點的,描繪出日益腐敗的財閥與政客的墮落。他們中的一些人繼續參與了羅斯福與威爾遜的政治改革。到二〇世紀二〇年代,這種參與被一次大戰後的一代知識份子看作是一次失敗。大多數參與已經消失,而反政治、反文明的傳統得到了加強。在新教教堂的外面,有一些積極地致力於社會改革的基督教知識份子,但總的來說,文學與人文主義知識份子與這些圈子裏的人並無感情上的聯繫。到現在爲止,做爲知識份子的神學家和教士的高職位者並不被認爲符合知識份子的一向傳統。在文學與人文主義知識份子看來,那些與富豪集團及政客們有密切關係的人是眞正的知識事業的背叛者。

這樣,儘管美國社會培養了一批富於活力與創造力且興趣與才能各異的知識份子,整個社會在結構上卻很難說是依賴於他們的合作。而現在,當在農業、化學、工業及科學行政部門裏這種依賴實際上已實行盛時,那些知識份子階層的成員卻看不見這些作用。文學與人文主義的知識份子自稱爲眞正的「知識份子」,他們不滿於美國社會對知識份子的忽視。在這個階段,很多有成

就的文學與人文主義知識份子對「實用主義」精英懷有敵意。他
們批評其他部門對知識事業的冷漠，意即，對知識份子的冷漠。
他們不贊同美國社會因爲知識份子並沒有成爲它的一部分。他們
認爲一個好的社會，在統治者與被統治者之間的關係上，在公民
之間的關係上，或在父母與孩子的行爲中，在手藝人與職業者的
成就中，無論有多少值得一提之處，都更應該公平地在統治者的
圈子裏給知識份了一個高的地位。結果，許多知識份子便生活於
「內心流放」中，另一些則自願地處在事實上的流放中。

　　政治家與商人們都已經明顯地覺察到這種一直沉默但有時激
烈的敵對情緒。他們便以其人之道還治其人之身。他們蔑視他們
的無能、懦弱、崇英及勢利。他們常常忽視他們的存在。自十九
世紀九〇年代至二〇世紀三〇年代，當美國各大學開始重振其學
術研究時，因爲他們對現存經濟與政治機構，及那些在其中掌權
的人的批評，學術研究，尤其是社會科學研究時而會遭到搔擾與
威脅[8]。

　　雖然知識份子退隱了，但美國社會仍在興旺發展。這個粗淺
且在很多方面顯示幼稚的社會仍在做著一些偉大的事情。它確立
了一個開放的國家，強有力的支配著自然，並已取得了巨大成
就，它吸引了大量來自各個悲慘角落裏的人，並將他們改變爲一
群崇尚個人奮鬥與成功的人。除了內戰，它的矛盾不很深，雖然
時常表現激烈但也不很持久。美國人總是從事著新的事業，而且
很多人幹得相當成功。雖然政府內長期腐敗，但畢竟越來越關心
大眾的需求。各種不同因素終於在一起形成了一種共同的文化。
一種寬容的教育系統發展起來，這不僅普及了共同文化，而且初
步形成了後來發展驚人的樣子與學術上的創造力。一種富有活力
的民主政治生活發展了起來──其中雖有很多明顯的不足，但總

來說有效且民主。

　　在這些進程中，那些當代或近代受過高等教育，成為社會存在與發展中最有創造力的人只做了一些邊邊角角，零零星星的參與。科技革新是發明家而不是受過系統教育的科學家的工作；企業管理者們從社會高層文化中也得益甚少；同樣，軍隊也很少雇用受過學院訓練的知識份子。直到二次世界大戰，聯邦政府權力的增長主要歸功於立法者的堅強個性；他們大部分是來自中西部、西北部的政治家，通常沒有強大的文化背景，但卻有出色的智力與性格。在兩個重要階段中，他們由總統──具備傑出智力的職業政治家們領導著。威爾遜作為其中之一，開始是政治科學教授，後來也做過大學校長。工商企業、農民、職業政治家、記者、業餘社會工作者、宗教與社會改革者、工會領導人、文職人員、學校行政人員，和法官等，他們是美國社會成長的主要設計師。在這個成長過程中，美國社會轉變成為一個城市工業社會。政治機構有著普遍的民主自由，並不斷的吸收各個少數民族成為其新成員，使其進入這個一統的社會和共同文化。只有一小部分人數不多，居住在南部農村裏的黑人，和一些住在小塊保留地裏的紅印第安人被社會遺忘了。在領導這場轉變的部門中只有不多的幾個知識份子佔著顯著地位。在間接通過政策領導與直接領導美國社會轉變的思想意識方面，羅斯福和威爾遜，克羅利（Herbert Croly）和布蘭代斯（Louis Brandeis），杜威（John Dewey）和馬漢（Alfred Mahan）等這些人仍有影響力。但這並沒有改變美國人文知識份子頭腦中美國社會反知識份子的形象⑨。

IV

在已處於進步時代的美國，二次世界大戰的爆發與深入大大擴展並複雜了知識份子進入社會中心所進行的合作統治，一次大戰後，在新自由主義時期曾直線上升的曲線沉陷了，進入了如十九世紀任何時期曾有的那種低潮階段。然後是二○世紀三○年代，當大蕭條在許多重要方面改變了美國社會，知識份子開始重新步入中心。除了一小群改革者與豪放不羈的藝術家，在原則上本無人懷疑的清教徒精神受到破壞，猶太人被同化而進入社會中心；以及對政府行為創造力的期望值不斷增長——這些是大蕭條所產生的主要影響。所有這些都讓知識份子們感興趣，並給了他們各種表現自己的新機會。

通常像大蕭條那樣的危機會分裂社會，讓精英們蒙羞——這也是發生在美國的部分事實。商業精英失去了信任，共和黨行政官員亦是如此。與操縱經濟及政治的精英有聯繫的牧師眼見著他們的最高權力已被削弱，雖然在教區居民與教徒的範圍裏，他們的關心與奉獻是對減弱了的基督教權力與尊嚴的一種補償。美國新基督教徒權力的擴散幫助挽救了宗教精英的地位。從另一方面來看，如果在富蘭克林‧羅斯福（Franklin Roosevelt）領導下的新國家行政沒有取得權力，市政與州的政治精英們本來就不多的尊嚴就會受到進一步的損失。由於羅斯福總統在每次變化、每次失敗前不屈不撓的個性與表現，以及其行之有效的管理，國家政府權力的合法性意外地得到了挽救。

但在羅斯福政府內出謀劃策的精英中，主要的受益者是社會

中心裏的政治精英自己與知識份子。許多改革由聯邦政府實施，
有的也要歸功於聯邦政府。首先最有象徵意義的一項改革是國家
復甦計畫（The National Recovery Act）本身——農業改革終於逆
轉了所有農民所遭受的災難進程；確立與實行新的社會安全措
施；銀行存款得到保障；半熟練工人得到工會的鼓勵與保護；各
種公共事業計畫的實施；年輕人在公民保護團和國家青年局得到
救助——所有這些使 1929 年末以後開始分裂的美國社會有了一個
新的穩定結構。羅斯福總統有力的個性，雄辯的口才及其耐心與
熱情，他對失敗精英自信的申斥，以及他對手中的憲法權力與經
濟資源富有想像力的部署調度，消除了一種會使大多數人像受巨
大損失的勢頭。

　　高級文職人員傳統的招聘結構以及政府活動的擴大，需要且
允許大規模地從現有骨幹之外招聘文職人員。以文職改革者沒有
想過更沒有要求過的方式，十九世紀最後二十五年裏他們的理想
很快得到了實證。英國與德國從大學裏招聘管理人才的這一做法
已爲有公民良知的美國知識份子企盼了多年，而現在終於在美國
差不多找到了它的翻版。

　　1931 年「相信頭腦」（Brains Trust）的總統競選主要利用了
哥倫比亞大學的社會科學家。這預告了知識份子將在羅斯福政府
的餘下時間裏所要扮演的角色。羅斯福總統是皇家哈佛的畢業
生，他總樂於讓自己與大學打成一片。他參政之始，大學知識份
子，大部分是重要大學法律系的教授，也有經濟學家與政治科學
家，都被招進了最高官府，尤其是每一個新的管理機構。教授與
歷史學家做爲大使被派往國外；國家計畫局的主席雖然是總統的
舅舅，渾身是學究味；國家科學院開始發揮作用而且直到現在都
沒有停止——這在美國大學的歷史上是史無先例的；自從共和黨

成立，憲法起草與頒佈以來，這對美國知識階層來說也無從先例。

其中一些知識份子被授予重要的管理責任，但總的來說，他們並沒有成為管理者。許多被指定為部門與局的法律顧問，並被授予設計實際政策的任務，這些政策由總統支持，並做為法規由議會通過。即使他們得到了管理者的位置，他們的任務也只是代表總統考慮政策。他們取代了實際上的內閣，而在總統周圍形成了一個擴大了的、非正式的私人內閣。

歐洲爆發戰爭後美國逐步參與其中。「租借法」（lend-lease）吸引了一些經濟學家，還有更多的學術律師。美國參政後新組織的產生便如雨後春筍。最偉大的是曼哈頓計畫（the Manhattan Project），它將各方面最優秀的科學家納入政府部門，其規模之大是任何國家、任何時代以來未有過的。另外還有其他一些重大的科學計畫。除了這些，任命知識份子的組織還有戰略行政局、戰爭生產委員會、經濟競爭部、價格管理局，和戰爭信息局。舊的部門擴大了他們的活動範圍；國家部、政法部和其他新任的職務為知識份子們——法律、經濟、歷史、地質，甚至政治科學與社會學的大學教師——提供了職位。在次要政策的決定，在文職與軍職中重要情報和一些管理性的職位上，人類學家和語言學家，甚至法國、德國與英國文學的教師等等——實際上是人類科學各個分支中的知識份子都在起著重要作用。物理與生物科學家或許參與得更廣泛一些，因為他們人數更多，而且有更多的先例更紮實的基礎。數學家與統計家也被吸收得很多。大部分教師樂於辭去職務，與重大事件、重要權力的緊密聯繫，以及偶爾手頭權力的運用都讓他們感到興奮。

戰爭部分是工業力量與技術的競爭。先於戰爭兩千年的工農

業更多地以科學為基礎。科學繼化學與農業統治了通訊工業及其
工業分支。工程學的各個部分越來越科學化,並產生了更多的知
識份子。統計在政府與經濟生活各方面得到更廣泛的應用;羅斯
福政府大大增加了聯邦政府統計服務的規模。其實胡佛(Hoover)
政府也早已有這種傾向,這是由於胡佛自己在柯立芝(Coolidge)
當政任貿易部長時已受到這樣的影響。

　　然而,正是戰爭生產本身擴大了「科學基礎」(sicence-based)
工業的統領地位。於是戰爭成了運用智慧進行調查或直接在調查
基礎上進行的一種競爭。

　　由於較和平時期美國知識份子大大增加了繼續工作的機會,
他們與權力的親近,及其對戰爭大概目的的肯定,他們便同政
治、甚至國家的商業與軍事精英有了休戚相關的聯繫。自 1938 年
9 月里賓特洛甫—莫洛托夫條約(Ribbentrop-Molotov)的簽定直
到 1941 年 6 月德國入侵俄羅斯以來一直持續的趨越局面後,二〇
世紀三〇年代曾是共產黨周圍的許多知識份子重新集合到政府周
圍來。的確,那些堅定的史達林主義的支持者只對政府表示有條
件的肯定,但即使這只是一種表面上的虛偽,他們仍然同意知識
份子們的普遍看法。一次大戰時許多美國人對美國的參戰持保留
意見,但當時卻也極少和有和平主義者或拒服兵役者。知識份子
中的孤立主義——雖然一直都相當微弱——在戰爭期間幾乎已完
全消失了⑩。親德者、親日者或親義者在數量上極少;國外像龐
德(Ezra Pound)與國內像菲雷克(George Sylvester Viereck),
叛變行為在美國知識份子中並沒有市場。

V

　　史達林主義者的重新出現及他們的隨行者在華萊士（Henry Wallace）後做的保護性操縱，另外還有托洛茨基小集團及眾多名目不同的非史達林派，使二次大戰結束時知識份子的一致性被破壞了，接下來的是一種非常綜合性的認同。大多自然科學與社會科學的高級知識份子，和曾服務於政府與軍事部門的人文主義者又回去做他們的研究。儘管如此，他們並沒有放棄他們的中心地位。許多人仍有效地與政府保持著積極的聯繫——與國防部或其他政府、半政府機關，而後者也希望同知識份子們保持在戰爭中形成的聯繫。新的調查機構建立起來了，其中一些吸引了許多高級自然科學家與社會科學家。這樣，知識份子仍與社會中心保持著某些親密關係。

　　戰爭結束後，美國出現了一個新現象，即科學家中的壓力集團想要通過輿論煽動與做為立法者及最高行政部門的代表來影響政府政策。西拉德－愛因斯坦（the Szilard － Einstein）致羅斯福總統的信便是這過程的第一步。以《原子核科學家公報》（*the Buletin of Atomic Scientists*）和帕格沃什（Pugwash）會議為里程碑的核能科學家的運動是美國知識份子階層發生轉變的一傑出表示。除了二〇世紀三〇年代史達林主義的一度盛行，他們過去從沒怎麼把自己與政治聯繫在一起。

　　大學規模的擴大極大地增加了獲得教學與研究職位的機會，同時工資也有增長；有更多的畢業生參與了工作；圖書館也得到了改善。對許多大學教師，特別是那些在大蕭條中完成其學習並

生存下來的（儘管其數量少得可憐），這種情況已經美妙得難以
想像。科學與學術的研究看來與供職於政府並沒有產生矛盾，相
反地，這兩者中似乎有種共同的利益。而政府支持這些活動也不
顯得有什麼異常，對於知識份子的善意──除了麥卡錫主義
（McCarthyism）者──看來完全是不言自明的。由於聯邦政府支
持著這樣一個精密的體制，大學裏的科學家進行著一些軍事部門
關心並樂於給予經濟援助的研究──雖然在這一點上必須強調：
很多這樣的研究極少與軍事行動有聯繫。大量的機會與人力物力
改變了許多人，並培養出一種觀念：認為所有的事情都是可能
的，因為一個少數人統治的局面似乎已經結束了。

　　工商業從政府戰爭期間的經驗中得到啓發也開始雇用知識份
子──主要是化學家、物理學家、數學家、統計學家和經濟學
家。擴大了的電視與廣告業也吸收了許多文學與藝術方面的知識
份子，有的付給他們額外的報酬。社會的富裕使文人們受益於大
量的私人投資。給年輕有為作家的獎金已並不少見；大學生開始
受到重視。但後來表達能力被認為比學識更重要，現在比過去更
重要──這些變化給了文人以前聞所未聞的大學入場券
（entrée）。

　　美國知識份子現在在自己的國家得到了榮譽，他們因之感到
光榮。甚至不如學術研究者受寵的文學知識份子也不再像以前那
樣覺得受孤立⑪。一些人試圖提醒自己他們社會的行為原則並不
是自己的使命。另一些人則明顯地覺察到了來自他們新職責的矛
盾，以及更廣泛知識輿論與他們成長其間的傳統所產生的矛盾。
由於美國共產黨對史達林主義在蘇聯和「人民民主國家」實踐的
不滿，曾經一直堅定地反對資本主義的知識份子與戰後的美國輕
易地達成了和解⑫。

　　到二〇世紀四〇年代末，美國已成了世界的中心，越來越多的美國知識份子意識到了這點——學術上的與文學上的。由於政府與私人慈善組織的慷慨，他們出了國。外國知識份子中的反美國主義情緒只是證明了他們對美國的注意。不僅是被「頭腦殖民化」（Coco-Colonized）了的外國社會，而且是那些社會裏的知識份子都不能抗拒美國的魅力。甚至美國知識份子也不能抗拒美國中心地位的向心力。他們在處在社會邊緣的情況下——他們一直認為這是由於一種文化上的狹隘——終於看到自己已成為知識中心強有力的成員。早先的地方主義感覺並不令人愉快，現在，他們從地方的邊緣逃離出來，熱情擁抱了大都市的中心。

　　進入中心地位後的滿足感很可能是基於這樣一個事實：三〇年代以後成名的一代知識份子是猶太人，他們主要是東歐猶太人的後代。他們是十九世紀八〇年代中期到大約 1912 年這段時間裏大規模美國移民的第一代子孫。這些知識份子有才能、熱情，與社會抱負。白種盎格魯—撒克遜新教徒的支配地位仍不可挑戰，而許多猶太知識份子，不管其中一些人多麼地激進，都認為與他們為伍是件光榮的事情。這一理想的實現與他們的知識成就一起便是他們自我欣賞的一個原因。

　　但這種自我肯定最深的基礎還是一個強大國家的現實。雖然美國幾乎各個方面的知識份子在傳統上對政治與經濟上的統治力量有著明顯的，而且佔主導的不信任因素，但至少從十九世紀八〇年代起便已經有了一種傳統信任。這種信任認為社會的病症可由一個強大、美善的權力治癒。早在美國知識份子成為社會主義者、史達林主義者、托洛茨基主義者，或不管什麼主義者之前，他們就相信「國家應該這樣做」。當這個想像得過於簡單的計畫登場時就被認為是一種正確的解決方法。無怪乎當這個神話

般的計畫正處興旺之時，有那麼多的知識份子受到史達林主義的影響。但是他們只是普通知識份子文化的一部分。一個強大的國家是他們的理想，羅斯福總統長期執政期間的那個強大、活躍的國家實現了這種願望。

VI

在美國，教育一向被認爲是件好事。州立大學，在政府贈與地上開辦的學院（land qrant colleges），免費公共教育的普及，以及較晚的畢業年齡都證明了這一點。科學也一直得到尊敬，被認爲有利可圖。但純科學、抽象思維與寫作往往被輕視與貶低。而二次大戰後的一段時間裏，科技純文期與相對小範圍裏的人文研究，都得到不同程度的重視。在這個階段以前被尊重的得到了更多的尊重，以前被輕視貶低的開始被嚴肅認眞地考慮。聯邦與州政府對高等教育及私立與州立大學研究的極大扶植，與商人們對高等教育和私立大學研究的熱情支持，都代表了非知識精英對知識份子實際的傑出價值的一種廣泛肯定。知識份子們都認爲一個古老的夢看來已成爲現實。

在學術與非學術的知識份子階層裏，尤其在自然科學與社會科學的廣度與深度內，這個利己的觀念得到了支持。給予學習與研究的資助與獎金已經設立，甚至那些原則上反政府與「體制」的人也能得到、而且也急於得到這些資助⑬。

大學具有教育、訓練人才，並使這些人在政府的高級部門、商業管理，及美國經濟的進一步發展所需的科技高度領域裏發揮作用的責任。對這種責任，幾乎沒有什麼知識份子表示反對。同

其他人一樣，「編制內的成員」（organization man）也自然認為
大學應該這麼做，而政府與企業也應該為此提供資金。「巨型」
大學（multiversity）的理想只是普遍政策與信仰的沉澱。

事實上，幾十年前美國的大學就已經在這樣做了，只是在二
次大戰結束後的二十年裏才得以大規模地實施。這些機構的負責
人為他們的服務得到明確獎賞而感到高興，大學教師們也同樣感
到高興，因為這一擴大使更多的學生得到研究與教育上的訓練。
這也代表了機會均等地獲得高等教育這一理想的實現──還有這
一理想的人民黨與激進黨派，及被孤立的知識份子長期以來曾對
大學有種不滿，他們認為大學是為有錢人家的子弟開辦的。

在戰爭以前幾乎被遺忘的知識份子有了許多新角色：防衛部
與 A.E.C.國家研究室的科學家；做為總統的科學總顧問的科學家
[14]；國家科學組織的全體人員。在州政策計畫局任職的是學者、
歷史學家和政治科學家，還有像喬治・凱南（George Kennan）那
樣的重要職業外交家與知識份子，以及處於較低階層的知識份
子，像尼茲（Paul Nitze）、波倫（Charles Bohlen），和哈利
（Louis Halle）；在科學基礎的程度高於任何政府任何部門的防
衛部，許多著名科學家懷著引導軍務進入廣闊研究行動的責任感
進了副秘書的辦公室；一個學術派經濟學家的思想成了整頓防衛
部政策最重要的指導精神。私人組織的蘭德（Rand）公司在研究
軍事政策的核心事件與空軍訂約。在 1945 年以後二十年裏，知識
份子起了多種作用，這在以前是從未有過的。

舊的角色越來越有影響力。在維持經濟穩定增長方面起更重
要作用的聯邦儲備體系中，為學術經濟職業保持著親密關係的受
過訓練的經濟學家比以前更多、更突出，也更有影響了。政府外
的法律教授更有相當的權力選擇他們最好的學生任職於最高法院

法官的秘書。議會委員也更往常地邀請知識份子作證；一些重要的委員會，如外國事務立法委員會中的一些參謀主任是有相當地位的知識份子——這是一個前所未有的發展。在許多問題上，知識份子程度不同地參與其決策過程。高級官員反覆經常地去大學尋求幫助、啓發、建議、引導，和要求提供職員。這種政府與知識份子之間的合作結構是民主黨管理的成就——至少從威爾遜當政以來，知識份子們常常對民主黨有種偏好。民主黨是一個相對反對富豪統治的黨，是種族流放者的黨，因而看上去接近孤立，但它的作用在艾森豪（Eisenhower）總統的共和黨當政期並沒有明顯地削弱⑮。

　　從羅斯福總統開始，甘迺迪政府連續了這種合作，這一次規模更大，因爲得力於文字與藝術，知識份子也更有活力⑯。白宮成了鳥兒們歌唱的天堂，雖然像幾乎所有的非科學知識份子一樣，它們有時唱著社會科學的歌。隨著不同的客觀篩選，詹森（Johnson）與尼克森（Nixon）統治期間仍繼續依賴這些知識份子，雖然這兩個政府中美國知識份子的孤立情緒在各方面都比二〇年代或比任何時候都強烈與苛刻，抱怨者也比以前更多。尼克森的兩個主要顧問莫伊尼漢（Patrick Moynihan）與季辛吉（Henry Kissinger）（皆內閣級成員）是在國內外事務上國家最重要的知識份子。自從凱恩斯（John Maynard Keynes）以來，佛里德曼（Milton Friedman）教授對尼克森政府的意見也許比任何重要國家的任何經濟學家對政府的意見都有更直接的影響力。這個名單可以無限制地列下去。

　　以上論述的便是美國的高級知識份子與權力角色的結合，以及他們對社會的影響。

VII

　　要詳細地回顧二次大戰結束後，美國社會各領域裏增強了的中心地位所帶來的結果，需要更長的篇幅以及比我此刻現有的更多的知識。這種結果的影響當然非常地廣泛，枝節很多；美國社會變成了一個前所未有的以知識爲基礎的社會──與過去知識份子曾斷言的那個與歷史上偉大社會的精神生活最不相符的那個社會相比，這是一個巨大的變化。

　　讓我們從中舉出幾個這樣的變化，試著估計一下知識份子在其中起的作用。首先是從戰爭到和平的轉變，國家的復甦，以及經濟的持續增長與穩定；然後是美國社會傑出的統一狀態──二十年的內部和平，政治矛盾的緩和，以及非暴力罷工；黑人的生活條件不斷得到改善；在麥卡錫主義對共產黨殘餘的迫害結束以後，社會對政治異議採取了更容忍的態度，個人行動更自由了，尤其在個人範圍內，清教徒主義進一步的淡化；除了南部各州，對少數民族的敵意也已減少[⑰]；羅馬天主教、新教與猶太人之間由來已久的敵意已減少。

　　某種程度來說，這些都是既有思想的成果──三〇年代的凱恩斯主義（Keynesian），法律之前人人平等及機會均等的自由思想，部分得自基督教新教與啓蒙運動的人類平等思想。所有這些變化的一個普遍特徵是由中心道德優勢之減弱而產生的社會中心與邊緣距離的縮小。這在很大程度上是由於美國工農業傑出的生產力，而這種生產力是工業研究站與在政府贈與地上建立的學院的合作、及科技研究在化學、冶金學、食品加工、電子，與工業

管理上等等運用的結果。富裕的美國社會允許工作階層與中下層的人民大眾改善他們的生活標準，允許他們接受更多的教育，去以一種更「適合」的方式生活，這個社會改變了他們的自我形象。有廣泛影響力的傳播技術的發展要歸功於一個統一的國家社會的產生，這個社會有一個共同的關注中心，而且從某一程度來說，有一種共同文化。這種共同文化的直接動因是文學與藝術的知識份子——正如其非直接動因是科技知識份子一樣；有時前者具有傑出的素質，儘管他們通常平庸而缺乏獨立性⑱。

　　無疑這個階段經濟的增長與穩定不僅要歸功於我早已談到的科技研究，還要歸功於在政府內部與外部所進行活躍的實證經驗研究以及經濟學家精細的經濟分析，黑人生活條件的改善很大程度上是由於手工業就業機會增長而帶來的城市化、黑人向北遷移的結果——這當然也要歸功於公正的決定與更人性的公眾思想所帶來的觀念上的變化：這反過來亦受影響於社會學家對黑人的處境所做的研究——這種處境在二次大戰結束後梅達爾（Gunnar Myrdal）的《美國人的困境》（*American Dilemma*）裏得到了概括與集中體現。雖然腐化墮落的麥卡錫主義仍保持著本土主義與人民黨反知識主義的舊傳統，但也不能否認以前爲共產黨員的知識份子後來背叛其道的事實，如錢伯斯（Whittaker Chambers）、馬修斯（J. B. Mathews）等等。同樣不能被忘記的是已在聯邦政府內得到高位的知識份子，如後來的懷特（Henry Dexter White）及其他人顯然已經捲入了對共產黨的間諜活動，麥卡錫主義某種程度上在其中起了一部分作用⑲。

　　隨著美國社會日益城市化，清新思想逐漸淡化。但爲後者奮鬥了很久的塑造者與正名者，正是文學與人文知識份子。如果整個國家成爲一個大整體，就像在格林威治村（Greenwich Village）及

芝加哥與舊金山的波西米亞人中人們曾看到的那樣，一部分知識份子產生的模型當然起了一定作用。（這一點上，必須提到避孕藥——這一生物化學家與生理學家精細研究的產品給清教主義帶來的毀滅性一擊。）

普遍的文化上的衝動當然要歸因於家庭與社會權力的無力。這不能不提到十七世紀以來知識份子權力的合法性長期受到的抑制。

心理分析通過米德（Margaret Mead）、霍尼（Karen Horney）以及其他許多才能略遜他們一籌的人的普及，格塞爾（Arnold Gesell）的研究，以及杜威（John Dewey）的教育學說，這些都是斯波克博士（Dr. Spock）有關兒童培養的著名手冊出版的原因。對兒童及其權力、人道、自由態度的開始，以及這種態度在父母親受過高等教育的家庭裏得到的普及並非偶然。在維護知識份子的權力及其影響時，不應忽略這一點。

VIII

美國的社會與文化，在其中心及趨勢上並沒有包容及肯定全體的美國知識份子，即使那些沒有資格下斷語的人也沒有肯定他們的全部。伴隨行為上與陳述上的肯定一直是一種否認態度。文學與藝術的知識份子間的疏遠一直是美國知識份子中最突出的，而且甚至在他們最受肯定的時候也未中止過。愛倫坡（Edgar Allan Poe）與詹姆斯（Henry James）的美學，梅爾維爾（Herman Melville）與德萊塞（Theodore Dreiser）的道德，亞當斯（Henry Adams）的貴族，德爾（Floyd Dell）和阿特·揚（Art Young）的

不羈的藝術家，倫敦（Jack London）、辛克萊（Upton Sinclair），
與約翰‧多斯‧帕索斯（John Dos Passos）的社會學家，他們都
禮貌地保持距離。在二〇年代，這些不同流派開始走到了一起，
並部分地聯合起來。門肯（H. L. Mencken）、海明威（Ernest
Hemingway）、安德森（Sherwood Anderson）、奧尼爾（Eugene
O' Neill）、威爾遜（Edmund Wilson）和其他許多人將這種疏遠
的關係繼續到了三〇年代。

　　共產黨及其指導《新群眾》（the New Masses）的代理人試圖
將這些不同的疏離者聯合起來，並以一種全面綜合的馬列主義的
名義通過像但丁（Dante）給維吉爾（Virgil）那樣的地位來利用
他們。但是他們的狡詐及政治野心妨礙了他們，而現實也不如他
們的意。《黨派評論》（The Partisan Review）在產生後的短時間
內就脫離了共產黨人的遊說者及代理人的控制，而更像疏離的美
國知識份子傳統的真正接班人和代理人。

　　共產黨在戰爭期間失去了他們的霸主地位。在蘇聯與西方權
力聯合之下，他們已經放棄了他們的地位，而在這種聯合結束之
後，他們也沒有能有效地恢復。他們的內部矛盾，以及其後前線
流行戰術的新形式模糊了他們的路線；國會調查委員會的迫害及
史密斯行動（Smith Act）的執行削弱了他們的組織。在國會委員
會與公正部（the Department of Justice）的威嚇下，及在大多數知
識份子的冷落下，曾與共產黨共事的人不再鬧孤立了。後者使共
產黨信心受到的打擊程度與前二者的一樣。而戰爭前，他們對其
評論者們進行恐嚇、苛責與詆毀，其舉止如同自信的「首領」。
戰爭後，他們在出版圈與文學圈遭到嫌避，而他們的朋友們則去
尋求保護。但當共產黨及其朋友尋求保護或改換裝束時，一種更
真實的疏離感在《黨派評論》與《政治》（Politics）中表達出

來。《黨派評論》成爲各種疏離感的喉舌，不禁爲其中心地位而自喜。其托洛茨基主義者的反史達林主義漸漸成爲美國反共產主義。這本雜誌中混合了一種疏離感與遲疑的肯定態度。而《政治》則是給心地純潔的人們的。它以一種更一本正經的僞善方式繼續著《群衆》（*the Masses*）與《解放者》（*the Liberator*）的傳統。

四〇年代後期及五〇年代的大部分時間裏，美國社會對疏離知識份子的主要批評——即大衆文化的評論——便在那裏有一席之地。在疏離知識份子對美國社會的印象中，資本主義自毀的傾向，政治家們的卑鄙便代表了美國文化的粗俗，與大衆文化對高層文化造成的危害。這種評論有各方的祖先——貴族的輕蔑、美學上的反感、清教徒的不滿，以及趣味高級的馬克思主義，但卻沒有得到廣泛的支持。受德國「眞正的馬克思主義」（*Edelmarxismus*）的影響，文學時事評論員和少數社會學家是其主要傳播者。與其同流者恐怕還有學院裏的人文主義者，他們古板地以舊傳統作導向，對紳士階級的守財與其庸俗的快樂，持美學上的疏遠與厭惡態度。

大衆社會與大衆文化的評論並沒有持久，一種新的潮流完全替代了它。它的許多支持者急於到一種新的、更洶湧的江河中去弄潮，便捨棄了它去追求更強、更時髦的東西[20]。而另一些人則在向高地撤退時忘記了它。

IX

六〇年代中期以來，美國知識份子與其社會中心的關係發生

了顯著變化。二〇年以前小的支流已經匯成了一道寬而淺的河流，寬得似乎沒有涯岸，淹沒了幾乎所有已被開墾的知識份子領域，使它成爲一片泥濘的沼澤。詹森（Lyndon Johnson）總統上台以後，這種變化迅速開始。黑人公民權的首次勝利發引了希望，而這導致了挫敗。人們發現窮人不是仍被看作大眾文化野蠻的享受者、現有秩序粗俗、沒有頭腦的支持者的工人階級，而是遊民無產者（Lumpenproletariat）。過去五年來，他們享受著難得的強迫徵募。詹森總統華麗的詞藻與不耐煩的忍耐重新喚起了美國知識份子心中對粗俗職業政治家的仇恨。美國勢力處於極盛時，在知識份子中引起的對權力的依賴感被越南戰爭中國家軍事領導的最終失敗截斷了。

知識份子從中心地位的撤出的徵兆是 1965 年一些文人與時事評論圈在拒絕詹森總統的邀請，參加在白宮舉行的一系列慶典中所表現出的激烈不安的欣快症。甘迺迪當總統舉行這些節日慶典時，加入地球上這一強有力國體的邀請最終確證了權力與才智的結合。這個確證非常脆弱，只持續了很短一段時間。在剛過去的一個時期內的這一普遍肯定態度不只是美國社會價值的產物──道德的、美學的，和政治上的──這些是知識份子內心傳統的一部分；另外，也是被強有力的權力所吸引的結果，這是知識份子的一貫特點。當美國只是歐洲世界的一個附屬部分，當政治經濟精英對文學、人文知識份子漠然甚而敵視時，美國知識份子並沒有看見其社會統治者的功績。而當他們被那些權力執行者引爲心腹，當後者似乎是世界上最強的精英時，美國知識份子便滿足於自己的處境，及其國家的處境。當權力開始失去──不只是在行動上失利，而且已喪失了其決斷力與自信心，許多知識份子──文學評論、科學，與人文的──都斷定美國政治精英們不再值得

他們的關愛。譴責異常激烈起來，不僅是向來對粗野與賄賂行為的指責，以及對舒適生活的冷淡而已，這種指責還要更為尖厲。對國內外種族滅絕的指責成為知識份子王國的通行貨幣。其更極端的形式可以以杭斯基（Noam Chomsky）的觀念來說明，他認為任何為政府的服務都應受到譴責。

對 1965 年後期的疏離進行誇張、惡毒與怨恨的批評的驚人之處在於它與知識份子疏離的舊傳統的聯繫。新疏離的始作俑者要麼是這一傳統中心的社會學家，他們避免認同及合併於社會中心，如《異議》（Dissent）與哈林頓（Michael Harrington）；要麼是史達林主義者，像斯威齊（Paul Sweezy）、後來的休伯曼（Leo Huberman），和倖免於四〇年代晚期與六〇年代艱難日子的斯通（I. F. Stone）。新的疏離一旦開始猛漲，還可以發現其中許多主要的角色與舊的疏離傳統幾乎沒有聯繫。同樣驚人的是非馬克思主義者傳統的疏離之持久與強硬。在持續了四分之一世紀之久的摩擦階段後，他們重新獲得了更強的力量⑳。

波西米亞主義（Bohemianism）長期以來與革命聯繫在一起。最近美學感覺的進步極大擴展與改變了疏離運動成員的社會束縛。爵士音樂評論員、現代派記者、電視喜劇演員、鬧劇的製作人、色情文學專家、卡通畫家、內部裝潢者、出版業、廣告業的年輕人──所有這些疏離的新成員對風格的變化非常的敏感。加入他們的還有「新階級」：大學院校的教師、牧師、黑人知識份子、自由女性，和大學院校的學生──他們是整個過程的前衛先鋒。

牧師在美國（不考慮沿街鋪面的教堂裏自任其命的傳道士，和那些猛拍聖經，唾沫飛濺地痛斥魔鬼的人），在現今雜亂的知識份子中形成了一個重要的組成部份。在迪尤揚（Deweyan）的

自然主義，「去除神話形式」（demythologization），和存在主義（existentialism）的幫助下，打發了他們的神或至少置其於一個次要的位置後，美國的新教牧師一直如知識份子一般面臨著技術上的失業。精神上高超於他們愚昧的教民，而其治癒靈魂的工作卻被無神論和精神病學所代替，這使他們在很長一段時間裏無所適從，「社會基督教」的傳統沒有引發他們的熱情。後來他們在黑人公民權的運動中找到了一些事做；在越南戰爭中他們又找到了更多別的事情。他們從被解除權力的不安中的羅馬天主教教士與虔誠被懷疑的猶太法學博士那裏——這些人都怕跟不上他們的時代——得到增援，牧師又重新進入了知識份子階層的公眾生活。他們一向不是一種穩定因素。

黑人知識份子第一次在美國歷史上得到了白人知識份子的注意。過去，受人尊敬的黑人知識份子徒勞地敲打美國知識份子生活之門，但在社會學家和共產黨的圈子外面很少有人注意他們。然後不久一些黑人知識份子——少數人才能出眾，多數人平平庸庸，是強迫徵兵的受益人——上了台。他們對美國社會的強烈抨擊本來不會受到重視；如果沒有白人知識份子作觀眾，他們不會受到這般的鼓勵。

最後應該提到高等教育機構裏的學生。在一個讚嘆年輕，比虔誠的馬克思主義者讚揚工人階級更不受限制的年代裏，在知識份子已肯定了其責無旁貸的身分的情況下，大學院校的學生因既年輕又身為知識份子而得到了所有的好處。長者對權力的一致斥責，加上他們自己的以及學術、政府的權力的苟安因循，他們對權力的敵視——這是一般青春期的特徵，在美國青春期是延長的——增長了。

當我們審視各種激進份子時，我們發現他們中的許多人與業

餘政治家一樣有一大特徵,即如韋伯(Max Weber)指出的:他
們都是自由職業者(wirtschaftlich abkömmlich)㉒,許多人沒有固
定的職業,或者沒有職業。大致上他們沒有固定的工作時間,來
來去去隨他們高興。他們比沒有辯護狀的律師與沒有病人的內科
醫生更富裕──後兩者被馬克思視爲其敵人的支持者。他們有許
多自己的時間,工作日程也更靈活。他們是自由的,不屬於社會
上按工作日工作的那一部分。在這一點上,他們與「遊民無產
者」(*Lumpenproletariat*)有所共鳴。這也使他們易於擺弄他們特
有的政治技巧:示威與群衆集會。

所有這些結果是相互作用而不斷加強的知識份子對美國社會
中心的敵視感,加上部分人的退隱或進取,這種敵視感呈一條曲
折上升的螺旋線。

這些新的知識份子疏離傳統的支持者,只是些形形色色的新
手,與傳統智力上的重要部分聯繫並不緊密。波西米亞主義從未
有多少實在的智力成分,而後者正是許多新成員對之表示忠誠的
那一部分。他們與一個權威性的雄辯教條(如馬克思主義)聯繫
之鬆是他們表面上的一個較大的自相矛盾處,雖然他們對在合併
與肯定時期處於最前方的知識份子持敵視態度,但疏離運動中的
新成員仍將他們所辱罵的一些文化繼續維持下去。

合併與肯定時期給參與其中的知識份子輸入了兩個信念。由
自身經歷與外界宣傳產生的第一個信念是:知識份子是美國不可
缺少的一個動力。以這一點爲基礎第二個信念是:社會權力在許
多方面依賴於知識份子,他們處於一個決定性的地位。由於覺得
不被需要與利用,知識份子們從自信其不可取代而走向了另一個
極端。同不可取代的信念一致的是對否認其相應權力的人的敵
視。

X

從制定決策中的無足輕重到受重視的變化後，又被從否定到肯定又到否定這一變化所抵銷。文明有了進步，雖然其名目一時顯得陰暗。其一，一大批知識份子還未回到否定階段；在給美國社會機構中心做相當決定時，許多人仍留在權力位置上。經濟學家與科學顧問有牢固的地位而不能被棄置一邊。1933 年至 1965 年他們在地位與前景有所鞏固。

文明態度的持續也顯現於其形象的損害。對權力合法性的否定顯示出一點前三分之一世紀文明階段的痕跡。那些憎恨權力，否認其合法性的人現在認爲要求權力服從於他們的需要是可能的。否定者與被否定權力之間的新關係包括他們對這權力施加命令；他們認爲可以強迫它履行而且它也應該履行他們的命令。熱情的否定者們認爲他們應該是現有中心機制系統的一部分。這在權力評論的歷史中是獨一無二的。而且，因爲他們在權力運用的中心事務上建立了自己的看法，而且實際上受益於這部分的勝利。這些否定者的期望似乎是合理的㉓。

在美國，一場大眾生活的「知識份子化」（intellectualization）已經開始，疏離知識份子的一些價值已在權力圈子裏建立。一個世紀之久的權力的「文明化」（civilization）過程要求權力在自身合法性上變得謙虛，在其意見的公開聲明上有所收斂，對被統治者的需求有所反應。這一過程現在已踏上了一個新台階。精英們在對「精英統治論」（elitism）的指責面前退縮了。權力的運行使對事務的管理改頭換面爲「做決策」（decision making）。

過去政治與管理精英總將對法律與秩序的維護與法律的實施視爲其第一責任，而這也確實離不開社會的維護與對社會成員的保護，現在那些統治者們卻對這些行爲感到羞恥。

對暴亂的防止以及當暴亂發生時所實行的約束、壓制與驅散，被認爲都是不允許的——雖然實際上他們仍很嚴厲，有時甚至是粗暴。法官與時事評論者認爲暴力示威權是表現自由的一種，在憲法提供的秩序並不令人滿意或不能直接約束政府行爲的情況下是一種合法的步驟。原則上，而且很大範圍內在事實上，當行爲被強迫、機構被破壞時，言論自由的合法性仍被承認。

忿忿不平的知識份子觀點其滲透有個雙重過程。首先是持疏離態度的知識份子成員的補充，這是知識份子兼行政官員角色的不斷補充的總過程之一。由於疏離的反權力主義者的觀點在年輕一代知識份子中，在新成員來源處的人文及社會科學知識份子中傳播已如此廣，因此在大衆通訊，大學與政府內，新的參加者也受影響於疏離的觀點，雖然「清除安全感」（security clearance）仍在持續。他們通過作爲演講稿撰寫人、「謀士」（idea men）、研究工作者，以及作爲執行特殊調查任務的人員，使權力經常根據不滿知識份子的官調來說話——如果他們尚未經常根據他們來行動的話。

但這種滲透也深入到數量更多、作用更大的此觀點持有者的責任中，亦滲入到作爲傳統權力角色的政府任職者的觀念中，後者本身並非知識份子，即使是知識份子，他們直到最近仍支持因襲權威的觀念。這其中一個重要的因素是對其自身權力合法性的信任。其一，社會學科學家自五〇年代以來統領了民事演說的風格，不僅是術語，而且是因果關係與動機的觀念，也有這些領域內工人含蓄的政治觀點。不僅如此，美國知識份子成了示威者，

不是在激進的言論方面，而是站在公開場所，扣著鈕扣戴著徽章，在請願書上、公開聲明上簽字。他們開始佔據廣播電台與新聞界。政治家們在某種程度上對這種叫囔有所反應。自從大戰結束與原子能科學家開始運動以來，他們已經越來越尊重知識份子。二次大戰以來，科學家在議會委員面前作證時被給予尊重——在這方面，麥卡錫的一系列行為只是負隅頑抗。社會科學家現在已經進入了科學家的位置。美國政治家看重叫囔者的要求甚於理智者的辯論，他們內心對大眾的偏愛，以及唯恐與他們所認為的流行觀念脫節的心理，都是對不滿知識份子要求的一種反應。

由於疏離的知識份子像所有地方的理論家與激進主義者一樣不能完全做到疏離，他們的主張中開始強調美國社會中心價值系統中已有的一些因素。實質上平等的價值觀因努力程度與所得相等的價值觀而得到了進一步強調。在一片叫囔下，多數規則所蘊含的價值長久以來已轉變為具有不可批判、有德性的「人們」的至高無上性，（那些叫囔者們認為，這些人指一些黑人、波多黎各人、不滿的女性，及反叛的大學生）⑳。個人主義的價值已被強調成立刻滿足一時衝動的觀念。

因為中心價值系統與對這系統中一些因素的意識型態上不斷加深的理解的密切關係，通常並不敏銳，有時易於迷失方向的政治與時事評論精英們認為這些要求似乎是合理的，而且與他們以前所相信的一致。

這一點上並不只是這些。許多政治家——除了像原始人一樣的那些人外——在知識份子面前感到自卑。他們也許會像詹森總統那樣對他們行為粗暴。但詹森總統在退休後曾提到，他並不自覺勝任於領導這個國家，因為他沒有到一所重要的大學去過，他暗示說因為這點所以他不能贏得那些去過的人的尊敬。

　　大眾傳媒顯示出知識份子一個相似的勝利。雖然二〇世紀所有國家裏不滿的激進份子都批評他們得以自由發表觀點的傳播媒介的行為──無論是私人的或是國有的──現在的情形已和二次大戰前迥然不同了。雖然美國仍存在對私人佔有的新聞界的批評，但在民意機構內仍有不滿知識份子的強力代表。電視業也有相似的情況。醜聞報導的職業傳統、報導暴力的傳統、危言聳聽的傳統，以及「好新聞不是新聞」的謠言，都意味著無秩序、失敗、大災難都被給予了最高地位。混亂中的喜悅，偶爾對其作惡者的同情，以及其聲稱效力於其中的事業，這些使混亂在大眾媒介中得到了頗多注意㉕。

　　實際上，在主要以紐約為中心的出版業，不滿觀點已滲透於所有出版者、編輯及其他這個行業的知識份子，因為他們相信也渴望時髦，覺得這便是時代精神所要求的，審查制度普遍的放鬆，性觀念的多樣與公開已成為新疏離。知識份子階層也是他們的一些先驅與追隨者們文化的一部分，所有這些給予出版業的知識份子們一種除了因身在其中而產生的文化上的興趣外，還有一種商業上的興趣㉖，之所以有許多人不願出版批評對美國社會持不滿意見的任何書籍，因為他們覺得這落後於潮流，或是害怕落後於潮流㉗。

　　正像被指出的那樣，大學已成為美國知識份子生活的舞台與溫床，他們不僅實現大學的傳統功能：為學術上的、實用腦力的職業訓練人才與進行純研究，而且他們也接受了政府應用研究的重擔，訓練許多無關學術的職業，完成許多政府應自行完成的任務，為小雜誌與其他過去應屬豪放不羈的藝術家範圍的活動提供支持，所有這些在圈外被鼓勵叫好的各色活動在大學當局中產生了克雷森漫（*Grössenwahn*）之形式，並以之為基礎。人們也許會

認為所有這些發展應是個性堅強的人做的工作，這種想法完全錯了，許多重要大學院校的管理者，都是些見風使舵的沒有個性的人。

由甘迺迪遇刺開始的對權力仇視情緒的消解，首先表現在柏克萊（Berkeley）大學的一個小爭端上。加州大學在從對忠誠誓言的爭論中恢復以後，成為權力與知識份子合作新機構的主要支柱之一，它的管理者和教師為他們的成就而感到非常自豪，然而受了第一次衝擊後它便陷入混亂中，教師們之間都鬧翻了，校長與系主任茫然不知所措，學生的「正義」（rightfulness）事業需要很多支持，而否認這一點的人不能使這所大學恢復原狀。接下來的半個世紀中類似的事情越來越頻繁地發生，最後甚至拒絕麥卡錫的哈佛也在學生面前倒了下來，很難想像曾幫助產生如此豐富的新文化的大學竟會變得如此困惑。校長、教授，因深信或懦弱，都陷入了無聊的爭辯中。過去沒有一個受到攻擊的當局曾如此令人作嘔地諂媚他們難以滿足的對手，並曾如此費力地試圖去撫慰他們。

XI

美國知識份子對公民合作的再一次放棄，甚至在具有強大戰鬥力的軍事力量在越南戰爭中的失敗以前就開始了，雖然後者是對美國政治與軍事精英的能力的信任減弱的大部分原因，即使美國在越戰中更有利些，或者甘迺迪總統沒有被刺殺——這兩件事顯示了權力的脆弱——希望美國知識份子的合作也是件難辦的事。

　　美國知識份子繼承反政治的傳統甚至比大多數其他國家的大部分知識份子還多。他們從他們的知識份子祖先那裏接受了，自己也在科學研究之外的信念與傳教中培養了一種反政治、反文明的觀點。三十年來十分有利的組織環境——中心地位的特權、在中心位置上的就職機會，以及美國在世界上的中心地位——使這一傳統被置於腦後。第一種和第三種情況在無戰果的越戰後隨詹森總統行為的敗壞而改變。這個傳統在國家的主要政治家粗魯的語氣和無力的行為下又出現了。但舊的傳統是那種反政治的退隱，而新的意向雖仍堅持反政治，但已經變得相當積極。在代表甘迺迪（Robert Kennedy）和之後麥卡錫（Eugene McCarthy）的公民政治熱情的爆發後，它的一個受體如同羅斯福領導下的新的知識份子政治。新政下的知識份子政治不是選舉的，也不是黨派的政治，而是在一個有力的政治要人保護下運用顧問與商討能力的政治行為。現在，知識份子中的政治活動家不像以前那樣尋求選舉來的職務；他們尋求由公共經費提供的金錢，組織計畫來和政府對著幹㉘。這一自相矛盾的反政治、反文明是一個新事物，雖然在表面上它與「完全令人厭煩」（boring from within）的共產黨技巧不無相似之處。

　　另一個新的反政治策略是舊傳統的一部份：示威。示威的技巧產生於知識份子和其共產黨人在明曾貝格（Willi Münzenberg）的保護下碰在一起之後，並不是某個知識份子的發明。現在工人階級因為有了工會代表他們的利益而放棄了示威；示威便又成為那些自認為處於中心機構系統之外的人的技巧之一，他們沒有利益代表，也不妥協他們的利益。

　　最積極的因素是極暴力的破壞性示威，其目的是不讓一個機構——通常無防衛，如一所大學或一座教堂——正常地工作。雖

然知識份子圈內多次談判權力，但新的知識份子政策看上去並不想加入現有體系或通過革命建立新體系而獲得權力位置。雖然他們憎恨它，否認它的合法性，但仍默許它的存在，他們似乎依賴於它的繼續存在，期待它對所受的攻擊有所反應，而不是在輿論內施加影響。從這個意義上說，新的革命知識份子──當然除了一些例外──似乎是觸手狀中心權力的受害者。

XII

　　當政治精英和那些與他們分享權力的其他精英已經失去自信，而被那些對社會與其統治者持強烈的敵視態度的人統領時，一個現代社會還能保持穩定和有秩序的結構嗎？動搖放棄其角色固有責任的精英們開始懷疑給予其合法權的條件。如果它不能宣佈其行動的合法權，它的行動將是無效的。精英行為的無效導致人們對其不再尊敬，並拒絕承認其合法性。沒有一個社會，至少是一個像今日美國那樣複雜的社會，在最好的條件下有那麼多統治上的困難時，能繼續以原來的形式存在下去，或能在其中心機構體系已失去其合法性的條件下，以這種形式和平地發展下去。美國社會甚至在處境好的時期裏都是一個喧鬧的、暴力的社會。在壞的環境裏，如現在，甚至最佳政府的能力也受到損害。

　　為滿足需求而對文化中衝突方面採取的遏制政策總是困難的。階級衝突的制度化──這絕不是完美的制度化──是羅斯福及隨後政府的偉大成就之一。它的持久取決於政府、企業，及工會權力的持續合法性，合法性的消失使持續的制度化比在三分之一世紀前還成問題，通貨膨脹和示威這些對擴大的需求成功迫

求的結果給了階級合作機構更大壓力。權力受到挑戰對自相矛盾的衝動是個很大的刺激。

　　政府機構在種族矛盾前的無能——由政府內部對聲明的是非曲直及如何對待它們的問題上所存在的嚴重分歧中所體現無能，處理暴力活動中自信心的減少所體現的無能，特別是那種由幾千名大學學生和一部分黑人製造的暴力活動，在這些活動中他們的合法道德要求被一個傾向於暴力的小型組織篡奪了名義且進行了誇張——這些無能進一步腐蝕了政府的合法性。

　　越戰的無結果甚至任何其他因素破壞了聯邦政府的合法性，俄沙皇政府在和平時期便很無能，戰敗於日本後的 1905 年革命已經動搖了它，最後因在一次大戰開頭的兩年半戰場上的失利而被推翻了，如果沙皇政府在十年左右的時間裏沒有遭到兩次軍事上失敗的打擊，從 1825 年起一小群知識份子同謀的騷亂與恐怖活動本來肯定會一無結果。哈布斯布格（Habsburg）獨裁是個搖搖欲墜的政治體制，但它在一次大戰後才瓦解。德霍亨索倫（Hohen-zollern）體制在對一次大戰同盟的失敗以前，一直是世界上最穩定的體制之一。德國的革命者是軟弱的——這也表現在其創始者威瑪共和國的軟弱——但古老的體制已失去了它的合法性，相似地，曾在 1943 年相當牢固的國家社會主義體制（The National Socialist regime）的合法性在德軍於史達林格勒和北非遭到第一個重大回擊時才開始動搖。這以後，失敗一個接著一個，曾消除了所有反對者的納粹體制開始在內部崩潰，而當它在 1945 年完全失敗時，實際上便已失去了所有的國內支持。簡單地說，戰爭中失利的政府是承擔了多於力所能及之事的政府。戰爭是一種需要全國一致行動的事業，固而觸到了對合法性認識的最深層。戰爭的失利危及整個國家共同體真實與象徵性的存在，從而使那些依賴

於其國家共同體的名譽與安全的人不再願意承認其統治者的權
力。對於那些出於各種動機與理由已不再那麼承認其統治者的合
法性的人，這種失敗加深了其否認態度。

　　美國政府的處境有所不同。它沒有在戰爭中失敗，但也沒有
贏。而這點正是最糟糕的，因為它拖延而導致了通貨膨脹，傷害
了大多數階級，尤其是那些對政府的合法權最為信任者。增加工
資的持續要求也加劇了階級矛盾，結果是罷工和服務工作的破
壞。所有這些進一步表現並突出了政府的無能，從而削弱了政府
的合法性。

　　這種合法性被削弱了的情況導致了現在各個階層中知識份子
的疏離。如果知識份子們仍像四十年前那樣在其作用角色及其象
徵性地位與評價上處於邊緣地位，除了他們自己和持這種態度的
學生便沒有誰會關心他們的疏離。但是，這個問題值得更詳盡的
研究。

　　首先要說的是，這裏所談的疏離在知識份子中並不是普遍
的，知識份子階層中的大部分並不是這樣。那樣應用知識職業的
人不如主要的知識職業的人那樣疏離。從事科技職業的人不如從
事社會科學、文學和人文職業者那樣疏離甚至像後者那樣的職
業，例如社會科學中，經濟學家和政治科學家比社會學家（和人
類學者）少疏離；在人文主義者的研究中，研究英國和美國文學
的人的疏離感最強，一些黑人知識份子是最吵鬧的，但其中有許
多並不被公眾所注意，雖然他們也指摘美國社會對待黑人的傳統
方式及黑人的地位，但他們的疏離感也較少。年輕的一代，特別
是高等教育機構裏的學生比老的一代有更強的疏離感。在這些知
識份子階層的每個部分，疏離感似乎已經減輕了，更為激進者則
將自己與其他人分開。

　　白人知識份子對激進黑人行動的回音減小，可能主要是因爲那些作回音者是潮流的製造者，又不長時間地維持一種潮流。如果是這樣，更激進的黑人知識份子會得到更少的反應，他們對更溫和的反應的要求便會減少。他們的孤立對白人的影響與白人激知識份子的孤立對黑人知識份子產生的影響一樣。他們將退而進入陰謀家的圈子，不服從知識份子意見行動的法律，而服從安全服務的法律。這些發展部分依賴於政治與管理精英重新獲得控制他們問題的能力，以及區別破壞性行動與合理的改善要求的能力，也取決於是否免去激烈的爭論，而最重要的，他們取決於活力的恢復以及政府方面對所謂活力的解釋。很大程度上，這取決於越戰的結束，以及結束後不再有部分政治精英和整個社會中引發出「暗箭傷人」（stab-in-the-back）的傳奇。

　　知識份子雖然對權力敏感，但仍會像在羅斯福總統在任時那樣，以一種新的共鳴感做出反應，即使他們對任何共和黨的管理有很強的偏見。除了這點還應指出現在的疏離知識份子階層中，疏離感最強的主要集中於作用最爲次要的角色中。經濟學家和工程師比搞社會學、英美文學的學生與教師及其研究工作者對社會來得重要。他們對社會穩定的威脅更多地來自於他們在大眾傳播中的作用，而較少來自於他們採取的任何「直接行動」（direct action）——或在內部做行政職員，或在外部作爲示威者和投擲炸彈者。然而如今當知識份子享有如此的尊嚴，許多政治家願意如此尊重地聽取他們意見的時候，尤其在黑人與白人合作中叫嚷得最響與表現最激烈的人能夠提出要求、做出指責來擾亂被確認的政治與管理精英，使他們或失去自信，或以一種極激進或抑制的方式做出反應。無論哪一種反應，在傾向於假定他們無辜的知識份子中，都削弱了精英曾被確認的合法性，使他們無效，削弱了

他們的文明，或使他們更同情更爲極端的疏離者。

　　雖然美國有通貨膨脹的壓力，但事實是其經濟仍繼續以極大的活動運轉著。商業精英雖然到處讓步於變本加厲的瘋狂行爲，但在其情感與精神氣質上更趨於古舊。工會的領導者繼續著「生意照常」的行爲舉止。這樣，問題便在於聯邦政府與大城市裏的政治精英能否自我平衡，鎮靜下來，在支持他們的部分人中重新取得信任，從而重新表明自己，以及他們能否顯示出創造力以取得一些顯著進步，從而重新穩步前進。

　　這個任務絕不容易，一方面它受阻於持不妥協意見的政治家同盟，特別在種族問題上更是如此；另一方面飽受阻於它自己的階層內少於極疏離知識份子的人——他們不像投擲炸彈者那樣極端但仍屬於極端疏離者——這些人宣稱代表「人民」（people）說話，這需要最終從代表「人民」的機構中產生，並由「人民」的直接支配地位的減少，即從少數「公民投票」（plebiscitary）的民主中重新建立統治權，但這種統治權不能重新得到維護，除非掌握這權力的是那些接受了回報，接受了代表那些機構領導責任的人。

XIII

　　知識份子階層在美國社會突出的地位是政治與管理精英作用變化的結果，也是物理與社會科技的性質從經驗主義到「科學」（scientific）的變化結果。當隨著科技過程的實施與發展，美國社會需要系統的研究時，知識份子在非知識份子精英的觀念中日益重要了。結果是社會中知識份子角色的數量大量地增加，訓練

那些角色的任職者的知識機構也增加了，充當角色者的數量——
參與科技應用與訓練的應用知識份子和知識份子的數量——不平
衡地增長了。

這樣，過去並不欣賞知識份子及其工作的政治、管理、經濟
與軍事精英積極參與了訓練這些知識份子的機構的創立，參與了
在其機構內受訓的知識份子的補充。

過去非知識份子精英尊敬地與知識份子間保持的距離被回報
了回去。美國知識份子，尤其是那些關心文學與人文著作的產生
與培養的知識份子，對那些美國社會的當權者採取敵對的態度。
他們認為自己不為他們所尊重，便也避免進入需要為社會權力精
英服務或與其有密切聯繫的角色。他們發展了一種邊緣傳統；這
種傳統很少遠離知識份子活動的表面，在美國甚至比十九世紀任
何先進國家都強。這個邊緣傳統規定了他們與其所輕視的權力角
色的距離，雖然十九世紀為數不多的科技知識份子中並沒有以同
樣極端的形式發展這種傳統，但他們也是參與者。在十九世紀最
後的三分之二時期裏，知識份子在美國社會中實際上沒有積極影
響。即使他們被權力與影響排除在外只是部分引起了他們疏離的
感覺，他們影響力的缺乏仍使他們的敵視態度別無二致。

在美國社會的轉變中，權力角色與知識份子聯繫得越來越緊
密，其後果有二：使知識份子精英對非知識精英或權力行使精
英，即對最為廣義的行政精英們的敵視部分中止；同時也使知識
份子與行政精英結合成更緊密、更合作的關係。在這過程中，知
識份子以各種方法對美國文化和社會結構產生巨大影響。

現在，知識份子與中心機構系統的聯合已是美國社會機構整
體的一個組成部分。雖然沉沒了幾十年，但知識份子的邊緣傳統
仍保持了活力。最近，政治、管理，和軍事精英遇到麻煩，使疏

離的傳統又被激發起來，然而這一次，因爲知識份子與美國社會中心結構上的聯合，他們的文化影響力是巨大的。其結果是削弱了作爲一個文化現象的合法性。這樣，這些精英的影響力因他們合法性進一步的惡化而更爲受創。

於是，美國社會的穩定便依賴於生活在疏離傳統中的社會一部分，這種疏離傳統在極端的形式中部分屬於歷史的偶然，部分幾乎是知識份子角色主要文化的自產。同時必須注意到，知識份子主要文化的產生越來越集中於學術機構。在至少承認其自身傳統的權力與支持他們的機構的權力的規範這一頭，與一個更自相矛盾、更富意味的文化的另一頭之間，這些機構保持著精確的平衡，然而又通常不是一個穩定的平衡。後者是一個時間長而程度深的傳統，早在受學術限制前便發展了。因此，這個大社會的穩定取決於在知識份子的文化與機構系統內，對於接受一客觀規範，以及學術機構與美國社會中心機構系統整體聯合因素的突出地位的維護。

註　釋

①美國羅得學者們心目中牛津大學與英國政治的關係，以及這種印象
　對美國知識份子態度的影響是一個值得注意的問題。關於這一點特
　別重要的是在牛津協會上講話的著名英國政治家們的回憶。

②他引證了「義大利的拉布廖拉（Labriola）與費里（Ferri）……德
　國的考茨基（Kautsky）、倍倍爾（Bebel）、庫諾（Cunow）與盧
　森布格（Luxemburg）……奧地利的希爾弗丁（Hilferding）與鮑爾
　（Bauer）……俄國的司徒盧威（Struve）與普列漢諾夫（Ple-
　khanov）」。馬克思主義「不曾像它曾在柏林、維也納、羅馬與彼
　得堡那樣，在牛津、劍橋與倫敦引發起學術上的討論」。（多布
　〔Dobb〕：《俄國自革命以來的經濟發展》，p.5）

③這種受虐狂者的渴望仍未消失。僅在幾年前，麥卡錫小姐（Miss
　McCarthy）在《紐約書評》（*The New York Review of Books*）中指
　出，蘇聯政府對西尼阿夫斯基（Siniavsky）和丹尼爾（Daniel）的
　迫害證明了蘇聯政府之看重文學。她將這一點與不值一提的美國政
　府做了比較，後者避免干預作家的自由顯示了其對文學的無所謂態
　度。

④《呼籲進步》（An Appeal to Progressives）發表於《新共和》（*The
　New Republic*）1931 年 1 月 14 日，又版於《光之濱：二、三〇年
　代文學紀事》（*The Shores of Light: A Litera ry Chronicle of the
　Twenties and Thirties*）（倫敦：W・H・愛倫〔W. H. Allen〕1952）
　p.529。

⑤自內戰到西班牙─美國之戰，美國知識份子重大的公開活動之一是
　改革行政機構的運動。這本來需要替換政治家們以贊助的形式行使
　的權力，他們以由考試測定教育合格條件為基礎進行委任。

⑥羅斯福對吉卜林（Rudyard Kipling）比他對任何能力相同的美國文人都友好得多。

⑦美國知識份子，特別是人文知識份子和一些非波西米亞文人長期以來認為上流社會與出身高貴者優越。這一信念一直持續到二〇世紀二〇年代，而隨著大蕭條消失。這自然使他們對粗魯的政治家們心存偏見，不滿於他們的長內衣褲，他們的褲子背帶，他們不繫的長條領帶，討厭他們嚼著菸葉的樣子。在對紳士的尊敬消失了很久以後，在議員中漸已少有貴族成員時，這一成見仍未消失。

⑧比較我的「社會科學中對自由、研究，與教學的限制」，本卷第15章。

⑨這一觀點的堅持表現在霍夫施塔特（Richard Hofstadter）教授的《美國生活中的反知識份子主義》一書中（*Anti-Intellectualism in American Life*）。霍夫施塔特教授對事實有徹底細緻的掌握，他的這一重要著作讓人相信反知識份子的粗漢們一直都佔著上風。

⑩史達林主義者、富裕的德美商人、記著對軍火工業進行調查的國會議員，以及一些愛爾蘭的英國人在法國淪陷後是對美國給英國提供援助的主要反對者。哈欽斯（Robert Hutchins）與比爾德（Charles Beard）直到宣戰仍死抱著孤立主義，他們在知識份子中並沒有許多同情者。

⑪由《黨派回顧》（*Partisan Review*）指導的兩次專題論叢說明了在文學及人文主義知識份子疏離傳統的主要繼承者中發生了些什麼。比較阿爾文（Arvin）、牛頓（Newton）以及其他人的《美國與知識份子》，見《黨派回顧》第四期（紐約，1953）（原來以《我們的國家與我們的文化》為題出版，1952）。比較，阿吉（Agee）、傑姆斯（James），以及其他人的《宗教與知識份子》，見《黨派回顧》第三期（紐約，1950）。

⑫到五〇年代末，史達林清肅運動的事實已爲美國大多數知識份子接受。赫魯雪夫（Khrushchev）在蘇聯第二十二屆共產黨大會上對1956年2月的揭示只是對早已被普遍認識到的事實的一個最後的權威的肯定。與美國社會中心的聯繫包括物質生活的道德價值意識、個人自由意識，及社會的多元結構意識。在共產黨的國家裏這三者無一得到實現；後二者被有意識地壓制，因爲這是取得前者的必須條件，然而前者也並未得到實現。由蘇聯提出的問題是戰後國際上對美國知識份子的普遍看法。這部分是因爲在觸及良心，影響許多美國知識份子認識的戰爭之前，共產黨已發起了聲勢浩大的知識份子運動。無論如何，美國在共產黨堅持的領域內對蘇聯的明顯優勢應該應用於對社會是非的評價上。那些曾對蘇聯充滿熱情的人後來理想的破滅使他們馬上對美國社會欣賞起來。

　　然而第一次麥卡錫主義打破了戰爭後十年的氣氛。他們驅走同行者，在衆多的幾次事件中造成了嚴重的破壞，威嚇其共產黨員與準共產黨員，使本來希望重新加強與美國社會聯繫的人對這個社會不再信任。當許多別的因素傾向於消滅這一疏離傳統時，麥卡錫主義加強了這一傾向，它對癒合生長在疏離傳統中的美國文學、時事評論知識份子與美國政治家之間的分裂口形成阻礙，這是一個更爲持久的損害。

⑬正是在這個背景下，我們會懂得「學生革命」（student revolution）所做的初始貢獻，以及對一個國家補助的「革命」的期望。

⑭在科學家們成爲顧問，有補助供給的專門小組的成員等等諸如此類時，戰後第一年裏他們鼓動性的重要角色失去了作用。當美國帕格沃什區幾乎成爲裁軍局時，這一情形最爲突出。

⑮新左派的一巨大文學武器——「工業軍事之混合物」（industrial-military complex）由艾森豪威爾總統作爲離別禮物贈給了這個國

家，但又轉而由他議會中的一個知識份子———一個學術社會科學
家——轉託給了他。

⑯雖然弗羅斯特（Robert Frost）被抬高到了相當於桂冠詩人的地位，
但沒有哪個文學知識份子獲得像舍伍德（Robert Sherwood）在與羅
斯福總統的關係中取得的那種密切而有影響力的地位。

⑰白人中強烈的反應在南部以外幾乎沒有影響，黑人中反白人情緒的
增長是我所指的那個時期後五年裏的一大現象。

⑱大眾傳媒的「知識份子化」（intellectualization）表現在周刊的發行
上，死者中的《週六夜郵報》（The Saturday Evening Post）與《礦
工》（Colliers）；生者中的《生活》（Life）與《時代》（Time），
在最近階段都變得越來越「智力」了。其藝術品與高層文學與文化
成爲他們經營手段的很大一部分，甚至作爲共同文化裏很大一組成
部分。瑣細平凡與虛誇俗氣也是知識份子們的產物——其中很多是
爲從優雅的知識份子內自我排除而怨恨驚怒的想當知識份子而沒有
成功的人。

⑲麥卡錫主義（McCarthyism）本身便是對在政府部門中日益顯耀的
知識份子地位的一個反應。其最大成就是煞費苦心的奧本海默（Ro-
bert Oppenheimer）的降級。反知識份子者們從未在政府部門內迫害
如此顯要的一位知識份子。

⑳一個人不能綴著滿身的珍珠，一邊痛罵「大眾文化」（mass cul-
ture），一邊讚嘆新激進主義，諸如嬉皮派、甲殼樂隊，和大麻。

㉑馬克思主義確實有過一段小的復興，但來得比較曲折，並非直取於
傳統的起源。這部分是因爲共產黨的半壁復甦，它通過其出版社使
馬克思與恩格思的著作通行起來，部分也是因爲年輕左派之間的差
異在他們身上一種知識份子的隨便，同時也是馬庫斯（Marcuse）
教授聲望提高的結果，他的兩性理論似乎較其馬克思主義更有吸引

力。

㉒韋伯《作為職業的政治》（*Politik als Beruf*），第二版〔米尼希（Munich）與萊普西格（Leipzg）、東克爾（Duncker）與洪布洛特（Humblot），1926〕p.16。

㉓我隨意地摘引了最近韋贊斯基（Judge Wyzanski）關於拒服兵役的觀點與許多賈斯蒂斯，W・O道格拉斯先生（Mr. Justice W. O. Douglas）的見解。

㉔對這些人民（「The people」），這些擁有人民黨民主原則上的優點與政治標準的人已經讓位於「人民」了。定冠詞的消失不只是一代從小就被教會如何表達情感，但已與英法語言傳統失去聯繫的人語言上的怪癖，其中還有更多的意味。「這些人民」過去指大衆，大部分人。但現在這大部分人在不滿的知識份子中名聲不好，如今佔大多數的是工人階級、卡車司機，與辦公室工作人員等等。律師與醫生、政府職員，以及保守的、自足的、享樂的人追求著他們自己的快樂與舒適，現在大多數的「下等人」（scissorbills）陷入了資產階級社會的泥坑；另一方面，「人民」指少數被排斥的人，他們窮困失業，靠救濟活著，需要國家福利的支持，另外也指代表他們提出要求的人。

㉕因為渴望名聲，自然便對社會中心持敵視態度。敵視運動中的暴力舉動亦展現在宣傳上：其主要政治行動是超機構與反機構。議員甘迺迪（Robert Kennedy）與尤金・麥卡錫的組織很快便傾盡了他們的物力財力。強治政治已代替了它，所試圖獲取注意而並非想修改機構。

㉖園林報（The Grove Press）將文學先鋒的文化與吉羅迪亞先生（Mr. Girodias）奧林匹亞報（The Olympia Press）的傳統結合起來。它也是法農主義者（Fanonist）及其他破壞道德純淨的幽靈的代理人。

㉗霍奇阿特（Mathew Hodgart）教授於 1969 年康乃爾大學（Cornell University）事件的寓言在被最後接受以前曾受到十二家美國出版社的拒絕，此時這本書已在大不列顛出版了。霍奇阿特教授是位聲譽很高的學者，但他寫給《時代》（倫敦）描寫和評論康乃爾事件的信在美國出版界引起了不滿知識份子們的非難。這類事情不獨其一。

㉘比較如今與新的及其後繼時期重要的法律學校最傑出的年輕畢業生們角色的不同。

8.自由和影響

——關於美國科學家運動的評論

I

　　1944 年在美國科學家中間可以感受到一種思想和行為的新潮流。它的源頭就是美國政府發展原子彈的曼哈頓計畫（Manhattan Project），以及科學家對科學成果的應用所表示的深切關懷。它提出的不是製造原子彈這一行動是否正當的道德問題，而是堅持認為原子彈的使用應向科學家請教。儘管反應的程度隨著機構、年齡和國際關係的狀況不同而有所差別，但在大約兩、三年的時間內，對科學成就被有害利用的憂慮和政治警覺，以及對從根本上果敢制止這種行為的渴望震動了美國。

　　這一思潮的新穎之處不僅在於它的廣泛性，即它極其廣泛地觸及了美國科學家的生活，而且還在於它包含的內在意義。美國科學家對他們的工作產生的社會影響，在早些時候不僅僅只有孤立的和分散的興趣，其往往是激進的，或多或少帶有史達林主義的色彩，成了批評美國社會的一個組成部分。它對既存社會秩序的變壞方面興趣勝於對科學正直性的興趣。使這種思潮具體化的

美 國 科 學 工 作 者 協 會（American Association of Scientific Worker）從來沒有在美國科學家的情感中引起什麼共鳴。在美國科學家聯合會（the Federation of American Scientists）內部組織起來的，並在《原子能科學家報告》（*the Bulletin of the Atomic Scientists*）上發表其觀點的這場新運動，儘管把許多曾經具有、有些現在仍然具有列寧─史達林主義觀點的人清除出或吸收進它的隊伍，但它卻沒有注意批評美國的激進主義。鑑於美國科學工作者協會曾經抱怨資本主義制度對科學的抑制，新運動因此不由自主地擔憂科學曾經和可能被運用的方式。在新運動的領導者中，大多數人以前沒有接觸過公眾生活，他們渴望引起公眾的注意，並且也希望可由於核武器的存在而變得耀武揚威的統治當局來注意他們，這種渴望與要求並不是任何教義上先入之見的結果。隨著對原子武器的逐漸了解，以及後來震撼人心的原子彈兩次在日本的爆炸，使科學家為他們單獨擁有一種可怕的知識而痛苦萬分。為了共同的利益，他們必須與他們的同胞，最重要的是與他們的政治領導人共同享有這份知識。這場運動是擺脫了左翼科學主義的技術專家決定論的一場運動，它的興起從未帶有任何使統治者脫離開科學家的計畫，它承認政府的總體機構和科學家在政府中的總體機構。它只是尋求用一種通俗的方式，非專門地把科學經驗已經給予他們的知識傳授給立法者、行政官員、民眾和市民領導人。

　　這場運動起始於國際控制原子能利用和縮減其軍事應用的合理活動，同時也起始於公民控制原子能的方案。由於新的問題產生了，運動的興趣範圍逐漸擴大。在人們的頭腦中，把什麼樣的緊急事件看成是需要解決的特殊問題，成為一個普遍的條件。忠誠和安全政策、原子彈發生的後果和氫彈試驗及這種試驗的政治

好處，對核武器毀滅天性力量的估計及國家防禦的可能性，核武器的本質和核時代維護和平的可能性，世界落後地區的經濟發展和科學對這種發展的貢獻，以及，在科學家、科學工作和機構及其他共同體之間所發現最理想的關係逐漸地為這場運動提供了一個自然的議程。

我們必須深入到社會生活領域，去探索有責任感的科學家興趣所至的問題。他們最初唯一關心而且事實上這場運動最早促使公眾討論的，是對國際控制原子能的興趣。這種興趣導致了對裁減軍備更普遍特徵的研究，及隨後對整體範圍的對外政策的研究。具有深遠意義的原子彈研究使科學家運動專注於軍事技術和軍事戰略及計畫的問題；對國家防禦的擔憂使他們進入工業定位和家庭心理學的問題；原子動力的發展迫使這場科學家運動去研究比較私人與公共企業、壟斷和競爭孰優孰劣的問題；保護科學的正直和科學家地位的願望，需要反思在近化（自由的和專制的）國家中知識份子的地位和所有種類的知識活動。一直到五〇年代中期，十年前如此簡單和緊迫的問題令人困惑地發生在社會所包括的每一方面。《原子能科學家報告》把它的標題增改為《科學和公共事務雜誌》（A Magazine of Science and Public Affairs），以及它甚至考慮把它的標題改為《科學和公共事務》的事實，清晰表明曾一度被認為是一時性和過分的庸人自擾擴大了它的範圍，它的緊急性則是恆久的。

到處都在叫喊出了問題，可是科學家處理這些問題的力量有限，因而很少有時間思考基本的或一般的哲學。在美國科學家運動中沒有政治派別的痕跡，儘管在指導民主黨方面很可能有一種支配。這場運動幾乎沒有一種意識型態，如同它所宣稱的，與任何流行的政治思想意識潮流不發生瓜葛。它的某些領導人可能已

到處表達這個信念，即科學的思想模式爲公共生活和對公共政策
問題的判斷提供了一種特別有用的準備，而且科學家因此比他們
令人痛苦的知識對美國的政策更有貢獻。可是，值得注意的是，
科學家運動未受「唯科學主義」（scientism）的幻想影響，也未
受「哲學家之王」（philosopher-king）的科學變種思想的影響。
必須根據是非曲直面對的每一問題，以及從科學家運動的記錄和
事跡中產生的人道的和靈活的觀點、還有自由和現實的觀點都是
無數具體行動的積澱。這場運動沒有頒佈過任何控制科學和社會
關係的原則，而是習慣於一種更分化的判斷，並且發展了一種對
社會和政治生活冷酷無情的事實更實際的認識。

II

　　總部設在華盛頓，在幾個大學和國立研究室有它的地方分支
機構及會員的美國科學家聯合會（FAS），是這場運動造就的產
物，而《原子能科學家報告》則是該運動的發起者。這些會員過
著清貧的生活。指揮他們的人也是一些科學家和學者，他們利用
一些時間暫時放開自己的科學和學術工作跑到聯合會來做業餘活
動家。與科學家做生意的協會不同，他們從來不對報酬、時間、
任期或工作條件等問題感興趣。當他們以科學職業的權力名利說
話時，總是爲了追求眞理的權力，以免這種行動受到不相關事情
的侵擾。
　　在五〇年代，構成美國科學家運動的小團體或群體只是以一
種鬆散而不太協調的組織形式聯繫在一起。兩個主要的機構沒有
正式聯繫。但後來把兩個機構聯繫在一起，把更集中和更積極地

影響到對科學職業之同情心的小組織聯繫在一起的眞正鏈環，是一種非正式的一致意見。這場運動既不是一個政黨，也不是一個派別，也沒有付出任何認眞的努力要使它變爲各種樣子。科學家要麼不能夠以文學形式表達他們的觀點，要麼缺乏信心就有關科學政策的問題公開陳述他們的觀點，要麼就是吝惜在此花費時間，這就是科學家當中普遍存在的態度。那些處於運動中心的人知道，他們自己被寄予希望，是許多他們沒有接觸過的人衆望所歸之處，眞是這種信念支撐著他們。

在中心，運動的實際生活和具體工作依賴著很少量的人，只有非常少的資金和時間聽其使用。在寫作、編輯、組織、發表觀點、募集資金、調查等等方面的積極合作很可能不過是百來人努力的結果，而且沒有更多人付出更有力的支持。雖然這場運動是劃時代的新鮮事物，並有值得嘉獎的顯赫成就，但它沒有成功地得到美國科學團體的有力參與或者甚至是明確的附和。

III

這場運動取得了哪些成就？在它發動以後的十年中，這場運動確實在美國人的生活中留下了一個標誌。儘管美國科學家聯合會，還有《原子能科學家報告》（*Bulletin of the Atomic Scientists*）只有幾個特殊的勝利值得稱道（在任何重要問題上沒有獲得完全的勝利），可是它們有足夠的理由斷言，它們已經進入美國公共生活中高階層人士的良知與智力之中，並且通過他們把影響輻射到持有政治興趣的全部人。在五〇年代中期，新聞界、電台撰寫有關科學問題的最重要的電視政論家都十分注意科學家通過這兩

個機構公佈的某些方面的標準。許多參議院議員和代表，尤其那些在有關的國會委員會工作的人，更是把興趣轉向且有時願意傾聽參加或同情這場運動的科學家所說的話。政府的行政部門儘管不太情願也只好傾聽，並尊重爲科學家運動的喉舌說的話，而且它們還覺得應當回答科學家的批評並改正自己的行爲，以表示它對科學家的批評不太介意。當格雷委員會（Gray Committee）斷定奧本海默博士（Dr. Oppenheimer）是一個危害安全人物時，行政部門同感到它必須爲自己辯護以對抗從科學家運動湧現出來的各種批評。1956 年總統選舉期間，當共和黨內閣希望支持它當時正在進行的氫彈試驗時，行政部門認識到它顯然必須獲得科學家共同體領導人物的支持，以便打消由這個共同體內其他成員造成的印象。在國家政策的主要問題方面，競爭的兩黨都尋求科學家的支持。

　　簡而言之，美國科學家運動和大的職業科學團體中的活動，把一種新的基本原理引進到美國的公共生活中。幾乎每一個引起科學運動興趣的問題（有些產生於科學家影響和使政治或管理行動過程變得幾乎總是更理性的努力），通過督促、提醒、指正，使主張客觀價值和寬容大度的批評觀點或思想具體化，使殘暴感情的自由權具體化，使客觀調查及平靜反思具體化。由於這些努力，《原子能科學家報告》帶來了信心並得到了支持。它的銷量雖小（到 1950 年代中期爲 15,000 份），但它的影響遠遠超出它通常的讀者群之外。它在美國和外國新聞界產生的共鳴有助於把它的獨立、客觀和理性的意識印刻在美國大眾之中。許多看不慣不公平行爲的人，由於感到有人在思考這些問題而使他們內在的抵抗變得強烈；有些人甚至受到鼓勵在公開的場合發表他們的觀點。在許多地方由於科學家運動加強了主要的支持力，並使人心

情愉快，因而在包含科學的所有公共政策問題方面做出了許多更謹慎的決定。

IV

這份關於美國科學家運動的粗略調查報告，提出了有關科學在公共生活體系中的地位的某些觀察所得。

第一個觀察所得來自一個事實，即這場運動在美國歷史和近代世界中同樣是獨一無二的，沒有其他國家目睹這一現象。也許是毫無可能，其他國家在第二次世界大戰以後的十年裏，知識份子的自由權被陰影所籠罩，但在這些國家中沒有一個發生過科學家運動，在極權主義國家裏，自由不僅受到威脅，而且實際上是被消滅了，那裏不可能發生這種運動。在比美國更少侵犯科學共同體自主權的國家裏也沒有任何這種運動。

這是個悖論，即 1945-55 年的十年間，反知識主義和不信任科學家的喧囂比它在美國曾有過的更加囂張，但這十年間亦是科學家在公共團體極大地加強影響的十年，而且在此期間科學家在政府之外尋求一種有限的但仍然空前的影響觀點和政策。兩個事實證明了，科學家們開始在國家中得到曾被拒絕的尊敬。同上述見解幾乎是矛盾的對科學家的敵意，可以合理解釋爲是敵手臨退卻時射出的一箭。

在五○年代的混亂時期，科學團體成員中只有少數人願意與麥卡錫（McCarthy）和他的追隨者一起公開發表意見和寫作，或者成爲行政和政治當局的代言人。科學團體是受忠貞安全狂和不信任知識份子的思潮令侵襲最爲嚴重的部門之一，但在公開的態

度上科學家們的反應不是有力的。大多數科學家寧願埋首工作，
按常規生活，並近乎普遍地抑制他們的不滿情緒，在他們的同事
中間發發牢騷。在這方面，美國的科學家同那些沒有科學家運動
和因爲這種運動而有很多問題的國家中的同行沒有很大的差別。
要激發這些美國科學家爲《原子能科學家報告》撰寫觀點與經驗
的努力常常是徒勞的。在正式場合，或當政府中某位官員的舉止
特別粗野時，少數具有顯赫聲名的人偶爾會用強有力的措辭給予
回擊。一般來說，在年輕一代科學家中正可以找到支持科學家運
動的誠摯和公正無私的感情。

　　值得注意的是，美國科學家運動在學術界的一個以科學自傲
的龐大陣線內，亦即在社會科學家中間很少得到支持。實際上科
學家運動涉及的每一個問題，需要關於社會、政治制度、經濟學
和法律的知識，但是除了某些實踐的例外，社會科學家卻對它保
持疏遠的態度，或者漠不關心，或者鄙視科學家運動的領導人對
社會科學是外行。至於社會科學家關心忠誠和安全問題的行動，
就像對科學家運動已經涉及的其他政策問題的行動一樣，差不多
是眞實的。同樣也可以這樣來評說美國其他的知識份子團體。

　　爲什麼學術界的大多數人對知識自由的危機如此苟且和順
從？爲什麼只有一小撮人能爲學術自由而勇敢戰鬥，而且只有他
們贏得了戰鬥？

　　學術自由幾乎總是很難得到一個穩定的地位。造成這種不穩
定性的原因之一是，學術界自身對它自己作爲大社會中的一個團
體的自由漠不關心。不過話要說回來，如果他們自己的自由或要
好同事的自由受到了侵害，便會激勵大多數國家的大多數科學家
和學者關注起學術自由的問題，雖然他會在一種狹隘的見解支配
下這樣做。

這樣的做法有合理充分的理由。因爲倘若科學家關心其他事情甚於科學本身，科學家就不能埋首於科學工作，並且肯定也做不好工作。眞正的對科學或學問的熱情不必包含對正義和自由的關心。

而且，科學家尊重科學家，他們確實不尊重愛管閒事和遊手好閒的人，也不喜歡那些把最寶貴的時間耗費在非科學問題上的人。那些把時間用在這種事務上的年輕科學家不可能在事業上大有發展，主要不是因爲他的前輩不喜歡這種活動，而是因爲他們認爲他的科學熱情不夠。年輕科學家事實上也不可能眞的把許多時間花在非科學事務上而仍然在他的學科方面做得很出色。

想藉由受人尊敬的名聲而得到安全，這是十足的懦弱。在學術自由受到威脅的情況下，沒有人曾爲他自己或他的同事作證，這就駁斥了認爲這種現象是非常普遍的論點。當懦弱的說服力與職業專門化的壓力一致，當科學家熱愛其從事的學科而在這個領域之外則是十足的外行時，知識自由的保護必定是虛弱無力的。

V

學術自由和學術影響最終依賴於觀念，依賴於那種所謂的尊敬或尊重的特殊觀念。有許多制度性的安全措施，但如果沒有一個對學術自由持寬容或支持態度，並尊重知識工作和從事此種工作的人的堅固機構，任何的安全措施都毫無意義。

在美國，我們中的大多數人在五〇年代所經歷的鬥爭中過分強調爲了知識自由的功利主義的觀點——即認爲忠誠和安全的人試圖強加於知識份子團體的折磨，是有害於軍事防禦和經濟福利

的。我們沒有充分強調這種強制傷害了人類生活最重要領域之一的尊嚴。我們沒有強調我們生活領域的內在價值，不是因爲我們不相信它的內在重要性，而部分的是因爲我們對人們口中我們對之宣講己方論點的那部分人想要理解的意願缺乏信心。在我們自己和其他人之間我們感覺到存在一條很大的裂痕，而且我們感到幾乎沒有理由相信，我們所信奉的價值肯定會給那些我們試圖說服的人帶來任何影響。

歸根結柢，學術自由和學術影響不依賴於大學章程、資金來源、法律或正式的顧問團，而是依賴於在任何特定的社會中對知識生活的尊敬。如果那個社會的有關部分很尊敬知識活動和學術機構，那麼即使是由商人、律師、公務員和政客各式人等胡亂湊合起來的大學理事會或董事會也會做到最大限度地兼容學術自由。同樣的道理，如果一個社會的政治和經濟力量看不起知識活動，並且還否認從事這種活動的人的價值，那麼即使有保證學術自治的最好的法規也於事無補。而且，知識份子團體之外的人對知識活動的尊敬，要比團體內的人對他們自己的尊敬更具深遠的意義。

9.科學共同體

——漢堡會議之後的思考＊

I

1953 年 7 月 23 日至 26 日在重建的自由城市漢堡，來自十九個國家的 119 位科學家和學者聚集一堂討論「科學與自由」（Science and Freedom）①。會議的主題旨在提醒世人極權主義對科學所造成的損害，但會議召集人明智地試圖利用對科學所受到的壓制的批評來說明我們自己對科學自由及其維持條件的看法。他們召集這次大會不僅是要斥責科學所遭受的騷擾與歪曲（尤其是蘇聯的遺傳學），而且還要讓西方科學家和學者意識到追求真理的自由需要些什麼。

這個計畫的基本部分是一個不言而喻的議事日程。這個日程試圖全面解決：(a)自主的科學共同體的結構；(b)科學自由機構所需的前提條件，特別關於對大學和科學研究的經濟資助的形式；(c)科學自由的方法論的先決條件，即科學在活動自由前提下的概念；(d)追求科學自由的政治與道德觀念的基礎。

我們應該這樣說，雖然有時候討論顯得離題太遠——特別是

討論問題的時候——但幾乎很少超越議事日程的範圍，回顧當時，隨著討論的條理及其中心主題的顯現而所論的興奮情緒已散時，討論也就越來越順暢了。

　　計畫開始時，涉及由純科學、應用科學的發展及由大規模現代科學研究與出版組織中所出現的問題，這些問題也來自於科學應用於工業及戰爭上的發現。這些問題就是當需要政府援助時，如何保證科學的自由。然後討論轉移到各種具體題目上：關於方法論、關於階級的力量和國家對社會科學的承認，以及關於科學家與學者支持極端意識型態的傾向，整個討論使一種仍很不完整的知識份子自由理論走向明朗——即在一個多元社會中起作用的，自主的科學共同體的概念。

II

　　第一天討論，博藍尼教授（M. Polanyi）的《純科學與應用科學及其適宜的組織》、貝克（John R. Baker）的《科學權威與科學出版的體制》、艾利森教授（Samuel Allison）的《學術自由與國家安全》，以及蒂博教授（J. Thibaud）和賴澤爾教授（L. Raiser）的《學術自由與政府經濟資助》。這些論文使討論者的情緒活躍但不過分激動。

　　博藍尼教授的論文給大會定下了主題。他試圖將純科學從應用科學裏區分出來，而且在承認後者與實用活動領域的結合的同時，爲前者的自由辯護，這樣他描述了科學工作與發展所憑藉的社會組織形式。博藍尼把科學世界的結構比作經濟領域的自由市場；兩者都沒有任何決定性的協作中心；決定生產什麼，生產多

少，如何定價，以及由此要調查什麼，進一步研究哪一部分的要求——這一系列操作的決策過程是由一個能包容大量個人自主決定的機制所做出的。

在純科學的世界裏，每一個重要的科學家自己決定工作什麼，如何工作，當他完成他的研究時，他非官方地通過手頭的各種雜誌與其他科學家進行交流。他的同事同行們對他的工作進行評價，或接受它或反對它而不同參照一個權力機構的任何指示。

貝克按照博藍尼的分析框架對科學出版的自由進行了討論，艾利森則遠遠離開了他的論文。他的論文是關於美國知識份子的自由所受到的威脅。而他則在會議上生動地描述了大學裏的科學家真正在政治給予其經濟援助的情況下仍能保持的廣泛的自由。

一個科學共同體的圖像——一個有自己的機構，自己的規則，自己的權力，由此不屈服於壓力，取得按通常承認的標準來說的成就的高效——這樣一個圖像開始顯現。艾利森教授的論文和他的言論引出了下一個問題：這個為了自身存在與發展需要而自治的共同體，如何一面抵禦來自政治狂熱者與教條主義者的壓力，一面擺脫對有私心的政治團體的經濟的依賴呢？

會議的第三天在討論前一個問題。對後一個問題蒂博與賴澤爾博士表示了看法。他們認為科學研究題材價格的上漲與捐贈基金的不足需要對政府在經濟上有所依賴。蒂博發現困難來自於一些受寵於政治統治集團的知識份子對政治的幕後操縱；賴澤爾對不同大學的經濟形式進行了廣泛調查，發現其中沒有一個能可靠地保證知識份子的自主工作。直接由立法機關的活動直接撥款可能是危險的，直接由管理團體，如內閣或政治部門撥款也會是危險的。看來英國大學基金委員會是最好的，因為它的責任是一個準學術團體。這個團體由議會提供基金，處於大學與政府之間。

雖然對研究自由不可能有絕對安全的保障，但賴澤爾指出，要想一個政府可如同一個「轉馬的伙伴」那樣被對待（在需要伙伴關係的範圍內），大學裏與個人科學家的自尊與自信是最重要的因素之一。如果在大學團體的成員之間沒有「公共的責任與自律」，學術自由就不能得到保證。

從政府那裏獲得金錢的需要與對政府的不信任，這兩者是有矛盾的。沒有人懷疑這種對金錢的需要——甚至是米利特（John Millet）在他被分發但未被提出討論的論文裏——也沒有否認今日的科學研究需要大規模的政府幫助，討論中沒有顯出多少創造力——也許除了現在的主要方法外沒有其他的選擇——唯一獨特的方法出自米利特的建議：政府應通過資助大量的學費來幫助大學。蒂博與賴澤爾的意見使對經濟研究新方法的建議中充滿了創造力，他們強調了科學家對他們團體——科學共同體準則的堅定維護的日益重要，賴澤爾亦反覆提到了平等伙伴關係是科學共同體與政治共同體之間一種正確的關係，如果忽視這些見解。那麼大會所提倡的知識份子自由性質與條件的概念即是不可能的。

III

在考慮對政府經濟依賴的背景下，關於對科學家自治的形上關注與實行而引起的對他們道德責任感的爭論，呈現出特殊的深刻性。這個問題是真實的，但其表達方式的陳腐使討論被引向僻徑。然而甚至在它們的僻徑上，一旦把握了討論科學共同體觀念的主旨，便可以開始看到關於科學家與學者的道德責任問題的傳統哲學討論曾經如何真地成為限制和維護知識份子自由的嘗試。

亦可看到這件事情的傳統哲學討論如何忽視了科學共同體在社會、經濟及政治方面與其他共同體的關係。傳統觀念的失敗亦顯現於他們對科學共同體內部社會結構的忽視。

　　討論的進行時常隱藏著我們對德國教授們意味深長的同情。在德國的理想主義觀念中，個人自身的道德與他的最高價值直接相聯繫並對此負責任，任何組織都無力干涉，這種觀念看來阻礙了思想的進步，當國家對科學的要求正高，當政治家如此地遵循教條，或其野心正無邊時，看來這種思想干擾了對知識份子保護自身生活與機構的自主不受入侵這一緊迫問題的慎重考慮。

　　我想直到會議的後階段，這些深層的道德與社會問題才被試圖提出來，但在第三次會議上梅爾貝格教授（Mehlberg）的實證科學主義使反實證主義者們異常興奮起來，會議開始時的注重被一種熱烈的興奮情緒取代了。利特教授（Theodor Litt）熱烈的道德激情，梅爾貝格教授冷冷的諷刺，胡克（Sidney Hook）所代言的啓蒙運動活躍而不可抑制的聲音，若爾（Jores）和米徹爾利希（Mitscherlich）教授莊嚴的宗教般的音調，斯特本教授（Fedor Stepun）慷慨激昂的演說，這些或激起了會議成員熱烈的掌聲，或激烈的爭論。

　　這裏又必須說到討論的連貫性被破壞了，科學共同體思想的發展——會議者的有效的理論基礎——在由社會、政治與心理學與各方面深入地探討之前，被過早出現的道德責任問題打斷了。

　　整個會議傾向於反對統計學家與極權主義者，大部分人（但不是全部）都避免了科學烏托邦思想。在這個一致的背景上，會議成員存在著明顯的分歧，德國人認為在科學研究中除了認識過程，還包括人的認識能力。基於這個事實，科學家接受了來自於其工作性質的道德責任及一個基本的道德轉向。科學家不得不關

心其工作的結果，也不得不關心對真理的追求所決定了的制度與價值。再者，科學家沒有在觀察與推導中竭盡其知識活動與責任。這一事實意味著這些被實證主義者們如此重視的過程不能取代其他所有的知識活動……，但主要觀點是理想主義者對任何形式的科學主義的對抗，因為他們傑出的科學知識會使他們在政治和道德決策方面做出非凡的貢獻。如果不是由於反經驗主義理論的吶喊引起的激烈偏見，也許會較容易達成成員間基本意見的一致。

　　無論是以利特（Litt）為代表的理想主義者，和以梅爾貝格（Mehlberg）為代表的實證主義者，都顯示出我們關於知識份子和學術自由情況認識上的欠缺。對於前者，科學真理是整個人類的產物，它的成就顯現出一整套超越了認識和知識的價值觀；對實證主義者來說，完全排除非認識的、情感的、宗教的，或形而上學的思想或情感，通過限制我們自己僅僅運用我們的觀察力與推理能力，而且只由它們引導我們的判斷便能夠保證我們的真理。但他們都沒有記起科學中科學傳統及其權威的現狀。實證主義者神化了個人調查者，使每個調查看上去像是在自由地提問，自由地觀察，而且在理性地分析假設每個組成部分。理想主義者不承認科學傳統與其他傳統不同，因為經過一定時間，在原則上，傳統中的每一個因素——即思維的一個體系——都要被批判性地評價，任何時候它的權威是有條件的，它不僅應適應於我們通過個人經驗所習得的價值，而且能被科學領域裏我們的同行所接受，他們的成就值得我們的信任。他們本來可以在對科學共同體的看法上找到一共同的基礎。

　　實證主義者想在我們所有的知識過程中取得科學方法霸權的野心（即實際上是想取得科學家在立法者中至高無上的地位）受

到了強烈反對，米徹爾利希痛恨納粹在他們的醫學領域及其他許多領域裏所做的一切。帶著這種動人的痛恨表情，懷著道德上的理想主義，他滔滔不絕地斥責了科學家想要爲引導個人行爲和社會政策方面提供道德標準的原理。海耶克（Hayek）與拉比諾維奇（Rabinowitch）曾想讓討論集中在科學家所能貢獻於公共政治的範圍內與限制中，及其做此貢獻的能力上，但他們的努力沒有響應者。回顧這次會議，我們看出討論者的發言總是圍繞著科學共同體理論以及它在一個多元社會裏與其他生活領域可能的與合適的聯繫。

　　雖然常有跟主題無關的思想，但給人深刻印象的是討論如何一次又一次地回到很被明確表達出的中心主題上。例如，在各種觀點上，各種科學傳統中的公共性都被提到，對其特徵也做了研究，一致同意的是，科學傳統不僅存在於觀點、現行假設，及其整理過程中──而且科學家的精神氣質也被視爲一個重要因素。這是一種既堅強又脆弱的氣質，沒有它科學工作將無法進行。這一點，不僅博藍尼、胡克，及我自己在第一天就做了強調，而且在第四天關於蘇聯政治對科學研究的干涉造成的對遺傳學研究的破壞的討論中，我們對一個自主的、部分自主的科學傳統及學術研究的強調是顯而易見的。在吉特曼（Gitermann）與勞赫（Rauch）的論文裏，發言者沒有忽略蘇聯政府在所有以教條式偏見對待的事情或關於其權力合法性的事情上所反映出的歪曲事實的意圖。以某種方式我們可以看到，在導師與學生的個人關係中，科學與學者的同行業者中，對眞理的熱愛在遵從官方命令的表象下仍未減退，並由此產生了大量學術與科學的著作。魏斯貝格（Alexander Weissberg）引述了他作爲一個科學家及蘇聯《物理雜誌》（Journal of Physics）編輯在蘇聯的經歷，並提出了相同的

觀點。真正的科學家，蘇俄的也好，別的國家也好，都不讓統治集團的教條混入到他研究的中心中去。他們願意在形式上做些妥協——這些妥協對他們科學王國的尊嚴，及對這一王國賴以存在的非個人的交流渠道並不構成直接傷害。例如，他們會順從地去出版一些關於科學在辯證唯物主義上豐收的籠統文章，但他們不會相信辯證唯物主義會歪曲自己的思想，而且即使他們相信的話，也只是部分地相信，其科學工作的主要精力並不受影響。像魏斯貝格說的那樣：「他們就是不信。」阿宏（Raymond Aron）在他們的論文《社會科學中對階級或國家真理的思想》中，後來我也在討論中表示了相同觀點：沒有一個對科學做出了貢獻或想做出貢獻的科學家會認真地相信極權主義的論點：即階級、種族等自有其獨具的真理。這種觀點只為宣傳煽動者、學術世界裡的諂媚者——那些企圖靠奉承其黨派上級的偏見來獲取晉升，以及糊塗地捲入相對論疑團中去的老實哲學家們所有，沒有哪個真正投入到他的工作中，而且具有職業氣質的科學家相信「兩個真理」的理論——一條真理服務於統治階段，另一條則服務於工人階級，參與科學工作並成為科學共同體中的一員在本質上是與這條教義不相容的。科學生活與科學機構傳統的力量再一次在意識型態的主張面前肯定了自己，而且想要高知識素質的科學工作得以繼續，便必須這樣去做。

當然沒有人宣稱沒有意識型態動機對科學機構的入侵會沒有一點影響。其實，第一天關於機構間關係的討論和接下來對道德責任感的討論顯示出會議成員認為必須警惕這樣的危險。由博藍尼開始，貝克在第一天的講話說明在一個尊重真理與道德完善的標準框架中，自由的、有競爭力的科學出版的活動，對科學意見的發展有多麼重要。其他講話者指出：統治者思想上的偏見所施

加的壓力與科學家的順從會如何阻塞、改變和污染科學之河。他
們強調對科學傳統做現實的評論，不主張這種傳統能獨立於它生
存於其中的社會而繼續存在；大家都承認，而且有力強調了這傳
統會被教條主義者或外界力量過多要求而受到嚴重傷害。然而在
我看來，一個對整個會議很有價值的貢獻是一個漸漸發展起來的
觀點，科學活動——機構的和個人的——形成一種社會上的和文
化上的體制。這個機制要有自我保護與自動調節的力量，而且必
須是相對自主的。關於這個觀點，大家認爲在這種自主中，科學
內在的傳統——一般來說特別是科學自制的傳統——在一個又一
個調查者的觀念中，在人們的記憶中，軼事中、也存在於科學共
同體中的傳統起了重要作用，它與保持對那傳統中最高價值的信
念——科學的眞理並非無關。

　　僞哲學家與政治家爲科學家做的意識型態上的分析會將科學
引向歧途，這種分析不包括在會議更有用的部分內。我非常肯定
它本會對會議上自然出現的主題的闡明更有用些——即科學的自
主與其維持的條件——如果不反駁一種在科學世界中很少有人眞
正接受的哲學，而是更爲注意爲什麼有時候科學家與學者支持一
種在一定時間後會傷害、歪曲科學的哲學與政策判斷。這個問題
被麥卡錫參議員（McCarthy）歪曲了，並且自從梅（Nunn May）
與富克斯（Fuchs）的不良行爲被揭發以來一直煩擾著我們，但不
幸的是只是格廷根（Göttingen）的普萊斯納（Helmut Plessner）
教授在一篇簡潔的論文中討論過。普萊斯納平靜地提出在西方社
會中受教育階層傳統文化的一組成部分如何培養了對市民社會的
仇恨；在我看來這個問題觸及了當今對科學家與知識份子普遍的
不安情緒大部分的原因與根源。普萊斯納問道：爲什麼學者與科
學家們傾向於接受極端主義的政治觀點——德國的歷史學家特別

傾向於接受反動極端主義，而自然科學家則傾向於接受左派極端主義。對極端主義者傾向的部分解釋——這種意見在所有的國家裏，並沒有普遍的或相同的發生率——得自於每個領域裏的思維方式，如歷史訓練中的移情、有機的思想；及自然科學中批判的、推理的反權威主義所渲染的氣氛，使其易於走向一個極端。如果普萊斯納教授能更明顯地區分學者與科學界內在和外在傳統的不同那就好了。在學術和科學研究過程中偶然出現的傳統，與產生於教會同科學衝突過程中的傳統，這兩者有重要的區別。這種矛盾雖然對科學或學術並不重要，但已經進入了科學世界傳統的核心，而且它對知識份子實證中自由才智與公眾權力之間的矛盾，及其他必要的矛盾信仰的形成有重要作用。普萊斯納教授的論文只是一個開始，但這個開始應該在學術世界自身範圍內繼續下去——而不是在怪人的圈子裏或任性的記者與煽動家中。這一研究或這一系列的研究將增加我們對科學共同體與更大共同體各個部分之間無數聯繫中的一部分聯繫的理解。這將顯示出這一非常特殊的共同體——生存於廣闊世界中而仍能存在的科學共同體——的內在平衡是如何開始被破壞的，因為這一點，它將對科學共同體的平衡及其與社會其他部門的關係做出貢獻。

註　釋

　　本文與曾發表在《原子科學快報》（第十卷第五期 1954 年 5 月號 pp. 151～155）的文章有所不同。

①該會議由文化自由大會主辦。由曼徹斯特大學博藍尼教授（Michael Polanyi）和曾在蘇聯工作過很長時間的澳大利亞物理學家魏斯貝格（Alexander Weissberg）負責組織工作（關於魏斯貝格博士的回憶，可以見他的《The Conspiracy of Silence》）。

②博藍尼教授的論文已由一個科學自由的保護團體出版。

10.知識份子與未來

I

　　我們當代知識傳統的主要潮流之一早就宣告現在不是最好的光景，而是最糟的時刻。自十八世紀末以來這個傳統就同我們在一起，而且從十九世紀初開始它更為壯大。這個傳統裏有一種較次要主張曾斷言，過去是一個較好的時期，那是一個充滿光明的季節，是希望的春天。最近，另一種見解已匯入這條主溪流，它的川流不息的流水彷彿竊竊私語著，未來是更壞的時期，是一個黑暗的季節，是絕望的冬天。

　　兩個世紀裏大部分人一點點地開始無可奈何地否認今天的美德，認為現在是一個不幸時期的人裏，也有不少人預見未來是一個理性力量和人本性中潛在的善，是一個為歷史發展的必然性和一種支配思想的力量所規定的較好時期。他們中的有些人預見，並充滿希望地向世人展現一幅用心製作的也許會在未來成為現實的圖畫。

　　在一個更科學的時代，這種烏托邦的希望受到了「科學社會主義」批判並且被它取而代之。科學社會主義（Scientific

socialism）反對這些對於未來狀態令人愉快和詳盡的描寫，它斷言相信未來將帶來一種深深分離性的、全球的改革進步。馬克思主義拒絕「為未來的餐館寫食譜」，它把注意力轉向必然導致建立那些美好的富於營養的餐館所需要的法律和技術。毫無疑問，它們將會實現，而且它們的飯菜既充足又可口。

　　甚至馬克思主義的創建者值得驕傲的努力，也不能抑制他們追隨者渴望知道使未來尊貴的事物是什麼樣子，而且諸如考茨基（Kautsky）和巴洛德（Ballod）等幾位馬克思主義者堅決傾心於去發現他們正在奮鬥的目標和輪廓。一旦俄國革命發生了，就再無可能否定這種想知道未來到底是什麼樣子的願望，或者說否定是不明智的。「我已經看到未來，而且它正運行著。」蘇聯被承認是未來的預示。人們不再需要寫烏托邦。對蘇聯事情的報告，聲稱幻想變成現實，這種報告滿足了想知道未來是什麼樣而又肯定未來確是非常美好的人之需要。

　　在整個二〇世紀二〇年代，除了不可妥協的社會民主主義者和反動份子（reactionaries）因為各種值得和不值得的理由，發現布爾什維克主義是令人憎恨的之外，布爾什維克社會的模式似乎是接近於人類可能合理追求的最高目標。被布爾什維克黨認為是對正式的社會民主政體的領導人不忠實，而受到猛烈譴責的自由主義者和社會主義者感到，布爾什維克黨（Bolsheviks）精英的主要特徵是：他們懷著堅定不移的決心，主要依靠靈感，帶領著俄國人民同它一起正躍進入未來。

　　人們認為，布爾什維克黨理所當然地知道什麼是我所喜歡的未來，並知道如何到達未來。除了努力之外，人們不需要付出什麼代價。我記得那時特別討論過蘇聯限制公民自由。那些非官方的社會主義者和普通激進份子雖然知道禁止公開討論，他們認為

這完全是對的，因爲這完全是爲了保護社會主義社會的經驗體制不受「階級敵人」（class enemies）破壞的需要。「階級敵人」不是未來得要繼承的基本共同體的成員。他們與一個社會主義社會的構成是完全不同的，而且他們的損失沒有包括在所付出的代價之中。一旦到達社會主義社會，將重建公民自由而不損害那個曾經自願放棄這種自由的共同體。監禁或消滅「階級敵人」不屬於「代價」（cost）。這是進入理想化未來的先決條件——苦難和贖罪的一部分。它們都是使未來變得純潔的行動。過去完全充滿罪惡，因此它遭到拋棄就算不上是損失。專制主義社會很壞，它的機構完全不必存在。在摒棄它們時要付出的唯一代價是，竭力對抗那些試圖保護這種機構的「階級敵人」。當然，愛護蘇聯的人士承認，在通向未來的運動中它蒙受了眞實的損失，然而，他們爭辯說，由於這個目標毋庸置疑的意義，必須做出悲壯的犧牲。他們承認，由於不加區別的根除過去的積垢，可能丟失許多有價值的東西。但是這種持愛護態度的人士是相當少見的。

在二〇世紀三〇年代，當時現實的重要性明顯減弱了，未來呈現出一種新的更緊迫的吸引力。未來模式的可得性，使對它的贊助更切實可行。模式的存在和現在的特徵都改變了未來的內涵。然而，在二〇世紀二〇年代，由蘇聯的可能性所代表的未來已經具有以自由的土地上就有自由的人民爲中心內容的理想主義烏托邦的一般特徵，在這種烏托邦中，平凡的人將與亞里斯多德（Aristotle）處在同樣的高度，在二〇年代則更強調未來情形的經濟特徵。西方的大蕭條與「沒有失業的土地」（the land without unemployment）形成鮮明對照。仍然維持許久的樂觀主義，通過創造或恢復對人世間流浪者和不幸者的同情而增添了力量與熱情。這種缺乏批判性的和奮力而爲的樂觀主義，藉助這個時代經

驗豐富且又滿腔熱誠的共產黨政客和知識份子的欺詐，遂使人們
對於這個不需花錢便可達到的目標更加地缺乏批判性，產生盲目
的樂觀。如同二○年代那樣，但要更強烈一些，這種樂觀主義甚
至爭辯說，保護未來免遭在過去和現在已獲既得利益的人們的破
壞，是直到目標須支付的唯一代價。挫敗未來之敵毀天性的努
力，除了保持秘密政策，並不需要任何犧牲。犧牲者的失敗沒有
被看成是一種代價。未來的資源是那些被拉進集體奮鬥而至今未
使用過的力量。多做分外的工作被看成是崇高的舉動；當個人多
做事少拿報酬時，那麼所做出的放棄便是犧牲的行為。沒有人犧
牲其他人，只是犧牲他自己，而且他因此受到人們的尊敬。

　　同每每為得到一點滿足都得付出代價的現在相對照，那時還
存在一種和平共處的幻想，幻想著所有特殊的利害關係都消除
了，而且幻想所有的生活理想都同時可以實現。甚至最簡單的為
了資本累積而放棄眼前消費的提議，它都不加考慮地通過了。更
不用說為了遙遠的和無止境的將來有權犧牲現在。

　　現在，所有的這些想法都改變了，只有很少一部分知識份子
仍然相信蘇聯已經使未來變得實實在在。淺陋和自大的樂觀主義
已經消退了。偉大的社會主義之夢像月亮上的光暈一樣。1956 年
2 月赫魯雪夫的秘密報告清楚表明，未來還沒有在蘇聯國土上永
駐。社會主義已經在一個工業和農業生產組織得不好的體制中運
轉失靈；它已經失去了魅力。曾經預想著改造所有人類生活的建
議者已經失去他們曾有過的自負的優越感。蘇聯的真實發現和東
歐的人民民主，使那些以改變無價值的現在為己任的人對他抉擇
的正當性更缺乏信心。

　　對社會主義來說，構成整體所必需的享樂主義在資本主義經
濟中比在社會主義經絡中更使人滿意。一方面是東歐計畫經濟的

混亂，和法國、英國的國有化工業的絕對平淡無奇，而另一方面是美國的富裕社會和德國的「經濟奇蹟」（economic wonder），儘管沒有得到兩國的獲益者喜歡，但已經削弱了人們對社會主義主要特色的愛慕。這並不是這個目標是否值得以導致社會主義變色為代價的問題，而是這個目標結果是一場空的問題。社會主義和未來已經如此混淆難辨，以致於沒有社會主義的未來看上去似乎僅僅是時間延綿中的空寂，沒有實現的時候。

　　未來已經陷入一片沼澤。現在有誰會把未來當成幸福生活之所在？未來和有關未來的論述已經成為電腦、自動控制和情報系統方面專家的領域。除了把未來看作是運用他們的工業技術和藝術技巧之場所的那些人，誰也不會為之感到振奮。人們接受了自己控制的必然性，但不歡迎把人從辛勤的勞動中解放出來。不通過勞動亦可得到收入並沒有被看作是一個很好的機會，相反，許多人認為這是危險的福利措施。不需工作的生存理想伴隨著萬分憂慮的興奮。它絕對不是使那些被迫接近它的人加快其步伐的未來。

　　以前把蘇聯看作未來之萌芽的那些人，有的已經放棄他們的老朋友，但也不忘舊敵。他們不再捍衛他們過去的理想，或者不再捍衛早期創造這種理想的具有特殊氣質的人，他們只是濫罵批判舊理想的人。最近我們已聽到，似乎從來沒有比現在更需要破壞和顛覆，儘管號召者感到現存權力太鞏固，不容許他們這樣做。即使他們在回想密室會議和佈設障礙時，堅強的動脈中規律跳動的血液會稍稍加快速度，但對任何可能的結果他們還是沒有信心。未來已經變得空洞或不確定，不可能接近它，也不比現在更好。未來不再從遠處向我們招手呼喚，不再使人迷醉。人們想通過社會改良論的方法，即通過擴展公民權，增加教育和職業機

會，以及改善教育質量和提倡文明來接近未來。說這些運動是
「激進的」（radical）運動一點也不爲過，因爲他們中的某些人
即使願意用革命的論調來想像他們自己，他們也已經回過頭去使
用十九世紀激進改革家的方法和目的。

　　甚至這朵富於青春活力的激進主義之花（radicalism-admirable）
——照樣令人驚奇和激動——沒有同關於未來的信念一起燃燒。
新激進主義在批判現實的時候確實很激進，但它也接受了許多現
在的東西，而且在它看來一切都不是確定不移的，它發現在通向
未來的行程中沒有空曠的快車道。它摸索著向前進。它對權威有
反叛的情緒。以未來爲中心而把革命作爲途徑的馬克思主義意識
型態受到了懷疑，新激進主義儘管有時顯示出要尋求一種意識型
態，但他不能接受遭到懷疑的意識型態，因此它不得不使自己滿
足於通常與意識型態取向相反的「零碎的社會工程學」
（piecemealsocial engineering）。當它大聲反對「社會改良論」
（meliorism），並使用諸如「權力」（power）和「貧窮」（the
poor）這類過時的大名詞，及像「博愛」（fraternity）和「社區」
（community）這樣更老的名詞時，它不能把它的行爲與任何比特
殊的改革更豐富或更基本的事情聯繫在一起。也許它被大學擁抱
得太緊了，也許它的手腳被太多的當代社會學研究捆住了，總
之，對這個具有新名稱的特殊的改革來說，零零星星地稱讚暴
力，不時發生的爆炸，或不再掩飾現在的不幸，都是可取之道。

　　在當代社會運動中間已經湧現出許多附屬的運動，並在破除
舊的意識型態中顯示出重要的力量。這些運動把黑人和遭社會遺
棄的人集聚到大多數人已經生活於其中的道德和公民結構中去。
那些耳朵無力地顫動，像老狗打著瞌睡的人，當聞知市民國家動
盪局面和暴力拯救未來的言論時，他們不能掙脫現在的禁錮。有

些人說革命是必要的，但他們認為的革命，通常不會超過受輕視
的自由主義者和改革者也已同樣主張的那種革命，例如，解雇從
事自動化職業的人要受到控制，取消學校中的種族隔離，在缺少
階級意識的無產者中間進行自願聯合，以及諸如此類的事情。因
此，在西方文明中我們已經達至一個轉折點，在這裏曾經教導世
界上其他人思考未來、為未來而行為的知識傳統的擁有者也失去
了自信。「未來學」（Futurology）和一個社會學家小團體的新進
化論（evolutionism），僅僅向人們預先展示從最近的過去向不使
人愉快的未來發展的軌跡。

II

　　在不發達世界，革命者處於反對新殖民主義（neocolonialism）
的喧囂之中。他們對從前的外國統治者和現在的國內統治者的仇
恨如此強烈，以致毫無意義的目的也沒能使他們的熱情冷卻下
來。在西方世界，未來的空虛，或預期中的它使人痛苦的內容，
使許多消除了對花言巧語的和喧喧嚷嚷的革命所懷有的留戀之
情。他們不相信「目的是無所謂的，運動就是一切」（the end is
nothing, the movement everything）的論調。不同於不發達世界的
是，西方的遺產和它最近的毀滅產生太強的影響，不允許仇恨和
進取心去接受有問題的命令；對運動來說必須表面上是無問題
的，而實際上是合法的，行動必須處於手段和目的的鏈環之中。

　　如同今天的政府那樣，不管怎樣地不能勝任和具有一定的偽
善之心，它必須有政策，而不能允許它自身顯露出簡單地滿足於掌
握權力，所以，批判政府和政府所控制的社會同樣必有一個精心

籌劃的遠大目標，這個目標在意識型態上相當於一個政策。即使烏托邦的傾向繼續在減弱，但是迴避未來的傾向是不能持久的。

對未來的注視已抓住了近代人的思想。他們必須朝著未來奮鬥。如果他們不這樣做，必定會因為所得少於所要的而對自己產生不滿。但是，整個事情對於政府來說更容易些；他們只關心自己在五年、十年、十五年或二十年之遠的將來，在這短暫的時間內，他們的想像力只限於世界的幾個部門。他考慮特定的資源，特定的地區，特定的教育成果或特定的經濟變量，譬如國民生產總值或人均收入等。繼承了許多革命傳統的知識份子傳統則面臨著一個不同尋常且更困難的任務。

這種革命傳統曾傾向於考慮永久的生活總秩序，一種完全不同於現在、無限期發展下去的情形。它橫跨的時間距離是最長的，在它成為現實以前行動也許變為它所必須經過的某一時刻。

除非政府各部門嚴重的腐敗或徹底崩潰，否則它們都受到職責義務的壓力的推動，去思考對它們施加影響的任務，選民或國民賦予它們的工作，或者思考時代文化和它們的雇員引起的職業傳統派給它們的工作。政府部門的人也許拙劣地做著他們的工作，但他們不能逃避實際的責任做這些必須顯示短期成就的事情。不管他們的社會可能提供什麼資源，他們都聽其支配，可是因為資源必須來自一個可能另外由私人或社會業團體使用的貯存，因此他們在最近的將來要「付出代價」（paying），政府必須考慮行動的代價遠勝於外界批評家考慮的那樣。

革命者，尤其是那些繼承某些革命傳統（revolutionaries inherit），並以批判社會的方式表示他尚未成為革命者的人，面臨著更難處理的境況。他們的確未承擔由真正的職責義務提供的任務，也沒有進入社會管理的組織內部。作為局外人，他們沒有

使未來狀態成為有機體的資源。他們並不是讓社會的各團體為未來的設置付出代價，也不是一切都要得到這些團體同意和容忍的政治家。他們不需要考慮將來而去做出某些迫不得已的放棄。革命者渴望的是進入政府佔據的位置，使他們能夠利用政府的資源。但是，眼下他們什麼也沒有，除了他們的信念和感情驅使他們向前進，而信念和感情是不能強使正義的懲罰。革命者的信念是對未來積極潛力的信念，以及時常設想未來將有什麼可能。他們不相信要達到未來必將付出些什麼。

因此，在美國、英國、法國、西德等任何其他發達國家，批評現存社會的革命者，或那些尚未成為革命黨，但繼承了這些傳統的人，即使在履行傳統賦予的職責時，都是非常不利的。這些不利條件既有他們早期對未來的想像表示了說服力（更根本地在於對未來的積極潛力不再確信不疑），也有政府已開始以一種競爭的方式思索未來。

我們因此處在一種困境中，我們已經意識到未來正在來臨，而同時未來的形狀卻愈加模糊和駭人。與其阻擊和整修加個防線，不如攻上去征服未來，這似乎是競賽的規則。

在想像未來方面的喪失信心，在革命傳統中包含著或意含著由意識型態的終結所解釋的主要內容，這種境況是難以獲得支持和不能令人滿意的。未來不是不可能放棄，因為有些人已經不再相信，他們曾經預言的未來是確定無疑的，或有想望之價值的。人類也不打算放棄它對未來的關注。社會不可能只限於生活在現在。對過去和將來，親近和遙遠的感情與想像是思想構成中基本的元素。對我來說，要相信幾千年來西方傳統生活和幾千年來關於未來的神學和人文幻想可能已經留下一個如此模糊的沉澱物，使得它們不會繼續形成那種與生俱來的思考未來的習性，肯定是

困難的。

　　此外，我們日益增加的科學成就和榮耀使得我們會去思索未來。人對於訓練有素的想像力和智力力量的驕傲，和渴望自治的個人利益的膨脹，給予了人們的自決進入未來的決心。

III

　　我們必須承認，迄今爲止我們在預測方面的成就不大。有過一些零星的成就，諸如赫茨恩（Herzen）和托克維爾（Tocqueville）關於俄國和美國的未來統治權的預言，還有韋爾斯（H.G.Wells）的預想，但是並不是很多。我們大多數預測都是過去趨勢的延伸。我們的社會科學無論在未來有什麼發展機會，但肯定不會使自己獲得預言性陳述被人認爲是可信的榮譽，雖然如果他們現在的工作方式是合理的，可能有理由期待這些工作有助手使未來比它曾經所做的更服從衆於預測。電腦的發展應該有可能處理許多系統的材料，如現在在人口統計方面所可能的，並描繪出種種可信的未來，斷言還有什麼是可以共存的。使用大量的統計材料，通過有效的分析過程進行預測，可能仍然還不十分成功。

　　未來也許充分證明了，在一段較長的時期內它是難以探究的不明之事。目前它肯定是這樣，如同它一貫的樣子。人們在科學和技術以及宗教方面的創造力——唯一需要預測和控制的力量——看起來是不服從預測的。可以預料的是，人類的創造力已經達到一個終點，而且在電腦和社會科學進一步發展之後，人類的創造力將會用盡。然而，人們沒有理由認爲事情就是這樣——確實也沒有根據認爲這些科學會用盡所有可利用的人類純粹的創造

力，或在可以預見的未來將會發生這種事情。因此我們可能相信，我們的預言才能將總是停留在不完美的階段。可是，並不能因此而得出結論，在較短的時間內和在特定的生活領域內會一點沒有成功的預測。

預言的運用（Predictive exercises），如具體表現在當代計畫方式和線性規劃方面，必然會產生一個和他們的意欲的預言同樣重要的副產品——一個相當模稜兩可的諾言。預言的運用助長了這種思索未來的方式，即要求指定每一個隨後階段的先決條件。換句話說，在資源方面需要什麼的問題將影響最美的注意。例如，到 1985 年將產生如此這般多的大學學生，然後有必要確定在這以前應有多少學生必須通過高中，多少學生必須通過小學，在高中和小學必須有多少教師，學校必須準備多少建築物、設備和行政人員等等。如果想要在醫學和工程這種特定的領域產生如此眾多的研究生，必須就有關大學以前特定的課程中需要多少孩子和青年人的數字，以及所需的物理學、生物學、數學老師的數字等等，做出各種估算。也必須設計諸如每個階段的消耗率、每個階段的教學方法這樣的常數。在分階段和整體的預測方面會有大量的錯誤，但是作為在這種預測技巧方面所獲得的經驗，會形成一種「代價意識」（cost consciousness）。人們在思考未來的時候變得成熟起來，但不是在做出全盤的預言方面，而是在可能達到特定目標下思考條件（代價）（costs）方面變得成熟。

人們做出的一個限定的預言，其跨越的時間愈短，它得到證實、實現和準確的可能性就愈大。政府對持續時間短和也許多少有點反政府的、烏托邦式的革命性預言與決心的關注（為了本文第一部分所述的原因），會使短期限定的預言和代價預算廣泛地被人接受。許多人感到而且將日益感到需要未來——一旦對未來

的恐懼減少，他們會因這些短期限定的預言而滿足。

在我看來，完全撇開對未來發展方向傳統的與革命的懷疑不
論，這是令人們不再認為遙遠未來的發展方向將那麼動人的另一
個理由。不同時代有不同的趣味和願望；這個現實主義的觀念正
在不斷發展。即使長期預言可以證明是準確的（其實不能），人
們現在越來越發現每一代人有他們自己的趣味，而且下一代人的
趣味既不一定是上代人的趣味，也沒必要一定要相同。要求三十
或四十年在同樣方向不懈努力去貫徹一項政策，同樣需要一批意
志堅強、不可征服、天真長壽的精英份子，以及需要他們準確無
誤地挑選他們的繼承人，並能對他們保持控制。我們這個時代具
有以年輕人為中心的社會風氣，加之所經歷的專制政權的缺點阻
止了人們把上一代範圍擴大、千頭萬緒的規劃強加給下一代人的
意圖。他們也阻止了我們可能不得不把我們的資源託付給各種計
畫的衝動，這些計畫的實現需要未來的贊同，而且，如果它們是
富有成效的，將把它們的成果賦予好幾代人，而後代可能並不像
我們這代人那樣認為這些結果是有價值的。

人們越來越認識到，為了下一代而犧牲現在這一代是沒有意
義的。結果實在不可預測，下一代也許並不想接收我們認為是對
他有利的東西。為一代人付出的代價太大了，而且那些為下一代
犧牲現在一代人的動機已經受到懷疑。

我們為什麼期待在對遙遠目標的態度上可能有一個變化，並
期待它們會更貼近現在和被更兩廂情願的目標所代替，其中是另
有一番道理。遙遠目標的特徵是，就實現這些目標的方法來說，
它全然被認為只是確定這些目標的人的另外努力。

人們通常不考慮代價和利益的平衡。如果這個目標是值得
的，那麼就不會產生代價的問題。由於在提出遙遠目標的人之間

存在疏離狀態——他們有的游離於中央組織體系之外，有的則處
於重要位置——助長了這種態度。他們不考慮目標會使其他人受
到的損失——收入的損失、機會的喪失、自由的喪失或生活的喪
失，除了那些使用殺蟲劑的農學家可能從生態學的角度考慮到向
昆蟲噴灑毒藥對昆蟲會產生什麼影響。因為在經典的形式中大家
都相信用來發展的資源已存在在那裏，而且人們正在以一種限制
他們成果的方式分配和處理資源，唯一的問題是如何從使用它們
來限制它們生產力的人手中奪走資源。由於他們不正當的所有權
沒有道德地位，所以剝奪這些所有權並沒有道德的代價。

　　現代社會已經看到一種輿論範圍的擴大，而且還影響了代價
意識。馬克思主義意義上的階級衝突在減少，勞動階級的「資產
階級化」（bourgeoisification）被驅逐者歸入社會（黑人民權運動
曾是個非常戲劇化的例子），這些變化連其他方面的變化已證明
有一種朝向社會道德統一的趨勢。目前這個過程是極不完善的，
但它已充分進步到一個關鍵點，在這裡已造成重要的影響。影響
之一就是人們現在已開始認識到，他們過去的缺點迫使他們付出
進步的代價。他們已聽到強迫他們聽到的一種聲音，而那些推動
前進的人現在更傾向於聽取當他們沉默時未說出來的話。現在必
須把他們的損失計在進步的代價之內，而它的利益對照他們所放
棄的現在必須加以平衡。並沒有什麼理由以極為遙遠的目標的名
義加負擔在他們身上。

　　我們也許期待在以後的年代裏對未來的關注將是對即將來臨
的未來的關注。在政府和專家的圈子中將發現大量的令人關注的
事情，它們將比大革命時代的較少預言性。這些事情也不都是全
球性的，而將是在一個廣泛的領域一件一件地相互關聯的——更
關心特殊問題，而且也更關心結果和前提——對特殊問題可供選

擇的解決辦法。

IV

在這些條件下，革命傳統將留下什麼？當人們已經減少了對遙遠目標的熱忱依戀，當重大的專門知識被用於評估代價和利益時，以及當許多預算將在政府內進行時，又有什麼事情需要具有批判精神的知識份子來做呢？我們西方社會確實需要傳統的革命意識型態取向嗎？我們確實需要重建思想體系嗎？

對這些問題，我們不可能有簡單、唯一的答案。首先，馬克思主義思想體系的重建看起來是最不可能的，即使它是吸引人的。東歐國家在這種思想體系的領導下而達到的現實已經過分徹底地損害了它。儘管現代社會科學十分精細、軟弱無力和十分淺薄，但也已經削弱、腐蝕了馬克思主義，而且揭露了它認識事物的方法是不成熟的。可是除了這種思想體系，現在還找不到另一個同樣廣博、系統的、以行動爲取向並且符合疏遠的局外人之狀況的「科學倫理」（scientific-ethical）的思想體系。馬克思主義留下了深深的烙印，許多堅強的人物曾經長久與之合作，它是如此偉大，所以似乎沒有其他可選擇的思想體系能夠冒出來聲稱自己是可信賴的。沒有一種來自別的起源的替代品看上去會有發展前途。找不到完全成熟的可當替代品的思想。

儘管確實存在對這種思想體系的思慕，但我不認爲這種思慕是非常普遍或根深蒂固的。從某種程度上講，在那些保留了馬克思主義思想體系的框架，但改變了它生動內容的人中尚能發現這種思慕。意識型態的傳統已經變得與批評既存社會秩序如此有關

聯，以致某些以後者爲業的人認爲他們也應該獲得前者。

　　目前，沒有必要讓缺少意識型態（ideology-less）的狀態繼續下去。可能會產生某種具有馬克思主義成分的新的意識型態（很難想像它完全沒有馬克思主義的成分，在有力批判社會的傳統中它曾變得如此根深蒂固）。這樣一思想體系的召喚會是什麼？

　　像所有的意識型態一樣，作爲一種意識型態它很可能注定要遭致失敗，很可能受到經驗的破壞和被後來的接受者消解，因爲這些接受者不具有思想體系創始人的衝動。但是如同馬克思主義一樣，一種新的意識型態可能明顯具有它們在時代的道德色彩，並增強了對社會缺陷的敏感性。它可能通過指出和誇大各種缺點，有效地使敏感的人感受到社會的缺陷，促使他們試著去發現補救的方法。

　　意識型態僅僅是在已存的價值模式中對某些因素的強調和強化而已。我們無法解釋，爲什麼一種減少緊張的意識型態的提議者（因此較少意識型態的意義）不能與中央制度和價值體系的首要人物進行不斷的對話（在某種程度上馬克思主義是唯一極爲罕見的，但不是完全不起作用的）。只有在摩尼教時期（Manicha-ean phases），意識型態使它的倡導者斷絕了與社會中其他人有效的對話。如果一種意識型態的熱情是溫和的，那麼它的離心力便受到控制。隨後，它的載體成爲和扮演國家行政組織的角色，並且他們以此助成他們社會中心的道德持續力。

　　如果意識型態的倡導者可能避免意識型態同中央制度體系疏離的趨勢，避免意識型態承認世上絕無十全十美，避免把所有的其他一切都看作無意義的普遍摩尼教的趨向，那麼在他們發探的作用中會展現出另外的意義。這些意識型態取向的特徵激起敵對情緒，並使交流中斷，然而，爲了我們當代和未來正在形成的社

會和睦，在內涵豐富、合乎道德理解、現實和明達的觀點上同專業技術專家的交流是必要的。

　　現在正在形成的計算成本收益的福利國家，已經需要並將繼續需要高水平的專門知識。這個過程在我們社會中已經持續了幾十年了，而且由於科學的發展，有關著作的出版劇增，以及無數專門研究和實踐領域的開創，已經增強了這個過程。應與此一起考慮的是，美國中等學校教育的衰退或空虛，大多數學院或大學，尤其在人文和社會科學學科方面課程安排鬆懈，終於導致了目前的情形。這是許多領域中高度業務能力造成的一種情形，每一個專業只與它自己對話。一個自以爲文化修養很高，多少帶有馬克思主義政治書本的文化氣味，與其他文化隔離並害怕受之影響的人，也只對他自己說話。就大體而言這是一種不嚴肅的鄙俗作風。

　　本世紀美國知識、生活的主要特徵之一是「受教育的公眾」（educated public）的減少。教育的空洞化和之後專業化都是形成這一特徵的主要原因。後果之一，就造成對整個社會缺乏理智的、現實的責任感。處在更專業的技術職業之外的知識份子，儘管是一般文化傳統和範圍廣泛的傳統的受惠者，但他們還沒有補救這種不足。美國的文人學士與美國公眾生活的疏遠是一種長期的現象，而專業化使它更加嚴重。接受馬克思主義促進了這種對整個未來和即將來臨的未來缺乏興趣。

　　馬克思主義包含一種對社會的普遍看法，但它不關心即將來臨的未來會有何些變化，以使它堅定地維護終極的和「整體的」轉變（total transformation）。因此可以說，馬克思主義認眞關切的全部事物均處於遙遠的未來。如果美國沒有成爲專業技術專家狹隘偏見的犧牲品，美國知識份子必須自己承擔對即將來臨的未

來決定性的和謹慎的關注。如果人文和自然科學的社會科學家、自由的時事評論員或業餘的社會科學家不是一個可以代表整個社會支配可預見的未來的分析者，那麼沒有其他的人可以做這樣的分析者。

專家們估算社會變化的確切成本。他們根據變量，同那些頒佈和給予數量的行家計算每一種政策的代價。教育方面的專家估算增加學校教職員工所需的財政支出。他們在增加學校教師數量的細節方面，對女教師重新工作後的家庭生活問題，或提供給人們其他職業（諸如搞研究的科學家或實驗室技術員）方面很少受到限制，而且對這些也不太感興趣。這僅僅是超出社會中專家管轄範圍進行工作的一個平常的事例。

權威（Authority）總是必須受到細察，它的政策必須就目標的合理和這些目標所促成的結果的合算而受到評估，同時還必須按照實施這些政策所需的代價受到仔細的審核。暫時假定那個結果是可以接受的，或者是人們想要的，但人們總是要問，達到同樣的結果是否存在更為經濟的辦法。

考察錯綜複雜的社會，社會各部分之間的相互依賴，促使它們凝聚和分裂的各種因素，使過去綿延至現在並在未來尚能倖存下來的各種手段，對整體有效的關係來說這些都是基本的東西。目前，我們社會需要的是一種深謀遠慮的真知灼見，它擔任監管人的職責來保護傳統，而且同時不斷地準備發動、促進和支持同傳統規則相反的行動路線。

我們的城市是無數特殊的行動路線無意造成的結果，對那些詳細討論過這些特殊行動路線的人來說，它們似乎是合理的，然而在我們看來，它們的後果卻是不合人意的，而且我們的社會作為一個整體顯示出產生於同樣模型的缺點。沒有人關心整體。計

畫僅僅是解決這些困難的方法之一。沒有哪一個政府可以或應當被信賴爲是唯一關心共同利益的，無論它對共同利益是何等的公正和忠誠。政府本質上是多元的，對多元社會中的衝突壓力也容易引起反應。雖然，政府各部門同私人集團的特殊利益之間的妥協，對一個好的社會來說是必要的，但做出這些妥協妥常常以犧牲較弱的團體或價值爲代價，因爲沒有一個單獨的團體或聯合團體足以堅持它的利益。

　　如果我們的社會要得到改善，那麼各個團體或集團應該關心的不僅僅是保護弱者，並且也是保護整體社會和不屬任何團體的特殊利益的價值。對某些人來說，把弱者集中起來，以便他們可以變得強大些足能關心他們自己的利益，是值得的。但那不是解決整個社會各種利害關係問題的辦法，就這些人作爲政府和私人利益的執行者和妥協者的角色而言，那也不是批評和引導政府解決同樣問題的辦法。

　　誰準備做這件事情？誰可以作爲整體的良心和天使？在某種意義上每個人都應該這樣做，但這是不可指望的。高等司法院有權作爲國家的良心，而且在某些程度上它已經這樣做了。律師的職業使它能夠具有成爲社會守護者的知識，也使它成爲我們的社會良心的代言人，但是由私人利益機構和較小程度上政府機構提供的獎賞限制了它在這方面活動的成效。報紙和電視新聞工作者可以做而且有些人確實做了（sometimes brilliantly and courageously），但是美國大眾傳播水平約束和歪曲了他們。說到這裏，我們想起大學裏的和業餘的社會科學家，其中包括學問高深的新聞工作者、文學評論家、小說家，甚至詩人，他們有的以毫無偏見的方式關心社會，而有些人對當代社會工作方式除了有知識有道德興趣之外，並沒有其他特別的興趣。

　　承擔這種責任的困難是各不相同，因此需要加以考慮。在許多大學裏，社會科學家都受到狹隘的限制，而他們研究的課題經常（但不是必然的）是無足輕重的。而且，他們生活在狹窄有限的圈子裡。他們爲他們和少數其他人看的報紙和評論雜誌寫文章，而且他們經常讓人覺得艱深晦澀，門外漢很難透徹了解他們寫的內容。再者，他們中的許多人對整個社會感興趣，但他們卻都是疏遠的和不切實際傳統的接受者，這種傳統使他們迴避現實、對現實漠然以對。

　　然而，我們不能一概而論。美國社會科學中總還存在一種關心當前社會直接問題的趨向。從大蕭條以來，在這種傳統曾經操縱過的範圍內已經放寬了眼界，並變得更加老練。而且這種傳統已經接受它自身爲美國社會的一部分，很少有人把它與大學位置分開，但是人們感到它有責任選擇未來的方向，並有責任選擇和判斷那些可取的道德標準。逐漸地，這種傳統已經進入到公衆的範圍。它所缺少的首先是喉舌，通過喉舌可以形成它的言語，而且也由於對話使它的意見變得尖銳。

　　許多業餘的社會科學家經歷了不同程度的孤立。他們的孤立更像是一種自以爲是的態度，那是由於學問高深的人嫌惡美國生活的粗庸並堅持追隨馬克思主義觀念而造成的結果。他們追隨馬克思主義不完全是像任何長期的信仰一樣，而是因爲他們沒有任何可接受的代用品。

　　我認爲，他們等待或尋求一種可作替代的意識型態是錯誤的。

11.大眾社會及其文化

　　自一次大戰結束以來，一種新型的社會秩序首先在美國形成，同時也已在英國、法國、北義大利、低地和北部歐洲以及日本出現。雖然程度更加參差不齊，它的某些特徵已經開始出現於東歐和中歐；而在亞洲和非洲國家，則這類特徵更是初露端倪，隱隱待現。時下通行的做法將這種新型的秩序稱作爲「大眾社會」（mass society）。

　　儘管這一新型的社會秩序存在著內在的衝突，但其中的個人對社會整體則具有一種更大的依從感，與其同胞亦具有更大的親近感。因此之故，大批生存於廣闊地域上的人群，也許是人類歷史上第一次得以進行相對自由的、非強迫的交往。

　　惟有在廣大大眾都已被納入了社會這個意義內，這種新型社會才是一個大眾社會。社會的中心，即核心制度以及指導並合法化這些制度的核心價值系統，已經擴大了其邊界。現在，絕大多數人（「大眾」）較之前現代社會或現代社會早期的人，都與中心保持著一種更爲緊密的關係。在先前的社會中，很大一部分人口，通常是大多數人，都生來就是，並且永遠是「局外人」（outsiders）。

　　大眾社會是一種新的現象，但它很早就已蘊釀了。城邦

（Polis）思想是它的種子，並培養和發展成了羅馬人在一片廣闊
地域上的普通公民思想。近代民族性的發展則強化了不同階級成
員以及同一國家不同地區成員之間的親近感。現代民族思想的倡
導人提出，在一片共同、連續而相互感染的土地上生活，超越了
親屬、種族和宗教信仰的分別，便將生活於這塊土地上的人團結
成一個單一的集體，而且他們認為共同的語言便是這種集體成員
關係的明證，這時他們常常已不知不覺地緊奉於大眾社會了。

　　大眾社會的一個重要特徵是權威的神聖性減弱了，權威所引
起的敬畏以及賦予權威的克里斯瑪特質都弱化了。權威地位的削
弱還伴隨著傳統勢力的低落。即使傳統仍然在發生影響，但它日
益得到各種截然不同的解釋，而這些解釋則常常導致了截然不同
的行動。

　　克里斯瑪特質從中心向四處擴散，這在個人尊嚴和個人權利
上表現得尤為明顯。這種擴散並不總是波及到政治領域的，但是
在針對那些處於不利地位上的婦女、青年和少數民族群體的態度
上，這一擴散最為明顯。

　　我要強調指出，大眾社會由此而來的一個特徵是其「公德」
（「civility」）的廣泛擴散。公德概念並非現代人的創造，但恰
恰是在大眾社會中，它得到了最徹底的（雖則仍然是非常不徹底
的）實現。同成年人口同樣廣泛的公民（citizenry）思想本身，便
是公德的標誌之一。道德平等論（moral equalitarianism）也是如
此。那是西方所特有的特質，它堅持認為，由於公民屬於同一個
共同體，並使用共同的語言，因而他們擁有某種不可剝奪的尊
嚴。

　　大眾社會的這些特徵性傾向沒有一個是達到了全面實現的。
大眾社會的道德共識（moral consensus）理所當然地是遠非完全

的；中心（即精英）和邊緣（即大衆）之間的相互同化作用也仍然遠不是全面的。階級衝突、種族偏見和混亂的個人關係遏制了我所描述的趨向，使它們不能超越一種史無前例的，但仍然是極為有限度的實現。

　　大衆社會是一個工業社會。沒有工業，倘不是用複雜的機器代替了簡單的工具，大衆社會將是不可想像的。現代工業技術創立了一個繁複的運輸和交流網絡，從而使大衆社會的各個部分得以經常進行接觸。現代技術將人從耗竭體力的勞動負擔中解放了出來，並給了他種種資源，從而得以有新的感性體驗，交際活動和反省活動。的確，現代工業組織同時也伴隨著某種程度的層級式官僚組織，它與大衆社會的活躍而鬆散的共識常常是背道而馳的。然而，現代大衆社會在所有成年人口中間實現了一種道德共識和公民秩序這個事實，則仍然是不可抹殺的。每個人由於屬於同一個社會而擁有的那種神聖性，較之先前得到了遠為廣泛的肯定。

　　大衆社會喚醒並提高了人的個體性。個體性的特徵是對經驗的開放性，感性接受力的高度發達，以及對他人內心活動的敏感性。個體性產生並體現於個人依戀之中；它由於人類移情能力的擴大而發展。大衆社會解放了個人的認知能力、鑑賞能力和道德感受能力。愈來愈多的人有意識地學會了享受耳目、口腹和宴飲交際的快樂。人們在衆多的生活領域中更為自由地做出選擇；這些選擇不是傳統、權威或稀缺性迫使他們必須做出的。體驗個人關係的價值得到了更為廣泛的讚賞。

　　這些見解並不是意味著大衆社會中所發展起來的個體性是人人具有的。大衆社會中的一部分人生活在一種近乎呆滯的遲鈍狀態，只是呆板地或本能地對其環境做出反應。雖然如此，尋求個

體性以及它在個人關係中的顯現，則是大眾社會中顯而明見的事實，並且構成了它的根本特徵之一。

大眾社會的文化

文化生活的根本範疇是所有社會中都相同的。在任何給定社會的所有不同階層中。人們都力圖揭示和解釋宇宙，理解事件的意義，竭力接觸神聖事物或褻瀆神靈，肯定道德和正義的原則，或者否認它們，發現未知事物，頌揚或針貶權威，透過控制詞語、聲音、形象和色彩以及對它們的反應，來刺激感官——這些便是文化生活的基本要素。然而，這些要素的詳盡展開則呈現出千差萬別的型態，因爲人類的表現能力和接受能力顯示出顯著的差異。

從來沒有社會可以達到一種完全的文化共識：高級文化的標準和產品在整個社會內的傳播總存在著自然限制。精緻的文化傳統本身充塞著矛盾，而創造性的性質更增加了這類矛盾。創造性是對傳統的一種修正。更爲甚者，高級文化的傳統導傳不可避免地會激起某些人排拒和否認它的某些重要部分，僅僅因爲它是傳統的。比創造性和異化作用更爲根本的是人們的認知、鑑賞和道德感受能力的參差不齊。這種參差不齊使人們對傳統的理解，回應傳統的複雜程度，對傳統所做判斷的實質，都產生了顯著差異。

於是，在歷史的進程中，一種廣泛分化的「異議」（dissensus）穩定化了。這種「異議」的範型並不是必定不變的。消費文化的各個階級可能數量減少了，他們的趣味可能更爲低級了，他們的標準則愈益失去了鑑別力或更加降低了。另一方面，隨著大眾的

日益活躍，一旦它的好奇心、感受力和道德反應能力都被喚醒了，它便開始能夠更爲精緻地感知和鑑賞具體文化表象中的插象要素，同時它的審美接受和表達也更爲複雜了。

　　爲了當下的目的，我們將運用一種非常粗略的三層次文化劃分法，這是根據審美、知性和道德標準而做出的特質層次劃分。它們便是「高級」（superior）或「精緻」（refined）文化、「中級」（mediocre）文化和「粗俗」（brutal）文化①。

　　高級或精緻文化的區別性標誌，是其主題內容的嚴肅性，即它所探討的問題具有核心價值；它具有洞察性的巨大滲透力和融貫性；它所表達的情感的精緻性和豐富性。高級文化項目包括了詩歌、小說和哲學、科學理論研究、雕塑、繪畫、音樂作曲和演奏等方面的偉大作品，以及戲劇劇本和演出、歷史、經濟、社會和政治方面的分析、建築和手工藝作品。不用說，高級文化範疇並不是指社會地位，亦即作品創作者或消費者的社會地位，而只是指作品的眞旨和審美特性。

　　中級文化範疇包括了未達到高級文化作品之標準的作品（無論其創作者的企望如何）。中級文化比高級文化稍缺乏原創性；它更易於再複製；它大致上是用與高級文化同樣的文體（Genres）創作的，但也運用了某些尚未完全納入高級文化的相對時新文體，如像音樂喜劇。這可能是因爲該文體性質的一個結果，也可能是因爲該文體尚沒有吸引才華橫溢者來實踐它這一事實的結果。

　　第三個層次是粗俗文化，它的象徵化展開尚處於更爲初級的層次上。這一層次上的某些文體同中級文化和精緻文化的文體是一致的（圖畫和雕塑表象、音樂、詩歌、小說和短篇故事），但它們還包括比賽、觀賞性表演（spectacles）（諸如拳擊和賽

馬），以及象徵符號內容達到最低限度而更直接的表現行動。粗俗文化的穿透深度幾乎是可以忽略不計的，而其精微性則幾乎完全沒有，而感受和知覺上的泛化粗俗則是一個共通特徵。

這三個層次的文化之間的最大差異，撇開其內在特質不談，便是任何特定時期的特定社會中現存的文化項目之豐富性表現出巨大的參差不齊。任何特定社會所具有的不僅僅是現存的一代人所創造的文化，而且還有它從先輩中繼承而來的，以及從其他社會的各代人中吸收而來的文化。高級文化在內容上表現出不可度量的豐富性，因為它不只包含當代的高級產品，而且還涵括了先前時代的眾多精緻產品。中級文化便傾向於更為貧乏一些，這不僅因為它在現存的一代人中所生產的文化在質量上更為貧乏，而且還因為這些文化產品的生命跨度也相對的短一些。雖然如此，中級文化還是包含了許多過去創造的東西。中級文化和高級文化之間的界限並非是一清二楚的，高級文化的監護人也並非很有鑑別能力，以致總是能夠剔除中級產品。更為甚者，很大一部分中級文化作品經過漫長的時期後仍然保存著價值；雖則中級文化的趣味時有變化，就像高級文化的趣味一樣，但是其中還是存在著穩定的要素，所以某些以往的中級文化作品一直可以找到欣賞的觀眾。

在最低的文化層次上，象徵符號內容最為貧乏，各代人中的原創性創造又非常之少，因而這種文化極大地依賴於過去（即便是非常不自覺的）。比賽、笑話和觀賞性表演等延續了傳統性範型，而很少意識到它們的傳統性。如果說粗俗文化中的傳統要素一直相當龐大，那麼這是因為相對而言，那些生產和消費它的人創造性能力較低的緣故。在這一文化領域，直到最近為止，很少有專業性的生產，也缺乏保存和傳遞文化的手段，所以在維持表

達和演出的傳統方面，口頭延傳起了相當大的作用，那是高級文化和中級文化所不能比擬的。

　　大眾文化中所消費的文化數量當然要比其他任何時期都大，即便我們承認目前大眾社會的人數也多。特別是在中級文化和粗俗文化的層次上，文化數量激劇增大了，同時高級文化的消費也增多了。

　　這一劇增，尤其是兩種較低文化的猛增之緣由，不難發現最為明顯的是閒暇時間增多，面也增廣，體力勞動的需求減低了，那些曾經為了少量收入而長時間拚死拚活工作的各個階級都更為富裕了，識字率也提高了，個體性也更大了，而享樂主義也更不知羞恥了。在所有這些方面，中下層階級所得到比精英階層（包括知識份子，不管他們的職業分佈如何）來得多。

　　高級文化的消費也增加了，只是沒有其他兩種文化來得多，因為知識階級在大眾社會時代之前就已更接近於飽和了。再者，高級文化的機構（包括鑑賞家、研究院、大學、圖書館、出版社和期刊）在前大眾社會時期，也要比製造中級文化和粗俗文化的機構，更為詳盡而連續地確立了起來。

　　所以，在大眾社會中，高級文化所擁有的整個文化項目的比例縮小了，而中級和粗俗文化的份額則相應增長了②。

關於中級和粗俗文化之價值和雜記

　　中級文化具有許多優點。它通常具有真正歡樂交際（conviviality）的要素，也許並不精緻或深刻，但卻是自發而誠摯的真誠。它通常是相當有樂趣的。不僅如此，即便它簡單了點，但通常是真切地合乎道德的。中級文化也有其傳統；俗眾所喜聞樂見的許

多戲劇和短篇故事都有一段悠久的歷史，而那些講述和欣賞它們的人則並不知曉。像任何傳統的事物一樣，它們表達了人類生活中的某些根本事物，剔除了它們便也剔除了普通男女的累積智慧，他們艱辛地發展起來的應付生存苦難的藝術，他們日常的虔誠和他們亦莊亦諧的快樂。

庸俗作品（Kitsch）中有許多諧趣成份，它常常是荒唐滑稽的。然則它代表了那種質樸單純的、粗野的和變形的審美感受力和審美期望。庸俗作品以及促使庸俗作品生產工業發展的需求之增長，本身便是下層階級質樸審美需要覺醒的標誌，這些階級先前只接受傳統給它們的任何東西，或者實際上沒有任何審美表達和鑑賞。

文化的複製和延傳

在中世紀社會中，教會和效果較差程度有限的學校（它們是教會的直接或間接附屬機關），曾將中心的文化傳播到一個相當鬆散地整合起來的社會之邊緣地區③。新教和印刷術則導致了顯著的變化，這種變化顯示了未來的方向。印刷書刊的低廉，和最低識字率的普及（只是到本世紀初歐洲各社會才達到近乎普遍的識字率），導致了三個層次文化的擴展。而在這一擴展中，中級和粗俗文化則受到了最大的益處。

下層階級的財富、閒暇和識字水平的增加，以及因之產生的享樂主義盛行，毫無疑問地導致了中級和粗俗文化——以及高級文化——消費的急劇膨脹，即使沒有二十世紀傳播技術的發展，也是如此。然而，這種技術發展則確實提供了強大的例外動力。十九世紀最後幾十年的通俗報刊便指明其途。平版印刷術中以及

靜畫和動畫製作中圖片複製新方法的發展，錄音新方法和聲像傳遞技術的發展，都增加了從中心湧入邊緣的傳媒內容。先前高級文化監護人和中級變相代理者幾乎擁有壟斷權的地方（藉助於他們對延傳機構的基本壟斷而實現），現代大眾傳播的新方法則改變了局勢。

尋求大批的觀眾對各個層次的文化之間的相互關係具有至關重要的意義。這些觀眾使文化主辦者得以獲得一筆資助（以廣告的形式），以填補消費者所付和文化產品費用之間的差額。資助極大地依賴於擴大的消費，這本身便要求文化產品面向層次各異的受眾。例如，同書籍印刷相比，電視傳播事業日常費用的增加，強化了面向大批層次各異觀眾的需要。

在最近的大眾傳播形式出現之前（它們需要大量的資本投入），各個層次的文化都有其自身的渠道和機構。只要書籍是非人格化文化傳遞的主要手段，各個階級之間的文化隔離就是易於維持的。面向最廣泛受眾的驅力已促使改變了這種情況，而這種變化又產生了巨大的回響。雜誌是這一新發展的體現。雜誌的形式是十八世紀出現的；但是它在複製和傳遞文化中作用的擴大，則是日後爭取最大限度讀者之需要的產物，這一需要反過來又受到資助這種經濟必要性的推動。爲了面向最廣泛的受眾，在一期雜誌內使其內容盡可能照顧到層次各異的讀者需要，已在所必行。

爲家庭中的每個人都提供一些東西的原則，在通俗刊物的最初歲月中便牢固確立了起來。這一原則又延伸爲讓每個有可能擴大總體受眾的階級都得到某種東西。但是這條原則並沒有成功地主導整個領域。仍然存在著只取悅於某一特殊消費者階層的專業機關和機構，而在歐洲，那種單一公眾的傳統依然存在——但即

使這種傳統，也不是沒有向上述新的原則做出實質性的讓步。即使歐洲的大學（它沒有必要吸引大批的人），雖則不像美國大學那麼厲害，也盡可能使它們的課程多樣化，以便滿足多樣化的需求。在諸如《時代》（*Time*）、《生活》（*Life*）、《展望》（*Look*）、《繪畫郵刊》（*Picture Post*）、《巴黎賽事》（*Paris-Match*）、《競賽》（*Der Spiegel*）、《老爺》（*Esquire*）等通俗期刊中，以及在像《紐約時報》（*The New York Times*）和最近笨拙地刊行的倫敦《時報》（*The Times*）這類出色的日報中，則出現了高級、中級和粗俗文化相互混雜的現象，這是歷史上獨一無二的。同樣的情況也見之於電視，以及自然，還有，電影：一個電視網播出層次各不相同的廣泛節目，出產那些眾多中級和粗俗電影的同一家製片廠，可能也會製作出具有真正高質量藝術和知識價值的影片。

文化的消費

在現代化社會中，高級文化的消費人數從來就不是很多；而在前現代社會，其人數甚至還要少。高級文化作品的主要消費者為知識份子，即那些其職業需要知識準備，並在實踐中應用高難知識技巧的人。在當代世界中，這一群體包括大學教師、科學家、大學學生、作家、藝術家、中學教師、有學識職業（法律、醫療和教會）的從業人員、新聞工作者、高級公務官員，以及零零落落的企業家、工程師和軍官。

在知識性職業之外的廣大人民中間，高級文化的消費者則稀稀落落，偶爾才能發現。這種情況或許歷來就沒有什麼不同，即便是把持教會的君主們作為繪畫雕塑的贊助人那樣的時期，或者

在最大的資產者住所中，人們可以發現歌德、尼采、菲爾丁
（Fielding）的集子，沙利（Sully）的回憶錄或塞維尼夫人（Mme
de Sévigné）書簡的時期，情況亦復如此。

　　政治、技術、軍事、教會和經濟方面的精英通常並不是知識
份子，雖然其中某些人在轉向他們特殊的職業之前曾經接受過知
識訓練，並幹過知識性的工作。在剛由革命或民族主義運動所建
立的政權中，政治家同知識份子相互之間最為密切（然而，他們
作為知識份子的素質通常則並不特別突出），在已經確立的政權
機構中，雖然有相當數量的政治家曾經是享有崇高聲望的知識份
子，但是經過很長一段時期後，政治性職業卻沒有那麼多時間、
精力和感受力讓人接連不斷地去消費知識性產品。

　　在領頭的西方國家中間，尤其是美國的政治精英對高級文化
作品顯得特別漠不關心，這種情況在英國、法國、德國或義大利
或許也沒有多大的不同——儘管在這些國家內，政治精英處在貴
族傳統和顯貴傳統之中，擁有熟悉高雅文化的光彩外表。然而在
美國，儘管出了威爾遜、富蘭克林、羅斯福，閱讀普盧塔克
（Plutarch）作品的桂普門（Harry Truman）以及編輯過《金屬合
成》（*Dere metallica-editing*）雜誌的胡佛（Herbert Hoover），但
是政治精英確定無疑地留下了無知識的印象。

　　美國的財閥同樣如此。作為繪畫和雕塑作品的收藏家團體和
學術的贊助人，某些富有的美國人將在偉大的文藝贊助人史冊上
佔有光彩奪目的一頁；然則他們的主導印象則是對知識份子工作
的某種漠不關心和冷淡。美國巨大的工業體系一直需要大批的工
程師與應用科學家，以及擁有巨大想像力，乃至高度創造性的
人；可是他們的文化消費則相當之少（不僅是高級文化，而且還
包括中級文化的消費）。這些部門的美國精英所顯示的活力和卓

越成就，以及形成他們公眾形象的信息傳媒所表現出的因襲成規，都強化了知識份子這樣一種感覺，那就是在他們的社會中唯有他們是關心高級文化的。

在各個中產階級中間，對高級文化傳統文體的消費並不大。通俗期刊、暢銷小說、壽命短暫的政治書籍、低劣的詩作、神學和道德教化的啓發作品以及傳記——這些書構成並仍然構成著他們的文化消費內容。近來的電影和廣播，還有最近的電視，都給他們提供了文化消費的實質。其節目多半是庸俗的——屬於中級文化和粗俗文化。雖然如此，由於廣泛收看「大眾傳媒」（mass media），例如像《生活》之類的期刊、內容狹窄的電視節目、電影和廣播等，這些階層中愈來愈多的人開始接觸並消費數量日益增多的非宗教高級文化，比現代歷史上的任何時期都多。

最後，工廠工人階級和農村中的居民也應考慮在內。對於繼承下來和當前生產的高級文化，這些階級加起來所消費的幾乎等於零。除了透過諸如《生活》、《展望》和《讀者文摘》之類的期刊之外，他們很少接觸到傳統文體的中級文化。他們那種由大眾傳媒所傳遞的文化大多是粗俗的——犯罪影片和電視觀賞節目，以暴力爲內容的平裝書，口傳的和印刷的色情文學，以及世界體育文化。

然而，認爲大眾傳媒給他們的東西便窮盡了這些階級所擁有的文化，那就錯了。大量傳統的宗教文化（以及各個異端教派的大量傳統宗教文化）在所有非知識階層中都相當盛行。大量由家庭、同事、鄰居和朋友以及地方性機構所保存的區域文化和階級文化，都存留了下來，並且不可能由源自中心的較大文化所取代。地域限制了大眾傳媒的流行文化納入本地的東西④。

一個跨越所有階級，並給大眾社會帶來了獨特音調的特殊階

層，便是青年一代，即受到中傷的、迷惘的「青年人」（youth）。
當代社會中青年人的出世，依賴於所有社會中都存在的初始基礎
（primordial foundations）。然而，在大多數社會中，制度性結構
和自然的吝嗇則約制了青年人。到了現代，浪漫主義和日益增多
的財富以及同情感和同胞感的日益深入擴大，都賦予了青年人前
所未有的種種機會。另一方面，西方國家經濟生產力的提高則使
年輕人有更長的一段時間置身於艱苦工作之外；它給了他們掙得
並花費大量個人收入的機會。由此而來的文化表現多半造成了所
謂的「大眾文化」（mass culture）。

　　在大眾社會到來之前，一小部分青年人被嚴格灌輸了高級文
化；其餘人則接受了他們長輩的粗俗文化。然而，大眾社會的標
誌之一，便是青年人成了各色專門的中級文化和粗俗文化的主要
消費者，那種文化則是通過大眾傳媒的傳遞而生產出來的。數量
特多的通俗音樂、中級和粗俗影片、期刊文學和各式舞蹈，都是
為青年而生產並由他們消費的。這是某種沒有先例的事物，而這
便是大眾文化革命的核心所在。

　　大多數「青年大眾」（youthful mass）都來自於除了透過宗
教教育之外便很少接觸過高雅或高級文化的社會階層。青年人由
於尚未束縛於家庭和公民生活的責任之中，並擁有眾多的閒暇時
間和購買能力，因而同時構成了一個熱情並讓人有利可圖的公
眾，這對大眾傳媒頗具吸引力。在政治精英不讓這種熱情可以自
由表達權利，而是力圖將其轉入意識型態渠道，或者竭力防範它
的地方，這種熱情依然是強有力、不可馴服的。而在政治秩序允
許這種激動而來教化的活力予以自由表達的地方，其結果便是我
們在整個西方世界所看到的局面。

文化的生產

　　一群分化的創造性知識份子是西方社會中擁有一組持續不斷傳統的古老階層。這樣一個階層今天依然存在，只是比以前任何時期都範圍更廣，隊伍更壯大了，其國際紐帶則越出了任何部門和社會的界限⑤。今日知識階層比以往更爲內在地專業化了：任何人要想充分精通繼承的和當前創造的文化產品總匯，那是不可能的。多產的知識份子現在也許已不像過去那麼強烈地志趣相投了，因爲在過去這種知識份子數量較少，它所必須掌握的知識也較少。然而，儘管社會發生了變化，財政資助方式和知識生活的組織也變了，這一創造性的階層則依然在不斷地再生產出來，並且在不斷地增加。

　　然而，現在這一創造性知識份子身旁，又成長起了一個隊伍更爲壯大的中級文化生產者階層。在十七和十八世紀，當文學藝術開始提供專門職業之可能性時，由於印刷術的發展和公衆的擴大，除了那些創造性能力達到輝煌高度的人才之外，還湧現了一批規模更大的作家、藝術家和學者。由這些人中產生出了格拉布街（Grub Street）上的潦倒文人，儘管他們一再試圖達到最高雅的層次，但他們卻不得不依靠爲鑑別力稍遜的公衆創作而生存。十九世紀是中級文化專業得到穩定化的時期。通俗報刊、電影、廣播和電視則深化和擴大了他們的活動。大學學生的擴大和大學教師的相應增多，以及在研究、應用自然科學和社會科學方面職業機會的增多，都同樣擴大了中級文化生產者的隊伍⑥。

　　中級文化的專職從業人員已經建立起了他們自己的傳統、典範和標準。這些人大都沒有首先嘗試過高級文化作品的生產，便

直接從事中級文化生產了，這種情況現在比過去更甚。他們可以在其自身領域由達到出類拔萃水平，這常常給他們帶來了滿足和敬重。實際上，在某些新的或至少是相對新的中級文化文體內，他們可以獲得史無前例的出類拔萃成就，使其作品取得高級文化作品的外表〈如果這種文體許可的話〉。

然則雖然這種幾近於自主（autonomy）的情況，但這一自主仍是不完全的。中級文化生產者受到了高級文化標準的影響，不可能完全逃避這些標準的壓力。如果他富貴了，而他的高級文化層次上的同事則沒有，那麼他便會產生一種為了物質享受而「出賣」（betrayed）高雅標準的負罪感。

這兩種良知意識的痛苦交織，更由兩個層次的文化物品的實物混雜以及其生產者在傳媒中的社會接觸所激化了，而這種傳媒，即大眾傳播媒介，是中級文化尋找其受眾的主要渠道。中級文化的專職人員即使願意，也不可能忘記高級文化的標準，因為他們同那些時常達到這類標準的人混雜在一起，因為傳媒不時播出按照這些標準創作的作品，因為批評家一再地提到它們，即使是高雅標準沒有得到遵行，這些因素也日益激勵了人們對它們的意識和關心。

粗俗文化的生產者便遇到一種截然不同的情境。他們既沒有一種同樣不可迴避的歷史過去，同高級文化也沒有聯繫，像他們在中級文化領域的同事們所擁有的那樣。就我所知而言，他們並沒有通過參照其偉大的藝術大師，來表明其工作的合理性。在犯罪小說作家、拳擊師、賽馬騎師，以及當然還有少數最優秀的體育作者中間，存在著某些例外。但這是新興的行業。這些行業工作者感到同其先驅者沒有連續性，即使他們的創作對象已經創作了很長一段時間。所以粗俗文化只是近來才形成了一批分化的專

業創作人員。

粗俗文化沒有顯示出巨大的發展潛力。雖然如此，粗俗文化
的某些文體則已經產生了極其優秀的作品，以致它們透過中級文
化而達到了高級文化的外圍。某些恐怖小說就是如此，體育年鑑
也是這樣。既然粗俗文化的受衆絕不限於無教養的階層，達到精
緻高雅形式的粗俗文化作品也便走上了上升之路，其創作者也一
同在同一方向上邁進。然而，就主體而言，還是有一堵墙隔開了
粗俗文化生產者和高級文化生產者。即便它們面對的是同樣的受
衆，高級文化傳統也建立起了一道屏障，以阻止大規模的相互滲
透⑦。

這裏還應對另一種類型的文化生產說幾句：這就是匿名的民
俗藝術文學創作和言語革新。就其最高雅的表現而言，這類藝術
生產可能從來就不是傳播很廣的。它們是在手藝創作、宗教崇拜
和粗俗娛樂的邊緣發展起來的。大量有創造性才華的人推動了它
們的發展。它們的創作者則必定是有天才之人，承襲民間隱秘傳
統（subterranean traditions）而創作。這類傳統現在已很少存在
了，而且與高級文化的偉大傳統也只有很小的直接聯繫。就它們
受到手藝人工作的啓迪而言，機器生產已經極大地限制了它們的
生產；而曾經滋養它們的那些傳統則已經萎縮了。

人們有時斷言，歐洲中世紀晚期和近期早期的手藝人和農民
的匿名文化生產，已經被大衆文化的發展所摧毀了。這是可能
的，但它不是唯一的可能性。假如我們設定，天份、智力與感受
力秉賦突出之人在任何人口中所佔的比例依然是相當恆定的（並
非一個沒有理由的公設），而現代西方社會隨著科學、文學、藝
術、企業、行政和技術的日益開發，已經從人才蓄水池中吸走了
愈來愈多的人，所以似乎有充分的理由斷言，曾經在匿名的民俗

文化生產中顯身手的那類人才已經應召轉入了其他領域，並且活躍於文化生活和社會生活的不同層次上。

高級文化在大眾社會中的地位

　　過去五十年（相當於大眾社會的時代）中所創造的文化是否像其詆毀者所說的那麼嚴重地退化了？這是個困難的評斷。

　　讓我們此刻先假定，當代精緻文化可能比以往任何相當的年限中所產生的高級文化都要更爲貧乏。這裏存在著無數與大眾社會的發展及其對文化的影響全然無關的理由或原因。舉例來說，天才的出現和大批湧現就是仍然有待於充分理解的問題。可以想像（即使是不可能的），我們的神經系統比我們的祖先更爲差勁了。即使神經保持著原樣，也有可能我們的文化傳統已經超過了它們的高潮點，它們已經沒有進一步發展的可能性，甚至對創造性的人物也不能提供出發點。另一個重要的考慮是，人們所宣稱的退化是不是按照同樣適用於其他時期的標準來衡量的。我們必須在評價中有把握地涵括知識性活動和藝術活動的整個範圍。我們必須記住，表現在精緻文化中的天才可以有不同的形式，在一個時代它可能集中在某些領域，而在其他時代則集中於另外的領域。

　　然而這些可能是無聊的思考。無論怎麼說，衰落的證據都不十分明顯。在雲集了我們當代如此之多天才的每一個科學和學術領域（在物理學、化學、數學、比較宗教學、漢學和印度學）中，人們都做出了傑出的成就，這不僅在那些尚未受到大眾社會文化侵蝕的舊式中心爲然，就是所有大眾社會中最大眾化的美國亦莫不如此。與幾個世紀以來的情況相比，語言學似乎更加富有

活動和影響了。經濟學行進在一個高層次上，總體來說要高於以往各個時期；野蠻、粗糙並且常常是瑣碎的社會學，至多提供了某些在發現和滲透力方面以往任何時代都不可匹敵的東西。在政治哲學方面，據說我們的衰退極其顯然，我們沒有出現亞里斯多德、霍布斯或邊沁式的人物，但是在所有人類歷史上，這類大師可能也並不多見。另一方面，在美國和法國，有少數在他們對中心問題分析中接近於像彌勒（John Stuart Mill）、巴格特（Walter Bagehot），或者托克維爾（Tocqueville）一樣深刻和嚴謹的人物。在小說方面，我們沒有出現托爾斯泰（Tolstoy）、司湯達爾（Stendhal），或杜斯妥也夫斯基（Dostoievsky）或福樓拜（Flaubert）式人物；雖然如此，成就仍然堆積如山。在詩歌和繪畫方面，的確存在著從最高點回落的趨勢；在戲劇方面也沒有出現埃斯庫羅斯（Aeschylus）、莎士比亞或萊辛（Racine）這樣的人物。但是這些人物出現在所有人類歷史上的頂峰時期，而我們三分之一的世紀裏缺少這類人物，則難以構成我們時代中高級文化質量普遍下降的證據。

然而無可否認人們有一種衰落的意識。知識份子受到一種病態、孤離感、不受重視感和缺少同情感的困擾。他們感到他們失去了與其受眾的聯繫，尤其是社會統治者這部分更重要受眾的聯繫。

清教主義、偏狹和專業化

如果說那些將所謂當代文化的慘況歸咎於大眾社會的論斷是有失偏頗的，那麼這並不是承認高級文化消費在美國處於一種十分順當的地位這個事實。受教育者階層在美國也像在其他地方一

樣，應該是高級文化的載體，而他們的文化卻相當令人失望。人
們感到憂傷的是大學畢業生的無知，這個國家的人文社會科學和
醫學院、法學院中的大學教授，以及新聞和廣播工作者所表現出
來的對高級文化的庸俗不信任，或目空一切的態度。政治、經
濟、軍事和技術方面的精英也並不更好。某些優秀美國報紙幾近
於文盲，我們的周刊，以及發行量甚大的雙周刊常常既愚蠢又野
蠻，我們的許多市政官員毫無教養，我們的書市貧乏而出版商粗
俗不堪（至少是那些撰寫書籍封面簡介和廣告的人是如此）——
這些都使人不那麼好受。「人文科學」方面的文人和學者禮讚違
反公德和亂搞兩性關係，也並不比它已經在某種程度上所取代的
庸俗作風有所改進。

　　無可置疑，美國各個或多或少受過教育的階層所消費的文化
之品質與數量發生了問題。然而，所出的問題卻很少能夠歸咎於
大眾傳媒，尤其是電影、電視、收音機和通俗雜誌。

　　這並非是說，有如瀑布般注入大眾傳媒的中級文化和粗俗文
化是值得讚賞的。恰恰相反。然而大眾傳媒文化卻並不是高級文
化的分配和消費方面（以及眾多給人深刻印象的成就）顯示出許
多令人反感之事的原因。

　　所出的問題在於我們的知識份子及其制度機構，還有我們的
部分文化傳統上，它們與大眾傳媒所播出並為其而創造的文化無
甚相干。

　　那種將審美表現視作自我放縱的沉悶清教主義，並非是從大
眾社會中生長起來的。那種洋洋自得並常常是傲慢的偏狹態度也
是如此，這種態度不信任精緻文化，因為它認為這種文化是都市
化的，崇尚英國的，並與貴族上層階級相聯繫。十九世紀的美國
並不是一個大眾社會；它是一個分化的社會，而顯著的平等主義

情操常常在其中採取了一種民粹主義形式。某些在大眾社會中達到高潮的傾向也在其中起作用。然而，雖然其文化多半屬於中級的和粗俗的，但卻並非是由現在生產大眾社會文化的機構和專業人員所生產的。

十九世紀美國的精緻文化反映了新英格蘭和中部大西洋各州有教養階層的趣味，它在中西部並沒有得到殷勤的接受，因爲農村對大都會和新興的權貴勢力常常抱著敵視態度。十九世紀的美國鄉村文化是英國反主流的鄉村文化的變種，那是阿諾德（Matthew Arnold）在《文化與無政府》（*Culture and Anarchy*）一書中不遺餘力地所批判的。英國的這一文化於一次大戰後崩潰了，而在美國，它卻幾乎是直到目前仍相當強大。

作爲一種基本精神（ethos）和政治運動，民粹主義（Populism）敵視於高級文化的某些局面，但不是所有層面。然而它的確先行於大眾文化作品的大規模生產之前，而且也沒有阻止美國文學在國內戰爭與一次大戰之間的繁榮。

這些便是對當前的眾多美國人來說高級文化不盡如人意的某些特殊原因。這種不滿起自於一種普遍的不信任，那是高級文化常常在許多社會中遇到的。在這個國家裏，這種不信任表達得更爲強烈惡毒和肆無忌憚，因爲美國社會的政治精英和經濟精英很少感到有必要綴以精緻文化的裝飾，如像英國和法國的精英那樣。

在這樣一種傳統和情感背景下，以往幾十年裏的美國教育發展已經形成了一批技術化知識份子（technical intelligentsia），他們並未構成一個凝聚的知識份子共同體，儘管中學教育的內容知識成分日益減少，而大學本科教育則在極度鬆弛、自由散漫的學習過程中耗竭了，但一種高質量、嚴格要求的研究生教育也發展

了起來。各個學科中的研究生訓練試圖彌補失去的基礎，並力圖深入而透徹地把握迅速增長著的知識，從而不得不高度專門化了。

由於科學的自然增長以及從事研究生學習的人數的增多，這種趨向於專業化的推動力更加增強了。科學的發展極大地增加了各門學科中學生必須掌握的文獻數量，學生人數的增加，以及每個人必須做一項前人沒有做過的研究，這些都趨向於促使課題的內在發展所決定的學科內關注點變得狹窄⑧。

那種超出自身專業之外即無多少文化修養的專門家，就是上述教育和科學發展的產物。除了那些天賦超群、興趣廣泛的人物（他們的好奇心和感受力會使他們獲得教育所未能賦予他們的經驗）之外，即便是富有創造力的美國科學家、學者或技術學家，常常也擁有一些狹隘的中級文化。

在美國，各種大學已經上升為高級文化生活的主導者，在歐洲，這種趨勢也日益明顯（雖則程度仍然不同），這意味著，較之早期現代社會，大學內的潮流更加是普遍知識生活的潮流了。隨著大學內部的日益分化和專業化，高級文化生活也傾向於日益專門化了。

我們正在遭受的苦楚是「有教養公眾」（the educated public）的瓦解，這種公眾雖然沒有組織但卻是聚合的，對高級文化對象具有一種不帶職業性的趣味。高級文化的「普泛化」（universitization）（在美國最為厲害，但也見之於其他地方）是高級文化消費者團體瓦解過程的一部分。

專業化已經削弱了知識份子共同體的凝聚力，這種共同體由創作者、再生產者和消費者構成。它的注意焦點消散了，以致人們的文化需要未能得到滿足，而大眾傳媒和私人生活中的中級文

化與粗俗文化則應運而生，滿足了這種需要。所以，粗俗文化和中級文化的消費是各種發展的結果，而非原因，而這些發展則與大眾社會的專門特性無關。

高級文化在大眾社會中的前景

　　大眾社會中的高級文化問題就像任何社會中的此類問題一樣。這些問題便是維持它的質量，以及對社會其他部分的影響。

　　為了維持自身，高級文化必須維持自身的傳統和自身的內在聚合力。高級文化的發展（以及其不斷的更新和擴展）（and its continued self-renewal and expansion）要求在任何時候都保持住傳統，無論它們做了多大的修正或多大部分的拋棄。

　　敬重人們自身領域內的傳統，加上自由地對待這些傳統，是創造性工作的必要條件。這兩者之間的平衡是難以界定的，找出獲得和保持那種平衡的條件也同樣困難。而極為重要的是知識份子們的道德風尚（the morale）（就其最廣泛的意義而言）（in its broadest sense），他們擔當著維持和促進高雅文化的行政任務和教學任務。在這個知識份子階層內部，人們必須不斷地細察每一種制度化的革新，考察它對知識份子道德風尚的可能影響。這種內心狀態中的一個根本要素，是對每個知識性工作領域內的內在性傳統的敬重與自由處置之間的平衡關係。

　　嚴肅的知識份子從來就沒有擺脫過來自於他們階層之外的社會階層的壓力。知識份子階層相對而言總是孤立的，無論知識份子在經濟和政治生活中的作用如何。知識份子始終面臨的任務是延續他們自身的傳統，盡他們最大的可能發展它，分化它和改進它。他們始終必須與教會、國家和政黨，以及商人與軍人們做鬥

爭，這些組織和人一直力圖招納他們爲其服務，如果他們不屈從
於誘惑和威脅，便箝制他們的言行，乃至懲罰他們。當前的情況
與過去大致相同。知識份子的職責也仍然相同：那便是服務於他
們所發現和確立的準則，並在不放棄他們正業的情況下，找到一
條參與凱撒之事的道路。

　　毋庸置疑，在我的心目中，美國絕大多數文學、藝術和社會
科學界的知識份子所繼承的主要「政治」（political）傳統，是不
能令人滿意的。這並非全是知識份子的錯。我們精英們的庸俗清
教主義和偏狹心態也要承擔許多責任，職業政治家和平民政治家
的民粹主義也是如此。雖然如此，知識份子並不能免受指責，因
爲他們在改善這種狀況方面所做甚少。他們自身的政治態度已經
異化了；他們已經逃避到盡做無聊之事的衆多歧途上去了。1930
年代和1960年代這些爲時不遠的歷史事件，對美國社會知識份子
的地位來說，也是最爲污辱並且傷害最大的事情。

　　爲了與非知識份子的精英保持良好的關係，他們的責任之一
是促使政治生活的「文明化」，也就是要求和促使政治家在日常
活動中對政治生活的深層問題做嚴肅而有知識學養的思考，使其
成爲日常政治活動的準則和關注點。總的來說，我們的知識份子
以往一直在教訓政治家，斥責他們，鄙視地注視他們，反對他
們，乃至懷疑那些成了政治家的知識份子之道德腐化了，並背叛
了知識份子。

　　以扶持高級文化爲職責的知識份子在任何國家中都是精英的
一部分；但是在美國，他們則並沒有感到束縛於同政治、經濟、
教會、軍事和技術界精英的無形聯繫之中⑨。

　　政治生活的「文明化」僅僅是「文明化進程」（process of
civilization）的一個層面，這種文明進程則是中心的文化向社會邊

緣的擴展，以及在這個特定的語境中，高級文化向通常消費中級文化和粗俗文化的社會區域的傳播。

　　但是如果邊緣難以完美起來，而中心倒墮落起來了，那麼知識份子的首要責任便是找尋知識性事物，集中其力量去創造、再生產和消費哲學、藝術、科學、文學或學術方面的獨特作品，以一種決定接受、發展還是拋棄的鑑別能力去把握這些作品所處的傳統。要是這一點做到了，那麼大眾社會中的文化運動就沒有什麼可擔憂的了。

註　釋

　　本文先前曾摘要發表於《代達羅斯》（*Dadalus*）Vol. 89, No.2, pp. 228-314。重印得到了《代達羅斯》（美國文理科學院刊，麻省波斯頓）雜誌的許可。

①我對使用「大衆文化」一詞持保留意見，因爲它同時指涉到文化的實質特性，文化消費者的社會地位和傳遞文化的媒體。由於這一至少三個層面的指涉，它會在三個變量之間的關係上產生某些重要的問題。例如，當前的「大衆文化」概念難以容納下列事實，即在大多數國家，而且不只是目前，很大一部分精英所消費的主要是中級文化和粗俗文化。它產生的重要問題還有：大衆媒體是否能夠傳遞高級文化作品，以及新的大衆媒體所發展起來的文體是否能夠爲創造性提供契機，從而成爲高級文化的一部分？同時它也沒有考慮到高級文化文體所產生的衆多作品都是中級的這一明顯事實。就目前而言，我還沒有令人滿意的詞組來區分三個層次的文化對象。我曾經玩味了「高雅的」（high）、「精緻的」（refined）、「繁複的」（elaborate）、「純眞的」（genuine）或「嚴肅的」（serious）；「粗劣的」（vulgar）、「平庸的」（mediocre）或「中等的」（middle）；以及「低級的」（low）、「粗俗的」（brutal）、「粗淺的」（base）或「粗製濫造的」（coarse）這些字眼。這些詞沒有一個是合適的或貼切的。

②三個層次文化的相對分額的這一變化，由於同先前時代相對照而受到了扭曲。中級和粗俗文化消費者的文化生活相對而言是默默無聞的，也沒有受到知識份子的注意。兩種低層次文化的聲音和形象的

劇增,則成了大眾社會最引人注目的特性之一。這反過來又由大眾
社會的另一特性,即社會不同部分之間加甚的相互注視,所強化
了。

③一個在結構和外觀上都比現代社會的批評家所宣稱的要遠爲非「有
機的」(organic)社會,而且其「有機」程度要遜於現代社會,後
者則受到了這些批評家無情無義的抨擊。

④此外還應該補充說,這種口頭延傳的傳統文化的持續性,使得那種
試圖通過分析電影、電視、廣播和報刊帶給了人們什麼東西,而診
斷他們心理傾向和一般觀點的努力,都毫無成果了。

⑤同今日各個知識階層所展示的國際色彩的廣度和強度相對比,中世
紀教會和十八世紀歐洲貴族的國際性格就顯得遜色和孤陋偏狹了。

⑥從事知識性職業以及需要知識訓練的職業者的增多,也許會給供給
造成壓力。高級人才的供給是有限的;改進選拔和訓練方法多少可
以改善供給,但他們不可能是無限的,也不可能與任何社會的人口
一樣多。因而隨著這類人員需求的擴大,現代社會被迫允許衆多其
天賦只配從事中級表演的人,來從事文化作品的創造和再生產。

⑦過去和現在的波西米亞式高雅知識份子是上述概括說法的一個例
外。詩人和扒手的融混曾有一段漫長的專門史,它一直延續到當代
高雅趣味者對曾是罪犯的作者、赤裸的罪犯和銀行搶劫的頌揚。

⑧浪漫派的原創性觀念聲稱,天才必須走其自身獨一無二的道路,從
而轉變成了要求研究者從事於獨一無二的課題。這導致了人文研究
中極度專門化的瑣碎性。

⑨這並非是美國所特有的狀況。只有英國得以在法國革命以來的大部
分時期裏避免了這種情況,然而在以往的幾年內,英國也找不到有
幸避免這種分離的顯著事例了。

12.白日夢與夢魘

——對大衆文化批評的反思

I

　　爲人類今日景況奠定基礎的祝福者期待著人類能夠擺脫愚昧和貧窮的處境，擺脫籠罩在其心頭的陰影。他們認爲，釋去重負、一視同仁的機遇，以及高度尊重能夠使人類的心靈更易於接受巨大的文學、哲學和藝術遺產。改革者（馬克思主義者等）擴展了這種博愛的自由主義夢想並使其變得日益強烈。

　　本世紀，至少在目前，這種種希望化爲了泡影。普教制、肉體痛苦的減輕、平等的增進並沒有給人類帶來自由主義者和改革者所渴望的精神的深化和豐富。電視的無聊、連環漫畫的幼稚、新聞媒介的瑣屑、裝訂花俏的平裝本低劣書等現在被視爲西方人性偏離正途的跡象，因而一度曾跨入陽光普照的康莊大道的西方人性正在衝向一個粗俗的泥潭。在泥潭的彼岸許多人看到了一個低級的、無可挽回的粗俗的海洋。這個海洋從未遭遇如此的洪水氾濫，不僅大衆所生活的低地從未受到過如此威脅，而且西方高雅文化的高地也從未受到過這種威脅。

在美國、英國、歐洲大陸或者至少在歐洲的部分地區（那兒知識階層傳統文化的保護者和消費者可以自由地表達自己的看法），對大眾文化現象存在著一種驚恐、迷惘、矜誇、自覺有罪的激情和懷有歉意的好奇心的複雜感情。

II

在兩次大戰之間，人們很少有什麼發表言論的機會，言論的焦點也是分散的。已故的劉易斯（Wyndham Lewis）和加西特（Ortega Y. Gasset），以及利維斯博士（Dr. F. R. Leavis）及其圈內人對新的讀寫能力培養提出了批評，但儘管他們費盡力氣，他們要麼被稱之爲法西斯份子，要麼被置之不理。自第二次世界大戰結束以來，這種批評逐漸在實力、分量和焦點的內聚力上有了增進。大多數作家目前都居住在美國，而在美國，大眾文化已使自己成爲有教養者隨處可見的東西，但英國和歐洲大陸的作家也一樣受到了驚嚇。

大眾文化早期批評者的觀點是貴族式的、審美式的。劉易斯、加西特和利維斯等人對低劣的品味和判斷力佔有優勢地位感到十分憂慮。加西特的觀點敏感地把底層階級（自十九世紀初以來，他們在政治民主的擁護者中佔居了主導地位）的粗俗性和無節制性的看法擴展到了道德和審美領域。利維斯的論點並不帶有任何政治色彩；這種論點完全關注的是在文學鑑別力的傳播中所存在的種種障礙。對大眾文化的新批評接受了許多貴族式的、審美式的論點以及十九世紀歐洲反資產階級的態度。然而，它的出發點是不同的。

　　最近大多數的大衆文化批評家是（或者曾是）馬克思主義的社會主義者，而有些批評家甚至有點極端，至少在他們過去對社會主義理論的信奉中是如此。麥克唐納（Dwight Macdonald）①先生——他作爲《政治學》（Politics）雜誌的編輯，比其他任何美國作家都更賣力地把對這種大衆文化的闡釋帶到了知識大衆注意力的最前方——是一個前托洛斯基份子的共產主義者，他的熱情漸漸衰退，隨後完全消失了。豪克海默（Max Horkheimer）②教授——他是法蘭克福小集團「批判」（critical）哲學的主要闡述者——是一個非政治性的馬克思主義者，他的黑格爾社會思想的學術用語遮掩了他的馬克思主義。阿多諾（T. Wie sengrund-Adorno）③教授和洛溫塔爾（Leo Lowenthal）④教授——前者任職於法蘭克福大學，後者任職於加利福尼亞大學——都是該學派的主要擁護者。在這個學派中一種精緻的馬克思主義找到了其最深奧微妙的表達方式。弗洛姆（Erich Fromm）⑤博士是一個精神分析派馬克思主義者。貝德納里克（Karl Bednarik）⑥是一個奧地利社會主義者。米洛茲（Czeslow Milosz）⑦是一個波蘭詩人，他曾在奉行史達林主義的波蘭政府中當了幾年文化官員，隨後通過放棄其職位和到國外定居顯示了波蘭史達林主義的解體，然而他依然遵從使他成爲一個共產主義者的理想。霍格特（Richard Hoggart）是一個支持工黨的社會主義者。歐文·豪（Irving Howe）和羅森堡（Bernard Rosenberg）⑧是托洛斯基傳統中的社會主義者，是持不同政見者的策動者。

　　這些社會主義者和前社會主義者中沒有一個是正統的馬克思主義者，他們中有些人完全不再把自己視爲馬克思主義者。馬克思主義的名稱和術語很少出現在他們的書本中。然而，馬克思主義在他們對大衆文化的思考中留下了痕跡。他們早期對資本主義

社會的經濟批判被轉變成對大規模工業社會的道德和文化批判。他們不再批判統治階級為了剩餘價值而利用財產法和宗教來剝削無產者；而是批判「販賣拙劣文化品的商人」（merchants of kitsch），他們陷於工業文明機器的羅網中，他們利用的不再是勞動力而是大眾的情感需要——這些情感需要本身是由工業社會產生的。他們不再批判現代社會加諸於其多數公民身上的艱難生活。他們之所以批判現代社會，是因為它提供給公民的是無聊和庸俗的生活。他們批判了某個社會的審美特性，這個社會實現了社會主義者一度聲稱是互關重要的許多目標，換言之，這個社會克服了貧窮和艱苦冗長的勞動。他們身上不可分解的馬克思主義痕跡尤其體現在種種期望中，而這些期望構成了他們用來判斷大眾文化之高下的標準。

作為馬克思主義者，他們一度認為，工人階級——如恩格斯所談到的德國無產階級——注定是「古典哲學的繼承人」（the heirs of classical philosophy），這意味著工人階級特別善於接受「客觀精神」（objective spirit）的最高表現形式。他們與費爾巴哈持有同樣的觀點，即人類可以被提升到充滿人性的狀態，在這種狀態中所有人都分享著人類精神最偉大的發現和創造。他們相信在社會主義將會實現的「自由王國」（realm of freedom）中，使每個人擺脫他人的統治，尤其是擺脫有產者的統治，以及這個自由王國帶給它的充足財富和閒暇能夠解放人的思想，使他擺脫偏見和迷信，使他成為自己的主宰。知識將會得到廣泛的傳播，趣味會變得優雅。他們的希望是托洛斯基的希望，儘管馬克思主義從其英雄階段降落到專制的和官僚的教條主義的深淵，但托洛斯基依然充分保持著法國和德國啟蒙運動以及德國唯心主義的古老精神，並沒想著某種未來，在這種未來中，「每個普通人都將

會升到亞里斯多德、歌德或者馬克思的高度。而新的高峰將會出現在這座山脈之上。」⑨

　　現在他們受到了大多數人反覆無常的有意冒犯，在這些大眾身上他們曾認爲自己找到了主要力量和進步的最大受益者。他們曾爲了偉大而深遠的目標期待那部分人的英雄行爲，但結果證明他們只對將時間消耗在自我放縱和愚蠢的快樂上感興趣。他們不是閱讀莎士比亞、歌德和托爾斯泰的東西，而是閱讀那些連環畫冊、聳人聽聞的報紙，以及渲染不正當性行爲和暴力犯罪的雜誌。知識份子期待於他們能夠神奇地意識到宏大的事件，並渴望參與其間的那些階級，充其量只關心作爲資產階級政治中心的日常市儈生活，而且甚至連這一點也做不到的。他們拋棄了崇高的抱負，而一味沉浸於他們的直接處境或文化創作，然而這些文化創作要麼只是稍稍改變了其私人處境，要麼完全是脫離現實的夢幻世界。人們一度相信，一種迄今藏而不露的對崇高的和美好的東西的欣賞會從他們中突現的那些階級反過來卻被淺薄的、聳人聽聞的和令人生厭的東西所吸引。

　　工人階級（即使在他們成爲社會主義者的地方，如在英國和德國，或者在他們成爲共產主義者的地方，如在義大利和法國）對於革命，對於他們本身和其餘人類的道德改造並不感興趣。他們並沒有上升到他們的預言家號召他們達到的人類精神的最高境界，而是滿足於順其自然，並尋求那些與理想化的人性之偉大夢想格格不入的感官快樂。

　　沉溺於大眾文化，不僅在審美上，而且在理性上都是一種退化，但在它的批評者看來，它使其受害者不再力求實現社會主義的理想。對大眾文化的一個最嚴肅的指責是，它使建構一個美好世界的能力（如參與到革命運動中去）受到了壓抑和扭曲⑩。

　　這些前馬克思主義者中的許多人假定，實際上只有一種唯一
合理的社會理想，即社會主義。一切不想爭取建立社會主義的活
動，如果它們不是高雅文化的廢話，都是「逃避主義者」（esca-
pist）⑪。

　　底層階級新文化的批評者中很少有人直接同那些階級接觸；
他們的希望來自一種幾乎完全是教條的意象。霍格特等作家能夠
生動地、充滿深情地直接回憶底層階級的生活只是一種例外。這
些回憶使他為一種獨立的、充滿生機的生活模式被逐漸淡忘而感
到深深的遺憾。但因為希望是相同的，失望基本上也是一致的。
他（和那些更為教條的大眾文化批評家）感到失望的是，工人階
級並沒有升至貴族和資產階級社會的最偉大的文化成就之高度，
而是滿足於接受廣告商文化、低劣影片、機器製作的流行歌曲、
枯燥乏味或聳人聽聞的電視娛樂之滲透。

　　在他們的知覺中存在著一種痛苦的衝擊，在他們對那些自己
曾經熱愛的人的腐敗性和實際的腐敗現象的揭露中存在一種復仇
的因素。對大眾文化全神貫注的部分原因在於這個感到失望的情
人之迷戀──當他們的愛情之花盛開時，他誤解了自己的愛人，
現在才感到她欺騙了自己，他除了她的缺點和瑕疵再也看不到任
何東西。她現在的缺點因過去所誇大的美德而放大了，但她並不
能被忘卻。

　　這種失望者所產生之變形馬克思主義是以另一種方式顯露自
己的。在其質樸的馬克思主義外觀下，他們就像過去曾經相信的
那樣，依然相信存在著文化危機。創造性的高雅文化依然受到了
社會壓力之危害，但以前這種壓力是資本主義矛盾和危機之特殊
壓力，現在這種壓力則是危害高雅文化的現代工業社會──即大
眾文化──之結果。由此一度頗有前途的高雅文化之後代結果證

明成了其生存之威脅。

　　大眾文化威脅要毀滅高雅文化。麥克唐納先生（**Mr. Dwight Macdonald**）、哈格（**Van den Haag**）教授和其他人在他們對這類危險的診斷中站到了一起。大眾文化借助其有利的市場對目前那些市場傾向甚於品味傾向的藝術家產生了巨大的吸引力。他們是爲了無名的消費者進行創作的，而並非爲創作而創作⑫。爲電影、電視，爲《讀者文摘》（*Readers Digest*）或《生活》（*Life*）雜誌寫作的機會是如此具有吸引力，以致藝術家爲它們的稿費標準所收買了。──哈格教授承認「有一些人頑固地堅持能充分控制自己，但這類誘惑是無窮的（無窮的僞裝和獻媚）」。孤立的心理負擔會產生影響創造力的障礙。如果沒有大眾，以及抵禦俗文化誘惑的守方利用創作所需要的許多能量，那麼創造能力和意志就會受到傷害。如果沒有大眾市場，那麼這些因拒絕爲大眾市場服務而成爲邊緣人的藝術家就不可能創造他可能創造的東西。「相信所有過去的文化都是精美文化」的麥克唐納先生（**Mr. Macdonald**）認爲，高雅文化在美國生存的機會是微乎其微的，因爲在美國，階級的界線是模糊不清的，穩定的文化傳統是缺乏的，知識份子作爲一個群體是鬆散的，而拙劣的文藝作品的創作和發行具有多得多的渠道。在這種機制中存在著某種「無情的」（**inexorable**）東西，而大眾文化正是藉此扼殺高雅文化，只有少數英雄能夠堅持住⑬。

　　當然，社會主義者的期望遭到挫折並不是這種對大眾文化持有忿忿不平之偏見的唯一原因。大眾文化是突出的、鮮豔奪目的、喧鬧的，人們一定是又聾又啞，而且又離群索居才意識不到它──尤其在美國更是如此。還有其他一些重要原因說明爲什麼大眾文化引起了知識份子的注意。大眾文化機構提供了報酬優厚

的職業，在廣告、廣播、電視、電影和市場研究中許多機構都採取了上述做法，但這種做法使那些在機構內的人感到了良心上的不安，並干擾了那些處於這些機構之外的人的平靜。對大衆文化的某些猛烈批評是由那些投入到創作或推銷大衆文化中去的人發出的⑭。當然，還有爲大衆文化辯護的更具獨立性的該主題的研究者，如里斯曼（Riesman）教授等⑮，但他們在很大程度上之所以這樣做，是因爲歐洲反美知識份子和美國親外知識份子看不起大衆文化；他們之所以爲大衆文化辯護，是因爲他們不滿足於純粹空洞的勢利行爲。他們感到譴責大衆文化的通常理由是人云亦云、缺乏深思熟慮的。無論里斯曼教授和懷特（David White）⑯教授，還是知識份子中俗文化的最偉大的朋友吉爾伯特・塞爾迪斯（Gilbert Seldes）⑰先生都不贊成大多數俗文化目前所具有的內容。他們要麼挑選出現在大衆消費渠道中高雅文化的某些要素，如優質平裝本書籍、嚴肅音樂的慢轉密紋唱片，或者電視中播放的莎士比亞等；要麼他們批評大衆文化所批評者是不民主的、不現實的。然而，對大部分俗文化來說，即使那些反對其擁護者的人也沒有什麼發言權。

當然，在受過教育的人中間，有相當多的人喜愛科幻小說、連環圖畫冊，以及作爲兒童快樂之延續的各式各樣的電視節目；還有另外一些人他們之所以喜愛大衆文化並發展對大衆文化的素材的鑑賞能力，是爲了使自己變得「隨隨便便」（folksy），因而誇耀他們對苛刻和枯燥無味的高雅文化和由他們的父母、老師和文化上的統治階級曾經試圖強加於他們的傳統的反叛。對前者的興趣是教育和職業專門化之結果，這種專門化捨棄了那部分處於青少年時代發育不全狀態中的並不從屬於專門化教育的人。對後者來說，對俗文化感興趣是替代政治激進主義的一種方式，它能

夠在不拿希望和事業去冒險的情況下，「走向民眾」（going to the people）。這些有教養的俗文化熱衷者寫得很少，他們僅滿足於欣賞它。

　　因而，大部分為俗文化辯護的文獻都具有許多更具敵意的批評證據。它將這種由電視、電影、廣播、連環漫畫連環圖書冊，以及暴力小說所帶來的廣泛快樂視作閒暇時間之濫用。它聲稱大部分觀眾不知道如何恰當地利用其閒暇時間。而俗文化的製作者在整體上也並沒有很好地對待它。人們認為大眾魯莽地以他們一樣的方式來花費他們的時間。否定立場和肯定立場之間的巨大差異在於，前者將大眾文化視為一種十足的災難，而後者則將大眾文化視為一種依然有改正機會和無甚危害的私生子。他們在道德和審美上是一致的，但他們的基本政治期望是不同的。

III

　　對大眾文化的批判性闡釋是以現代人、社會和過去時代中的人的不同意象為依據的。這種意象並不具有什麼事實基礎。它是失望的政治偏見，對不能實現的理想的朦朧追求、對美國社會的憤恨，以及實際上隱蔽在社會學、精神分析和存在主義的語言中的浪漫主義。

　　如果人們想認真地看待這兩種對大眾文化的闡釋的根源，即由霍克海默（Horkheimer）教授領導的法蘭克福社會研究所和麥克唐納先生（Mr. Macdonald）編輯的《政治學》雜誌，那麼人們就會相信，聽廣播、上電影院和看電視的普通百姓並不只是過去時代為人熟知的耽於肉慾的人（l'homme moyen sensuel）。他是世

間的一種新事物。他是一個完全沒有宗教信仰、沒有任何私生活，以及沒有一個對他意味著什麼的家庭[18]；他是標準化的、充滿憂慮的，永遠處於不斷加劇的動機狀態中，他的生活是「失去意義的」（emptied of meaning）和「淺薄無聊的（trivialized），是「與他的過去，與他的共同體，甚至可能與他自己疏遠的」，是痴呆的和殘忍的[19]。按照這種觀點，普通人被巨大的社會所壓倒；他失去了自己在領土和親屬關係、手藝和信仰之有機共同體中的根。現代社會中的人缺乏個性，但他依然是十分孤獨的。他沒有發展其祝福者毫無根據地希望他發展的豐富個性，而是由於現代各種機構的匿名性失去了他過去一度顯然存在過的個性。他失去了人格，降格為一個不具備人格的工業用機器中的一個齒輪車。他的文化的大批量生產的特性——如果他和他的同胞在充足的數量上和廉價上打算使別人滿意，這是不可或缺的——阻止他發展其趣味和才智。大多數人並沒有像社會主義的學說使其信徒所期待的那樣具有高度的敏感性和覺察力；而是心甘情願地使自己的生活枯竭化，從而迎接大眾文化所提供的「同人類困境的精神分離」（distractions from the human predicament）[20]，然而，它還沒有找到任何令人滿意的事物。現代人並不能同他人建立真正充滿深情的關係，他再也不可能去愛[21]。大眾文化之所以受到這種不幸的存在物之歡迎，是因為它通過「幫助我們抑制自己」[22]使他「適應」（adjusts）一種沒有價值的現實。由於沒有宗教，人們只能在電影院中尋找擺脫其負擔的途徑。

對現代社會中生活的這種闡釋，是從現代工業主義闖入我們生活之前的社會圖景中推論而來的。在這個傳統時代，藝術和文化充滿活力地融入了日常生活之中，藝術家意識到他的作用，人類處於一種鎮定自若的狀態。大多數人自然無法接近高雅文化作

品，但它有其自己的藝術，即民間藝術，這是由它本身創造的，並真正表達了它自己同宇宙的關係。農民社會和貴族社會並不存在大眾文化問題。它們是不存在做作或俗氣的社會。也不存在庸俗的趣味。有教養的階層是真正受過教育的，而且儘管第一個根本上剝削的社會是嚴酷的，但宗教信仰是名副其實的，藝術家的趣味是高尚的，並以十分真誠的態度來思考重大問題。人們並不尋求「逃避」（escape）。如果我們打算相信霍克海默教授和哈格所說的話，那麼前現代人是自主的；他是自發的；他的生活具有連續性和獨特性。他的存在感受不到任何壓力，而這些壓力正在使現代人失去人格㉔。在那時，人之真性處於活躍時期，其間並不存在人與他人或人與自我的疏遠。

人類中美國和歐洲地區的這種過去和現在的圖景之來源是什麼呢？它是否是系統的第一手觀察之結果？它是否出於一種歷史的洞察？它是否出於廣泛的生活經驗，或者出於同各種各樣的人結成密切交往的便利方法？這些都不是其根源。

它的理智史可以追溯到馬克思的早期著作，追溯到德國社會學的浪漫主義㉕。黑格爾的精神哲學被轉變成了一種針對現存市民社會的各種制度的批判學況，它特別強調了異化現象，強調了沒有被這種「精神」滲透時的人類狀況。德國社會學的浪漫主義——它在滕尼斯（Ferdinand Toennies）的《共同體與社會》（*Gemeinschaft und Gesellschaft 1887*）中，在齊美爾（Georg Sim-mel）的許多著作中，尤其在《貨幣哲學》（*Die Philosophie des Geldes, 1900*）和《論社會分化》（*Über sozia le Differenzierung, 1890*），在桑巴特（Werner Sombart）有關資本主義的早期準馬克思主義著作中找到了它的明確表達方式——在其世界觀的正中心有一幅前現代農民社會的圖景，其間人們生活在和諧的、權威和

部屬相互尊重的狀態中，其間所有人都感到自己是共同體的組成部分，而反過來這一共同體又生活在與自己過去持續的，鼓舞人心的聯繫中。傳統是穩定的，親屬團體在一種不被懷疑的團體中相依爲命。沒有人同他自己相疏遠，或者同他的地域共同體和他的親屬相分離。信仰是堅定的，是普遍擁有的。這就是作爲對現代社會批判之基礎幻想。據說冷靜的政治家和科學社會學家在不做批判性審視的情況下接受了這種幻想。這一牧歌式的圖景與對現代都市社會的看法形成了對比，現代社會非常像霍布斯（Hobbes）所描繪的自然狀態，在那裏沒有人受情感之愛、道德義務或對他人忠誠的紐帶的約束。每個人關心的僅僅是他自身的利益，即如何控制他人（剝削他人、操縱他人）。家庭瓦解了，友誼死亡了，宗教信仰消失了。非人格性和匿名性取代了比較密切的關係。這是西方大城市中的生活景象。這種景象在滕尼斯和齊美爾時代的德國社會學中曾興旺一時，在美國㉘和法國它找到了許多追隨者。早期精緻的馬克思主義，即比較浪漫的馬克思和恩格斯的著作形成了這種學術浪漫主義的一個完美姐妹篇。然而，在1933 年之前附屬於法蘭克福大學，而在三〇年代末四〇年代初附屬哥倫比亞大學和受其影響的《政治學》雜誌圈子的社會研究所來說，它因對綜合研究之影響而被保存下來。該研究所的馬克思主義絕非是黨派的馬克思主義。在一系列重要的合作著作中，其中包括《權威與家庭》（*Autorität und Familie*，巴黎，1934 年）、《權威人格》（*The Authoritarian Personality*，紐約，1948 年），和其他各種具有同樣特性的著作，如弗洛姆（Fromm）的《逃避自由》（*Escape from Freedom*）、諾伊曼（Neumann）的《龐然大物》（*Behemoth*）、霍克海默的《衰落的理性》（*Eclipse of Renson*），以及最近馬庫塞（Marcuse）的《愛慾與文明》（*Eros and Civilization*）等，一種機智的、無畏的，和非現實的觀點得到了傳播，並被應用於現代社會。一種黑格爾式的馬克思主義、精神分析和對工業社會的審美上反感之融合——每一種都直率化、富有想像力地契合於該研究所潛在的哲學思想——支配了他們的觀點。

社會研究所的觀點，是在其德國的最普遍大綱和在歐洲被流放的第一年中形成的，但只是在移居到美國後，它才發展成為對大眾文化的一種批判。在這裏，研究所的成長第一次遭遇了現代社會中的「大眾」。他們的反資本主義和不斷增強的反美情緒在美國的俗文化中找到了一種創傷性的、不可避免的證據。而在歐洲，一個有教養的上層階級成員能夠（甚至現在依然能夠）逃避佔人口絕大多數人的生活意識，而在美國這是不可能的事。在歐洲，受到無言蔑視的東西，在美國可能會成為一種公開的憎恨。

社會研究所透過竭盡全力理解國家社會主義發展之原因，對它的出現和暫時勝利之可怕經驗做出了反應。它力圖認清極權主義蔓延到其他西方國家之趨勢。正統馬克思主義——總之，該研究所從未受其束縛——並不適於完成這一任務。它也許可以說明為什麼擁有財產的階級歡迎國家社會主義，但它未能說明為什麼在那些理應進行抵抗的人（根據他們對自由主義和社會主義之迷戀）中間有這麼多人自願地、狂熱地屈從於國家社會主義。為什麼工人階級沒有忠實於馬克思主義賦予他們的革命使命？在此因社會學和精神分析而得以更新的德國浪漫主義看來提供了一個答案。

正是因為人們是如此疏遠和被連根拔起，他才非常渴望接受國家社會主義所推薦的殘酷的、欺騙性的種族共同體。把他們引向國家社會主義的相同因素是造成現代人渴望自己陷入由廣播、

電影、連環漫畫、電視和大規模生產的商品所提供的瑣屑的、低
級的、虛誇的文化之中的原因。因此可以預料，爲了滿足被疏遠
了的、被連根拔除的人類之需要所創造出來的大衆文化將會促進
這一過程，強化這類需要，從而導向法西斯主義這一不可避免的
終極歧途，在羅森堡先生看來——他不是研究所的成員，但他卻
以它的代言人身分說話——「大衆文化所威脅的不僅是使我們品
味麻木，而且是使我們的感覺變得殘酷無情」，它爲「極權主義
鋪平了道路」（the way to totalitarianism）[27]。法西斯主義在「大
衆」在這些國家和其他國家開始享有大衆文化之好處前，就在德
國、義大利和西班牙獲得了勝利，這一事實在這些作家的心靈中
並沒有引出任何問題[28]。

IV

這些武斷的解釋，出自於思辯社會學家、存在主義哲學家、
政論家和文學批評家。動機的混亂和理智訓練之缺乏使其結論的
武斷性和誇張性變得可理解了。但經驗社會學家也投入了對大衆
文化的分析中。難道他們沒有對這場討論產生適當的影響？難道
他們沒有通過系統的訓練來控制他們的觀察和判斷？

其回答必然是模稜兩可的。也許他們的觀察是精確的、有條
理的，但這些觀察是在一種內心體驗的發源地之外進行的，因而
感覺不到也許能夠使他們所觀察的事件得以理解的顯著親密關
係，就像它們實際上發生於那種體驗的它們的人的生活中[29]。人
們在閱讀社會學有關大衆的文化興趣和活動的報告時經常感到，
這類觀察似乎來自於火星，他們了解的只是其調查對像的傾聽、

觀看或購買活動。他們的其他興趣和活動消失在背景中，這並非因為它們實際上是微不足道的，而是因為特定的調查技術把與大眾交往的接觸非常醒目地推到了前景㉚。這類調查經常地（以及對這類調查的解釋同樣頻繁地）超越了由其觀察所設定的種種限制，並假定讀和看是所見到的內容（如社會學家所解釋的）和與此打交道的人的精神之間嚴格一致的見證。大多數討論走得更遠，甚至毫無任何根據地假定能完全進入電影、廣播以及電視背後內容之有意識和無意識的深處。這類觀察的視界常常是非常有限的，而超越它們的解釋（interpretation）引入的完全是毫無根據的偏見㉛。

　　許多研究大眾文化的學者認為「內容分析」（Content analyses）提供了一條與心靈深處接觸的直接而可靠的途徑。按照如下的假定：每一種意象、每一種事件都是與閱讀者，收看者或聽眾的人格中某些深層的、核心的需要相一致，閱讀、收看或聆聽某種大眾文化作品的人的特性是從作品內容中推斷出來的。我們並無理由認定事實就是如此，然而這一假定接近了許多大眾文化藝術處理方法之核心㉜。

　　有條理的、現實的社會學研究能夠告訴我們許多有關「現代人」（modern man）及其同「大眾文化」（mass culture）之聯繫的信息。然而這種研究還有待於著手進行。目前沒有任何理由相信，現代西方社會中的男男女女（或者尤其是美國人）與當代社會科學家著作中所提供的有關他們的畫像有許多相似之處。在這些探究中有著太多的武斷性，而在一種親密情感之發源地中則太缺乏直接的、私人的接觸，太缺乏移情作用，因而不能藉助任何令人信服的方式來證明這些由大眾文化批評家所做的一般的、感情誇張的解釋。因而，大眾文化的社會學研究成了社會學知識份

子文化的犧牲品。

V

　　當然，否定許多大眾文化在審美上、道德上和理智上的不盡如人意，或者斷言它，最透徹地揭示了人類的輕薄面目。然而，大眾文化分析家的主要錯誤在於他們認為，大眾文化接替了某種具有內在價值的東西，由於它，人類陷入了迄今依然不測其深的泥潭中，以及認為這是進一步墮落，或許是高雅文化最終滅絕的必要前奏。

　　當大多數大眾文化分析家未能看到大眾文化的大量生產不只是一種從未離開過西方社會的趨勢之延伸時，他們犯了一個錯誤。他們忘了直到十九世紀（當時在經濟發展、對人生價值的新感受，以及自由而人道的改良者的努力的共同作用下引起了巨大的變化）為止，大部分人類過著一種低下的生活。當哈格教授說「工業枯竭了生命」（industry hasimpoverished life）③時，這是十足的浪漫主義。事實正好相反。飢餓和死亡的迫近，過長的工作時間（就像我們在西方的工作在今天看來甚至野獸也難以承受）阻礙了底層階級中的任何人（除了極少數人——這些人要麼具有極強的個性，要麼具有極高的天賦，要麼非常幸運地與貴族階層或商人階層或者三者一起形成了某種聯繫）的個性，敏感性或細膩感的發展。

　　這些階層——他們因體力勞動、疾病和憂慮變得遲鈍了，他們構成了一個遠比在二十世紀先進社會中大得多的人口比重——的文化是一種犬熊相鬥、鬥雞、爛醉如泥、狐狸精故事，有關牧

師、修道士、修女淫亂的流言蜚語，以及凶殺致殘故事之文化。托德（Sweeny Todd）的故事——這位艦隊街（Fleet Street）的惡魔理髮師開了一爿有利可圖的商店，這家商店出售的鮮肉餡餅是以掉進他理髮店地下活動門的受害者的肉做成的——並不是現代大眾文化的創造物。它可以追溯至中世紀。（法國中世紀的）韻文故事（*fabliaux*）大概是中世紀俗文學文化所能提供的最佳範例，它們當然是非常不利於健康的。到處販賣的文學（littérature du colportage）不是奧斯汀（Jane Austen）或者福樓拜（Gustave Flaubert）式的文學。它同尤金・蘇（Eugene Sue）更為接近和更為低級得多。工人階級和中底層階級目前所追求的感官快樂並不與深奧的、審美的、道德的或理性的評價相稱，但它們確實並不比從中世紀直到十九世紀給予其歐洲祖先的快樂腐化墮落的事情更低下。

只有為一種對其自身的時代和自身的社會的激昂的、滲透一切的反感所驅使的無知和偏見才可以說明為什麼當代知識份子——他們為自己是社會主義者、自由主義者或民主主義者而感到驕傲——喜歡相信十七、十八世紀歐洲社會中的貴族紳士們生活在一種高尚的文化生活中，或者相信精神麻木的農民過著一種有條不紊的、高貴的生活。事實上，在近代紀元的前四個世紀中只有極少數的上層階級讀過大量東西，而他們所讀的大量東西除了個中許多是無害的之外，無論從哪個角度來看都是無價值的。那些花了許多時間泡在舊圖書館或文物書店中的人中間沒有人能夠迴避這樣一個結論，即十七、十八世紀（更不用說十九世紀）出版的絕大部分書籍從審美的、道德的或理性的角度來看都是無足輕重的。十七世紀的高雅文化不僅包括莎士比亞（Shakespear）、瓊森（Jonson）、培根（Bacon）、霍布斯（Hobbes）、萊辛

（Racine）、帕斯卡（Pascal）、拉·羅什富科（La Rochefoucauld）等等，還包括其數量遠爲大得多的絕對無價值的作者，如不合邏輯的哲學著作作者、精神愚蠢平庸和瑣屑淺薄的神學論文作者，以及甚至可以考驗一個英國文學博士候選人之愚鈍耐心的詩歌作者。十八世紀和十九世紀與此並沒有多大區別。

這並不是在書籍之戰中祖護現代人，或者斷言我們當代的哲學、藝術和文學天才同前三個世紀一樣豐富。我的目的只是爲了糾正這樣一個絕對錯誤的觀念，即二十世紀是一個理性嚴重退化的時期，這種所謂的退化是大眾文化——從各個角度來看，它都是這個不幸的世紀所獨有——之產物。

實際上，認爲大眾文化目前對於底層階級來說，比之早幾個世紀曾經有過的那種淒涼、嚴苛的生存狀態更爲無害，也許更爲正確得多。閱讀好書、欣賞高級的音樂和繪畫，儘管有其不足之處，但現在還是比過去幾世紀廣泛得多，因而沒有理由相信，這是沒有意義的或者這是虛假的。只有無益地依戀於不可能實現的人類完美之理想和厭惡他們自己社會、自己人類同胞的人，才會掩蓋這一點。

問題的根源不在於大眾文化，而在於知識份子本身。知識份子受到誘惑和腐敗並不是新鮮之事，儘管果然不錯，大眾文化對於這種墮落來說是一種新的機會。知識份子不需要閱讀連環漫畫，但是就責備別人這樣做。他們可以跳過前者而把後者當作是「人類犯罪本性之不可避免的表現形式」。然而迫使大學教授將他們的閒暇時間花在閱讀凶殺故事或傻呼呼地觀看電視節目的並不是俗文學和閒暇。如果他們降低自己的標準，他們不應當責備那些並不具備生活在一個高水準傳統之內的擁有特權的人，就像後者如果願意這樣做的話，他們會欣賞或可以欣賞這種傳統。

　　知識份子不必在大眾媒介中工作，即使他們這樣做，也不一定非得要求他們在其工作中或工作之外輕易地放棄他們的標準。通俗文化產品許多（並不是全部）令人討厭的性質是生產者和作者對預期觀念品味的鄙視，及他們本身的陰沉的懷鄉病（*nostalgie de la boue*）的產物。對於這些職業中的生產者和作者，可以完成哪些東西當然存在著種種限制，因爲他們的雇主常常相信只有那些在理性上和審美上我們視爲低級的產品才會找到大量的觀眾；在工人階級和中底階級從鑑賞的角度對優劣作品做出反應的能力上可能也存在著種種局限性。然而，不能確定的是，這些限制的範圍是否已被最後確定，而且在這些限制之內是否能盡最大的努力。

　　麥克唐納先生和哈格教授的不安並不完全是沒有根據的。普及性、通俗性、商業準則、便利等如果不能算偉大的文化成就之障礙，那麼也是好的文化成就之障礙。但是還有一些因素是與大眾文化幾乎無關的，它們至少是同樣重要的，然而他們卻沒有考慮到這些因素。過度的教育專門化和職業專門化在我看來傷害的是知識階層的文化生活而不是通俗文化。通過我們的教育制度，來爲年齡介於 5 歲到 21 歲之間比較有天賦的兒童和青年創造一個一般文化反應基礎的機會所造成的浪費，顯然更有害於美國的高雅文化，而不是沒有天賦的大眾可以獲得的大眾文化。大學教師和政論家降低他們的教學和寫作的標準，其後果更有害於高雅文化而不是好萊塢或廣播事業。

　　有些知識份子自然會因爲沒有按照他們認爲正確合理的文化生活準則行事而感到內疚。但是他們沒有任何理由將這種準則置於來自這樣一個階層的人身上。這個階層只是在二十世紀的今天有史以來第一次有可能成爲其社會的正式成員，有可能過著一種

具有某種文化品味之訓練的生活，並有各種辦法去達到自己的鑑
賞目的，或者同其自己的鑑賞對象接觸。他們本身的缺點並不是
知識份子可以幸災樂禍（*Schadenfreude*）地公開宣佈並惡意損毀
他們聲稱自己所致力的高雅的知識份子傳統的理由。

　　最後，應當視爲無法期待這些剛剛從不可追憶的遠古，像鄉
下佬一般的生存狀態中冒出來的階層有品味或鑑別力。很有可能
他們中大多數人今後也絕沒有能力發展形成這種品味或鑑別力。
然而他們中舉足輕重的少數人在幾代人之後會作爲生產者或消費
者被吸收進各種高雅文化傳統中，因而他們將在其同胞中起著發
酵劑的作用。如果高雅文化的擎旗者主動舉旗投降，放棄自己的
陣地，那麼上述情況發生的機會自然會減少。所以，更有理由說
爲什麼知識份子不應當——出於對他們認爲於本身的傳統毫無價
値且難以抗拒的政治熱情，或者出於對快樂的偷偷沉迷——因爲
毀滅那既未曾被毀滅，又沒有必要毀滅的東西而責備這些新生的
階層。所以知識份子文化興旺的萌芽就存在於他們內部。

註 釋

①麥克唐納（Dwight Macdonald）：〈一種大眾文化理論〉（「A Theory of Mass Culture」），《弟歐根尼》（*Diogenes*），第3期，再版載於羅森堡和懷特編：《大眾文化：美國的流行藝術》（*Mass Culture：The Popular Arts in America*, ed Bernard Rosenberg and David White）（伊利諾斯州，格倫科，1957）。

②霍克海默和阿多諾（Max Horkheimer and T. W. Adorno）：《啓蒙的辯證法》（*Dialektik der Aufklärung*）（阿姆斯特丹，1947），以及霍克海默：〈藝術和大眾文化〉（「Art and Mass Culture」），《哲學和社會科學研究》（*Studies in Philosophy and Social Sciences*），第九卷，（1941）。

③阿多諾：〈論流行音樂〉（「On Popular Music」），《哲學和社會科學研究》，第九卷，（1941），以及〈電視與大眾文化的模式〉（「Television and the Patterns of Mass Culture」），《電影、廣播和電視》專刊（*Quarterty of Film, Radio, and Television*），第八卷，（1954）再版裁於：《大眾文化》（*Mass Culture*）。

④洛溫塔爾（Leo Lowenthal）：〈大眾文化的歷史透視〉（「Historical Perspectives of Popular Culture」），《美國社會學雜誌》（*American Journal of Sociology*），第五十五卷，（1950），再版載於：《大眾文化》。

⑤弗洛姆（Erich Fromm）：《逃避自由》（*Escape from Freedom*）（紐約，1941）。

⑥貝德納里克（Karl Bednarik）：《青年工人》（*The Young Worker*）（倫敦，1955；伊利諾斯州，格倫科，1965）。

⑦米洛茲（Czeslow Milosz）：〈別林斯基與獨角獸〉（「Bielinski

and the Unicorn」），《自由的前景——米蘭會議論文集》（*Papers of the Milan Conference on the Future of Freedom*）（巴黎文化自由大會，1955）。

⑧羅森堡（Bernard Rosenberg）：〈美國的大眾文化〉（「Mass Culture in America」），載於：《大眾文化》，和歐文‧豪（Irving Howe）：〈大眾文化札記〉（「Notes on Mass Culture」），《政治學》（*Politics*），1948，再版載於：《大眾文化》。

⑨托洛斯基（Trotsky）：《文學與革命》（*Literature and Revolution*）（倫敦，1925），第 256 頁。

⑩「無論哪裏的革命顯示了一種膽怯的危機，哪裏的趨勢就會爲一種願望之夢，如財產、冒險、熾熱和豪情、權力和一般的快樂主義的虛假實現所緩和和中斷。」洛溫塔爾（Lee Lowenthal）：〈大眾文化的歷史透視〉（「Historical Perspectives in Popular Culture」），載於：《大眾文化》，第 55 頁。

⑪沒有任何證據表明清教徒的馬克思主義在其著作中堅持對大眾文化的批判以及大眾文化是「逃避主義」的思想。作爲清教徒的馬克思主義的基礎是下述的信仰，即人類的首要責任是認識其所處的環境，以便將其轉變爲一個社會主義的社會，表現的傾向、幻想的需要、想像力的發揮是爲這種觀點所忽略的。對「爲藝術而藝術」（art for art's sake）的類似敵意（這是馬克思主義文學批評的特徵）在此以另一種幌子和背景而重組出現。

⑫哈格（Van den Haag），載於：《大眾文化》，第 520 頁。

⑬麥克唐納（Dwight Macdonald），載於：《大眾文化》，第 71 頁。

⑭在另一方面，某些防禦性文學只是個人的具體抗辯，他們在與大眾文化相聯繫的職業性生涯中找到了一個合適的職務後，試圖賦予其工作一定的社會地位。他們常常有那麼一點免疫，因爲無論是他

的，還是他的成長其間的知識份子圈子都沒有眞正贊成過大眾文化，然而因爲他的報酬豐厚，或者因爲他的對他的不贊成的東西具有濃厚的興趣，或者僅僅因爲它是他所幹的事情，所以他的力圖賦予他的工作和樂趣是一種他有時內心會感到懷疑的尊嚴。

⑮里斯曼（David Riesman）：《對個人主義的重新思考》（*Individualism Reconsidered*）（伊利諾斯州，格拉科，1954），第 179-270 頁。

⑯懷特（David White）：〈美國的大眾文化：另一種觀點〉（「Mass Culture in America：Another Point of View」），載於：《大眾文化》，第 13-21 頁。

⑰塞爾迪斯（Gilbert Seldes）：《偉大的觀眾》（*The Great Audience*）（紐約，1951），和《公眾藝術》（*The Public Arts*）（紐約，1956）。

⑱霍克海默（Max Horkheimer），載於：《大眾文化》，第 292-294 頁。

⑲羅森堡（Bernard Rosenberg），載於：《大眾文化》，第 4、5、7 頁。話是羅森堡先生說的，但思想是批評家們的共同財產。

⑳歐文・豪（Irving Howe），載於：《大眾文化》。

㉑弗洛姆（Erich Fromm）：《愛的藝術》（*The Art of Loving*）（紐約，1956），第 83-106 頁。

㉒歐文・豪（Irving Howe），載於：《大眾文化》，第 498 頁。

㉓同上，第 497 頁。應當指出，這出於一個對宗教不抱任何同情的極左觀點。然而，豪先生接受了浪漫主義社會學對現代社會的傳統批評，其中之一是它過分強調了無宗教信仰。他認爲這種信仰和他的社會主義信念（它的是完全「世俗的」（secular）信念）之間並不存在任何矛盾。

㉔這些有關無憂無慮的前大眾文化的性質的幻想受到了布羅根（Denis Brogan）教授的非常公正和十分有說服力的批評：〈高雅文化與大眾文化的疑難問題〉（The Problem of High Culture and Mass Culture），《第歐根尼》（*Diogenes*），第 5 期，（溫特，1954），第 1-13 頁，拉博西爾（Henry Rabassiere）先生，〈對電視之衛護〉（In Denfense of Television），載於：《大眾文化》，第 368～374 頁。

㉕對大眾文化的批評和由此形成的看法因對現代社會的批評（它的源起有另外的理性發源地）有著許多共同點。切斯特頓（Chesterton）和貝洛克（Belloc）的羅馬正教的浪漫主義、法國的擁護君主制度者，古典主義和對休姆（T.E. Hulme）的高尚暴力行為的讚賞、南方主張平均地權的人，以及喬治‧索雷爾（George Sorel）的理性淵源與科貝特（Cobbett）、普魯東（Proudhon）、孔德（Comte）、勒‧帕萊（Le Play）和傑佛遜（Jefferson）是不同的。他們的共同特徵是都不喜歡都市社會和資產階級的個人主義和享樂主義。他們都是思想家，對於人類的現狀持有敵意，這一點與馬克思主義是相同的。

㉖在美國社會學中，它在派克（Robert Park）──他曾是齊美爾（Simmel）的學生──的著作和已故的沃思（Louis Wirth）的「城式化作為一種生活方式」（「Urbanism as a Way of Life」）（後者的論文再版於《社區生活與社會政策》（*Community Life and Social Policy*）（芝加哥，1961）中〕一文中可以找到其最充分的表達。

㉗《大眾文化》，第 9 頁。

㉘同樣美國──在那裡大眾文化是如此發達，而且根據阿多諾教授及其合作者在《權威人格》（*The Authoritarian Personality*）中的研究，如此多的美國人是原始的法西斯主義者──是一個民主不斷興

旺的地方這一事實並沒有引起對他們的大眾文化理論以及性質和後
果的懷疑。

㉙眞理的保證人並不單單是內心體驗！

㉚人們也許應當把利奧・博加特（Leo Bogart）先生有關他的成年讀
者對連環漫畫之反應的調查的報告排除在外。（《大眾文化》，第
189-198頁）。

㉛例如，克雷斯皮（Lo Crespi）對玩紙牌遊戲做了報導（載於：《大
眾文化》，第418-422頁），並得出了這樣的結論，它們證明了在
現代社會中親密的人際關係正處於危機之中。可以說玩紙牌是人際
關係的一種替代物。因而一系列完全注重事實的對紙牌遊戲的觀察
被置於德國和美國社會家浪漫主義的背景中。但並沒有這方面的任
何證據。德國人，以及在他們之後的美國社會學家都意識到人際關
係在現代都市社會中已瓦解了，他們有時含蓄地有時明確地將這一
現象同從古代到前資本主義時期的結束所培養的完美而持續的友誼
做了對比。然而，他們從未考慮過，爲什麼古代和近代如此多的有
關友誼的文獻涉及到朋友的不忠、眞假朋友之間的區別，以及所稱
的朋友的諂媚和斯騙帶來的衆所周知的危險等等。

㉜如果社會學家、心理學家和批評家打算考查大眾文化作品的生產
者——電影劇作家和製片人、廣播稿作者等，那麼這將會有助於理
解大眾文化內容的來源。有關大眾文化生產者對其未來的觀眾無法
以及他對其同胞的潛在感情的許多含義會以這種研究中顯現出來。
完全可態想像到，它們將會揭示對大眾文化的許多思考的循環性和
武斷性。大眾文化的生產者和作者首先對其觀眾的需要和願望做了
某些假設，然後才生產這一作品。隨後社會學調查者著手研究這些
作品，並從中做出有關傾聽這部作品的聽眾的特徵的推斷。最後這
些分析進入知識份子的評論圈子，並提供給那些推銷這種產品的人

以所謂的科學證據，即他們的假設是正確的。

㉝哈格（Van den Haag），載於：《大眾文化》，第 531 頁。

13.充裕與匱乏

——國際文化危機之剖析

在當下十年中，西歐和北美的學生反叛者對權威的敵意比之三、四十年前更為廣泛和徹底。他們原則上對權威本身都充滿著敵意，而他們的前輩只是對特定的權威抱有敵意，對其他權威則熱忱地服從。他們現在完全是在沒有任何外部成人組織的鼓吹下行動起來的，因為他們對大多數成年人都不抱同情態度。只要他們試圖與工會或政黨等外部組織合作，他們就想作為一個平等的組織互相合作。他們很少依附於除他們自己這一代之外的任何一部分人群。

當前這一代學生激進份子中的革新者是自相矛盾者；當他們三、四十年前的前輩拒絕權威時，他們拒絕的對象僅限於他們之外的正統權威。他們並不像現今大多數進步學生激進份子那樣，貿然地試圖獨立於成年人權威之外。目前的學生激進份子是在沒有正統的成人權威的情況下採取行動的；他們的中年奉承者（他們給予其合法性之證明）正在提供的是某種既不匱乏也不需要的東西。從沙特（Sartre）和馬庫塞（Marcuse）到古德曼（Paul Goodman）和麥克唐納（Dwight Macdonald），他們給予了令人愉快但未經請求的稱讚。當學生激進份子群體本身圍繞著一個他們自己所創造的成人——就像參議員麥卡錫（Eugene McCarthy）

的例子，他因學生激進份子的需要而被塑造成一個具有領袖魅力的人物。與學生激進份子聯繫最緊密的成年人通常是比他們年齡稍長的年輕教師，他們的更多的作用是肯定，而不是指導和宣佈他們爲合法。當今學生激進主義的「大人物」（big names）——毛澤東、卡斯楚（Fidel Castro）、蓋瓦拉（Che Guevara）、范農（Frantz Fanon）——或者相隔遙遠、或者已撒手人寰。他們並不能指揮學生激進份子；他們所能給予學生激進份子的只是一種準波西米亞的、自由自在的、反體制的風味。甚至在其成人英雄實行專橫統治的地方，吸引激進學生的正是他們的無政府主義要素。在奧林特省（the Oriente province）的卡斯楚時期，他的事務是在下午三時的咖啡館中處理的，他的專橫通常具有一種即興發揮的氣氛，正像毛澤東的形象在很大程度上歸功於山洞和「長征」（the Long March），他的行爲是頗有吸引力的。這兩個活的護身符沒有一個負責學生激進份子所必須服從的組織。正是他們對國外反叛的鼓舞，而不是他們的國內統治方式使他們深受歡迎。

同樣，知識份子「先知」（prophets）也是被學生激進份子自由選擇和默認的，因而也可能被他們隨意地拋棄。馬庫塞教授的著作是非常實用的警句來源，而不是權威的文本。阿本德羅思（Wolfgang Abendroth）教授是成年一代自己任命的學生激進主義大使；他並不行使任何權威功能。

那麼該如何解釋二、三〇年代學生激進主義同六〇年代的學生激進主義之間的重大區別呢？

新與舊

目前學生激進主義的洶湧風暴具有了世界性。除了正式的國際學生聯盟——對於那些更惹人注目的學生激進份子的活動來說，它們是無足輕重的——之外，還有一種自發的、沒有組織的，或者充其量也不過是在情感上和看法上對學生運動的認同，這種認同溝通了國與國之間的界限。1968 年學生激進運動似乎是在許多國家中同時發生的，甚至在內容和手段上也是一致的，從而使人回憶起二、三〇年代共產國際及其附屬組織鐵板一塊的階段。

學生激進主義不再是更大的學生團體中一小部分聯繫緊密的宗派獨佔品；相反地，在某些地方和某些時期它得到了大部分學生少數派的同情，有時甚至是學生多數派的同情。它在每個國家中的組織活動（儘管有起有落）日益持久，並比過去擁有更多的追隨者。在面對持有敵意的權威時，他們顯露了一種自信，甚至是傲慢，因為他們意識到了自己事業的跨國界性。然而，這種運動從國際上來說並不是統一的；事實上它也不是共謀的產物。同步性是一種大體一致的狀態，而不是一種一致商定的有組織行動。

在不同的國家和大陸之間存在著重大的區別。例如，在印度，直到 1960 年日本和自 1964 年以來西方國家爆發運動之前，全體大學生在世界上是最騷動的，學生鼓動家通常並不將整個社會和大學作為一般批判的對像。印度的學生運動並沒有宣佈對其社會進行根本的批判；它沒有任何重建印度大學的計畫。但它的確對公眾問題提出了種種主張，如，為了建設 Andhra Pradesh 鋼

鐵廠，或者爲了贊成或反對把英語作爲高等教育的教學媒介等問題——最近它終於對高等教育一般政策的某種組成要素提出了自己的主張。印度學生運動是「機會主義論者」（occasionalist）；它只對特定的刺激因素（如地方的、地區的或全國的），做出反應，但由於這些抱怨並未普遍，因而不可能持久。然而，就其相對的非政治性鼓動來說，印度只是一個特例①。在印尼，學生激進主義卻具有政治色彩，這與印度的學生激進主義形成了鮮明的對照（在過去幾年中情況都是如此）。國內的大學條件（儘管很糟）很少引起其注意；它的興趣在於公共領域，這個領域是與軍隊相互合作的，但並沒有受其支配，這對於減少以及最終消除前總統蘇卡諾（Sukarno）的影響是至關重要的。

在亞洲（除掉中國大陸②）、北非③，以及在較低的程度上，在黑非洲和拉丁美洲，各國的學生運動都依循十九世紀反對當局壓迫本性的民族主義運動的傳統模式，而這不足以應付國內原因（儘管外國統治者已離開了，在某些國家，這是很久以前的事）。在西班牙，近年來頻繁的學生運動絕大部分圍繞著大學組織這一狹隘問題：大學生是否有權擁有自己的學生組織，即一個不受校外官方團體控制的組織。（在過去兩年裏，西班牙學生逐漸變得具有政治頭腦了，與「工人委員會」（workers' commissions）進行了接觸，開始表達了他們對政權和國際問題所持的一般政治態度。）

在所有這些國家，行動都比早期廣泛、激烈和頻繁，然而就其表現的重要性和深度而言，並沒有多大改變。他們鼓動人們反對政府限制組織和宣傳的自由，反對政府的道德敗壞以及對外國勢力——目前主要是美國——的諂媚。對「新殖民主義」（neocolonialism）的敵意目前在大多數學生運動中是很普遍的，

但這並不新穎。這只是馬列主義對殖民主義和帝國主義分析的拙劣翻版，這種現象在三○年代亞洲的民族主義學生運動和四、五○年代法國、英國的非洲學生運動中都是非常普遍的。

然而，儘管學生運動與其早期的看法有著這些相同之處，儘管各國之間存在著明顯的民族差異，在第三世界大多數國家裏，學生運動如同在發達的西方國家中一樣逐漸獨立於成年人組織之外，脫離了其先輩的模式。事實上他們用不著年長的政治要人來指揮他們。在亞洲和非洲不發達國家中，早一代學生領袖要麼已大權在握、要麼離開了政治舞台、要麼已死亡或被放逐。然而，不管他們是死是活，他們已無法再充當有效的對抗力量之領袖。在這些政治對抗目前行不通的亞非國家裏，敢作敢爲的學生激進主義形單影隻，以致只能負隅頑抗。在印度，儘管公開對抗依然是允許的，但學生運動總的來說也失去了與居於支配地位的成年政治家組織的聯繫。儘管在許多特殊情況下，政客能夠操縱印度學生的某些破壞力量，但組織上的聯繫是鬆散的，或者說是不存在的。同樣，在印度也並不存在學生們把自己的運動視爲更廣泛的成年人政治運動，這也正是印度學生運動鼓動者實際上沒有總的政治觀點的主要原因之一④。

在東歐，尤其在波蘭和捷克，勇敢的學生們——與某些具有其十九世紀的祖先之特徵的類似的民族主義者、反俄伙伴一起——在更廣泛的社會範圍內以傳統的思想、言論和集會自由以及法律的名義鼓動人們反對專制。除了少數文人和教授的贊助外，他們是獨來獨往的。甚至在波蘭和捷克的短暫解放時期，學生們依然與「自由主義者」（liberalizers）一起，而不是在他們的支配下獨立行動。在南斯拉夫，1968年學生們完全是獨自行動的，儘管一俟運動爆發，他們就受到某些教師的贊同。事實上只要政黨的

專制和裙帶關係明擺在那兒，校方並不擔憂「和平民主陣營」
（camp of peace and democracy）中的自由學生。

就其獨立於成年人反對組織之外而言，西歐和北美的學生激
進主義與第三世界是相似的。在英國，一般充當反對派的工黨，
在權力上是默默無聞的；在西德，社會民主黨是大聯盟（the
Grand Coalition）的一個組成部分。在法國，社會主義者是無用
的，共產主義者是孤單的，儘管戴高樂將軍（General de Gaulle）
聲稱在面對學生「挑釁」（provocation）和「冒險主義」
（adventurism）時，他們是現存秩序的棟樑。在義大利，社會主
義者擁有行政管理之責任，但共產黨很少像法國共產黨那樣對學
生激進份子持同情態度，而是視其為毛主義的「內奸」（hidden
traitor）。在美國，兩大政黨都厭惡學生激進份子，成年人只是反
對大黨的種族排外主義。在北美，大黨從未對學生的支持感興
趣，而那些感興趣的政黨——社會主義和共產主義政黨——是無
足輕重的，而且規模不斷縮小，道德地位逐漸降低。正統的馬克
思主義是未被接受的，或者受到懷疑的，因而對於學生激進主義
來說並沒有即時可用的權威意識型態。

在西方發達社會中的學生激進份子並沒有成人政治首腦；他
們完全得獨立行動。那些與成人黨派或團體保持聯繫的那部分人
要麼與其長者發生衝突，要麼被其激進的同代人降低到為人所看
不起的無足輕重的位置上去。在西歐，共產黨受到懷疑、社會民
主黨受到節制，以及法西斯主義和納粹黨的黯然失色或消失既沒
有留給學生一個具有淵源關係的前輩組織，也沒有留下一個他們
可以效忠或依附的由權威散佈的教義。「天生的」（natural）卡
斯楚主義，即對組織所持有的難以名狀的、強烈的敵意，形成一
股深厚有力的感情潛流和並沒有加以明確闡述的信仰。

　　然而，運動規模的擴大在教義或組織技能上並沒有伴隨著令人耳目一新的感覺。在東歐，學生們使共產主義政權自由化；取消檢查制度、引進多黨制，以及「使科層制人性化」（humanize bureaucracy）的種種努力，儘管是值得稱讚的、充滿膽量的，但並沒有帶來任何理智上的創新。在印度，當場並立刻對大學和學院管理機構十分具體的面貌，以及對十分具體的剝奪提出抗議，這些做法代表了從五花八門的民族主義者、馬克思主義者和甘地的信條，以及三〇年代的意識型態中的退卻。至於其他地方，在非洲、日本、印度尼西亞，以及拉丁美洲，對於學生運動的智能從根本上來說並沒有增添任何新鮮東西。他們的意象來源本身只是空谷回音：范農僅僅是一個雄辯的索雷爾（Sorel）；馬庫塞只是一個弱化的摻和著席勒（Friedrich Schiller）和威廉‧賴克（Wilhem Reich）的馬克思主義者。

　　學生們徵用卡車、使用「牛吼器」（bullroarers）來對付披甲戴盔的警察，他們砸碎玻璃窗、揭壞家具和燈泡，但嚴格地說來，他們總體上還是抄襲者。他們從自己所鄙視的俄國人和自己所忽略的西班牙忠於共和政府那兒借用了汽油手榴彈，從自己幾乎不抱任何同情的美國汽車工人聯合會那兒學到了「靜坐」（sit-in）法。噴霧劑比之過去常常使用的粉筆刷和油漆刷只是更難以被清除。甚至他們的主要戰術發明──插科打諢──也只不過是陳舊的波西米亞格言：「使守舊的傭人們大為驚愕」的延續。從組織上來說，他們也並不是創始者；甚至一切世界性運動的幽靈──這是為他們所創造的，而他們正是通過增強其自我意識和自信而得益的──也是資產階級新聞和電視的產物。

　　然而，存在著這樣一個基本點：三〇年代初的激進主義與六〇年代是不同的。不過遠比在組織上廣泛地獨立於成年黨派或

者批評校方等區別更爲重要的區別，是有關自我、權威、制度，以及過去和現在所「給定」（given）的東西等基本信仰的區別。

基調、意識型態與主義

在三〇年代初，大學生的人口比例遠比現在小。他們很少爲一般公衆或政治家所注意，而且他們本身也並沒有把自己想像爲一個獨立的等級。甚至在拉美——在那裏他們在建制上被結合進了大學理事會中——他們顯然也並沒有以學生的資格把自己想像爲具有一種「永久權利」（permanent interest）的學生，在學生們和其他人看來是一種短暫的狀態，這種狀態從屬於或者源自於其他的狀況，源自於在人生的以後階段中的預期角色，源自於雙親的地位，以及源自於與某個特定的學院或大學的認同程度。

大部分國家中的大多數大學生來自於他社會中比較有特權的階層。甚至在美國，儘管其州立大學是開放的，但學生們只佔其同代人的一小部分，他們來自於富裕的階層和不那麼富有但卻有體面身分的階層，後者相信自己「與社會利害攸關」（stake in society）或者希望自己擁有這樣一種利害關係。他們期待自己進入報酬比較優厚的職業和專業。他們中的激進份子並沒有把自己看作是全體學生的「代表」（representatives）（即使未經選舉）。他們是激進份子或革命者，而不是「激進學生」（radical students）或「革命學生」（revolutionary students）。他們並不把學生視爲其各自社會中極爲重要的一個實體，他們也並不把學生身分本身看得有多麼重要，以致能夠就這個革命問題展開爭論。他們父輩的社會階層、他們透過學習尋求進入的社會階層、他們作爲其一份子的種族集團，或者他們在其指導下行動的政黨是他

們社會的「當權者」（powers），而他們正是根據這些來源形成了自己的形象。這些集合體和聚集體在社會中依然是十分重要的，因而它們對於學生來說是至關重要的，然而對於學生激進份子來說，它們並不像以往那麼重要，這是爲何呢？

二〇年代末和三〇年代初的學生上大學出於各種各樣的原因：一些人懷有掌握更多知識的抱負，一些人希望在社會上得到升遷，能夠比那些沒有進入大學的同齡人掙得更多的錢。一些人上大學是因爲他們父母是這樣做的，是因爲這對其所處的社會階層的全體成員來說是「正常」（normal）之事。另一些人上大學是出於上述全部原因或某個原因，以及因爲在大學就讀本身是令人愉快和興奮的。在那裡可以獲得交友和發現的歡悅以及運動的刺激。在形形色色的人生道路上，大學是一個小站。

在那個時代，人們之所以普遍這樣認爲，是因爲有能力上大學是一種特權，即無論就其本身來說還是就未來而言都具有好處。這是對少數人所敞開的經歷和機會。它可以被人們利用來達到獲取知識、愉快的體驗以及預期報償等直接快樂之目的。這種特權是一種特殊類型的特權；它並不意味著目前對教師、官員、政治家或一般年長者佔有什麼優勢；它是一種從屬角色中的特權，這種特權預示著在以後的人生階段中所擁有的更具實質性的和更爲重要的特權。它是一種不平等社會中和不平等制度中的特權，在那兒處於特定層面上的人承認那些處於較高等級層面上的人的優勢。上大學的特權是進入中層階級，甚至進入上層階級——或者是在其本人的家族史上第一次進入上層階級或者是當一個人在一個近乎其自己的家族的等級中變爲一個成人時，進入上層階級——的特權。總之，上大學在很大程度上具備了中層階級和中上層階級的身分，大學生活是一種被看作在特定的人生階段上

與中上層階級的生活方式相吻合的模式，因而完成那兒的學業被
視爲隨後在那些階級中所擔當的成員的主要資格證明。甚至在大
學畢業生難以找到合適工作的印度、日本和德國，對大學教育潛
能的這種構想依然是極爲普遍的。

　　大蕭條和二次大戰前的社會發達沒有往後那麼平等。劃分各
階層的主要標準是他們的社會地位、他們的勤勉和盡職、他們的
能力和樂於忠實地堅持既定的職守，以及他們願意使自己的行爲
服從於自己視爲合法的權威的評價。大多數大學生（不管他們如
何散漫、如何吵鬧，或者如何不安分）都接受這套安排；在他們
所思考的範圍內，他們認爲這是公平的。他們期待自己能進入其
間，並在其間佔居較高的地位。當然，除了少數「出身高貴」
（highly born）者，這種前景是有待於努力爭取的，但人們承認
這種血緣關係在萬物的本性中是「給定的」，是以後享有特權的
前提條件。因而，考試的必要性和公正性是爲人們所普遍認可
的，即使在印度也是如此⑤。

　　在學生中有一些反叛者——民族主義者、法西斯主義者、社
會主義者、共產主義者、唯美主義者和生活豪放不羈的藝術家，
他們並不能完全與大學制度和諧相處。他們或者認爲更大的社會
制度是不公平的，或者對其國內同胞的市儈作風非常吃驚，或者
不贊成其同胞的道德習俗，因而一旦他們在大學中察覺到這些品
性，就會反對之。法西斯主義者和民族主義者通常反對異族的統
治或者反對異族因素存在於中產階級和大學中。他們希望將外國
人從自己的國家中驅逐出去或者至少將他們從具有高度權威和豐
厚報酬的位子上拉下來；他們批評大學，因爲他們認爲外國人從
大學中獲得了好處或者控制了大學。然而所有這些引起反對的品
性並沒有引出任何有關大學的理想性質和功能等問題。大學作爲

一個通向特殊職業和高級職業之跳板的功能都為人們所認可。大學在傳播和擴展知識和鑑賞力方面的作用也得到人們的承認。而大學的管理方法，它們對自己可以得到的資源的利用，它們所傳授的內容的眞義，它們所做的研究卻不被學生視為「自己的事務」（their business）；這些問題是校方的事務，學生們只是充當著學校所提供的東西的暫時的（現在或未來）受益者。個別的教師也許會受到冷遇、侮辱，在某些情況下甚至受到攻擊；一些學生也許會曠課，並試圖阻止其他學生上學。另一些學生也許對所教的東西沒什麼興趣，所以對學習無所用心，但他們並不對「體制」（system）提出挑戰。由於大學制度沒有受到非難，所以它在社會中的地位也沒有遭到懷疑。甚至在德國和印度（在這兩個國家中學生們充滿著民族主義的政治熱情，而且猶太人和英國人在大學中佔居著突出的位置）也是如此。學生們希望猶太人和英國人離開，但他們認可大學的結構以及它在社會中的地位和由其使命所產生的各種程式。因而早期政治上激進和革命的學生不僅接受了其激進而革命的先輩的權威結構，而且承認大學是他們所反叛的社會中的一種體制。

　　他們對社會的本質以及人們的權利和特權的信仰同樣也顯示了這種雙重性。學生激進份子和革命者的信仰是被普遍接受的信仰，他們心照不宣地分享著那些作為學生組織所隸屬的更大的運動領導者和辯護者的長者的信仰。它們是在黨綱和教條主義者的文件中由權威頒佈的信仰。他們通常加入一種有助於提高長者（學生們孜孜以求得到他們的指導）權威的被疏遠的傳統。因而反叛學生被賦予了意識型態的傾向性，他們擁有一種他們可以擁有的意識型態。馬克思主義（或者它的各種變種，如列寧主義、社會民主黨、托洛斯基份子，以及史達林主義）、國家社會主

義、法西斯主義、君主主義、甘地主義等在不同的方面是有時通過學習、有時憑藉天賦的具有超凡魅力的瘋子的聰明傑作。它們中沒有一個像馬克思主義那樣系統和精緻，但它們中大多數都擁有自己的文學或理論經典，全都乞助於一種理性的傳統。

新一代學生激進主義與過去相比是相對非意識型態化的。儘管他們具有意識型態的傾向性，但他們沒有頒佈任何一套精細的、系統的信仰。除了毛主義和托洛斯基小集團，他們並不接受他們可以獲得的意識型態幫助，他們並不建立他們自己的意識型態。他們本身的無政府主義傾向並不導致他們從克魯泡特金（Prince Kropotkin）或者勒克呂（Elisée Reclus）的著作中尋求指導和採納他們的觀念。他們與傅立葉（Fourier）和蒲魯東（Proudhon）有著密切關係，但他們並不指望他們來對未來做出理智上的建構。單個盧卡奇（Lukács）並不爲學生們所需要，哈伯馬斯（Habermas）遭到了拒絕，戈德曼（Lucien Goldmann）從未被學生們所接受。

代之以意識型態，他們有這樣一種基調，即強有力的、系統化的精神能夠投射進一種爲人們普遍接受的構造嚴密的意識型態中。整個世界因這種意識型態的潛能而發展著。馬庫塞、阿爾圖塞（Louis Althusser）、萊恩（R. D. Laing）、傅柯（Foucault）、布朗（Norman Brown）、范農（Fanon）、巴蘭（Paul Baran）、曼德爾（Ernest Mandel）等人全都爲某種意識型態提供某些成分。他們全都是小先知，他們的預言相互重疊，因爲他們全都包含著某種基本情緒。一種滲透一切的理解力也許會將這種情緒表達爲一種教義。

邪惡的和完美的

西歐和北美學生激進主義中的胚種是一種比較新穎的道德情緒。就像往日啓示的、摩尼教的改革者一樣，他們要求一種全面的變革——從一種無差別的邪惡總體轉變爲一種無差別的完美總體。邪惡通過各種機構和更爲具體的透過訓練，以及透過對特定的機構和國家中的權威服從，存在於麻木情感中。而完美則存在於情感的自由發展和願望的實現中。最高的集體之善是「參與」（participation）。「參與」是這樣一種情景，其間個人的願望在完全由個人自己決定的情況下得到充分實現，它同時也是每個機構和整個社會的一種完全自我決定的狀態。在健全的共同體中，公共的意志協調著個人意志。

美國學生爭取民主社會組織（SDS）早在戴高樂將軍 1968 年 6 月提出以參與來替代「極權共產主義」和「競爭資本主義」的方法之前就談到了「參與」問題。列維－布洛赫（Lucien Lévy-Bruhl）以前也談到了這個問題。不過，他指的是——除了其他目標之外——擴展自我的邊界以將在經驗性的常識看來與自我格格不入的目標納入其間。所以，列維－布洛赫的參與概念必然是超越邊界的。當代學生激進份子批判現代社會及其各種制度，尤其是大學制度，因爲它們抵制無限擴大個體邊界這種抱負。隨著個體的擴展，個體將在親密無間的共同體中抱成一團。

當代參與的擁護者並不將由眞實的、直接的情感、衝動、慾望構成的經驗性個體的低級意志與融合爲公共意志的高級意志相區別。公共意志不是其成員借助理性達成一致的結果，它實際上也不是共享的決策行動；它顯然也不是贊同通過討價還價和交易

達成的妥協的結果。它更不是合理爭論的產物。除了直接嚮往的
東西，它拒絕接受任何東西。「參與」是將擴展的情感和慾望變
成共同體中的現實，在這個共同體中，所有的成員都同時意識到
自己的感情。它與壓抑是全然無關的。

　　這就是為什麼學生激進主義的前衛運動在反抗壓抑時是如此
地堅決。這種堅決性不只是為了反抗警察凶暴且往往是野蠻的鎮
壓，它正是為了堅決反對在應用*站在父母之立場*的原則時所需要
的適度的約束。它是為了反對與功過標準相一致的議會政治和報
酬分配之遊戲規則的「約束性」（repressiveness）。它是為了反
對「制度性約束」（institutional repression）或者「制度性暴力」
（institutional violence），這種制度性約束或暴力通常指的是在一
種匱乏的社會制度中對切實可行的公意的懲罰。任何妨礙實現目
前人們碰巧所想望的任何東西──無論是學生的住宿安排（它保
證了學生宿舍中的會客時間）、考試，還是有關公共場所的穿著
習慣或性行為──的做法都是約束。因而，它本身是無差別的約
束制度的一個組成部分⑥。

　　各級學校的智性生活同樣是具有約束性的。智性生活具有這
樣一個傳統，即它在可以被批評和糾正之前一定已被吸收。那些
傳統上最不起眼、最不需要的學科恰恰最吸引敏感的年輕人，因
為他們不能容忍任何不是出自自身的需要。

　　社會學和政治科學一向是混亂的、不具有權威性的學科。美
國的建築學和英國的文學研究、德國的德國文學，放棄了它們自
己的語言學和歷史學學識的經典傳統。某些社會學和政治科學學
派為權力集中的幻想，為原子化社會的浪漫意象所纏繞；與幫助
學生吸收傳統知識的做法相比較，建築學、英語和德國文學逐漸
以培養學生的創造性作為自己的目標。比之於數學和物理學，它

們是「輕鬆的選擇」（soft options）。一般說來，人們認爲事實研究遠比理論研究爲低。（卡爾·曼海姆的流產兒，知識社會學再次成爲學生的興趣對象——然而不是作爲一種對各種制度與理智傳統及其發展之關係的系統研究，而是作爲一種「揭露」（unmasking）學術知識眞實的和具疑問的動機，以及顯示追求客觀眞理之無用的手段。）

　　因此，怪不得新左派社會學家和政治科學家批評計量社會學。統計資料必須加以研究，但它們具有一種外在於個別學生之外的結構，而學生們在可以使用這些統計資料之前，本身必須服從這種結構。統計資料抑制了自我的自由向外運動，所以它們引起了匱乏。經濟學是有關匱乏的學科。它也非常需要無私的研究，作爲一門學科，學生激進份子對其毫無興趣。

感情的神聖性

　　人們並不能完全實現自己所體驗到的慾望，人生觀是作爲匱乏領域中更廣泛的存在觀的一個組成部分。在人類的道德寶庫中，它是一個具有漫長歷史的傳統。必須承認匱乏這一事實在人類的大多數歷史中一直是人類前景的一個基本因素。貧窮和不公正、疾病和生命的短促、對滿足慾望和衝動的可能性的種種限制一直被人們視爲人類景況中驅除不了的因素，而倫理模式和神正論之建立是爲了辯護或指責——以及整合——這種不可規避的狀況。自我的展現及其提升受到節日、狂歡，以及儀式的限制；而日常生活則留有自然、社會和道德力量對個性所強加的壓抑的痕跡。壓抑存在於對經驗的限制中，存在於對感受到的衝動的有選擇的抑制中，存在於「逃避」（avoidance）各種衝動的「誘惑」

（temptation）中，這些衝動儘管還未感受到，但人們深知它們可能會逕自進入人們的意識或行為中。貫穿著人類大部分歷史，並為大多數人種所具有的貧困、無知、恐懼和壓抑一直是個體受壓抑的前提。只有少數偉人超越了這些限制，從而使他們的人生轉變為「藝術品」（works of art）。

基督教（尤其是其異端形式新教）、財富的增長、讀寫能力的逐漸普及，以及人類幾世紀以來所擁有的評價意義，價值的基本範疇和標準的逐漸衰退，消除了這種壓制個性和壓抑個性的某些條件。一場深刻的革命是由浪漫主義發動的，浪漫主義在知識份子的圈子中更為廣泛地傳播了「天才」（genius）觀，天才無須考慮社會的法律及其權威，它的目標只是聽從自我擴展之內在需要的指導——全身心地接受新的經驗，並通過開發自己的種種情感來豐富自我。

第一次世界大戰和大蕭條是分水嶺。對中產階級倫理和勤奮、高尚，以及為了未來的結果而自我節制的清教主義——它使人變得高尚——的侵蝕因大蕭條而大大加劇了。自我節制的無用變得明顯了；節儉和刻苦受到了懷疑；性行為的自我節制因兩次大戰期間的流行精神分析及其文學的普及逐漸受到損害。自由的、寬容的和符合憲法的政治精英或多或少由於第一次世界大戰漫長的屠殺以及未能解決大蕭條期間的失業問題被證明是無能的。因而隨著他們本身合法性的降低，與他們相聯繫的匱乏社會制度也遭到了懷疑。與此相仿，教士們所宣講的禁慾和自律的美德也受到了人們懷疑。教士們的權威逐漸處於一種理性的懷疑和冷漠的壓力之下。由於教會與業已收到其他方面攻擊的實行外在壓制和內在約束的世俗政權的聯繫，教士權威的合法性進一步遭到了破壞。

在發達國家裏，第二次世界大戰後出現了一個以前從未經歷過的物質福利的鼎盛時期。特別對那些知識階層來說，前面似乎存在著無限的機會，去獲得感興趣的職業、去遊山玩水，並能夠擺脫貧困、令人厭煩的苦工和限制等種種束縛。充分就業、福利事業、通貨膨脹使得擺脫困難的日子成了一種幻想。在反核戰爭中，要擺脫永恆的毀滅之威脅是力所不及的。對於後者的憂慮加劇了對即時快樂的依戀。由此應運而生的繼承人是二次大戰後出生的一代。

從各種方面來看，這是特別放縱的一代。處於空前繁榮狀態中的父母們認為享樂主義是不錯的，他們在養育其孩子時，能夠採取某種現實的態度。他們確信擺脫壓制和禁令的生活是慈善的，他們對兒女極盡關心和鍾愛之情，這看來證實了基（Ellen Key）在本世紀初所做的預言：這將是一個「孩子的世紀」（century of the child）。不斷增長的收入以及不斷擺脫失業的威脅——至少對中產階級來說是如此——很容易使人相信匱乏已從人類的生存狀態中驅逐了出去。一種實現貪婪之夢的生活看來對於那些生逢其時的幸運兒——在時間和地位上——變得唾手可得了。而且他們逐漸佔有較大的人口比例。

戰後一代也在一個權威已失去其神聖性的社會中成長起來。隨著社會中心的擴大，那些享有權威的人需要一種新的義務概念。加之民主選舉——和一種不存在任何民主選舉的民粹黨觀點——使得統治者相信，他們必須通過實現其公民的種種願望來證明自己是正確的。個性的發展和自我的增值——在許多西方國家中，它們與不斷提高的自尊糾纏在一起——在某種程度上逐漸削弱了權威的傲慢。最高者和最低者之間尊嚴的離中趨勢範圍已縮小了。顯然所有西方——和其他國家——都遠沒有實現平等之

理想。權力的分配是不平等的，財富的分配是不平等的，收入的分配也是不平等的，但現代社會的尊敬體制卻努力趨向平等主義。當然，這種「道德平等」（moral equality）遠沒有得到實現；傳統信仰的力量以及在國家和大的經濟組織——公共的和私人的——中所存在的巨大的權威集中妨礙了這種平等的實現。

　　然而，年輕的一代——他們生活在胡辛加（Huizinga）在三〇年代業已覺察的文化上以青少年爲中心的社會中——在很大程度上正經歷著這種道德上的不等主義。新的教學方法和被排除在勞動力市場之外——就我們所考慮的中產階級年輕人而言——減少了體驗等級森嚴且壓抑的制度的機會。因而他們省去了與匱乏狀況這種非常令人棘手的特徵的直接接觸。然而，儘管權威的傲慢性逐漸被削弱但它依然沒有消失。而且它的削弱在很大程度上爲它所試圖強加的逐漸增加的偏執性所抵銷。對權威強迫的敏感性大大增加了，幾乎每一次來自外部對權威的強迫衝擊——除非自願地選定爲個性發展的一個組成部分——都會引起站不住腳的麻煩。

　　在所有這一切中最基本的看法是，每個人僅僅憑藉他的人性就未可置疑的、未能區別的價值的精髓，他有著充分的權利來實現他身上最本質的東西。這種最根本的東西就是他們敏感性、他的感受、他的想像的內容，以及他的各種願望的滿足。不僅人成爲萬物之尺度，他的感情也成爲人之尺度。提供條件給不受限制的感覺能力的發展，是衡量一種制度之價值的尺度。生命之精華在於不斷地擴大這些感覺以及產生這些感覺的經驗。具有其專門和特定作用，並對個體任性實行種種限制的各種制度、傳統及其約定——它們用過去來約束未來——的具體化是同這種渴望個性（它僅僅在對其內在需要做出反應時才產生其暫時的邊界）的做

法不相容的。權威同這種做法也是不相容的，因為一切傳統都是由過去所積澱的、所強力的。

　　所有這一切都是老生常談。這是浪漫者告訴我們的。然而，浪漫主義只是一種文學運動和或多或少的哲學運動；對於許多人來說，它並沒有成為一種滲透一切的觀點和生活方式。作家、藝術家以及生活豪放不羈者擁護它，並使其具體化，但其忠實的追隨者並不多。權威的非神聖化、經濟的生產力、道德平等的發展，以及啓蒙和教育機會的擴大，在每個西方社會的更為廣闊的地區導致了一種更為合乎邏輯的浪漫主義的擴散。越是富有的階層越是這種擴散的接受者；而這些階層的兒女們是其最完美的產物。

　　西方國家中的大學生（儘管來自工人階級的後代的入學人數不斷增加）依然大部分來自中上層階級的家庭。在那兒，並非出自這些階級的人中間，有許多人能像那些來自於這些期望在某種程度上已經實現的家庭的人一樣，生活在一種對現在和未來抱著享樂主義的期望的文化氛圍中。不少人受到了國庫的支持，不過這是以納稅人為代價的。就像過去一樣，獲得上大學機會依然被許多人解釋為這是邁向一個比較不受壓抑的未來的第一步。然而上大學——過去一度它曾被看作是天生幸運的一著，或者是刻苦努力的結果，它在某種程度上賦予其受益人一個削弱匱乏的社會制度的嚴酷性的機會——現在被學生激進份子視為本身是現實的富裕王國的一個組成部分。任何人都應當有求必應，而一旦得到允許，就沒有必要進一步提出要求，除非接受要求的人也算提出要求的人。

　　想想四十多年前，大學生似乎走上了通往未來的康莊大道，按照啓蒙運動的標準和從人類不朽命運的角度來看，看來大學生

在具有各種改善生活之可能的社會中是異常富有的——如果對他們自己社會中其他所有成員來說並非如此，那麼至少對他們自身來說卻是如此。今天的學生激進份子對這個問題持有全然不同的看法；他們不希望生活在一個「由煩死之危險代替餓死之危險」的社會中。譴責「消費社會」是法國和西德學生激進份子的共同口號，在美國和英國學生激進份子中也持有同樣的觀點，儘管不那麼明確，但也不乏普遍性。他們並不希望成為一個為其寵愛者所誘惑的「容忍鎮壓的社會」的一份子。他們希望自己的大學得到「重建」，從而成為一場總體革命的縮影，他們認為，在這振奮人心的時刻，社會的其餘部分也會得到徹底的改造。大學必須具有「參與性」，由此及彼，他們的「社會」也必須具有「參與性」。他們希望選擇他們自己的教師，形成他們自己的教學大綱，作為對他們所不願相信的現實的一種讓步，他們將會接受各種考試，如果他的本身能參與學校的建設和管理。透過控制他們的大學，即透過「佔有」它們，他們表達了自己的感情。純粹的感情表達本身是一種目的，是借助情感的力量來改變社會的開端。「想像產生力量」的口號的確是下述「革命」的金玉良言，這場革命是通過以大學建築物為避難所偶然的向外出擊來支持「情感的示威」以及與警察的鬥爭，而其不存在任何實質性的目標，如奪取軍火庫、通訊或交通中心，或者任何對於奪取革命政權來說至關重要的機構。因而情感活動和精神狀態都是至關重要的。

反對邊界

學生革命者批評大學已被「整合」（integrated）進了其各自

的社會中，但在其他方面他們又完全贊同整合。他們相信一切事物都是與其他事物相結合的，不帶偏見地獲取知識是不可能的。他們堅持「客觀」（objectivity）和「中立」（neutrality）只是掩蓋為「該制度」服務之目的的幌子。他們並不希望自己的大學成為「象牙塔」（ivorytowers）；他們拒絕承認學校中的任務分化或勞動分工。在社會的變革中，沒有什麼任務他們不可以讓其學校承擔的；只有學科性的知識傳遞⑦和學科性的發現之任務他們未曾提及。

「學生權力」（英國和美國）、共同管理（法國），和三權分立（西德）的口號無視大學的具體任務和這些任務准予它們行使的職能。有一種調節不平衡的措施，這一措施在大學中將知識由那些在特定領域擁有較多知識的人傳授給在這些領域擁有較少知識的人的做法中，是更為基本的。這種想法與他們對正常生活秩序的設想是不符合的。出於同樣的原因，不同的機構必須各司其職的想法同他們的設想也是不符合的。個人和學校中間勞動分工的分化和專門化這一概念同他們的想法也是抵觸的。

他們要求——至少在美國和法國——他們的大學除了可能接受政府的財政資助之外，中斷與政府的聯繫。同時，在美國和法國，他們堅持大學在其自己的街坊中，必須承擔起形成「參與性」社團的責任——主要在財政上。他們希望他們的大學對每個人開放；他們堅決反對選拔，反對人數限制，反對使用大學設備時的種種限制以及對那些作為其內部成員所制定的種種禮節。他們為之鬥爭的學校的「開放性」或「無邊界性」同他們所主張的個人存在向著新經驗和新感受所敞開的想法是並行不悖的。由此，在他們的大學內部，少數反叛者希望清除那些包含**代替父母**原則之機構的一切殘餘。任何束縛他們行為的做法都是不能容忍

的；包括對他們的生活安排、對他們的兩性交往，或者對他們的吸毒的種種束縛都是不能容忍的。他們堅持要擴大他們所希望參與的一切活動的一系列津貼。

對人生、社會和大學所持的這些看法無論如何並不是爲今日西方國家整個一代學生所共有的。大部分大學中的多數學生仍舊共享著比較古老的文化。然而，新的「公有社會的」（communitarian）、「參與性的」（participatory）文化——它實際上是在一場更爲宏大的規模上對共同體（*Gemeinschaft*）⑧的一種渴望——滲透到了實際上只佔少數的智慧、敏感和好動的學生之中。

對諂媚的種種限制

爲什麼自 1964 年以來所有這一切會以這樣一種規模發生呢？因爲現在幾乎是二次大戰結束後二十四年了。今天多數大學生都生於四〇年代末期，而大部分年紀較大的學生或研究生生於二戰期間或二戰剛結束。他們是在五〇年代繁榮期長大的；隨著冷戰的結束，他們逐漸成熟起來。

在西歐和北美的大多數國家，執政黨和大部分反對黨之間形成了一種非常重要的意見一致狀態。具有過分激進姿態的社會主義政黨日趨稀少，共產黨（如在美國和英國）幾乎已經消失，在那些它們還強盛的國家中（如在義大利和法國），它們逐漸歸化於資產階級社會。此外，他們又失去了共產黨在共產國際輝煌時期對於年輕唯信仰論者所具有的吸引力。在過去幾年中，隨著好動的學生激進份子告別青春期，他們開始同由大黨、政治要人、重要的工會活動家和商人、重要的新聞記者、重要的學者和科學

家形成的「反動主體」（reactionary mass）（他們全都委身於
「該制度」）平起平坐。這一受到如此仇恨的「反動主體」直至
最近仍未能相互做出反應。

我提及的僅僅是穩健派、自由派和保守派，而不是像阿本德
羅思、恩澤思伯格（Enzensberger）、圖蘭（Touraine）、馬勒
（Mahler）、泰南（Tynan）、麥克唐納（Macdonald）、雅各布
斯（Jacobs）和其他無數具有高度修養的中產階級合唱隊，他們
吹捧學生激進主義，使他們確信無論他們提出什麼要求都是十分
正確的。這一諂媚者合唱隊的許多成員都是中年人，他們試圖在
「靜坐」和罷課的替代性歡樂中尋找青春的熱情。對昔日咖啡館
和沙龍中所嚮往的革命的回憶得到了復活，莫斯科的嘗試和 1956
年匈牙利革命的苦澀記憶被大學中新革命者的思想驅散了。人們
也許會期待他們同情這些故步自封的革命者。使人驚奇的是，這
一片感謝聲（尤其在美國）來自於大學管理層、牧師、大學教
師、編輯，以及其他不必為其革命幻想辯護的人。

人們必然煞費苦心地來欣賞他們的「正當要求」，以及他們
抱怨人生無價值，抱怨他們的父母虛偽和缺乏理想，抱怨他們父
母一代饋贈給他們的是一個可怕世界的合法性。最為重要的是，
學生激進份子的「真誠」和「理想主義」受到了讚揚。人們盡最
大的努力來「理解」他們，並認清在他們的種種不滿中什麼是正
當的。直至最近，很少有哪位政治家提出將選舉年齡降至十八歲
之做法應當推遲到學生騷亂平息後。偶爾但逐漸頻繁的意見是，
要求拒絕或撤銷來自公共基金的撥款、獎學金等，這些意見迫使
受到鄙視的輿論機構和非意識型態的政治組織做出有力的保證和
常常是成功的努力來防止這種制裁發生。

面對 1968 年 5 月和 6 月的學生「革命」，道德上自我菲薄的

大部分法國文人和學者知識階層表達了一種幾乎在每個西方國家都能發現的傾向。學生們暫時取代「工人階級」，位居「進步」知識界之萬神殿的最高層。沒有任何跡象表明學生革命者受此感染。對他們來說，唯一的企圖是經風雨、見世面。

在學校中佔居最高位置的軟弱屈從的權威們——根據他們性質和任務需要行使其權威——並沒有引起人們的尊重或恐懼。他們與那些拒絕（或者未能）將他們與真正的保守者相區別的人是格格不入的。他們只能引起人們的鄙視和敵意，尤其當他們看來未能十分確定地相信其權威的合法性時更是如此。分裂的、分離的、權宜的、半心半意的權威——這種權威本身一再反對由學生激進份子提出的指責——只會激發更多的仇恨。以學生激進份子的名義，必須說，他們兼有其年長讚賞者諂媚和自卑的現實態度。但那些其幻想預料比較濃厚的人們的虛弱性鼓起激進份子與其對抗的勇氣。由於缺乏有效的正面模式以及那些反對他們的人的怯懦，打開了一個其侵略性得以自由發揮的領域。

在先進的西方國家中，當今的政府通常是具有同情心的人道主義者，而在其國內的社會和經濟政策方面則是改良主義者。在許多具體的例子中，他們的行為與這些規範是背離的。但從整體上來說，與過去幾十年的立憲政府相比——更不用說法西斯主義和共產主義政府——他們是非常自由的；他們尊重發表意見的自由，他們為了擴大福利和教育機會而立法，並甘願忍受直接針對他們的污辱和辱罵。一般說來，他們很少命令治安部隊向搶劫者和掠奪者開槍；在面對暴徒時，他們一般力圖約束自己的力量。在這種情況下他們通常是非常成功的。顯然，芝加哥是個例外。然而就像否定其過分是錯誤的，否定其例外性也是錯誤的⑨。在言語上，他們顯然更為柔順與調和。他們發現很難拒絕那些反對

他們的學生的正義要求。至多他們一方面在許多方面承認學生激進份子所提出的要求的合法性，另一方面又將犯罪行動痛斥爲「極少數極端份子」（tiny minority of extremists）的作爲。對政府來說，事實確是如此，對學校當局來說，情況更是如此。

儘管存在這一切，當局並沒有放棄他們的權威；他們僅僅在社會政策方面是開明的，並且只是在否定他們自身的合法性之前是隨順的。儘管他們不無調和地聲稱，學生們多多少少是正確的。儘管他們頗有克制精神，但他們依然忙於其管理事務。他們維持並使用著其武裝力量，他們強行使國民承擔服兵役之義務，他們實施的是不能爲人人提供足夠東西的匱乏統治⑩。大學的情況也是如此；教師繼續佔居著他們的教授職位（和副教授以及助理教授的職位），領著他們的工資，出考題、監考和給考卷打分、評審論文，以及授予和拒絕授予學位和文憑。大學院長和校長也許會通過發表演說和寫文章來說明學生激進份子對缺少理想、搖搖擺擺的當代自由社會的許多批評是公正的；但他們並沒有辭職不幹。他們繼續管理著他們的大學，儘管有悲觀、有變通、有諂媚，但大學在一種匱乏世界中依然是有選擇力的體制。

匱乏的磨難：考試

激進學生反對競爭，而匱乏卻需要競爭。匱乏是由在自我之外的世界結構所強加的約束。擴展自我的理想、實現孕育中的衝動和願望的理想、「參與性民主」（participatory democracy）的理想——在這種理想中，所有的自我都能同時和充分地得到實現——在一個匱乏的社會制度中都會化爲泡影。學生激進主義的精神是一種充裕社會制度的精神。他們對當代社會的批判是直接

針對匱乏的，而這種匱乏他們斷言是由社會造成的、強加的。他們有時聲稱，並始終假定一種充裕的社會制度是可行的。在他們的幻想世界中，美好的生活是一種生活在充裕中的生活。但他們知道匱乏存在著，而且他們因其繼續存在而感到極大的恐怖。他們為充裕的幻想所吸引，而當他們在其當今的近似物中，如將其設想為「富裕的社會」（*Societé de consommation*）或者（*Konsumgesellschaft*）「消費社會」時，他們也並不贊同它，然而它還是成為他們現實構想的基本組成部分。他們還知道，他們生活在一個由成年人管理的匱乏世界中，他們並不承認成年人的合法性，而且他們痛恨成年人佔居著支配地位；他們否認匱乏王國的不可避免性，同時他們知道他們本身並沒有能力規避它。而且他們很清楚，如果他們不接受匱乏社會制度的規則，他們就會碰壁。當巴黎科學院的罷課學生為罷考爭論不休時，札曼斯基（Marc Zamansky）院長（他本身是一個學生激進主義的擁護者）告訴他們道，即使「一個社會主義社會也必須有選擇性」。資產階級社會也幾乎與此不相上下。榮譽是稀缺的、第一名是稀缺的、研究基金和津貼是稀缺的、教授職位是稀缺的、高級文職人員是稀缺的，甚至電影工業、電視和市場研究中令人感興趣的職位也是稀缺的。當然它們遠比過去所能獲得的要多。但學生反叛者並不比其他大多數年輕人更了解過去，他們並沒有認真地看待他們知之不多的事情。

　　考試制度是人們厭惡匱乏統治的焦點，尤其在歐洲大學更是如此，因為與美國考試制度的分散性相比較，它們非常集中。然而在美國，似乎為了彌補由考試的分散性所引起的壓力的減弱，存在著另一種壓力，即必須獲得高分才有資格進入著名的研究院，而研究院的工作是嚴肅緊張的。美國大學生中的激進份子也

就是那些只是由於研究院沒有外面的資產階級世界那麼令人反感才繼續進研究院深造的人。正是那些擁有著名研究院的名牌大學——它們也更爲自由開放，所以也更受學生激進份子的歡迎——是人們所尋求進入的。在這些大學中位置是稀缺的，對於那些進入大學的人來說，那兒的生活是嚴格的。在美國大學裏，爲了彌補輕鬆的大學生課程，研究生的學習被排得滿滿的。許多學生已結了婚，他們感受到是近似傭人生活的壓力——家庭、工作、日常的責任，一切都納入了一架大機器中，在那裏理想只是一種香味，爲了達到不同的目的必須對稀缺資源的分配做出困難的決策。獲得研究生學位的漫長過程——一系列的考試和精心炮製的研究論文——以及依賴於提供經濟資助和隨後爲了完成學業而指派某人擔任助教或研究助理的監督人的好意和擔保都會加重壓力。所有這一切都強調了充裕社會制度的理想和老的學生激進主義批評家經常地和正確地提到的「鐵的生活事實」之間的差異。在處於將擴展的個體的開放生活同屈服於權威的膽小者分離開來的轉折點時，這種差異就可能達到頂峰。

　　一旦法國「革命者」佔領了索邦大學以及其他大學的大樓，並由於振奮人心的行動委員會會議以及與在很大程度上具有象徵作用的與隱蔽在路障後面的警察的鬥爭，而使得他們不能集中心思於考試，那麼他們不久開始擔憂起自己的考試就並非毫無理由了。德國的學生激進份子——產生自一種因推遲令人畏懼的考試而聞名的種類——要求學生們開會審理考試機構，從而改變考試制度，同樣也不是沒有原因的。

　　所以，在我看來，遍及歐美的學生運動在 1968 年的春天，即恰巧在學生們通常開始準備他們的第一場考試之際爆發就並非偶然。正好在佔領索邦大學後不久，考試——不管應當抵制、推

遲、取消、改變它們，還是最終接受它們——逐漸成了革命者的
關心焦點。

　　我並沒有堅持考試和只有考試是今天學生們騷動的原因⑪。
也沒有堅持它們提供了一個詳盡無遺的理由，說明爲什麼在 1968
年的上半年會發生如此大規模的騷動。

問題和無緣無故

　　要理解爲什麼 1968 年激進學生運動會得到如此的擴展，僅僅
考慮（每個國家都獨自看待）不滿情緒是不夠的，因爲不滿情緒
與產生不滿的原因和爭端只有鬆散的聯繫。各個國家的青年狀
況、各個國家國內外的政治形勢、各個國家中的高等院校狀況並
不能充分說明這場學生運動爆發的原因。

　　毫無疑問，每個社會都有其自身的歷史和自身的邊界，在各
個國家中，都存在著各自的變化過程和制度習俗，這些過程和習
俗在某種意義上都有著自己的生命。而且，這些過程和制度習俗
相互之間具有一種跨國界的相似性，因爲這些東西是由類似的反
應構成的。富裕的增長是共同的；大學生數量的增加、設備落後
（除了在美國）於人數；在美國和歐洲大陸中許多大學規模的龐
大；擴展自我觀念的發展趨勢；越南戰爭；大黨的公意政治學等
等是幾乎所有歐洲大國共同具有的要素，但它們並沒有說明爲什
麼在如此短的時期內會發生如此多的事情。

　　在法國、義大利和德國，由於忽視大學管理機構和結構的必
要改革，大學中的情況變得更加惡化⑫。但英國或美國情況就並
非如此。

　　美國大學的內部管理和懲戒性措施對某些學生來說顯然是使

人厭煩的，如大學專業行政官員偶爾僭取權力和濫用權力（如
1969年撤銷柏克萊的「演講角」（speakers corner））就令人非常
反感；在過去幾年中，學生們對這種事情的敏感性變得更加明顯
和活躍。首先，在其殘酷性、其長期無效率和被徵召進最壓抑個
性的環境中的威脅等與越南戰爭存在某種連續性；其次，徵兵站
的燃燒、道氏化學公司（Dow Chemical）、中央情報局、新兵徵
召軍官、防禦研究所對交往的分析、預備役軍官訓練團等，都是
越南情結的組成部分。最後，美國黑人極端份子的煽動隨著溫和
領袖的被架空而增加了，由此暴力語言變得日益普遍和爲人所接
受。同時，大學中黑人學生的人數增加了，由此他們逐漸毫不妥
協地要求住宿和課程上的隔開，以及黑人學生的權力。黑人學生
不願與白人學生合作的做法使激進的白人學生更爲激進，以顯示
他們對黑人的事業是多麼熱情。

　　對英國的激進學生來說，有羅德西亞，鮑威爾（Enoch Po-
well）先生提供武器給尼日亞；在越南戰爭中英國政府給予美國
的軍事行動以心照不宣的、不合意的、微不足道的支持、「共同
居住」（co-residence）、學校關門時間、生物戰爭研究等等。

　　在德國大學中，儘管德國激進學生強化了他們的超學術關
注，但學術自治體制的改革是緩慢的，進展是不穩定的。對德國
學生來說，有斯普林格出版社（the Springer press）、伊朗國王、
聯邦德國與美國的聯盟、對民主德國的承認，1968年春的緊急立
法，以及德國共產黨的合法化。對法國學生來說，自阿爾及利亞
戰爭結束以來，除了反對美國習俗和大學城中男女間的無限制的
互訪外，幾乎沒有什麼改革。有時也會產生諸如散發油印講義等
具體問題，但很快就終止了。偶爾也發生過與西方極端主義者的
鬥爭，但這些行爲並沒有導致大規模的示威和罷課。

　　在義大利，具有不同名稱的敵對的極端主義者之間發生了許多次戰鬥，但是直至最近，這些鬥爭並沒有加速同主要陣線的權威的「對抗」（confrontation）。儘管大學的條件是非常差的，政府和議會一直遲遲未能推進改革。但義大利的學生運動只是在與兩年一度的威尼斯節、三年一度的米蘭節和各種考試的聯繫中才變得敏感起來。在西班牙，以學生爲一方和以政府、大學中的權威爲另一方，兩者之間的衝突一直未曾緩和，原先「自由學生聯合組織」（free sutdent syndicates）的國內問題逐漸增添了反對美國習俗（越南戰爭、美國對西班牙的援助）以及與非法「工人委員會」（workers' commissions）的不定期合作⑬。

　　警察對校內外學生騷動的干涉在各個地方不可避免地成爲一個大問題，它使得大量過去對激進份子所關切的事情無動於衷的學生加入了學生激進主義的行列。

　　要建立一種 1968 年在西方國家起作用的突發原因的模式，以說明學生激進主義在那年的漲潮，是不可能的。看來比較合理的斷言是，在主要的西方國家裏，少數學生中間逐漸形成一種共同的政治文化，即一種由共同的基本精神氣質——擴展自我和在一種得到共同解釋的情景中的豐裕社會制度的精神氣質——哺育成的一種共同的世界意象。這種共同情景是一種弱權威，精緻和苛求的組織，圍繞著社會中心的廣泛一致性，貫穿大部分社會的高度的富裕，以及失去了昔日革命的和激進的黨派及學派的那種幹勁。

　　激進學生的熱情所集中的許多問題並沒有得到認眞而深刻的關心。是什麼促使德國學生爭取民主社會組織（SDS）關心伊朗或關心西德的保護公民自由？舉個例子來說，譴責對新任命的倫敦政經學院院長反黑人的偏見是微不足道的，譴責哥倫比亞大學

當局對黑人的需要漠不關心儘管具有一種稍許良好的基礎，但它們並不像學生爭取民主社會組織所宣稱的那麼完美。竭盡全力醜化化學公司的人事官員只是無事空忙。

對青年和運動部部長米索弗（M. Missoffe）的侮辱（當他為南特文學院的游泳池剪綵時）純粹是一種對抗，米索弗是一個無惡意的人物，而游泳池也不可能損害誰。但他是法國政府中的小小的成員，他受到了大學當局的邀請。他只是學生們對政府和學校當局表達敵意的機會。抗議伊朗國王的訪問〔這是奧內索格（Benno Ohnesorg）死於警察之手的時刻〕對於西柏林學生來說並不是什麼了不起的問題；它是一個藉以辱罵和挫敗權威的對抗機會。有關所有這些突發事端的一個引人注目的事情是，在隨後的各種反應的猛烈衝擊下它們多久才會消失。

在倫敦政經學院，亞當斯（Adams）博士的功過之被遺忘是有利於對抗學院當局在某個守門人死後威脅要採取的懲戒性行動的。漫長的「靜坐」無視亞當斯博士，這是與取消對停學學生的懲戒有關的。在哥倫比亞，抗議校方召喚警察的行為以及抗議警察採取不必要的粗暴行動的運動不久就使抗議大學在莫寧塞德公園建立體育館的政策，甚至使抗議它與防禦分析研究所的關係的行為相形見絀。在威斯康辛，抗議大學使用警察力量和抗議警察的行為被置於抗議在暗處的道氏化學公司之光。在西柏林，奧內索格之死引發的騷動將伊朗國王置於激進學生的記憶深處。在巴黎，甚至大學城中男女互訪權問題和針對科恩—本迪特（Cohn-Bendit）及其同事的懲戒性舉措之被丟在一邊，這對於赦免那些在五月之夜示威和小衝突期間逮捕的人是有利的。

所有這些問題是截然不同的，它們並沒有告訴我們為什麼它們會在今年以這樣一種騷亂形式而出現。地球成了一個狂歡大鬧

之谷，但 1968 年確實並不比過去一個半世紀中的其他年份更糟。
為充裕社會制度的幻想所支配的那些人對匱乏社會制度迎面而來
的壓力的恐怖性抵禦並不能說明為什麼那年會爆發這場騷亂。越
南戰爭和學生對這場戰爭的敵意也不能說明其原因。當然歐洲大
陸大學改革的拖延同樣不能解釋它。

中心與邊緣

我們遠非生活在一個單一的世界共同體中，但一個世界社會
雛形的確存在著。國際科學共同體是這個初級世界社會所有要素
中最具國際性的要素。學術和科學期刊、國際科學學會，以及大
學是這個初具世界規模的機構風格中最為精緻、最具國際性的相
關部分。至少在其頂端具有共同的標準、共同的英雄，以及一種
一級的親密感。學生通過其在大學中的學員資格共享著其中某些
東西，這些共享意識在一個由敏感的世代的認同感形成的起伏不
定的小群體中得到了強調。

儘管國際學生組織在 1968 年的一致行動中是無足輕重的，儘
管學生們沒有一個大的科學或學者出版社之類的東西，以產生一
種共同的關心焦點和一種共同的領導才能和人格意識，但他們在
大眾媒介——新聞社、廣播和電視——中有一個有效的代理人。
在沒有一個學生國際性組織，即在沒有使用諸如國際性革命組織
必須使用的麻煩的信使和譯碼員制度的情況下，信息傳播得非常
快。激進學生沒有為他們的運動製造這種喉舌，但他們對它一直
是很敏感的，並的確意識到了它的價值，從而將其行動對準了
它。他們像娛樂界或政界的人物一樣，非常重視電視宣傳，並同
樣對它非常敏感。他們的世代認同感、他們關心的巨大範圍，以

及院校體制的國際性使他們對大眾媒介帶給他們的東西做出積極的反應。因而，學生們是這種初級國際社會的成員。

事實上，這種初級的國際社會並不比各種各樣的全國性學生會更具有平等主義的色彩。這一點無論就財富和政治權力而言，還是就科學特性而言都是事實。科學界就像任何全國性團體一樣，有自己的中心和邊緣，學生激進主義的圈子也是如此。邊緣發生的事情並不向中心輻射，其運動方向是反過來的。當印度學生爆發了他們一直持續了約二十年的運動，西方學生並沒有留意它。他們的關心程度甚至比不上他們的生物化學或社會學的教師對印度大學中他們的同行們在生物化學或社會學方面所作所爲的關心程度。當西班牙學生與校方和政府當局發生爭論時，或者當他們與警察進行鬥爭時，也是在未被注意的情況下進行的。多年來，拉美學生一直參與其大學的治理和罷課，並與警察展開了鬥爭，但在西方國家和學生圈裏，這也是在未被注意的情況下進行的 。在蘇丹，學生示威加速了阿布德（Aboud）將軍的軍事政府的垮台。在韓國，學生們幫助推翻了李承晚總統。這一切在歐美學生中並沒有引起任何轟動。面對曼德列斯政權（the Menderes regime）的土耳其學生的成就，在西方學生中同樣找不到給予關注的觀衆。甚至像日本這樣一個比較強大的國家也很少產生示範的效果。當 Zengakuren 暴跳如雷地試圖阻止艾森豪（Dwight Eisenhower）總統訪問他們的國家時，事實是盡人皆知的，但它們並不產生示範作用。當印尼的KMAI幫助推翻蘇卡諾（Sukarno）和PKI 無言的聯盟後，他們所幹的事情受到了稱讚，但並沒有受到關注。當波‧普魯斯圖（Po Prostu）圈子中勇敢的學生們幫助建立短命的、現在已死亡的波蘭十月革命政府時（Polish October），柏克萊和倫敦的學生並沒有從那兒找到靈感。然而，當

1964 年加州大學柏克萊分校的學生發動他們的「革命」時，開始從中心向外輻射。這就像 1848 年巴黎的二月革命的輻射情況，當時整個歐洲都產生了反響。

　　柏克萊的模式擴散到了西柏林。西柏林事件的最初煽動者之一是埃克哈特・克里彭多夫（Ekkehard Krippendorf），在關鍵時刻他一度是美國政治科學的一名研究生。直到「克里彭多夫」事件（據稱是由克里彭多夫對自由大學校長的侮辱行為引起的）發生後，西德學生一直是安分守己的。當西柏林的騷亂變得經常和劇烈，它蔓延到了西德其餘地方；騷亂也從柏克萊蔓延到了倫敦政經學院，使用著同樣的言語、同樣的策略，它還散佈到了——非常輕微地和不平衡地——其他英國大學。它還通過丹尼爾・科恩／本迪特的私人大使從西德傳播到了南特（Nanterre）。隨著這場運動在南特的突然出現，學生激進主義的調子和氣勢產生了顯著的變化。「三・二二」運動就在 4 月哥倫比亞學生大罷課之後的 5 月，和在同一個月伴隨杜茨奇克（Rudi Dutschke）的暗殺未遂而發生的反斯普林格示威和暴動之後傳播到了索邦。有一段時間，有點兒使戴高樂將軍感到不悅，但與他的願望的主要方向是一致的，巴黎再一次成了世界的中心。（然而，如果他考慮到那些使巴黎頃刻成為混亂世界之中心的方法是從美國進口的，在那裡密歇根的汽車工人首先使用了這種方法，然後南方諸州的黑人也採用了這種方法，那麼他就不會像過去那麼滿意了。）這場運動從巴黎傳播到了布魯塞爾、羅馬、佛羅倫斯、米蘭和達喀爾這樣的死氣沉沉的邊緣學術地區。

為什麼會發生 1968 年的風暴？

　　最初爭端的稍縱即逝並不證明學生激進份子的健忘性，而是證明了下述事實，即不管他們當時多麼充滿激情，他們對其抗議的目的並不認真。但他們對某件事卻非常認真：即權威問題。而他們是否真的想毀滅它則是另一回事。他們中的一小部分人確實是出於革命目的，並盼望——非常模糊，但卻情真意切——消滅現存的權威，而代之的將會致力於實現革命者烏托邦的新權威。他們中一些人確實是無政府主義者，他們希望並相信不僅消滅現存的權威是可行的，而且消滅所有的權威也是可行的。可是大多數學生激進份子對於這樁意味深長的事情來說則既不是革命者，也不是無政府主義者。他們想做的是煩擾和阻撓權威，即迷惑它和激怒它。他們希望通過嘲笑權威，使其失去控制，從而顯示他們自己勝過權威。他們希望羞辱權威，貶黜權威。

　　這一切使我回想起了去年暴動的一般傾向和倉促魯莽。在西德、英國和美國，1968 年對於政府來說是可憐的一年。尤其在美國，作為越南戰爭中畏縮和失敗行為之典範的詹森總統的愚蠢無能形象，沒有能力終止大城市中黑人區的騷亂，都市公共秩序的衰弱、濟貧計畫缺少驚人的成就等等，這一切輕易使政府當局成了當然的箭靶。麥卡錫（Eugene McCarthy）參議員獲得成功的可能性有助於造成對當局的更大挑釁。在英國，英國貨幣和貶值危機的週期性發生，面對羅德西亞（Rhodesia，非洲人稱為 Zimbabwe 辛巴威）的史密斯政權統治的軟弱無力，以及政府在處理持有英國護照的東非亞裔人時臭名遠揚的不得體，給工黨政府的臉上抹了黑。出於不同的原因，聯邦德國政府也處於同樣的狀

況。在法國，無能的反對黨對戴高樂將軍批評的不斷升級，戴高樂政府的死氣沉沉，以及他在先於這場危機的大選中借助微弱多數重新執政等也產生了同樣的結果。當事態急轉直下——有力而有效的權威形象爲虛弱和隱退的形象所替代，上述情況因政府中缺乏兩個最強有力的人物而更趨惡化〔在羅馬尼亞的戴高樂將軍和在阿富汗的龐必度（M. Pompidou）〕。哪裡的權威因失敗、無能和自信的削弱而退位，哪裏就會引發反對自己的攻擊。這就是1968年之春所發生的一切。

如果這一系列複雜的因素說明了西方先進國家中對抗的一致性，那麼我們如何從量上，尤其是從速度上解釋小團體的運動演變爲「群眾運動」（mass movements）的原因呢？

無論哪裏的權威遭到對抗，採取放肆的即使是有限的抵抗，哪裏就會有受害者。鎮壓行動——警察行動和大學校園內的懲戒性舉動——總會擴大被扯進第二階段對抗的學生群體規模。其情況受到鎮壓行動之冒犯的學生遠比學生激進份子多；他們被扯進對抗之中的問題完全不同於激進先鋒小群體對權威採取最初挑戰步驟的問題。問題已發生了變化，新捲入的抗議者來自於學生中的不同意見層。這就是面臨大赦成爲主要問題的時候。

爲什麼第二階段被扯進來的群體要大得多？最初，他們是比較溫和的，與衝在前面的騷亂核心所提出的極端的、特殊的、有時非常具體的要求保持著一定距離。然而，當問題變成救贖那些受到懲罰或傷害的人之後，他們就變得像那些其最初的對抗是他們自己捲入這場騷亂之序曲的人那樣投入、堅定和勇敢。在那些或多或少可信賴的要素中，通常也正是那種要求**共同管理**和**三權分立**的要素獲得了某種眞誠的支持。

當局所採取的鎮壓措施在先前無動於衷的學生中迅速地激勵

起更大支持，表明在這代學生內部存在著比極少數極端份子所訴
諸的特定的、並常常是瑣屑的、短暫的問題更爲深刻的道德公
意。在某種形式中，這種公意是以相信情感和衝動的自由表達之
合法性爲中心的；它是通過對權威的受害者的迅速擴展的移情作
用而起作用的。這種信仰力量之強大並非一直是非常突出的，但
由於當局的壓制和鎮壓活動之衝擊反使它凸顯起來。這種擺脫壓
抑和約束——擺脫這個世界所強加的一切匱乏——使自我擴展的
精神是將極端主義小團體和圍繞著他們的大圈子連接起來的紐
帶。他們之間的差異在於前者是強烈的、持續的，後者是微弱
的，只是偶爾強烈些，因而很容易平息下來。它是通過被過時的
學生們用來稱呼中世紀跳舞狂和鬱金香熱的「傳播病毒」
（contagion）所傳播的。捲入對抗之中是一種難以用言語描繪的
精神狀態。看來它需要離開日常的知覺和判斷範疇。關心焦點被
改變了；對重要的東西的評價也被改變了；日常的任務從意識中
消失了，至少是暫時地消失了。熱情、振奮和喜悅成了那些被捲
入某場對抗中的人的言談舉止的鮮明特徵。在我的有限經驗中，
那些在日常學校環境中說話小心謹慎、猶猶豫豫的年輕人能夠一
反常態，說話如此流利，也給我留下了深刻的印象。這種流利是
爲一種陳腔濫調的技能服務的，大多數陳腔濫調指的是擴展自我
的美德、過去的死亡、自我的持續再生。各種方案層出不窮。言
語不清是我命名陳腔濫調的唯一名稱。心靈爲充裕的魔鬼所佔
有，而口中則講著魔鬼的語言。

　　佔有的前提是當代發達社會中的大學生，或許是所有年輕人
的超乎尋常的世代的自我意識。他們的親屬、階級和民族認同感
看來遠沒有居前的世代感那麼強。與上述情況相比，與同代人中
其他人的親密感有著非常顯著的增長。對於同一生理發展階段的

其他人的同等的活力所具有的感受性有助於產生移情（作用），
從而進入一種似非而是的超自我的共同體中。這就是爲什麼這種
精神會如此迅速地傳播和佔有大家的心。

學生狂熱之前景

　　未來將會怎樣？今天的熱情是否會消失？學生主體是否會重
新回到四十年前或六十年前的老路上去？或從另一個極端來看，
今天的感情趨向是否會繼續傳播開去，以致我們所熟悉的大學不
再存在，而被十分狂熱的共同體所取代，在這些共同體中一切都
是對話，幾乎沒有或者沒有什麼東西是被傳播的，除了膨脹和毫
不滿足的自我空虛之外，什麼都不會被發現呢？

　　我認爲前者的選擇是不可能的。然而，沒有必要感到害怕。
大學改變了過去的結構；它們改變了所傳播的內容，它們還改變
了其管理結構。當然，它們不可能在一個由學生權力所支配的共
同體中，成爲對話的擁護者所認爲自己希望他們成爲的東西。

　　烏托邦思想的復活、增強和擴張不會悄無聲息地消失。充裕
的幻想和對直接感受到的衝動和情感的神聖性的深信並不會消
失──它完全是宇宙發展的一個組成部分，這種融合著被普遍接
受的信仰和判斷範疇的發展將完全是能夠容忍的，甚至將會標誌
著人類精神進化向前跨出的一大步。然而，在今天他們被不完整
地勾畫的極端形式中，他們並不能推翻現存的學校秩序──這與
革命的馬克思主義者在十九世紀和二十世紀的過程中未能成功地
推翻西歐和北美的任何先進國家是一樣的。但這種抵擋「被佔有
者」的劫掠的可能性並不是必然無疑的。只有那些在世界各地的
大學中佔居負責人位置的人牢牢堅持作爲大學恰當任務的教學、

培訓和研究之傳統，而且惟有不讓他們自己被「對某事甚感興趣」，復活自己失去的青春或者延長自己逐漸消失的青春等願望席捲而去，這種可能性才會保持下去。如果大學校長、副校長、系主任、董事長、教授、講師和所有那些大學資深成員都知道如何遵從他們的學校傳統，而不懼怕被譴責為「力求純正者」或「精英份子」，那麼他們就能夠維護好大學。通過遵從他們的主要傳統，並對次要問題進行修正，他們將會扶正風氣，並恢復其大多數學生（當其長輩分化和畏縮時，他們也產生了動搖）的良知。當他們這樣做時，他們將會孤立具有超凡魅力的主張。廢棄道德紀律的破壞者。沒有什麼比其觀眾的消失和其敵人的凝聚力更使具有超凡魅力的代表們沮喪和洩氣的了。

目前的佔有狀態會衰退。普遍的狂熱在人類的歷史中從未持續存在過，它也不可能在未來持續存在。大部分學生會恢復他們的學習，會重新進入溫和主義者的行列，以不同的勤奮、不同的興趣對待其學習。在高等院校行政管理中的某種學生評議會將會出現，而且它將會（如學生激進份子所懼怕的）「融入」（incorporated）大多數大學的管理體系中。

作為充裕王國的理想大學絕不會出現。將會存在的是古怪的「開放大學」——在高等教育體系的邊緣總是存在著奇特的學校⑭。

狂熱者的孤立和沮喪並不會使他們消失。其基層組織會繼續存在。他們甚至還會存在於大學內，儘管為了製造困難得處處小心。就過去八年的規模，或者也許就更大的規模而言，作為一種現象，他們的未來是可憐的。然而，縱然他們的影響會逐漸減弱，他們還會有其繼任者。他們是夢想一種充裕社會制度的生靈。他們不可能被魔法所驅除，他們也不可能滿意於長輩的謟

媚。

在美國，越南戰爭將會停止，並將會以一種不在乎其膚色的更大措施來對待黑人。在法國、德國和義大利，大學將會得到不同程度的改良；西班牙政府也許會允許學生們擁有他們自己的聯盟──它業已蹣蹣跚跚地朝著這個方向走去，儘管當它不必付出任何東西，而只需放棄其難以抑制的驕傲就能這樣做時，這一時刻已經消失。如果那些在法律上依然對其未成年的後代負有責任的父母親同意大學不應當站在父母的立場，那麼英美大學生活將會得到改善。而共產主義國家之外的各國學生們在某種大學決策機構中就很可能被授予商議權，在某些事情中，他們將會分享決策權。

然而，所有這些變化（不管稱不稱心）並不能解決（培育個性和充裕王國之幻想的）文化傳統和（其各種制度需要高效、勝任和以過去和未來的成就為基礎的選拔以及以示區別的賞罰的）社會之間的緊張關係。我們的任務是抑制前者的極端的、意識型態的表現，從而使後者能夠從其衰弱中獲益。

註　釋

①有關印度學生無紀律的評論員通過下述的廢法說明了印度學生的不滿，因為政治領袖並沒有提供給學生一代任何可以接受的理想，它是腐敗的、無目標的，所以它不可能激勵學生的。然而，學生的本身也很少涉及到當代印度社會的一般特徵。參見我的論文，〈印度學生〉（「Indian Students」），《文化》雜誌（*Encounter*），1961 年 11 月。

②那裏最新的學生運動形成差異更像蘇聯、法西斯主義的義大利和其他政府和黨的權威支配著學生行動的國家中的青年運動的暴徒式的變種。

③馬格里布（the Maghreb）諸國就像在殖民時代一樣依然將它的最致命的對立學生組織的活動中心設置在以前的等主國。

④甚至對西孟加拉（West Bengal）來說也是如此。如果考慮學生們的普遍不安，他們很少有人願意使自己在組織上從屬於莫斯科或北京的共產主義者。

⑤在印度，學生們有時反抗一次具體的考試；在美國，個別人有時會在考試中作弊，但即使有過失者也不會反抗考試制度。

⑥法國、德國和美國的學生激進份子沒有意識到，他們經常譴責該國的「制度」的做法是與納粹辱罵威瑪共和國，即所謂的「該制度」（*das System*）的行為在性質上是一樣的。這只是他的輕視歷史和人類過去的經驗的一個小小的例子。歷史「不過是人類犯罪、愚蠢和不幸之記錄」，從中並沒有什麼是可以記取教訓的。然而，更為重要的是如下的信仰，過去的任何遺產都是對現在的潛能的一種抑制，都會妨礙創造力的發揮。

⑦看來他低估了作為大學使命的知識傳播工作，以致他的堅持，一切

知識都必須通過「對話」和「爭論」才能獲得。他的斷言過去並沒有完成什麼，因而那些準備傳播過去的成果或過去成就的記載的人只是為了約束每個學生的自發的個性。

⑧我想藉此機會引起人們對一本已被遺忘的書的注意，由於它對現在的**共同體狂熱**（*Gemeinschaftsschwärmerei*）的早期形成的清醒的評論，這是一本值得回憶和研究的書。它就是赫爾穆斯・普萊斯納（Helmuth Plessner）的：《邁向共同體：對社會激進主義的一種批判》（*Grenzen der Gemeinschaft： eine kritik des sozialen Radikalismus*）（波恩，1923 年）。

⑨美國和法國警察的粗野是惡名昭著的，但在去年春天巴黎的所有學生示威中只有一位青年人在示威者和警察之間的爭吵中受了致命傷，他成了刀傷的受害者，而這並不能引咎於警察。在美國，芝加哥警察 1967 年 8 月在希爾頓飯店（the Hilton Hotel）以前的行為——過分敵意的和實際的挑釁是不能同日而語的——也是對普遍的模式的一種偏離。回顧一下在過去百年中美國警察在勞資鬥爭和對待激進份子的行為也許就會很快揭示警察在過去幾年中在處理「危害公共秩序之行為」時是比較溫和的。通過上面的例子我想堅持的是，在西歐和北美——以及在世界其他地方——公共秩序的代理人遠沒有他們在本世紀二、三〇年代那麼嚴苛和喜愛鎮壓。

⑩權威的無能是促使冒犯它的一個刺激因素。喪失權力中心、借助匱乏進行管理的權威，當它行動無效時，它就把自己置於困境之中。如果美國政府能夠順利地打贏越南戰爭（即使使用現在在戰爭中使用的會產生消極後果的同樣的技術），我敢大膽地說，它就像在過去幾年中一樣不會在學生激進份子中引起如此的敵意。

⑪考試及其附屬手段在印度字彙教育中是學生動亂的主要原因。當一種以親屬為本的，具有廣泛期望的文化（就像躺在其家中休息處的

學生一樣）與要求將具體的表現作爲未來賞識條件（如考試分數、
選派擔任特別合意的職務等）的文化相碰撞時會產生很大的張力。

⑫法國 1967-68 學期由於設備不足比往常晚了兩星期才開學。在 1967
年的 10 月和 11 月，學生們已對自己是否會由於縮短教學時間，在
考試中得爲遺漏的資料負責感到憂心忡忡。

⑬日本的動亂是週期性發生的，其劇烈程度和規模是不停波動的。那
裏的問題焦點是日美防禦協定，以及不時產生的具體問題，如美國
海軍艦隊訪問日本，或者日本首相出訪美國等。從總體上來說，日
本的學生運動與西歐和美國的學生運動並不是同步的；儘管當歐洲
的運動已達到其頂峰，然後有點回落，但在 1968 年的上半年日本
的學生運動正剛剛有點活躍，只是在下半年它才呈現出更大的規
模。

　　在墨西哥，在漫長的沉寂期後，1968 年爆發了異乎尋常的示威
和暴力，其起因很難辨別是學術問題，還是政治問題。

⑭在某些方向有誤的美國大學和學院中，甚至存在著由「黑人學生」
選擇的「黑人教師」組成的黑人研究「學院」來傳授「黑人的觀
點」，並有類似學術質量和標準的家政、體育系、旅遊管理系，
或者手足病治療系。美國的高等教育制度是五花八門的，在過去的
年月中，它顯示了一種非常顯著的容忍各種學術上非常低下的活動
圈優秀的教學、訓練和研究活動相並存的能力。

14.關於美國大學的評論

　　如果把英國大學放在美國大學的旁邊，英國大學看起來如同一個明確定型的機構，甚至可以說是過分地明確定型。在古代和近代的大學之間，在英格蘭和蘇格蘭的大學之間不管有什麼樣的區別，與美國相比，它們高低等級間的變化範圍是非常狹小的。新建的大學也沒有改變這個特點。學生們似乎少有差異，對大學的任務，不管怎樣解釋，愈是精確和不可更易，就愈是不容批評和質疑。學生在大學裏，學習和聽講是他們的本分。學生人數雖然愈來愈多，但也沒有改變這一點。教師們在那裏，教課和做研究是他們的任務。處處有批評和不滿，有時有一種要求變革的渴望，它同時伴隨著要求改變不相適應的環境的認知。

　　美國出現的景象是多麼地不同！美國大學看起來通常像一個嗡嗡作響的嘈雜混亂的大場所。那裏有如此眾多的不同類型的學生——有的才華橫溢，富於想像力；有的愚鈍，缺乏熱情；有的循規蹈矩，有的卻靠不住；充滿好奇心的有之，兢兢業業的有之，脾氣絕對倔強的亦有之。總而言之，美國的大學生包含比英國學生整體更寬泛和更五花八門的種類。大學和學院也是各式各樣，有的小有的大，有的保守而有的激進；有的學校智力水平落後而有的超乎尋常，晚上亂糟糟的學院與各型科學和知識史冊的

偉大學校並存。有些學校是由私人捐助和私人經營的，有些則是羅馬天主教宗教團體以及基督教派別和教堂指導下的學校。有些大學較爲貧窮，有些則比較富有。有些大學招引闊少爺到它們那裏上學，剩下的只是恰好在生命的這個階段無其他事可做的人去那裏上學。在現有的一些學校裏，有的被辦公室、商店和甚至工廠裏一天工作弄得精疲力盡和頭腦發昏的學生。在美國的大學裏，沒有授予證書的中央統治者，也沒有中央機構頒佈全國的學院和大學必須遵守的標準，那裏沒有中央機構爲院校提供財政支持。大多數形形色色的「實驗」（experiments）都與最保守的習俗同時進行著。

儘管如此異類混合和散亂，塑造美國學術界不同文化的溪流和美國社會的不同階層逐漸組成了一個新的統一體。從某種程度上來說，存在於美國社會內部的所有事情都影響著這個統一體，而且它也相應地受到美國文化、相信自我完善的願望及接近社會中心的共同傳統的影響。造成統一的大學制度的根源是國家的統一，便捷的旅行和通訊方式以及所有行政機構的權力，其中最重要的是強有力的中央政府的權力。一些主要的大學都成爲全社會的大學，而不僅僅是某個大城市中一個小的貴族統治集團，譬如常春藤聯合會中的大學在一個相當長的時間，某種程度上仍然具有那樣的性質。由於羅馬天主教與美國社會的其他人相分隔的障礙已拆除，加之新教徒宗派熱情的衰退，至少在多少受過些教育的人口中已逐漸向居於社會中心的知識份子團體的勢力開放了教會和教派的學院。

大學制度由於其自身內部的發展也一體化了。研究上的進展成爲一所大學主要關心的事情，甚至任命相當低階的教師職位也需要博士學位，這些已經促使研究生在大學裏取得了支配地位。

科學和學術人才的勞動力市場已經變得比以前更全國性了。作爲
這些發展的一個直接後果，相當小量的大學已經成爲人才、評價
標準的來源，也是評價學術正確性的樣本。在更早的年代裏僅僅
是一個地位問題的等級制度，現在已成爲知識統治者的等級制
度，並成爲「精英循環」（circulation of elite）的體系。

　　提供精英（例如博士）的相對集中的體系，已經產生共同注
意的焦點，共同的英雄懷著不同的強烈感情，但躲避困難，受到
欣賞和探索的問題及文學作品的共同整體。在頂端，個人在同樣
的領域裏爲出類拔萃而進行競爭，而各個機構爲了有別於他人而
競爭，這些提高了共同意識；在一個較低的機構有一個相應大的
統治集團，更確切地說，當學院繼續存在，並按照傳統的教學大
綱去教少數學生的時候，中心的意識超過了習慣上的意識，而且
可能走他們自己的路而不想或不怕自己過時。

　　全國性體系的成長具有兩種面目。國家所辦以研究爲重心之
重點大學已經建立了他們的優勢地位。他們的顯赫來自其成員所
出版的研究成果的質量，也來自他們的博士生在研究方面的成
就。判斷一個機構質量的標準是它的成員出版的研究成果。在研
究和出版方面的多產，成爲大專院校的教師評價他們自己和被人
評價的標準。一位教師除非他也搞研究，否則他的工作成績就不
大會被人注意，即使被人注意到了，也很少會受到賞識。熱切希
望提高他們學校聲望的行政官員、學校的理事和教師們，把研究
與出版作爲達到目的的手段。大學的教師被認爲是無足輕重的，
教大學生的價值受到輕視。大學的公共知識功能，除了研究工作
和培養未來的研究工作者，大學教師本身也將成爲主要的研究工
作者，而律師、醫生和工程師都可以被忽略過去不予討論。

　　在那個時候，大學的數量增加了。爲了各種難以理解的原因

要獲得學士學位成爲大眾追求的目標，許多人達到了這個目標。當他們這樣做的時候，那些利用他們方能達到目的人卻很少關心這一點。教大學生正在漸漸地被認爲是等級較低者做的事情，或是不稱職的人只能去從事的工作。學士學位本身被認爲毫無價值，只是作爲眞正的人生進程中的一個台階而已。大學生漸漸被認爲是一種痛苦的事情或是一種儲藏庫，從中有前途的青年男女有可能被挑選出來從事研究的職業。

導致忽視大學教育的原因之一是這樣的一種信條，即人們相信，大學生都不太成熟，不能勝任「嚴肅的」（serious）工作。美國的許多大學教師把他們的學生看作是不能和不願做有意義的腦力工作的「孩子」（kids）。美國的許多中等教育機構質量低下，從中培養出來的尙未取得學位的大學生證實了這樣一種觀點，學生不具備長期認眞做知識工作的能力，而且吸收能力不大。結果造就了一種適應於非常懶散的智力生活的教學大綱。

普通教育運動的發展或許已加強了減輕大學生負擔的趨勢，儘管它在許多方面有值得稱讚的地方。只有比較優秀的學生在他大學三年級以前發現他的眞正興趣。我認爲，這主要是因爲他們沒有受到壓力，懷著足以產生好奇心的熱情和追求成就的熱情來深入研究任何主題。結果，許多學生在他們大學年代後期發展出的對某個題目的興趣，最終使他們決定成爲研究生，以便學習更多與他們感興趣的題目有關的知識。他們中的許多人沒有想過要從事研究職業，或者甚至沒有接受過研究技巧方面的訓練，可是因爲這是他們更進一步深入到較晚發生興趣的題目中去的條件，不管是否願意他們都被推往這個方向。因此，研究生的增加，至少部分是由忽略大學教育的知識面而造成的複雜後果，並對它自身進一步遭受忽略起了一定的作用。這個國家最大的一些私立和

州立大學差不多都是這樣的狀況。

這不是普遍存在的事情。在美國有些大學裏，教師們不僅專心工作，而且也是爲人所需。學生們都得到很好的教育，足以使他們中的許多人在後來成爲大的院校裏的研究生時，會滿意地發現，他們已經超出了一般水平。（美國研究生教學大綱安排得非常緊湊，而與此形成鮮明對比的是，大學生課程的知識內容卻很稀鬆。）

數量不可避免地是造成大學教育提綱鬆垮稀拉的根源嗎？大學生如此懶散難道是因爲他們沒有能力工作得更好嗎？眾多的班級必定會使學生的知識吸收減少嗎？因爲大學在規模上的成長，大學生的教育正處於愈益敷衍塞責的危險之中，而不僅僅因爲如同常言所說的那樣：「愈多愈糟」（more means worse）。教師隊伍的規模增加，必定伴隨著學生數量的增加，而且這種按照獲取博士學位的新標準而引起的增加將可能伴隨著教授大學生方面的興趣極大的下降，而在研究方面的興趣則進一步提高。在大衆化大學裏，研究是一種孤島，在那裏有一大批不知名的學生保持著追求知識的強烈感情和正直態度，他們不爲人所和，是因爲他們人數眾多而且更替頻繁。

我在前面已提到的大學教師的全國勞動市場和爲院校與系尋求知名度的競爭具有相似的結果（這必然是一種在研究方面尋求名聲的爭奪，因爲目前除了關於他的傳聞外，沒有其他辦法可以找到著名的教師）。他們忽略了那個主要是教師的人。在美國有許多才華橫溢和受人愛戴的大學教師，可是他們沒有被重要的大學找到，事實上當他們在安排新的面試時，他們自己也通常不設法再進入更大的圈子。除了從前的學生、朋友和最接近的同事，他們就不被其他人知曉。大學傑出教師進入一種極受信任的秘密

團體，在那裏除了通過口頭表達沒有辦法建立起他們的名聲。這種教師對大學生來說是英雄，而且他們都是「土地神」（Local gods）。在他們所處的環境之外他們常常不爲人所知。

全國體系的成長還有另外一個結果，它在某些方面是有益的，在其他方面卻有害。許多機構甘願透過爲當地的雇傭部門提供研究生發揮地方服務機構的作用，並且以橄欖球、田徑運動和籃球的形式甘願提供地方娛樂的機構。它們這樣做的部分原因是，由於年輕一代現在更嚴肅了，同時也是因爲詹姆斯‧瑟伯在《雄性動物》（*The Male Animal*）中描繪的那種類型的男校友正由舞台傳播著；也因爲在全國體系中已經形成它們新的雇傭人員，並使院校的注意力集中在研究和高智力的事務上。高級行政官員也決定事情不能按過去的老辦法繼續進行下去了。作爲這個決定的一個結果，橄欖球已經「降低了重要性」，而學術研究獲得一種新的禮遇。

宗教團體創建的學院和大學，對它們脫離全國知識界主流的傳統更加敏感，而且他們已不再以此爲滿足。他們擁有的學生數量在擴大，已經必須擴大他們的教職員工，而這個事實意味著，從宗教界或從發起的教堂和宗派領聖餐的成員中吸取教師是困難的，能勝任的教師是精通他們的學科同時又精通宗教血統的人。

農業和工程學院已經陸續轉變爲大學，這又是一種對學生數量增長的反應，部分地是對那種確信狹隘的職業技術教育是不相適應的論點的反應。這種「大都市化」（metropolitanization），這種進入全國體系的企圖已經被願望驅使並驅使願望，它期望在一個適應於獲得全國注意和讚賞的等級上做研究。

工程和農業學院，州立大學及羅馬天主教和路德學院的地方觀念，從國家的知識成長或他們的研究生的知識發展的觀點來

看，不是一件好事情。都市理想和中心文化的發展，一般說來，已經提高了這些機構的知識水平。那些已感覺到他們自己是廣泛的知識文化（超越了他們自己的宗教團體、自己的技術專長和地方責任的知識文化）的一個組成部分的人，成了這些機構的編制人員。

　　全國體系的發展同樣也增加了對傑出的文科大學的壓力，迫使男女教員提高做研究和培養他們的學生做研究的興趣，而不是讓他們具有最大可能的知識，以便為職業和研究方面取得成就而做準備。年輕人被吸收進入最好的大學文科學院當教師之前，通常已經在主要的中心獲得了高級學位，他們通常是「以研究為導向」的人。他們確實並不總是能找到被大學生認為是高標準的教學職業，既是一個非常需要的職業，又足以使他們得到想要得到的報酬。在這些學院裏，研究的機會必定不會很多，因為那裏沒有做研究所需要的圖書館，而且那裏的實驗室是為教學設計的，沒有配置做大規模研究的設施。完全撇開他們自己研究問題的內在要求，吸引他們到這裏的原因是能夠從「原子能委員會」（Atomic Energy Commission）、「國家自然科學基金會」（the National Science Foundation）、「美國公共衛生服務機構」（the United States Public Health Service）、「洛克菲勒基金會」等地方獲得資助的前景。而且他們希望最終返回「大聯盟」（big leagues）。如果短期內沒有可能實現這樣的前景，他們會考慮改變工作機構，到大城市的某一小天地。

　　作為像美國一樣大的體系裏，必定會有不同尋常的青年人，不管出於什麼動機（或許不總是令人讚美的），他們首先想要成為教師，他們確實不想做研究工作，或者不想與某些性情孤傲的同事一起做研究。在這些人當中或許有一些非常好的教師。他們

與大學教育的任務之間有一種自然的和諧利益。像奧伯村和斯沃索莫爾這樣一些傑出的文科學院設法獲得了充足的供給。即使大的大學不允許他們自己被研究理想所支配，他們也把那些看上去不願追求理想道路的人看作是不可救藥之人，另外有效的分配制度（發現並指導這些人到全國主要開展大學教學的院校擔任職務）也沒有理由不發揮作用。

在美國，多數院校的教師確實在教大學生，而且他們中的有些人教得非常出色，這成了一個人在職業中晉級的標誌，也是他從低級職務升到能由他兼教或全數負責教研究生的職位之起點。除非更好的文科學院在這方面謹慎注意他們自己，否則他們同樣將成爲這種傾向的犧牲品。在美國，大學生的教學在今天是一種防禦行動，那裏有許多特洛伊木馬在牆內，用這種概念，通過它訓練研究生，通過它的「博士學位計畫」（Ph. D. program），便加強了一個教育機構的尊嚴。一個學校只要還沒有改變自己的地方，那麼在開辦研究生部和提供研究生學位方面，首當其衝的任務就是爲自己爭取研究生的來源。

在美國，這種過程的旁觀者還沒有看到大學階段知識的排空現象。他們通過強調高等教育的非知識功能、人格的發展、「良心的啓蒙」（enlightenment of conscience）、「自我的鑑別和整合」，以此來逃開知識排空現象的衝突。

一些人坦然地聳聳肩，並且說在研究院可以補償大學期間失去的時間。關於這個問題，最近有很多作者認爲，由於人的壽命延長了，大學浪費一點時間是正當的。

在一些智力上忽視其青少年成長的國家，這些年的損失是嚴重的。它不僅是一種寶貴時光的浪費，對國家的公共知識氛圍同樣帶來損害。可是，時下在美國很難看到變化的動力。指派給學

生的功課少得可憐，學生沒有壓力去擴充他自己，只有那些熱愛和感興趣於學科的學生才竭盡全力地學習，或者由於他們的性格才迫使自己努力學習。這樣造成的結果是，學生對任何特別的學科知之甚少，甚至在已經作爲一名大學生專門研究這門學科之後，有關的知識還是欠缺的。

目前在美國正在採取綜合教育的形式改善大學生的文化素質，太專業化的大學教育計畫已經批准放棄了（它從未像英國的大學教育那樣特別）。我認爲增大範圍和增加強度是相容的（有那麼多的空隙），可是普遍的看法並非如此。

如果研究所可能爲有前途的教師和研究工作者在後來找到一合適的地方，那麼失去的歲月還有可能補回來。與其說研究生訓練的特殊內容應當是不同的，不如說它的文化意義應該有所改變，以便大學教學將被看作爲有內在價值的活動（其重要性不比做研究少），而不僅是一個人爲了能夠在最愜意的環境中做研究而必須經過的階段。如文科學院除了堅持一貫的做法不能有所改動，那麼院長和校長也不能帶來變化。但是，一旦這樣的變化確實發生——沒有充足的理由認爲學術觀點的運動不可避免地是直線發展的——它將發現許多同盟者。

在美國大學體系中，復興大學教育的強烈要求因遇到同樣的理由而受到阻礙，這些理由曾幫助了大學的研究方面在最近獲得支配地位。研究是一種公開的成就，一當它出版或出版之後立即在全美和國際上被世人看見。而教學工作則是世界上少數非公開的事情之一，儘管它是公開進行的。同事們除了極少的特殊情況之外，不會到彼此的講座上去。學生們的證言，不管是直接的或通過他們的考試結果，都不是具備完全結論性的，而學生們表達的態度和他們在一生中的成就則來得太晚，很難對教師的任命和

提升提供評估的基礎。即使負責任命的領導機構對他們想要的一名教師有一定的概念，並準備在做決定時讓它產生應有的作用，但對一個特定的人作爲一個教師的價值將很難由於他在過去的極受信任的工作名聲而得到決定。

我們忽視過去教學工作和個別候選人的質量（不願及引起公衆注意的特別的缺點），是與我們對學習如何去教學的可能性漠不關心相匹配的。儘管乍看之下教誨一個有前途的大學教師如何進行教學是令人反感的，但在原則上也沒有什麼理由反對這種想法。一個人在監督下，同他的監督人合作並靠他的批評來學習如何做研究。難道教學定然要比研究少一些常規和創造性嗎？

雖然我們可以接受這個原則，即大學教學的藝術從另種意義上說是可以傳授的，它是某種還沒有以任何自覺的或深思熟慮的方式表達的事情。當然，那裏沒有我們所能從中吸取任何超過我們從個人經歷的反省中吸取教訓的心理學或社會學系統知識。可是，原則上來說，這並不意味著所謂這種系統的心理學和社會學知識不可能通過對教學過程的系統研究來獲得。目前這個問題（subject）很難說它已經開始①。

把社會學和社會心理學研究引進大學層次的教學和研究，這還是尚未收穫的果實，甚至可以說有些還是尚未播種的種子。因此，很難期待它成爲決定性因素，這將引起美國大學和學院中研究與教學之間的關係發生必要的變化。在觀念上需要發生更深刻的變化，而到目前爲止這種變化的出現還杳無音訊。並非所有對研究的熱愛都是對眞理的熱愛，有些只是趕時髦，而時尚就其本質而言就是變化不定。因此，可能在不太遙遠的將來我們會目睹同樣一種時尚的變化。還有可能的是，當某些特殊的藝術、自然科學和人文學科正在繁榮的時候，對美國公共文化狀況的不滿，

也許會使知識觀念的領導者們懂得，一種更豐富和更緊湊的大學生教學提綱可能有助於減少在美國常常與最卓越的創造性成就同時並存的粗俗和庸俗趣味。

註 釋

① 《美國大學》（*The American College*）在專門神術教學和學校課程的篇幅，它顯示了事情是多麼困難，在它有可能爲這些課程對訓練和挑選教師方面起有意義的作用之前，還有那麼多事有待人們努力去完成。

15.對社會科學研究和教學
自由的限制

I

　　本文的主要重點是利用法律手段，對那些與教學工作及他們的機構，或更廣泛的團體中的評價背道而馳的美國學院和大學中的社會科學等進行制裁。對公共言論和社會科學家的活動的限制，不管這些限制是多麼普遍和重要，與我們的興趣並沒有直接的關係，只有為它們與教學和研究活動發生聯繫時才會受到重視。我們也不涉及由全體教員在職位佔有權、晉升和競爭問題而在學術生活中產生的無故爭端，除了為它們直接與研究和教學的自由相關時我們才加以考慮。沉重的教學負擔、教員和設備的缺乏，及財政的阻礙，儘管它們作為在社會科學方面研究的障礙一定極為重要，將不在這裏討論，除非它們看來有意識地被用作一種傾向於阻礙某些論點和問題的調查研究和教學說明的政策工具。

　　總之，這裏我們將探討的只是被稱作學術自由的非常複雜的局面中的一部分，即在高等學院的社會科學方面對研究和教學的

自由的限制，以通過研究和教學的自由認識到不必記錄於對那些（在所討論的學科範圍內所獲得的一般能力之水平上）探討具體的論題、建議或問題的人實行制裁的可能性。

II

在一個缺乏廣泛輿論的社會中，不少團體力求創造一種輿論，這種輿論能夠指導社會的其他成員按照上述團體的價值觀念相一致行動。他們試圖使非會員相信所有政治、經濟和文化有關聯的價值觀念，其正確性不僅基於某種最終評價，而且基於某種關於社會世界的真實構架設想之上。他們調查研究的目的，正是由一個群體規劃的中心階層在不同方面評估上趨向的那些條件和關係，而這就是社會科學的特定處境。不管這個群體是否已經「達到」（arrived）和正在試圖維持或鞏固它的地位，還是它還沒有獲得它想要的地位或東西，這都是事實。用現在所有最好方法而確立的完全實事求是的主張，並聲稱具有最公正的意圖，都會受到來自有偏見的黨派的攻擊，他們感到因為事實不像他們所說的那樣，他們的某些主張已經表明比他們迄今宣稱的既很少行得通的，又缺少合法性。

每個科學的主張關係到實際問題趨向於成為「某個人的」（someone's）主張。對一個政黨結構的科學分析，或是通過該政黨本身的渠道（如果碰巧這種分析發現和提供的事實能夠對該黨做出有利的評價）或是通過其反對黨的渠道（如果它提供的事實可能引起各種黨派爭取其支持的公眾對所分析的該黨做出否定性判斷）很快就會進入公眾圈。揭示了某些準則是不可行的分析如

果能夠順利地通過是幸運的。

　　與有關歷史人物或事件的某些概念分歧，與某些團體相信他們取得他們的地位和道德價值以及他們經濟地位的安全所憑藉的身分證明背道而馳的科學分析同樣是眞實的。「事實」的確已成爲更加決定性的，因爲一種享樂主義的人道主義價值觀念體系作爲合法性的最終根源或多或少的被人們所普遍接受，衝突的團體（就他們沒有求諸於暴力來說）必定求助於「事實」以證明他們背道而馳的直接目的合法性。

　　正是爲了這些理由直接由各種團體針對在美國的學院和大學中作爲各門學科而存在的社會科學的報復、阻礙和批評絕不僅僅針對許多社會科學家已專門包含在他們的教學和公民的責任中的價值判斷的維護。他們同樣已打算對各種情景進行事實分析，被有偏見的政黨看作是對於鞏固他們的優勢和完成他們「眞實的」（factual）期望或計畫必不可少的特別概念的事實分析。關於講授有害的學說和研究應受譴責的對象的言論，事實上經常是由於不贊同在學術範圍之外公共場所的聲明而煽動起來的。

Ⅲ

　　幾乎任何社會科學領域中都可能採取限制性行動，但是在過去的歲月中，這種情形最集中地發生在諸如家庭社會學、社會解體研究、社會心理學、勞動經濟學、種族關係和社會起源（社會進化）研究這樣的領域。從教條出發堅持的那些包含在宗教信仰、價值觀念而促動的限制很可能不僅針對特定的主張，而且針對整個主題。而另一方面由從實際出發堅持的價值觀念所激發的

限制，趨向於忽視論題，趨向於對論點領域內的特殊主張以及維護它們的方式保持警覺。一切隨社會（social context）而定，在某個時間和地點按照實際情況加以答覆的對象，也許在另一個時間和地點被教條地對待①。

在特定的科學研究領域中，牽涉的價值觀念被擁有的方式越是教條，衝突的可能性越大。而且，我們可以說社會環境的教條主義愈強烈，知識生產的過程中的干預產生得就越早。因而，舉個例來說，在對性觀念的調查受到干預的事例中，限制性行為是直接針對發現而發生的。而在通常對其保持著一種較為實用態度的經濟學中，對其之限制大部分發生在幾年之後或正要公佈的時候〔像在以下討論的萊文－蒙塔納（Levine-Montana）的例子〕。

經濟學

經濟學領域中道德中立的逐漸明朗，以及由於與「代表有權勢商人之利益的教條思想」相反的工具主義的能量不斷增加，經濟學因習俗之威脅而受到攻擊的比例已逐漸降低了。在經濟學教學方面的實用主義影響已經導致企圖採取限制行動，每當在我們社會中支配集團的地位受到威脅，他們認為強有力的防禦措施是必要的。在經濟學方面，對學術自由的限制曾經歷了三個高峰：(1)上個世紀末和本世紀初對富豪統治的第一次大攻擊（人民黨的主義和對名人醜事的搜集並揭發）；(2)對共產主義恐懼達到極點的戰後時期；及(3) 1929 年大蕭條最嚴重的時期和隨之後富豪集團組織起來反對新政改革（New Deal）的時期。

因為工人的狀況已經持續地處於注意力的最前方，工人問題已經成為社會科學家專門研究的問題，嚴屬程度不同的制裁最經

常地針對的就是他們。

可是，金融和其他問題的經常產生是不和的中心。在公衆關注金銀復本位制的問題期間，免稅銀幣制度（free silver coinage）的倡議者逃脫了損失。史丹佛大學的羅斯教授（Edward A. Ross）、布朗大學的安德魯斯（E. B. Andrews）校長和西拉古賽大學（Syracuse）的康芒斯教授（John R. Commons）的案例表明這個時期的統治階級所遇到的這種挑戰是激烈的。

類似地，被賦予支配性價值觀念的經濟學家如果以一種易於產生不利判斷的方式來處理公用事業問題，那麼常常會發現他們自己處於使人討厭的境地。在那些斷定公用事業刺激了尖銳對立的人中，有在芝加哥大學存在的第一個十年間的比米斯教授（E. W. Bemis）和上個世紀末在賓夕法尼亞大學的羅（Leo S. Rowe）及詹姆斯（E. J. James）教授。〔已故的勞克林〔J. L. Laughlin〕教授否認比米斯案例是一個在他的主要權限範圍內對聲明的報復行爲，其他提供消息的人已經同意這不僅僅是一個干涉研究和教學自由的例子。可是，這裏相關的是，要不是比米斯持有有關芝加哥公共運輸事業特權的見解，那麼所涉及的個人問題大概就不會暴露出來。近來對關於這個主題的主張的報復的事例還沒有引起調查者的注意②。

當研究暗持的政策被認爲危險時，把政府的財政政策作爲研究對象的做法同樣遇到了抵制。用作這種類型的例證是1919年萊文教授（Louis Levine）和蒙大拿大學（University of Montane）的案例。萊文教授已經完成了一系列關於國家稅收問題的研究，這項研究表明採礦企業承擔著不相稱的小份國家稅收義務③。儘管他曾經有大學行政機關的支持並有大學資助出版的許諾，但他被告知出版他的研究並不明智。儘管已經相對地擺脫了來自科學之

外的控制，不可能給出這類案例的確切數字之證據，但財政問題的處理這是毫無問題的。

社會學

也許是因為在高等專科學院的同行成員中間、在大學教師和外行之間，在把國家作為一個群體進行社會學分析方面，就什麼是真正正確和政治上可行而致看法的不同，因而在社會學領域存在著比經濟學領域更多的干涉的例子。階層社會學還是這樣一門學科，在這門學科之內同行意見一致是相當有限的，而且在其中，在什麼是這個領域內被普遍接受的，和什麼是由外行人緊持的（那些人的社會的概念都來自傳統的對處境的傳統定義或來自仍然來做深思熟慮之考察的興趣）之間存在一個極大的差異。

因此，經濟學家通常被商人和那些認同於商人的人，諸如政治家和大學行政官員支持的團體（出於武斷的理由）攻擊時，社會學家易受來自憎惡社會學方面傳授的東西並恐懼它將產生對既有的思想和行為方式背離（教條主義的和實用主義的考慮）的個人或團體的攻擊。

再者，因為在城市和農村之間，在大都市和小城鎮之間，及在北方和南方之間存在著這樣一種極大的文化差異，在大的私立或州立大學的社會學系受訓過的社會學家，他們在較少自由的地區任職時必定遭到困難並不令人驚訝。比爾教授（Howard K. Beale）曾經說道：「在許多保守主義團體中，不管是宗教或經濟或政治的，是如此有力地學到防衛，以致沒有一個自由的大學的研究生可能獲得一個職位。這曾經長期是在南方原教條主義地區的芝加哥大學的真實處境，因為據說它破壞了它的學生們的宗教信

仰④。」

　　在這一點上我們可以引用一個在南方教書的社會學家的控訴，原本在北方被完全接受的書受到他的上級的反對。經典社會學著作諸如托馬斯（W. I. Thomds）的《不適應的女孩》（*Unadjusted Girl*）、蕭（Shaw）的《一個違法者生涯的自然歷史》（*The Natural History of a Delinauent Career*）和其他的著作已經為一些社會文學創造了緊張的時刻。教學機構都由關於性問題可涉及範圍的嚴格的道德態度所支配。

　　當代由最傑出的社會學家講授的關於黑人和種族關係，因為並不能為某些南方學院團體的每個成員所接受，至少一個社會學教師已經聲稱沒有證據表明由於黑人和白人之間的通婚會產生生理退化而被置於「審議中」（put on the carpet）。

　　出於社會學考察的目的，學生們經由城市遊歷的教學課程已經使至少兩名著名的社會學家被解雇，並讓其他社會學家感到十分窘迫。

性

　　對性觀念進行調查已常常成為約束措施的對象。因此，兩個人從奧克拉荷馬浸信會大學（Oklahoma Baptist University）全體教員中被開除，因為用了一張包含費倫（W. W. Phelan）校長所謂的「一組令人作嘔的關於性生活問題」⑤的調查表。對密蘇里大學全體教員爭取了類似的行動，因為他們參與分發一張關於性道德觀念的調查表⑥。一個關於家庭的專家正準備撰寫一本關於離婚的著作，由於他訪問了已離婚的人而遭到他同事的不滿。另一個社會學家在一所大的私人資助的研究所裏，由於他從事一項同

性戀研究，發現他的處境正在變得困難起來。當他最後在一家外國雜誌中發表時，不滿變得更大。一本關於賣淫的好書作者被他所在的著名的南方大學的行政官員看作是不穩當的，而且校長堅持檢查他關於社會解體研究課程的閱讀書目表。一本關於離婚的極有權威著作的作者在一所西部州立大學中成為被懷疑的對象。

> 校長已經反對在我的「社會病理學」（Social Pathology）和「家庭學」的課上展開任何性問題的討論。例如我被問到，難道我不能省略奎因（Queen）和曼（Mann）的教科書《社會病理學》中名為「賣淫」（prostitution）和「私生」（illegitimacy）的章節。去年校長拿走了學院圖書館幾本我即要圖書館訂購的與這兩門課有關的參考讀物，因為他認為它們對學生們，尤其女孩子不合適。

一個在一所南方小學院的社會學教授這樣寫道[7]。

社會進化

社會學家的活動牽涉到一種現代信仰和制度的相對論，例如像在社會進化（Social Evolution）的研究中所需要的那樣，社會學家已不時地受到嚴厲的攻擊。在南方和小教派學校裏這種情形尤其顯著，在那裏，行政官員、學校理事以及整個社區對《聖經》關於最期人類歷史的看法的依戀仍然是強烈的。

拉斐特學院（Lafayette）的梅克林（Mecklin）教授的例子提供了一個極其突出的例證。1913 年梅克林教授被他的長老會學院開除，因為他把「遺傳學和有機體方法」應用於宗教歷史[8]。一位學校的理事陳述道對梅克林的教學的抵制是根據他在討論宗教

發展時應用進化的學說或理論⑨。一位記者說學院校長已經宣佈，「被梅克林教授採用的在某些教科書中顯示的學說，如，安吉爾（Angell）關於心理學的學說、杜威和塔夫茨（Dewey and Tufts）關於倫理學的學說、麥克杜格爾（McDougall）關於社會心理學，及詹姆斯（James）關於宗教體驗心理學的學說，都是背離於在學院裏已經教過的學說⑩。

　　這種文化差異的後果任何地方都沒有比在那些例子中更明顯，在那裏，所有教職員工，不管是明確地或含蓄地被要求與一種特別的神學信條相一致。在社會發展的早期進程中，衝突尤其可能在教派學校裏⑪發生，雖然應該承認許多教派學校沒有要求嚴格信奉他們的神學原則。然而，對人類早期狀況的研究和對非基督教社會的道德準則所做的道德相對論的分析已常常使教師受到盤問。人們有這樣一個印象，遲至 1920 年代學院教師們仍然警告要斷了這種觀念。在南方和中西部的非教派學院裏這種影響尤其大。

　　看起來不妨說在大的大學裏，這種十九世紀特有的觀念已經被超越了，所以以這類理由進行干涉現在是不大可能的。同時，在大都市裏公共輿論形成中心世俗化程度的提高使得在這方面的外界干涉變得幾乎微不足道了。

IV

　　迄今我們把禁忌（taboos）看作從道德、宗教、政治、經濟，及「個人的」（personal）思考為中建立起來的。在性質上相當不同的是那些以理智—教條為根據，而運用的禁忌。在某所大學

裏，形上學的基本原理受到了主要行政官員的支持，而在過去二十年裏在社會科學方面進行的經驗研究卻得不到讚許。在從事歷史和純理論研究的社會科學系中，局限於具有當代特徵的專門學科精確的統計調查的確不受喜歡，而在其他系裏準確的量化研究受到權威人物的支持，不是完全取決於統計過程的廣泛地想像研究都受到阻擋。

這種情況也許在那些學科中一般很少發生而且是最不太可能發生的，那些學科已經發展到這個程度，那裏各種競爭的方法和技巧已經有機會用下述方式表明它們富有成效，即在被承認的學科領導人中間獲得一致的意見。在基礎不那麼穩固的學科中，方法論上的混亂很容易盛行，這種情況是更有可能出現的。同樣還可以預料到那裏存在著個人競爭。維護這些「禁忌」（taboos）的良心制裁的實施並沒有以解雇或解雇的威脅或恫嚇而告終。然而這種良心制裁存在於一種「氣氛」（atmosphere）的創造中，存在於那些尋求提升的學生們所遵守的模式規定中。

如上所述，在某種制度類型中的禁忌絕非必然是在其他類型中的禁忌。而且同樣類型的研究或教學或出版物在一個假定的機構中的所有部門中不總是相同地被宣佈爲不合法。禁令的界限因環境的不同而上下波動的。具有自由傳統的大的州立或私立大學諸如芝加哥、哈佛或明尼蘇達大學，反而很少援引法令來對付成員。然而，那些在和平時期是引發對行政官員或市民群體之惱怒的較小的根源的人，在危機情況下如在戰爭時期，根據緊急狀況的正當理由，將受到起訴。教育程度也是一個相關因素。禁令幾乎總是限於大學教育水平，所以社會科學的教師在研究生教育方面較少感到緊張和擔憂。

一個大城市，而且尤其一個大都市，比一個較小團體更有利

於社會科學方面的自由。在一個大城市裏（在那裏）（學院或大學不是爲每個人所注目）社會學家的研究活動比在一個小城市更不可能成爲校園外閒談的對象，在一個小城市裏大多數人與學校處於同一個活動範圍。或在另一個有聯繫的活動範圍，或相似的範圍。城市越大，對全體教員來說在校園外接觸的機會越多，而那種特殊形式的在教員內部監督和閒談的機會就更少，那種監視和閒談對不尋常課題的研究和教學有一種抑制的影響。但是在另一方面，大城市提供了一種散播聳人聽聞的事件和給人扣上「赤色分子」帽子加以迫害的運動的威脅，諸如1935年赫斯特報紙對陪審團所幹的那些事。

　　決定是否援引法令反對一種特定的措辭方式的諸條件之一，是說明的方式。韋伯倫（Thorstein Veblen）似乎已經培養了特殊隱匿形式從而得以維護，否則會引起驚恐的事物。另一些人已成功地通過謹愼地避開惹人注目的字眼來逃脫限制。事實和缺乏修辭強調似乎成爲在某些機構中維護教學和研究的自由的必不可少的伴隨物。

V

　　不討論不同的條件下什麼使禁令生效可能會忽視「混合的情況」（mixed case）。參考已經生效的事例，其中研究或教學本身沒有單獨地導致懲罰性的行動。只是在一個方面違背（規則），而在他們活動的其他每一個方面完全應受尊敬的人們仍然相對地是安全的。一個教授社會學而且是一個「好伙伴」（good fellow）的馬克思主義者，比一個同樣是學者而且勝任作爲一個教師但不

在社交上那麼使人愉快的馬克思主義者，有著更爲安全的地位。一個參加外面組織活動的馬克思主義者比一個只參加他學術上所關心的活動的馬克思主義者更不安全。一個調查研究禁忌課題的人比那些不調查的人較不可能擔負得起漠視校園社團的道德或社會習俗之指責。

　　在二〇年代，某所南方大學的一位經濟學副教授從事一項酒消費量的研究。最初有人反對他的任命，後來由於這次調查他遇到解雇的威脅，但是當達成一次協議，即他作爲這裏所討論的大學成員衝突不在正式發表的報告上出現後，威脅中止了。某些想要逃避他的課的學生開始造他的謠，這使得解雇的威脅又生效了。他的一位同事概述的情況如下：

　　　　我也認爲大學的官員對待這個禁止研究有極大的偏見而且他們正在等待一個除掉×先生的機會的程度……沒有出現一個公開的行動，他們決定利用故意製造的學生混亂，並用不「適當」（fitting in）的詞來表示它。我也認爲×先生的妻子沒有去「融入」（fit into）婦女團體是一個不利的因素。×太太曾經在社團的一所黑人學校教書，顯然，她缺乏教員妻子需要的某種社交本領⑫。

　　　　羅斯（Ross）教授對思想獨立的大學教師的警告看起來提供一個充分的對該種處境的特徵揭發：

　　　　你必須比你無惡意的同事更老實地生活。你必須迅速地支付你的帳單，以你的妻子爲滿足，迴避「狂熱的」（wild）聚會，把你所有最好的給的學生們，像時鐘一樣有條不紊地應付你的課，避免與你的同事吵架，遵守所有大學規則，講述好的事，能夠嘲笑你自己，像個好好先生

任憑別人的「戲弄」（razzing）⑬。

簡言之，一個人可以背離已被接受的觀點和趣味的程度隨特定人的地位而變化。科學的、個人的或「社會的」地位越高，在專門知識活動中自由的範圍就越大。對那些沒有獲得他們的同事和團體必要的尊敬的人來說，想更廣泛地被接受陳述也許可能導致災難。

VI

在「混合的情況」（mixed cases）中，當闡明最初的和主要的思考被認為是不明智時，起沉澱作用的因素常常為制裁提供必要的公開辯護。在教派學校或在其他機構中，那裏行政官員不完全熱心於研究和教學的自由，他們感到沒有必要通過聲稱正被討論的人沒有遵奉被每一個人承認的有約束性質的規範來掩飾自己的動機。

在行政官員確實感到有責任去制止干涉不合乎公認標準的研究或教學的地方，或在他們看出在社區的有權勢階層這樣一種觀念存在的地方，他們試圖避免只是直接針對知識異端的指責。在這些條件下，法令的應用可能包含指責這個人是「不夠格的」（incompetent），「一個製造麻煩的人」（a troublemaker），提出「人格問題」（personality problems），沒有一種「學者風度」（scholarly attitude），是「不忠誠的」（disloyal）和「十分不和諧的」（generally disharmonious）。預算削減同樣可以為解雇不完全令人愉快的教師提供正當理由。

　　不管怎樣，從整體上看，在堅持準則顯示出愈固執的地方，直接以這些準則限制行動合法化的可能性就愈大。在另一方面，當準則被實用主義地或工具主義地維持，及科學的主體被看作不是本意有害的，而是它們的影響有害時，限制行動將被以其他準則（僞裝）的名義合法化的可能性更大。

　　當一個科學調查或課堂評論的反應對一個特殊團體而不是對一般公眾來說成爲令人厭惡的時候，僞裝尤其是可能的。在這種情況下，那些感到他們的利益受到威脅並隨之尋求援引法令反對調查者或教師的人尤其易於利用攻擊其他可能激起公眾關心問題來僞裝他們的動機。求助於那些實際上是次等重要的藉口在那些知識寬容的態度在有關的公眾部門得到廣泛分散的地區是可能的，而且相反地，反對知識份子活動的限制行動會在那裏引起某種抵制從而最終撤回支持。

　　另一個因素——它影響著使爲限制行動辯護的動機得以掩蓋起來而不是公開地宣佈之機會——道德中立在這個領域的流行程度。在課堂上明確主張道德判斷的地方，行政官員也許感到比在教學純粹是分析的，即使是令人厭惡的地方也許更有理由採取行動反對一位教師。在寬容的社區裏，對援引法令反對嚴格的分析工作有一種尤其強烈的反感的傾向，而且想要採取行動的行政官員必須找出被公眾更能接受的合法理由。相應地，像「不夠格的」和「管理的需要」（administrative necessity）等可以爲人們普遍接受的指責，是最可能被利用的。

　　當需要僞裝時，在知識份子的一致程度相對低的領域裏，是寧願用「不夠格的」來指控，而選擇「管理的需要」的地方則是一致的程度是高的，而且在那裏「不夠格」的指控不久會被一個重要的專業部門否決。

VII

　　每一個有效的禁令都包含著一種制裁。這部分的報告將分析各種各樣的制裁（方法）（*methods*）和制裁機構，由它們制定和實施制裁。反對社會科學家所採取的步驟也許可以被分為(a)主要的，例如，那些在代表官方或非官方的懲罰性行政措施的意義上直接對個人開刀，或學校的全體教員直接反對「犯罪的人」（guilty）的制裁；及(b)次要的，例如，那些由不同於行政機構或全體教員的團體引述的制裁方式，然而它們是通過恫嚇直接地起制裁作用，及通過轉變成首要的制裁間接地起制裁作用的。次要的制裁，包括報紙的煽動、個別的校友、父母和學生的控告，及市民、宗教、政治和立法機關的團體的活動，通常瞄準了主要制裁的創立。

解雇

　　在主要的制裁中，解雇（Dismissal）是最決定性的。當來自外界的壓力非常大時，尤其可能發生解雇。來自機構之外的煽動採取懲罰措施總是要求解雇，解雇教師這個決定完成的時間，和他與機構聯繫完全中斷的時刻之間所經過的時間可以從幾天到幾年。一個比較適用的程序是通知這個人被解雇了，他的教學職務將在這個學年底結束，而他的薪水將延續到明年。

　　這種類型的補償看起來通常是為了那些已經獲得超過講師級別的人預備的，相應地，他們已經服務好多年了。此外，這種資

金補償極爲可能是一種奢侈，是一種較貧窮的機構不可能負擔的一種奢侈，因此，這些機構直接通知那個有問題的人，在最近的幾年之後不再需要他的服務。

在期中突然解雇，是唯一讓那些以沒有不具明智和維護自由的行政官員滿足的行爲。相應地，這種解雇在大的和富有的並具有作爲知識英才和行政約束之中心的穩固地位的機構中是最少發生的。

最後，在其他方面似乎會免於輕率解雇行爲的機構中，一場被認爲威脅整個社會的嚴重危機，可能成爲沒有幾天前預先通知的解雇的條件。

開除的威脅

開除的威脅（Threat of Expulsion）也同樣被用作一種使某種特別的觀點保持沉默的工具。這種已經發現的例子都限於小的機構，它們無論在教育上還是在科學水平都不突出。這種步驟通常只有缺少經驗的不老練的行政官員才會遵從。他們通常專心教學，因爲在這些機構中不允許教員佔用更多時間或機會從事研究。在最重要的、因其主持的社會研究而著名的大學中，沒有一所大學曾遭到這樣一種障礙。在某所大的大學裏曾發現這樣的通告，即去調查同性戀和離婚的某些方面策略上是不明智的，但是除了引起一般的社會爭執之外，這類制裁並沒有更爲加劇。

像匹茲堡大學，則保持一種每年重聘，並延遲到習慣上的重聘日期之後的某些時間的制度，把這種制度作爲束縛它們教員的工具。「正如所期待的那樣，結果顯示（重聘制度獲得的）這已經對男女教員的生活發生影響……嚴重的憂慮、擔心和恐懼[14]。」

這樣的事實加重了不安全，即重申的通知有時會有一種非常威脅的和模稜兩可的註腳，沒有說什麼特別的，但卻暗示來年也許是該通知收受者在匹茲堡大學的最後一年⑮。

不予提升

通過拒絕提升（Nonpromotion）和財政貸款來阻攔教師的正常課程和調查研究者的發展是一種附加的技巧。在那些對待知識份子的不同意見不完全缺乏寬容態度的機構中，或在那種對令人討厭的宣傳形式（它常伴隨著解雇）持強烈反感的地方（這種技巧已經勝過了解雇），在這種前提條件中沒有一種出現的地方，如果作爲制裁寧願不予提升而不要解雇，那麼違反公認標準的程度應該不是特別必要的。

提升也許可能被完全拒絕，或者只是在一個比習慣情況更長的時段之後授予。在兩種情況下，而且尤其在前者，不予提升被看作一種含蓄的通知，要更改一個人的理智行爲以更好的符合正統的方向或到其他地方尋找就業機會。雖然不予提升和不予提升的可能性概念在發展由正統觀念統治學術領域方面是主要的因素，但它們不是確實可靠的方法；因爲如果一個教師或一個助理教授斷定，他分析的結果或使他興趣的問題比他提升職位更值得，而且雇他的學校儘管明顯地不寬容，沒有不寬容到因他的執拗而解雇他，他可能繼續爲他的觀點辯護並繼續調查研究習俗不贊同的課題或問題。

選拔

此外，決定什麼思想應該表達、什麼不應該表達的過程甚至在登上職業教學講壇之前即起作用。從研究生學習的第一年提供的鼓動和重視開始作爲教員的第一次任命以及隨後的提升，一種選拔過程持續進行著，在其他資格相等的情況下，對那些思想與他的上級一致的人來說提供了晉升的最佳機會。研究生的選擇和研究生獎學金的分配總是提供排除那些背離學院社會科學理性傳統的學生的可能性⑯。

當決定一個教師被任命時，可以預測到只有那個候選人將被小心仔細檢查以及那些有可能使學校爲難的人很少被熱情地看待⑰。結果，在美國學院中非常多的教師能夠感覺到他們的自由是無約束的，僅僅由於他們和他們的同事藉此達到他們目前地位的過程是以這樣一種方式起作用的，無所剔除的是那些可能導致制裁的理性行爲對他們幾乎沒有任何約束力的人。

制裁暗示

制裁暗示（Intimation of Sanctions）而不是它們的實際運用是另外一種經常引起屈從的方法。或者爭取警告或者採取勸告的形式，常常足以提醒違背者他目前趨向所陷入的危險，以便保證更大的一致。有時這是通過一次會議完成的，在這個會上或者禁止由行政官員簽發的一個授權證明書或者僅僅討論這個事件，由行政官員暗示他憂慮的原因並建議他要加以一定的節制。然而，正規的程度可能更小而制裁一樣有效。出自系主任的評論或出自一

個年長同事（絕不是官方授意的而是在學術界已有長期經驗）的評論，及出於一個教師朋友告誡的話（他指出一個在同一或另一機構的比較執拗的人的下場），有時可能足夠了，也許所有那些對增進一致性是必要的。

萊文博士（Louis Levine）有關禁止出版他的稅制研究的下列陳述清楚地說明了這種程式：

> 埃利奧特校長（Chancellor Elliott）沒有聲稱他們授權給他禁止我私下出版我的專題著作。他與我辯論說不出版我的專題著作對我更好。他告訴我「利害相關者」（The Interests）決定衝擊所有自由的思想，而且如果我出版專題著作，將廣泛地對我進行一次攻擊：州報將不會聽我合理的申訴……我將受審的這個事實將毀了我的職業聲望，而且使我不可能在這個國家的任何地方獲得職位……
>
> 校長自稱他想使我留在大學裏並且他勸我不要去出版我的書以便保護我[18]。

冷漠

對那些打破禁忌的人表現出一種普遍的「社會不滿」（social unpleasantness）是一種爲了求得一致的特殊手段。在某所大學裏，社會學系的成員被勸說躲開他們同事中一個曾調查研究一項被禁止的課題的人。系裏的某個人拒絕遵從這種勸說使他自己的地位受到了威脅。當某人的同事們感到他沒做到與團體的評價（value）保持一致已經使這個機構處於一種困難的境地，並使他們的地位在對抗外來攻擊時缺少安全時，有時這種眞誠的缺乏以

公開的（雖然不是官方的敵視）之形式出現，聯合起來拒絕與其來往的方式，不大可能應用於在他們的同事中享有很高地位的人。自然地，這種使違背者緘口的冷漠的程度很大程度上取決於所涉及的這個人的精神依賴，反映於環境，取決於他對他的科學觀點的熱愛[19]。相應地，一次聯合起來拒絕交往的成功機會受到團體的大小和在教員之外交際關係所提供的機會的影響。

設置障礙

在主要制裁中一種更官方的，也相應更重要的，是屬於設置障礙（Obstructions）的那些行動。在研究方面，這種行動主要以不給資金顯示出來。不過它發生的結果是那些可以得到用於社會研究的資金的機構在全國是最自由的。在這次報告可能的有限調查中，只發現一次企圖拒絕給一個關於超科學申請研究的撥款[20]。由委員會中一個有勢力的成員決定性的行動迅速廢止了這種企圖。這裏基於教條或科學理論上的考慮[21]之約束措施也是存在的，在那些專業的民意最缺乏的領域或學科中，這種不給的機會是最大的。予人或系裏對某些課題研究的壟斷觀念有時對由年輕同事或由在鄰近科目的人員對這些課題進行研究的自由構成了一種威脅。

在公眾討論中有時提到沉重的教學大綱是被設計用來干涉關於禁忌課題研究的一種設置障礙的類型。還沒有發現這種設置障礙的證據，事實的推斷駁斥了它，因為在進行重大研究的大學裏很少發生對研究活動的阻礙，雖然在較小的學院裏是很少做研究工作的，而且教學負擔通常因為其他理由是繁重的。

存在著這樣一些情況，那些傳授「不健全學院」（unsound

doctrine）的課程往往被安排在學生不方便的時間或與某個所有學生必修的課程正好相同的時間裏進行。這種做法的結果當然是爲了達到如下的目的：學生們都免於受到「影響」（infection），而這位教員開始見識到他不是一個學校所寵愛的孩子。

次要的制裁是通過下列措施起作用的，文化或者將學院或大學的正式行政管理機制注入行動之中，以刺激它，或者選擇不那麼正式的「協調」（coordinating）步驟諸如勸告（counseling）、警告（cautioning）、迴避（avoidance）、威脅，及「自我協調」等的作用。

愛國組織

次要制裁的最強有力的形式是由市民、宗教的、商業的和愛國的組織（Patriotic Organization）所開展的運動。這些運動並不罕見。即使一所小教派學院的理事認爲沒有理由驚恐的處境中，這些組織也會產生影響。在被尋求轟動一時的新聞所刺激和刺激尋求轟動一時的新聞的情況下，這些組織試圖（他們是州議員、學校理事，或大學行政機構本身），把對權威的注意力集中於在機構內部疏忽職守的行爲。

效忠運動（儘管絕非僅僅或甚至主要地對準研究活動）只是下述團體諸如「美國革命的女兒」（the Daughters of the American Revolution）、「美國軍團」（the American Legion）、「對外戰爭退伍軍人」（the Veterans of Foreign Wars）和其他愛國組織的鎮壓活動的一個方面[22]。由美國革命之子（the Sons of the American Revolution）對特納（Turner）教授提出的抗議是使鮑曼（Bowman）校長決定解雇他的一個起作用的因素[23]。根據「公共安全委員會」

（戰爭時期的一個愛國學會）的一個提供情報的人提供的「情報」（information），沙珀（William Schaper）教授被明尼蘇達大學（Minnesota）解雇了㉔。韋伯倫（Veblen）的《和平的本質》（*Nature of Peace*）受到了懷斯伍德（Henry A. Wise Wood）的攻擊，「國民準備聯合委員會」主席（the Conference Committee on National Preparedness）伍德聲稱「像韋伯倫這樣的教授必須從學院中驅逐出去」㉕。

其他外來壓力

其他重要的外來干涉（Other Outside Forces）根據，在學生的父母中和校友中及不屬於學校的商人和牧師中也可能發現。匹茲堡的鮑曼校長指責說引起他解雇特納教授的抱怨基本來自父母和牧師們㉖。當密勒（Miller）教授被從俄亥俄州立大學（Ohio）解雇時，父母和其他人一再的抱怨被提出來作為這個行動的理由之一。「從他剛到這裏第一年開始，就收到來自他班上學生的父母和其他人有關他講授班級之間關係和家庭之間關係內容的抱怨。」㉗

1935 年伊利諾（Illinois）州立法機關對芝加哥大學的調查是由一個知名的當地商人和赫斯特出版社（Hearst press）的熱心促成的。感到他們的存在在大學裏正受到懷疑的商人們，和對社會發展和社會組織的自然主義的分析開始變得焦慮的牧師們，尤其是原教條主義者，是其中對在加強傳統的社會觀念方面的任何疏忽最易生氣的人。他們迅速地讓他們的擔憂引起學校當局的注意，並繼續保持一種外界的焦慮。那些在他們的學生時代被引入超然科學觀的、依然有缺陷的校友們，被包括在那些不時要求教

師們和社會科學方面的調查者保持沉默的人的名單裏。最大的美國大學之一的商人校友們對教給大學生的經濟學是如此的不安，以致於他們組織了一個委員會以撰寫一本用於那裏大學教育的教科書。可是，那個大學的經濟系仍然克制著自己。

至於校友們易於對坐落在大城市中的學校（因而大部分校友畢業與學校很接近）的背離傾向更敏感，還是對較小「大學城」中心的學校（他們通常與學校離得更遠了，但常常通過首屬團體的紐帶與其保持著聯繫）的背離傾向更易做出反應，我們還沒有任何的證據。

VIII

在學院和大學之外發起的制裁運動是因它們的成功程度的不同而不同的。偶爾某些運動能夠導致解雇；某些運動有助於立法機關或行政機關處理調查教員教學內容的決定。1935 年沃爾格林－赫斯林（Walgreen-Hearst）伊利諾立法機構對芝加哥大學的調查是屬這種性質的，在這種特殊的場合大學的校長和某些教授做了非常明確的陳述，為他們的教學習慣辯護，並有力地否定了對他們的指控。大學被免罪了，但有兩個教授遭到指責。這裏有深遠意義的是校長和大學的行政機構保護它的教師成員的行動。與這種情況形成對照的是在密蘇里大學的情況，那裏校長和行政機構都沒有試圖保護受到新聞界和市民團體攻擊的幾位教師成員。

在反應方面類似的區別在處理來自個人的抱怨中也可以找到，在有些學校裏，因為他們的面子觀念，它們被採納了並被學校當局作為指責，甚至採取更廣泛的行動的根據。在新英格蘭

（New England）一所小學院城中學校理事會的成員收到一封匿名信，指控經濟學講師中有幾個人是有激進主義思想。理事會的一位成員把信送給校長，建議使廳政府的人保持沉默或從教師隊伍中開除出去。校長勸告這個教員今後避免這種言論。在另外一個學校，來自校外的控告立即成為行動的根據，甚至沒有充分的聽訴受譴責的教師成員的申訴，或對控告的可靠性做任何嚴肅的審查。

與上述相對照，在某些學校，來自外界的控告都受到仔細的審查[28]，而且，當被認為值得答覆時，都引起被控告的人的注意，然後那人有機會為他自己辯白。在其他例子中，系主任自己準備一份聲明以對付指控。在回答大學校長為了了解放在他辦公桌上的投訴有關的情況所寫的信的摘要中，該系主任為其年輕的同事做了辯護，這是一椿極其出色的陳述例子：

> 你說：「有時一個教員由於他的思想非常散漫、說話非常不負責任，有時甚至不道德而應受到批評。」當然，所有這些措辭是相對的，而由於缺乏明確的指控，與準確地引證那個教員的話，所有這些話只能作為不負責任的公民的「隨口亂衝」（loose talk）而放在一邊，沒有一個思想周密、不抱偏見的公民會做出這種含糊其辭的指控，因為他知道或應該知道如果缺乏具體的證據，它們可能既是不公正的又是不能夠被證實的。
>
> 我非常希望當你收到任何有關經濟系的教員、或有關課堂上所教的或所講的內容的指控時，你會把指控交給院長或直接給我……如果他們知道他們必須直接向院長和有關的系主任證明他們的批評是正確的，在某種程度這也許

可以阻攔不負責任的和不學無術的控告。在大多數情況下，
我相信，與控告者一次機智的討論會議將有助於他看到沒
有教員是完美的，許多事情必然不得不在教室裏討論，而
許多他表達的觀點從他自身觀點來說他不會贊同，他不可
能在所有社會科學方面受教育，除非教師和學生（及學生
的父母）都是寬容的和「通情達理的」（reasonable），在
社會科學方面我們不是在「身教」（teaching），只是在諄
諄教誨任何具體的學說，只是試圖讓學生獨立思考，並盡
我們所能給他客觀的、無偏見的材料使他思考，而我們的
基本目標是給學生機會去發揮他自己的價值觀念。

　　在教室中得體和「外界」（outside）抱怨這個或那個教
員在他的教學中是「激進的」（radical）這整個問題令人悲
哀的部分，是絕大部分學院和大學學生出自其中的中產階
級公眾中竟然幾乎沒有人對什麼是學院或大學的目的有一
個明智的概念[29]。

　引起敏感的因素（Factors Affecting Sensitivity）就所有這種非
官方的個人或市民團體的行動而言，他們影響的強度似乎在很大
程度上主要依賴於他們自己與學校行政官員之間交往的密切程
度。在大學或學院當局與那些關心教學和研究內容或問題的人之
間，密切的個人了解易於提高指控的力量。位於州政府的市立學
院和州立大學中這尤其可能成為事實，在那裏行政機關和那些控
制它理念的人之間的高頻率私人接觸造成對指控的高度敏感。

　　一個有助於決定某個特定的控告是否會受到注意的更深層因
素是原告的地位和那個受到控告機構的地位。因此，來自一個對
社區經濟生活舉足輕重的領導人的控告可能會進行調查，而來自

一個個體小商人的控告則會不予理睬。相應地，雖然對某個較小的、不太富裕的機構提出控告可能會找到恭敬的聽眾，但來自同樣地位的人的控告，碰到一個比較富有的機構，很有可能被忽略，至多加上一句有禮貌的謝謝。

在那麼多可以應用的制裁方法中，學校的理事是重要的，因此值得把他們從其他代理人中挑選出來加以特別的關注。首先他們在機構中是唯一的權威，他們主要的職業活動是非學術性的，由於他們的經濟地位，在學院或大學的理事會中，他們也可能被看作是統治階層的代理人。此外，如我們已經看到的，他們不僅僅是統治階層的代理人，而且也是將各種主張從更廣大的社會中的各種影響中心傳到學校本身的行政機構中的延長的渠道。

然而儘管存在著廣泛的階級同質性，在學校的理事之中，在觀念上卻存在著極大的變異，這些變異很可能是教育經歷、家庭傳統和都市化的作用。較大的、富有的和更顯赫的學校從高層次的財富集團中及從與財富集團聯繫密切的職業部門中吸收他們的理事。在財富和威望方面次一級的學校從更多地依賴於當地商業領袖中在富有階級內等級較低的外圍人物中吸收他們的理事。

在第一次獲得一筆相當大的財產和作為一名理事之間間隔的時間愈長，對知識份子的價值抱寬容和同情的觀念的可能性就愈大。那些擁有流傳了好幾代家庭財富的理事的學校，較少可能有來自於理事會的限制措施。一個國家在這種理事越難得到的地方，這種干涉的機會也相應地越大㉚。

但是不管理事們自己的特性如何，作為科學和學術成就的中心及作為對知識多樣化寬容的中心，學校自己的傳統在抑制理事的行動方面是頭等重要的。

IX

　　由外界控告引起的抑制行動值得注意的另一方面是大學行政官員在提高資金運動中，過分敏感地感到潛在的捐贈人可能由於教師成員中不合正統的教學而可能產生的疏遠，這對大學校長來說一直是擔憂的根源，而在資金緊縮的時期，這種恐懼和隨之而來遵從想像的要求的傾向尤其強烈。這裏不管可能強加的是什麼樣的制裁，不一定是知識或學科不容異說本身的結果，而是一種對機構財政福利的憂慮的結果。

　　憂慮本身也不是不可避免的，因爲在有些情況下，至少在行政官員表明他自己對環境的偏執時看來是可能的。

　　　　堅持教育機構富有的贊助人把他們的饋贈放在服務環境上是不必要的。這種情況是很少有的是個明顯的事實。更普遍地是教員和管理部門擔心坦白的意見會減少饋贈的收入，而這種收入的減少確定損害了教學的自由[31]。

　　一個具有多年作爲一個基金積聚人經驗的著名美國教育家說道，根據他的觀點，許多大數額的捐款人，如果知道行政官員爲了要保證他們自己得到捐款人的賜與而採取的限制性措施，是不會高興的。一所學校愈富，相應地它對任何單個的捐款人的依賴愈少，假定要求屈從的預期程度會愈低。由此，自由的可能性大大提高了。

X

　　管束不只是通過懲罰那些已經背離正統的人加以維繫的。而且通過自我恐嚇或*自我協調*，即我們或多或少審慎地放棄不傳授那些被禁止的或認爲應當禁止的學科的一切意圖㉜，對那些還未背離正統的人進行管束。

　　例如，像在同一個大學或在另一個大學中解雇一個同事或一個州立法機構調查一個同事的決定性行動，常常導致那些在危險較少的情況下可能提出他的實際所持觀點的人的遵奉。此外，有許多使人們感到對某些主題點的處理「低調」（soft pedal）是必要的例子。在那些對公共問題有一種既有力又清楚地加以系統闡述的學生觀點的學校，可能存在一種傾向，即講師們不想爲了適應流行的觀點，這樣做有時不是出於其他考慮，而是出於受學生們的歡迎而面臨反對一個講師可能發現他自己正在發表他以前沒有的觀點。在較小的學校和都市化程度較低的社區中這是尤爲眞實，在那裏，一次不謹愼的或被曲解的陳述可能引起令人厭惡的流言蜚語，並最終可能導致制裁。不斷迴避潛在地令人困窘的問題使自我約束變得比較容易忍受。在一段時間之後必須抑制的觀點和興趣都失去了，而爲師們開始把他的處境看作完全擺脫了束縛。

　　這裏沒有跡象表明自我協調在研究領域方面也是廣泛的，因爲那些既大又富足以爲研究提供時間和金錢的機構同樣可能很有經驗地不去干涉他們的教員所從事的研究。申請財政資助的人爲了使一筆撥款更有可能獲得，偶爾會自我調節一下興趣。博士學

位候選人同樣在選擇研究課題時會進行自我調節，儘管就各種自我協調進行的程度而言，我們同樣不能獲得任何證據。通常與教員相比，在研究生中間存在著更廣泛的政治觀點，因而學生們感到尋找一個可能得到教員贊同的論文題目是必要的，因為顯而易見他們的學術生涯常常得依賴於教員們。

XI

現在我們對限制教學和研究之自由可能產生的後果做一番簡單的考察。就它們對教學的影響而言，各種約束顯然限制了學生可能得到的知識的範圍和可能解釋的範圍，而且一個人是否相信大學或學院的職責是培養「完整的人」（whole men）、公民、專業技術人員，或人文學者，這不能被認為是一種嚴重的不足。當學生作為一個研究生在較大的和更著名的機構中繼續深造時，這種限制在某種程度上被取消了。

在研究方面，對自由的限制似乎沒有發揮任何非常重大的作用，因為大研究中心從總體上來說是相當自由。但是阻止教師們在教室裏論述「危險的」題目的制裁，通過集中學生和未來研究工作者的注意力，並用這樣的方式引導他的興趣，即當他開始他的研究職業時，他將由於「訓練不全」（trained incapacity）略過要求調查研究的重要問題，如果他這樣選擇他將會相當自由地工作，把它們的約束力延伸到研究領域。可以不正確地這樣說，即許多美國社會科學家的相當大的偏見不是因為任何嚴格的限制或擔心可能的制裁的結果，而是因為他們（比較低級的機構中）是從這樣一些教員身上接受了狹隘的大學生訓練的，而這些教師本

身是在一個即便最大的美國大學也被認為這沒有今天自由的時期受教育的[33]。

對大學教師本人的自由限制程度決定了問題的選擇，又決定了社會科學的發展，這是憂慮的原因。人們不必持有這樣的觀點，即社會科學應當根據某些科學進步的內在模式發展，以便正確評價一種問題的選擇（這種選擇在某種意義上由那些在討論的領域中他們的沒有資格的人支配的），可能會多麼有害。這不應該被理解為意指社會科學不應研究根據在學術職業之外的人們建議的「實際」（practical）問題。完全相反，因為某些最重要的社會科學方面的思想是在試圖了解某些實際問題時產生的。而且，一種忽視有爭議的或「實際」問題的社會科學，會陷入一種缺乏獨創性的拜占庭主義和淺薄的危險之中。然而，應該認識到，這種類型的發展過程與由一種限制性命令所決定的發展過程是完全不同的，它會故意地留下一些未經耕作的地區，不是由於他們沒有知識的興趣，而是由於他們有太多的「實際」興趣。

XII

可以預料，某些政治上和社會上不受歡迎的研究和教學類型的外行貶低者會通過堅持所討論的調查者，尤其是教師是「不夠格的」來達到引起對它們壓制之企圖。當然，非專業人員試圖評定專業人員的能力在大多數情況下是專橫的，而大多數成熟的學者會以一種普遍的形式欣然承認這種評定。可是，有許多具體的例子，在這些例子中為了對某些來自外界的攻擊做出反應放棄了在社會科學職業內判斷的自主性。在這種時候，人們往往太容易

忘記知識份子和教師的能力應該是允許進入或排除出學術界的唯一標準，太容易傾向對科學問題的非學術判斷持冷漠的態度或過分遵從的態度。可是，只有到每個認眞負責的科學家本身成功地把他對一個同事的科學能力的判斷，與他是否贊同他的政治、經濟和道德觀念區分開來時，才能維護社會科會的知識份子誠實，這種在職業內部（對於一個人的同事和對於這個人自身）的誠實是用來保護社會科學免於來自外界團體（行政的、政府的和私人的）可能尋求強加於他們自由之上的任何限制的基石。

註 釋

應當記住的是，本文寫於第二次世界大戰之前。在那個時期，與社會科學（包括經濟學）打交道在大學或整個美國社會（它們以後才逐漸接受了社會科學）並沒有享有什麼聲望。關涉現存事物秩序神聖性的專橫的校長、好干涉的基督教會的或世俗的管理機構、乳臭未乾的正統觀念，以及極其機敏的商人較老的美國傳統聯合起來將學術界的社會科學家置於一個弱小的地位。

①應當注意到植根於具有高度情感色彩的態度和「最終」準則（如有關性和等級問題）中的反對意見也許可以用非常實用的詞語加以表達和證明其為合理。然而，我們認為這些東西是教學主義的，而不是實用主義的阻礙教學和研究的例子。當然，這並不排除這樣的認識，即這些反對有時有一種額外的實用動機。

②在二〇年代，公用事業機構為將它們的策略從保護大學當局（一旦做出令人不愉快的聲明）轉向更具侵略性的防禦型行動。全國電子燈光協會（the National Electric Light Association）發出了徵求教科書的通知，這些教科書能夠提供他們希望讓學生們感到的那些「事實」。威斯康辛大學的格萊澤（M. G. Glaeser）教授向「全國電子燈光協會遞交了一本教科書，這本書提出了廣泛的修改意見。格萊澤聲明道，他在收到公用事業公司的批評後，對某些「論點」做出『修正和變動』，但僅僅涉及到那些被認為是有效的修改。他否認自己把手轉交給了全國電子燈光協會，而且譴責伊利（Ely）或麥克米蘭（Macmillan）教授這樣做。比爾（H. K. Beale）：《美國教師是自由的嗎？》（*Are American Teachers Free?*），第 556、562-563

頁；並參見傑克・萊文（Jack Levin）：《權力倫理學》（*Power Ethics*）（紐約，1931 年），第 81-86 頁。

③美國大學教授協會（American Association of University Professors）：《簡報》（*Bulletin*），第九卷（1919）；《新西北》（*New Northwest*），1919 年 3 月 14 日。並參見萊文（Louis Levine）：《蒙大拿礦山稅收》（*Taxation of Mines in Montana*）（紐約，1919）。

④《美國教師是自由的嗎？》第 518 頁。

⑤《紐約夜生活》（*New York Evening World*），1929 年 4 月 25 日。

⑥美國大學教授協會：《簡報》，第六卷（1930），第 143 頁及其後諸頁。

⑦寫給米爾納（L. B. Milner）的信，1933 年 3 月 28 日。

⑧《哲學、心理學和科學方法》雜誌（*Journal of Philosophy, Psychology and Scientific Method*），第二卷，第 3 號（1914, 1, 29），第 76-77 頁。

⑨同上，第 77 頁。

⑩同上，第 75-76 頁。

⑪俄亥俄威斯利大學（Ohio Wesleyan University，一個比較自由的教派學校）的校長索珀（E. D. Soper）曾這樣說，這樣一個學校的教員「應當是個基督徒，這是就這個詞所傳遞的最基本的意義而言的。……一個基督徒是一個具有高度虔敬精神的人，他的神是位於宇宙中心的一種個人創造轉神，是一個可以通過祈禱與個別存在物產生有意義接觸的神。他是一個理解耶穌基督之意義，並在其身上及其生活方式上參見社會正義之希望和個人解放之保證的人」。《學校和社會》（*Schools and Society*），第三十卷（1929, 10, 19），第 525 頁。當某個教員不能接受這些觀點，索珀校長認爲他

應當離開這個學校。

⑫美國公民自由聯合會（American Civil Liberty Union）檔案函件。

⑬羅斯（E. A. Ross）：《它的七十年》（*Seventy Years of It*）（紐約，1936），第 86 頁。

⑭美國大學教授協會，《簡報》第二十一卷（1935），第 256 頁。

⑮有時這些任命通知帶給他們一種不祥的附言，這些附言實際上是一種相當模糊的措辭，傳遞給收信人這樣一個信息，在他目前的任命期滿後，他有可能不再被任命。有證據表明大部分教授在他的每年慣常的續聘信中發現了這種令人不安的附言。許多教授證明道，這些附言的措辭通常是非常模稜兩可的，因而不可能解釋它的真正含義。

「在C教授的例子中，C教授定期得到任命和晉升。……然後有一年他收到了帶有下述附言的續聘合約：『此外，鑑於出勤人數有可能減少，削減教員人數也許是絕對必要的。所以校方希望現在就讓你知道，在這次聘任滿期後，你可能不再被續聘。』」同上，第257-258 頁。

⑯應該注意到，這種可能性在某種程度上因下述事實而降低了，即主要的研究生培訓中心也就是主要的研究中心，一般它們都具有高度寬容性，全國各地都是如此，因而，研究人員的選擇是由那些中立判斷能力超乎常人之上的人做出的。

⑰「有那麼一個差不多可將之於學術自由名下的更為重要的問題。它涉及到這樣的事實，即儘管一個受到良好保護的人，但一旦他在第一流的大學中獲得了永久職位，那些言論出格的人就會在保持這種職位方面受到阻礙，而這一點也許是很容易成為事實的。如果大學教學總體上偏向保守主義——我並不同意事實就是如此——那麼這是由於選擇而不是清除的方式在起作用。」摘自已故教授阿林‧

A·揚（Allyn A. Young）寫給鮑德溫（Roger T. Baldwin）的信，1924 年 4 月 25 日。並參見福斯特（Norman Foerster）：《美國州立大學》（*The American State University*）（查普爾山，1937），第 166-167 頁。

⑱《新西北》（*New Northwest*），1919 年 3 月 14 日。

⑲在第一次世界大戰中被明尼蘇達大學（the University of Minnesota）開除的一位教授對恐嚇的手段做了如下概括：「通常對一個教授的恫嚇是遮遮掩掩、含含糊糊的，以致他幾乎不知道錯在哪裏。在適當的時候扔出來的某句富有意味的話，某種不能含在社會事務中的冷漠態度，拖延應該增加的工資，對其他人表示極大的興趣，還有其他許多微妙的暗示（如他的觀點不對某些方面的喜歡）足以通過他們所供養的妻子和孩子來控制許多人。例如在我之前曾有二十來個人被叫到了董事的面前。……他們中一些人告訴我，他們不得不欺騙妻兒否則就會使他們挨餓，他們選擇了一條比較容易的道路。」辛克萊（Upton Sinclair）：《正步·走》（*Goosestep*）（帕沙普納，1923）第 214-215 頁。

⑳討論中的這位申請者爲了好幾篇權威性的研究論文，其結論也許可視爲有助於對經濟組織盛行的制度提出不利的判斷。

㉑不給「危險」課題研究經費的範圍之確定需要對向研究委員會申請資助的各種決定進行分析。而在這份報告中如此詳盡的調查研究是不可能的。

㉒參見《對教學上的言論自由的壓制》（*The Gag on Teaching*）〔第二版（修正版），紐約：美國公民自由聯合會，1937, 5），第 22-26 頁；《蕭條、復甦和高等教育》（*Depression, Recovery and Higher Education*）（紐約，1937），第 445-446 頁。

㉓美國大學教授協會，《簡報》，1935 年，第 228 頁。

㉔明尼蘇達州州長埃爾默・班森（Elmer Benson）寫給劉易斯・洛曼（Lewis Lohman）先生的信。

㉕《紐約論壇》（*New York Tribune*），1918 年 2 月 25 日。

㉖美國大學教授協會，《簡報》，1935 年，第 233 頁。

㉗摘自賴特邁爾（Rightmire）校長載於《哥倫布晚電》（*Columbus Evening Dispatch*）上的聲明，1931 年 5 月 27 日。

㉘某個大型大學的校長就校外的謠傳和批評這樣寫道：「當我過去力圖蒐集來自個人的眞實證據，投訴者突然消失了，沒有人給予我任何他願意支持的明確的陳述。表面上校外傳言紛紛，但很少提出什麼明確的東西。」〈大學中的經濟學和社會學〉（"Economics and Sociology in the University"）《學校與社會》（*School and Society*），第四十二卷，第 1096 號（1935, 12, 28），第 893 頁。

㉙同上，第 893-895 頁。校方對來自外部的壓力的屈從也許在那些聘任、升除和其他學校政策問題以及行政管理權集中在校長或院長身上的學校中比較明顯，而在那些權力高度分散於各個系的學校中則不那麼明顯。

㉚沒有任何證據表明，自已故的校長艾略特（Charles W. Eliot）寫下下面這段話以來有了多大的改進。艾略特這樣寫道：「在我國新的地區，當然不可能立即發現人們眞的準備推卸教育託管人的艱難責任；這需要花費幾代人的工夫來把這方面的社群，提高到較高的州和市的水平。」C. W. 艾略特：《學術自由》（*American Freedom*）（綺色佳，1908），第 7 頁。

㉛布朗（Elmer C. Brown）：〈學術自由〉（Academic Freedom），《教育評論》（*Educational Review*），1900 年，第 230 頁。

㉜當然，在這種事例中有必要在對以知識份子的信念爲基礎的理性準則的遵從和出於事業考慮之外的遵從（或自我協調）之間劃一條清

晰的界線。只有後者是我們這裏所要考慮的。

㉝這些話並不自命為對今天在美國社會科學中所通行的研究課題的選擇範圍提供了一種完整的解釋。

第三部

低度開發國家中的知識份子

16.新興國家中的現代
知識社群

I

　　時至現代，一個社會至少需要有一個在其國境內能充分行使司法權的合理政府。現代社會要求對經濟事務具備一種合乎理性的觀點，並且需要合理組織它的經濟活動。現代社會要求具備一種相對合理的法律制度以及公共政治行為的慣例。現代社會要求政府關心的不僅僅是如何應付戰爭、維持社會秩序和防止褻瀆神聖。一個現代政府應當建立教育體系，擔負起發展交通和運輸的責任，並且努力促進經濟增長。現代國家制定各種需要實施的政策，而不僅僅是一些需要強制執行的決定。

　　這些都是最低限度的要求。它們並不是向廣大民眾提出的要求，其對象僅僅是主要的社會結構子系統──經濟子系統和政治子系統──的精英份子。每一個子系統都需要有一批勝任本系統任務的精英人物。合理的行政管理需要高級公務員、律師、法官、科學家和技術員。合理的經濟系統需要企業家、經理、經濟學家、會計師、化工師、農學家和律師，並且還需要流通和銷售

方面的專家。公眾的政治生活需要政治家、黨派要人、社論撰寫
人和記者、教授和社會研究者、無線電工程師和節目製作人。沒
有現代的知識系統，這些職業既得不到人員配備，也不可能開展
活動。我這裏所說的知識系統並不意謂是一種思想體系，而是指
個人在其中得到訓練或扮演其知識角色的一整套的知識制度。

在任何一個達到這種現代化程度的國家裏，精英份子不論他
們的主觀意願如何，必然具備和想望現代的知識系統。事實確是
如此，他們或許希望利用某些知識機構來發揚光大他們的傳統文
化，不過此種意圖並不是精英份子想要施展其抱負的唯一緣由。
精英份子對現代化知識系統的想望，部分地來源於這樣一個事
實，即他們在一定程度上已經掌握了他們不願看到其會被連根拔
除的現代文化；此種想望也來源於被新興國家的精英份子共同接
受的信念，即認爲現代文化，特別是現代文化的知識制度，從技
術上或者功能上對政治和經濟的現代化是必需的。此種想望最終
也將來源於這樣一種信念，即現代知識活動的機構體系中，各種
組成部分——大學、科學研究機構、學會、文學出版物、圖書
館，以及由這些機構出產的文化品——對一個主權國家來說是完
全必要的，如同一個軍隊必須配置新式武器、航空部隊和軍旗一
樣。它們是象徵集叢的構成部分。在當今世界，一個國家爲了贏
得它的締造者和管理者的尊敬，或者如他們想望的那樣，要贏得
外部世界的尊重，就必須具備這樣的象徵。當然，在不同的精英
人物之中，對現代知識系統的想望強度與方向是不盡相同的。知
識份子在實踐和思想上都有興趣來擴展這些已經存在的系統組成
部分。而職業政治家的興趣也許更多地在於實用的、技術的和國
家的方面。但人們一致認爲，多種多樣的知識機構是必需的。

堅持必須具有此種知識系統的人是完全正確的。社會需要許

許多多經過精細複雜的教育過程而學有所長的人。完成現代化任務必須具備的技術知識，確實需要經過初步的系統規劃。顯然，科學家和技術人員在開始從事他們的學科之前，必定先要掌握這門學科的基本知識。克盡職守的會計師、農學家、律師和經濟學家幾乎不可能只學習粗略通曉其工作所需要的那點知識。在現代化社會或正在進行現代化過程的社會，高等教育體系必須為初步形成此類技能做好準備。因而也必須要有一批生產和傳授此類專業技術知識與技能的人。這樣一批人儘管各自從事的知識文化事業有本質的差別，但是都發揮著類似的功能。國家的行政管理和公共協商必須先具備與之相適應的教育，而教育不可缺少這樣的人才。初等和中學程度的教育需要教師、督學和教科書，而教育制度至少必須有這些基本保證。

除了這些初步形成技能、培養情操和訓練判斷力的教育機構之外，還存在使這些東西真正得以運用的機構。它們是科學與技術研究機構、經濟和社會研究所、政府的科學服務部門、科學諮詢委員會、專業學會、大學和其他高等學府、博物館和圖書館、大眾傳播工具（如無線廣播、報紙、期刊）、圖書的出版與發行、各種討論會、俱樂部和展覽會……等等。我們可以從比較大的組織到自然形成的非正式群體，開列出一張機構表，現實的文化工作不論是原生性的還是複製性，都是通過或者就在這些組織與集體中進行的。

當我們從文化系統的中心機構移向邊緣機構時，可以明顯看到，社會的知識文化不僅僅是由人們在其中受培訓和從事知識工作的大學與研究機構組成的。還有一點也比較清楚，處於系統邊緣的機構同靠近中心的機構一樣，都是整體的組成部分。沒有邊緣亦不存在中心。換句話說，這裏必定存在使中心教育機構造就

成的技能、情操和諸般能力得以運用的各種人才和機構。同樣，
這裏也必定存在（雖然，相對而言是屬次要的）作爲中心教育機
構發揮作用的必備條件的人與機構。圖書館、出版企業、書店、
各種學會與期刊等必須存在，將知識的生產和傳授同知識的實際
運用聯繫起來的機構亦屬必要。否則，社會智力生活系統將是不
完整的，而且系統和整個社會生活對完善性固有的需要將有助於
外國機構來對其進行補充。如此一來，中心教育機構結果不是萎
縮就是衰亡。

　　社會的知識生活系統必須具備它自己的文化。我這裏所指的
不僅僅是有特定主題的、能夠加以明確說明的文化，即由各種書
籍和各門學科的知識與各類藝術實踐構成的文化。我說的文化是
指支撐與滲入至特定文化的文化層面。這個層面屬於較籠統的傾
向範圍和更深層的範疇，它更是一個關於判斷標準的問題，以及
關於區別本質與非本質的難以言傳的準則問題。在它的底部隱藏
著推動知識活動的動因，其中首先是好奇心，想要學會某種新東
西的願望，以及作爲一個感知和體驗的個體對自己的能力與正確
性所擁有的自信心。在這裏我們也願意在任何具體的層次上對現
實做一番思考，並且也打算超出任何特別的具體程度，做更深入
或更概括的理解。對知識份子樂觀性格的感受，感到自己同其他
一些具有類似好奇心的人有關係，甚至覺得自己與這些人（無論
國內的還是國外的）在自己的活動領域裏是休戚相關的，這些也
都是我們予以思考和理解的問題。

　　許多新興國家在建立知識生活的中心機構方面，已取得不同
程度的進步。在前殖民地國家，以及從未被殖民侵略過的國家，
有數量眾多的大學和學院。有些創立於獨立以前，有些則是在獨
立後才出現的，或者是在那時重建的。除了這些教育機構之外，

新興國家的一些知識制度幾乎均不符合現代知識系統的各種需要。博物館、圖書館、出版機構、期刊和報紙是如此之少，以致於知識份子幾乎沒有機會通過他們的出版物，或者通過面對面的接觸和自己相同或相鄰領域的同行們交往。新興國家的知識制度的問題與其說在於它們與所處的（被眾人普遍抱怨的）社會相脫節，倒不如說社會內外的同行之間以及志趣相投者之間的隔離。大多數新興國家在大學、高級行政機構和新聞廣播行業之外缺少一個知識大眾，因而那幾類人勢單力薄，不能提供充分的區別與變化。幾乎不存在多樣化的知識環境產生的激勵作用。此外，知識傳播的網絡尚未充分發展，以致於本來就微小的產出竟沒有可以傳輸的內部通道。無論通過競爭還是借助於相互了解，可以促進和加強恪守各種準則的人實在太少，因此不能發揮有效的作用。地方上創作與出版的東西太少，加之缺乏社會的知識環境，結果導致知識活動要麼是雜亂和疲軟，要麼就是無可奈何地繼續依賴於大都市的知識生活。總之，對大都市的依賴性是非常明顯的，因為在許多活動領域，都市社會現在仍然具有高水平的創造力。高等學府的制度模式相同，大都市的模式也相同，都市與外省之間的聯繫途徑，以及地方大學中有許多從都市移居到那裏的人，所有這些都使人們轉而注重大都市連續不斷推出的知識產品。此外，應當加以強調的是，沒有任何一個國家在其知識生活方面能夠做到完全自給自足；想望自給自足無疑是一種智力的自我扼殺。然而，在新興國家中，知識生活的組織化程度及其內在結構朝著廣泛依賴大都市這一方向發展。為了擺脫這種傾向進行過不少的努力，如非洲的迦納就是這樣，但是這些努力產生的結果僅僅是引發產生其他一些佔支配地位的大都市中心區。這種密切的關係形成不了一種動力，來推進地區發揮高質量的作用。

　　我不同意有人說我的上述一番話只適用於知識結構的問題，說它們與政治的現代化進程沒有太多關係。我也不贊成這樣的觀點，一個追求現代化目標的社會所需要的無非是一大批優秀的公務員、工程師和技術人員，剩下的人只是配角；有了大學、學院和高等技術學校便已足夠，餘下的不過是博學之士的要求。我認為，創造性的知識階層不是一個可有可無的組成部分，任何社會都不可能在這個階層形成之前就具備了現代的性質。社會的建立本身就依靠同行使主權的範圍有關係的一個國家的規模，這樣建立的社會需要有一種民族認同感，其關注的焦點至少部分地集中於同這個社會的過去、現在和未來有關的文化活動上面。存在著從過去時代繼承而來的文化遺產，無論是有形的遺物還是傳統的承襲，總之對它們的存在需要做出闡釋。而對它們的解釋亦要求解釋。在對文化遺產做出解釋時，肯定會提出普遍適用的方法，也肯定會出現不顧及此題目的狹隘的地方主義觀念。繼承來的文化本身既不足以充當一現代社會的文化補足物，又不會產生現代性所需要的自我尊重。扶助民間藝術，培養傳統醫學，這些都不可能使新興國家的精英份子感到滿足，他們從傳統主義者的立場出發，希望自己出現在正式場合。在文學和藝術創作中，在科學探索、社會科學與歷史的研究中，以及在文學、語言、藝術的研究中，特別是在現代的各種流派中，必定存在著創造性。自我發現（Self-discovery）從大範圍來說是形成超越地方性社會，或者說形成一個全國性社會的必要組成部分。爲此目的，人文研究與社會研究實屬必要。自我發現必定是這樣的，即在自我發現中，那些杜撰的和神秘的成分會受到平心靜氣的對待，並且得到同情。要不然這些成分會受明智人士的鄙視，甚至受到以此來蠱惑人心者的鄙視。現代的研究技術是達到這個目的所必需的手段。

　　現代文化成就對創立現代社會象徵體系的價值僅僅是這些。倘若大學和學院的現行標準是鬆垮馬虎的，而且按照這種一般的標準來衡量尚執行得不好，那麼大學畢業生的質量將達不到要求。這樣一來，科學家、工程師、技術人員和公務員是現代化的動力，將只能是一句有名無實的空話，他們這些人的作用很快會衰退；而且較之農業更有效率、商業過程更有秩序和公共管理與私人管理更具信任度的那些國家裏的同類，他們的道德與經濟競爭力將變得低下。新聞記者將達不到職業所要求的知識標準，搞政治的由於不能很好地得到知識與情報則將變得素質低下，他們的判斷將與現實脫節（當然，知識與現實主義對成功的政治家來說並不是唯一的必要條件）。

　　除了偏愛由種族、地域、黨派或激情指出的那些東西，對任何判斷標準都會加以喜愛的政治民眾，他們沒有能力根據某些政策的長處，無論從眼前利益出發或爲了遙遠的將來，來贊成政治判斷。這樣的人無益於一個現代社會的政治文化。從這個詞的最壞的意義上講，他們的文化是一種政治文化。政治的發展要求有政治上的限度。過度的政治化是政治發展的一種倒錯形式。教育開展得不好，以及人們對自己獨特的社會地位要麼洋洋得意要麼忿忿不平，這些都是引發連續不斷的政治動亂的原因。沒有哪一個社會群體會比具有政治色彩的大學生（有時包括中學生）更容易明確顯示自己的政治傾向。這些年輕人的過度激奮雖然有些時候對推翻專制暴政是有價值的，但這種通常是在政治過程中和爲了政治目的表現出來的過度激奮，無益於形成一種富有實效的觀點，也無助於培育出一種具有成長能力的政治文化。過度政治化的政治文化導致知識機構道德敗壞，並注定使它們變得平庸。

II

　　印度是一個恰當的例子。在亞洲或非洲，沒有一個新興國家像印度那樣，在高等教育及知識活動的內部組織機構方面做得那麼好。沒有其他的新興國家具有如此能力，可以用自己的學者和知識份子爲它的許多機構配備專業人員。也沒有其他的新興國家在沒有國外移居者幫助的情況下，能取得如此巨大的進步。其他的新興國家幾乎沒有一個能做到使大學生的數量滿足國家的需要，也沒有一個產生出如此之多的具有傑出的知識成就的人。

　　印度社會的現代部分是一種強有力的結構，給人以深刻的印象。這一結構的很大部分是由印度的知識階級創造的，或者說它能夠延續不斷的存在下去應歸功於這個階級的作用。如果說印度社會的傳統部分像廣闊無際且深不知底的大海，那麼它的現代部分就像穩固的沿海文明，深受周遭的海洋環境的影響，但以它的豐饒與分佈的程度而言某種程度上還是能夠做到自給自足。

　　非洲和中東的一些國家，是在現代知識系統薄弱或不存在此系統的情況下獲得了獨立。同它們相比較，印度至少在數量方面已經擁有了精巧的知識機構系統。在印度，一百多年以前就有了大學，而各種學院的歷史則更加悠久。在二十世紀，確切地說，在獨立以前，印度就擁有許多學會、自然科學和社會科學的研究機構，有大量優秀的學術圖書館，期刊的數量迅速增長，建立了嚴肅的英文新聞出版業，有些科學家和學者享譽全世界，曾有兩人獲得過諾貝爾獎。

　　雖然懷有美好願望的人和批評者們爲印度的事態而感憂慮，

但是印度自獨立以來在智力系統範圍內並沒有停滯不前。從公正、自由和社團精神方面來看，印度的新聞業是非常優秀的，儘管記者的獵奇心與進取心還不太充足。由於讀者群小和私人廣告不多而造成的資源不足，新聞業便有了結構性的欠缺。相當多的出版社用英語和印度語出版書籍，而有些用印度的語言出版的書籍也具有比較高的質量。印度有許多備貨非常充足的書店，在這方面超過黑非洲和中東的那些新獨立的國家。

　　印度的各類大學處於智力系統的中心。大學的數量現已超出五十所，有一百多萬名學生和三萬多名教師在其中學習和工作。在印度大約有三十所政府開辦的科學與技術研究實驗室，還有大量私立的自然科學與社會科學研究機構，這些機構出版大量的科學與學術刊物。在英國和美國的主要大學裏到處可見從印度來這裏做研究的學生，他們中的許多人努力工作並取得突出的成績。越來越多的印度科學家在國外謀得職位，在國外大學做教師和研究人員。在國外學習的印度研究生所以無限期的推遲返回家園，是因爲他們能夠被國外的研究機構和工業組織任用。即使用最高的標準來衡量這些人，多數也算得上是佼佼者，而他們都是在印度完成他們的大學學業的。

　　儘管取得了這些成就，但印度的知識系統還是遭到了嚴厲的批評。許多人共同指責的是，這個系統與印度脫離了聯繫，它從大不列顛繼承過來的大學制度不適應印度的需要。有些失誤被說成是有害於印度；甚至把公衆的騷亂歸罪於這樣的大學制度，因爲印度的大學生參加了騷亂。還有一種意見是，指責大學教育的質量低劣。儘管官方很少發出這種意見，但在民間是常常聽到的。

　　我們首先來看一看對印度的大學不適應獨立後新情況的指

控。這大概是責備印度的大學同從前的統治權力的知識生活有過分密切的聯繫，或許是抱怨教學中不使用印度語或印度的地方語言，也可能是指責大學沒有對印度的傳統文化表現出應有的崇敬。必須承認，在印度大學教師當中是有一部分人崇洋媚外，但當他們這些人的知識養料大多來自於國外，這種情況是得合理預期的。印度的大學裏使用的教科書是由英國的作者們編寫的，雖然俄國與美國的教科書也開始受到青睞。印度人閱讀的科學和學術文獻，特別是前者幾乎全部是用英文編寫的。非技術類書籍和期刊也主要是英文的。優秀的研究人員在英國和美國接受高級訓練的比例出奇的高。

印度的問題和同印度有關的論題並沒有被印度的大學所忽略。在每一所大學裏，印度古典的和現代的學科——語言、文學、歷史——在學校的全部課程中佔有突出的地位。科學、工程學、農業、遺傳學，總之印度經濟發展所需要的學科都展開了教學與調查研究。各門社會科學也得到了充分的發展。雖然英美的教科書比印度的教科書得到更多的使用，但印度的材料一點也沒有被忽略，儘管它們要平庸得多。在某些學科裏，在課程提綱中以及某些必讀書與推薦書籍當中包含許多過時的材料，而英國的過時材料更多於印度的。總之，將其起源主要歸功於不列顛之靈感的印度大學，從它們實際的情感上的崇洋媚外之中所得的要比失去的多。倘若這些大學能更加自主，並能夠引進一些革新辦法來提高它們的效率，那麼結果將會變得更好。由於缺乏首創精神，崇洋媚外比相反的做法反而更使這些大學保持較高的水準。

針對印度大學沒有完全徹底的印度化所發出的其他指控，也不見得會更正確些。人們現在越來越強烈地要求用印度的各種語言來進行教學，因為印度學生現在的英語水平日益低下；在這方

面大多數的進展被證明爲是有害的，而不是有益的。要求加深對印度文化傳統的崇敬實屬是多餘之舉，因爲此要求早已得到滿足。個人確實要比政府做得更多，他們利用政府剩餘的財政來研究古代的印度和出版這方面的書籍，反覆教導人們尊重自己的文化傳統。

把印度的大學說成是一種無根基的機構，是外國人在印度土壤上培植起來的機構，這顯然是荒謬的說法。有人也因此會說印度的行政機構、軍隊以及議會政府制度統統都是外國的建制。此種見解也只有對傳統的印度人才有意義，這種人把任何現代的事物都看成是外部闖入的無根基的東西。承認印度應當現代化的同時，又否定大學追求全世界範圍內都行之有效的標準是準確的，這種見解不可能令人信服。

大學爲了成其爲大學，就必須教授和調查研究什麼是全世界都行之有效的正確性；它們也必須教授和調查研究什麼是地方性的價值，或者因爲它是地方性的或者考慮到它培育了地方性（或民族性）的文化傳統。印度的大學爲所有的這些目標服務，但是它們沒有服務好，這是它們的一大失誤。這裏也存在一些明顯的反證。例如，被印度行政機構招募的年輕人、少數傑出的青年科學家和學者，差不多均在印度完成他們的大學學業。即使如此，印度的大學從整體上說智力工作做得還是不好，結果便是大學畢業生的質量必然會打折扣，而印度的公共生活也相應地遭受損害。雖然，已經有足夠的人才在上層行政機關任職，而且也產生了不少才華橫溢的科學家，但是印度所面臨的危險是，能勝任任何複雜組織（無論是行政和政治組織，還是知識組織）的優秀人才還嫌太少，不足以形成穩固的後備層。

這種情況並不表明印度的大學傳授的是一些不切實際的技

能，或是一些與印度人面臨的問題毫不相干的技能。很可能是因為受過法學知識培養的人多於實際需要的人，或者說多於能夠從司法活動中謀得體面生活的人。印度人並未遭遇到科學家和工程師明顯短缺的問題，事實上，這些人的就業還達不到非常充分的地步，而大部分受雇用的有用之才所得報酬很低（為此緣故，許多旅居海外的科學家和工程師都希望一直留在海外）。這種情況也不表明，印度的大學教育因人文與文學學科排斥科學與技術學科而成為一種非常舊式的教育。印度大學生的分佈比率還算是均衡的。尤其當我們考慮到科學與技術教育較之文科教育所付的代價要高，再加上印度的貧困狀況，那麼我們可以認為這種分佈狀況是相當合理的。除此之外，大學中的文科對國家公務員、政治家和新聞業從業者的教育起了很好的作用。沒有理由推測，印度人在未來不能把文科（當然包括社會科學的各學科）繼續搞得像現在一樣好。

印度大學的不足之處在於教學與科研得不到充分的開展，並且也缺乏知識風氣。教師們過著貧困的生活，被日常事務搞得心疲力倦，結果導致印度大學與學院的教育變得非常乏味沉悶。在目前狀況下，教師們感到他們無法做好自己的工作。他們覺得，在印度社會的領導人物以及自己所在機構的上層主管人的眼中，他們這些人是無足輕重的，他們因此感到很不自在也不高興。儘管報酬有所提高，工作日程的安排更趨輕鬆，科研與教學的管理得到了改進，政治干預也減少了，但這些符合人心的必要改革未必能清除造成當前不適之感的一個重要根源。這些改進措施不足以使印度的大學從知識份子的消沉中振奮起來。

目前，並非大多數的教師和研究人員在認認真真地從事腦力工作，無論是研究還是教學，認真做學問的人並不多。在從事專

題研究的人當中，許多人做起事來敷衍塞責、惰性十足，沒有眞正認識到做研究需要花費時間與精力，擺出一副「奉命行事」的樣子。許多人憑一時興趣做研究，起先尚能裝裝樣子，但終究還是半途而廢。無心於自己課題的教師，在課堂上的表現不僅使他們自己而且也使學生們感到厭煩。很少有人在他們各自的領域裏能跟得上新的發展。（較好的準備和使用最新文獻資料是不容易做到的，弄得不好便會造成教師知識貧乏和大部分學校圖書館館藏不足。）

　　一個並不熱愛所從事的學科的教師，不可能將這樣的愛傳達給他的學生，而學生的冷淡只能加強教師的厭煩之心，教師和學生就這樣陷入了惡性循環。如果這種循環能得以解脫，那也會因爲學生難以聽懂和看懂用英語講授的課程和英文教材而又進入下一個惡性循環。常常發現，現在大學生的英語水平不似獨立前的大學生。誠然，那時全印度只有萬餘名大學生，他們大多出身於都市有教養的專業人員的家庭，而當今卻有百萬名大學生，他們大多來自未受過教育的農村家庭。現在，英語熟練的大學生其數量肯定與三、四十年前的差不多，但現在他們只佔少數，因而不能調整當前大學與學院的狀況。印度人採用了幾種變通的辦法，要麼使用一種方言授課而同時使用英語編寫的正規教科書，但這種辦法甚至使學生更難弄懂課程；要麼就是用剪刀加漿糊的方法，七拼八湊成方言的教科書，這種書的數量正在增加。無論何種選擇都無助於進行生動的教學活動，也不能爲聰明好學的學生帶來什麼益處。

　　當然，中下層社會的教師們普遍都超量工作。對家庭經濟狀況的擔憂，以及家庭或學校中缺乏做研究的物質條件，是造成教師工作效率低的部分原因。於是教師們對課程的準備都比較馬

虎，尤其是比較小一點的學校的青年教師更是如此。不過，所有這些原因並不足以解釋，爲什麼印度的學校和大學教師處在自己的事業剛剛起步的時候，那些頗具才華並且通常是很有前途的年輕人會消沉起來，變得智力遲鈍、少有成果。

在印度，當你遇到下述這樣的大學中年教師是一點也不用奇怪的，他們年輕時在印度或英國的大學裏學習，那時他們非常勤奮，甚至有著強烈的獻身精神，追求光明而又具深刻意義的理想，並在理想的鼓動下滿腔熱情地工作著。而如今他們卻變得厭倦起來，失去了希望和寄託。在步入中年之前的歲月裏，他們的才幹與所受的訓練實際上沒有發揮作用。隨著歲月的流逝，他們並沒有朝著在研究生學習期間就已開始形成的研究方向發展下去，而且也沒有進行什麼新的研究。如果要問這一切怎麼會發生的，他們這些人都可以給你講述一段令人傷感的故事。他們開始了充滿活力的職業，而在一段時間之後他們的生命力卻衰退了。他們的資歷以及他們在學問上的春風得意，引起系主任的不滿。於是他們就得不到所需要的書籍和工作設備，或者在提出申請之後過了很長一段時間才能得到，做研究的興趣也已喪失了大半。他們的同事比他們更早一些時間遭受冷遇，所以既不能激勵他們實現自己的理想，也不能成爲他們的知音。在日益加重的家庭負擔的影響下，在學校裏的錯綜複雜的事務的干擾下，這些中年教師便一點一點地拋卻了他們當初曾爲之著迷的問題。結果，輪到這些更加沮喪與憂鬱的，或者說更加痛苦的中年教師自己來把生氣勃勃的年輕一代引向智力遲鈍和無心進取的道路，而他們自己也煩得快要精神渙散了。

在印度，活躍的青年人剛進入學校或大學當教師。就會被外力強制隔絕與其他有關的研究生交往，也被迫同那些頤指氣使的

或至少是嚴厲的督導們相隔離。並不是這些年輕教師生性孤僻，事實上他們幾乎不可能是孤獨者。然而，能夠把各種思想捆綁成為知識共同體的細絲不存在了，或者被扯斷了，這些教師焉能不是各人管各人。新教師不能接觸到各自研究領域中感興趣的新思想，也不能接觸其他領域中徹底擺脫了真實利害關係的、散發著智慧光芒的優秀思想。

當然，那裏也不乏天才人物，無論當下的環境如何，他都能進行天才的工作。在印度有許多大學和學院的講師處在或可能處在比較順利的境地，但是對於極富才幹的人來說，一旦成為受壓制的階層中的一員，即意味著才智的死亡。為了勝任工作，教師應當成為印度的和國際的知識社群的一員，成為獻身高標準和共同傳統的同等人社團的成員。實際上，印度的大學教師並不全都夠資格成為印度或國際知識社群的成員。

印度幾乎沒有一個知識社群。地方性的教區制度像在政治事務中一樣也在知識事務中發生作用。學術界的人如此驚人地與其他領域的人隔絕開來。在他們之中除了少數以私人關係或對劍橋、牛津以及其他大學的共同回憶聯繫起來的小圈子以外，幾乎不存在知識交流。促使《經濟周刊》（*Economic Weekly*）辦得如此出色和趣味盎然的就是這麼個小圈子。難得看到知識上產生相互影響的小團體。某些研究領域的工作者們，對於印度其他地方正在進行的有關工作所知甚少，有時他們卻比較了解英國或美國於這方面正在進行的工作。在印度經常存在輕視本國研究工作的傾向。知識交流的方法雖然正在得到改進，但還是落後的。大多數印度學者和科學家寧願查閱在國外刊物上所發表的印度人的研究成果，而不太願意去看印度刊物上發表的東西。一位學者在印度發表了研究成果，他便會擔心他的成果將得不到國內或國外的

同行們的注意。印度的刊物沒有得到重視，原因在於學者們不指望在這些刊物上找出第一流的文章。這種態度可以理解，但是長期下去，在科學與學問方面建構一個全印度緊密關聯的知識社群的任務將會受阻。

另外，除了諸如醫藥或人類學等學科，在印度還不存在一個全國性的知識份子人力市場。人們熱衷於按照出生地保持或尋求建立他們之間的關係，在大學這一層面的教育機構裏，由於使用各種各樣的地方語言，致使這樣的情況更加穩定，甚至變得日益廣泛。知識的巴爾幹化是有害無益的，因爲它在科學和學術上妨礙形成印度人的知識領導能力。未建立較高標準的領導能力，以及不逐漸培養印度人的信心，那麼印度在知識方面所做的一切努力都將繼續產生第二流的和附屬性的結果。

大學資助委員會已採取措施來改進這種狀況。像美國的普林斯頓高級研究院，或史丹佛的行爲科學高級研究中心等機構已爲印度人大開方便之門。除此之外，英國的一些大學也通過研究生獎金資助印度人做研究，它們給予有能力、有前途的年輕人幾年自由的時間，在它們的研究機構裏繼續從事並深入研究他們業已進行的研究領域，以達到在印度國內外都算得上是先進的水平。印度的機構在這方面做得沒有那樣的鋪張，比起國外的那些資助機構，它們的花費要少得多。實際上，印度研究生獎金方面的工作在有限的範圍內已經有了小小開端，目的是爲了召回喜歡留在國外以謀求更多發展機會的有才能的青年人。這絕對是必要的，即研究生獎金的接受者應由高度勝任的組織挑選，印度學術界中的「濫竽充數」之輩應排除在外。還有，所有的申請書都要經過選擇委員會的嚴格審查，不論申請人是何種社會階層或地區集團的人。首先要做到的是，申請書不應當由申請受雇的學校的副校

長、老前輩或系主任批准。不然的話，致使印度許多大學變得枯燥沉悶的平庸中年一代，又要用他們的手把閃光的東西抹殺掉。印度已經在孟買的泰特（Tata）基礎研究學院、戈赫爾（Gokhale）經濟與政治學院、浦那（Poona）的德幹（Deccan）大學研究院著手進行這方面的工作。如果採用合適的措施，那麼這些團體將為活躍印度的學術工作做出實際的貢獻。

另一種有益的措施是，在大學與學院的教師年屆三、四十歲的時候，加強他們的進修課程。這條措施至少在有限的範圍內是如此實行的。有的可能是單學科進修，諸如數學、語言學或社會學等等。做得好的話，這些進修課程會擴展成為學術研究會議。口頭的、書面的和非正式的商談補充了計畫中的演講與討論的內容。印度或外國不同領域裏傑出的工作者會在各自的學科中帶出一批經過精選的印度籍大學教師，並且激勵這些教師在今後進行創造性的和具有獨到見解的工作。這些措施使那些思想活躍的青年人建立了相互聯繫，知識上的和睦友善激勵著伙伴們不斷努力。當這些青年人意識到自己的同代人當中還有其他人具有相同的志趣，而且還具備相當高的水平，這就會增強他們在知識探索道路上奮勇進取的決心。

另外一條比較激進的措施是，大學資助委員會可以把它掌握的各種資源集中用於少數幾個教學質量比較好的大學，使它們能夠做得好上加好。大學資助委員會通過在各個研究領域推行「優化組合」（centers of excellence）的制度，已經開始在某些特殊的學科裏實施這種值得稱道的集中使用資源的方法。在現行的計畫下，委員會可以更進一步地把這個方案用於十幾個傑出的教育機構，譬如，在許多領域具有很高水準並且不依賴任何州政府的德里（Delhi）大學就是其中之一；另一個就是浦那（Poona）大

學，它完全脫離州政府的干預，而且擁有爲數衆多的成就卓著的分支機構。採取這種步驟可能會遇到政治上的困難，但是從長遠來看，印度的知識和政治生活將從中獲得好處。

集中的一大優點就在於，它將結束或至少是減少印度高等教育特點之一的優秀人才的浪費現象。如果各個領域中的最傑出的青年男女被召集到一起，他們將會相互作用，獲得更多的知識進步。這種做法將爲培育個人的才能準備了適宜的溫床，同時也將爲其他機構提供專業人才，最終導致知識水準的提高。如同牛津大學、劍橋大學和倫敦大學對現代英國地方性大學曾起過的作用一樣，在印度這種類型的大學中心是名副其實的全國性的教育機構，吸引著來自全國各地的學生和教師，這樣它們對全國其他地方的大學產生影響的機會便會增多。它們將提供足能產生強硬影響的高級教師，並以此推動各研究和學術領域裏形成眞正的全國性團體的過程。

尤爲重要的是，集中會在印度爲其他大學和學院樹立樣板。通過它們的研究和它們的畢業生把業已形成的具體標準向四處輻射，它們便成爲印度某一個知識團體的中心。印度社會本身也將受到印度知識生活引力中心的影響。如果印度想要成爲世界知識社群的夠資格的成員，那麼它必須在自己的疆域內有一個得到集中的知識生活。

III

作爲改進大學質量的一種結果，國民文化領域中將發生非常顯著的改變。當然，印度同其他新獨立國家相比在這方面的處境

要好得多，但不能說處境好是因爲印度有著比較豐富的政治經驗，或者說它更多是得益於祖先和從前的統治者在制度和文化上傳下來的遺留物。在印度的大學裏，教職員工普遍具有政治失望感和疏離感，而學生中則反抗之風盛行。當然，當這些學生完成學業，結束學生生涯之後不見得仍然暴亂不止，除非他處於至少是 10％新畢業大學生找不到工作的階段。在這些未就業的畢業生中，造反精神更加強烈，甚至終生都可能如此。但對大多數學生來說，這種熱情將會逐步消退，如同世界其他地方年輕人的青春期騷動會消退一樣。除此之外的另一原因是，在印度成年人是政治見解的引力中心。與世界其他地方不大一樣，在印度處於青春期的人或者說青年人，在政治上佔不了年長者的上風。根據這些理由，印度大學生中發生的混亂儘管表現爲示威遊行、暴動、罷工以及其他類型的集體不服從，但這些未必完全可能直接妨礙印度的政治發展。

可是，毫不諱言地說，印度學生的無紀律具有導致教師隊伍發生士氣低落的傾向，故而損害了得到公衆尊敬的大學的尊嚴與效率。在天秤下沉的一方加重砝碼，就進一步降低了大學的地位，並且使統治印度社會的權力機構不再認認眞眞地對待大學及其成員。

然而，印度社會爲了鞏固和擴展它的現代部分，印度的各個大學就必須向社會提供人力、思想和判斷。無論如何，它們應當提供一些絕對屬於優秀的人力，還要提供充滿活力的政治生活，所必需的思想與判斷。這樣，大學才會得到人們的尊重，而自己也會尊重自己。大學在履行它們的建設性任務時（傳授知識和發現眞理，無論印度的大學還是全世界的大學同樣都面臨這兩大任務），如果沒有眞正的改進，那麼它們就不能夠達到上述目的。

在印度的知識社群發展道路上，最重大的一個任務就是如何促進自身的知識創造力。印度的知識生活中──包括科學、技術、學術、文學和國際法研究等──出現了大量的創造點，它們具有提供樣板和圍繞這些樣板形成各種領域的功能。這將使印度的知識生活深刻地「印度化」（Indianize），它比官方創設下的蓄意籌劃的促進活動要深刻得多。創造性的思想一旦抓住了印度的題材和問題，並且提出新的解答和公式，那麼肯定賦予他們以印度的特色。從事印度歷史、經濟、技術等問題的研究者們，將使這些問題變得更吸引人，更吸引他們的同時代人和更年輕的人，使他們把自己的智力更多地投入到印度問題的研究上去。那些從事研究抽象和普遍問題的人，由於擺脫了盲目崇拜外國事物的動機，將使這些問題「印度化」。社會學、經濟學和政治學的一般理論將會抓住印度的真實問題。當這一切都實現之時，那麼除了少數超級愛國主義者之外，人們自然不會再為他們的知識是否屬於「印度化」而花費腦筋了。

一定會產生這樣一個現實問題，即增強創造性對於一個自尊自立的知識社群是如何的重要。回答看來有點自相矛盾，即增強創造性需要先存在某種類型的知識社群，在其中優秀的思想可以相互支持、相互促進，有利於多出成果的競爭精神則能夠大行其道。人力資源就來自印度。在充足的物質資源和適當的制度資源構成的環境中，人員必須處於頻繁接觸、自由聯繫的狀態。

有些批評印度的知識生活脫離人民，如果批評確實言之有理，那麼遭致這種批評的原因就在於，印度取得的知識成就有許多屬於質量低劣的東西。批評所抨擊的盲目崇拜外國事物的觀念不過是知識信念軟弱的表徵。只有使印度知識界更少依賴外國的原始資料和樣式，不按照外國人的腳印亦步亦趨地走，方能夠增

強印度人的知識信念。當印度的知識生活更富有創造性之後，它的存在將不再依靠自我意識，它同時也就生活在全球文化之中，生活在同印度的問題密切相關的氛圍之中。

在今後一段時期內，富有成效的知識社群之構成必定限於非文學的創造領域。只要小說、戲劇和詩歌主要是由印度的各種地方性語言寫成的，那麼就不可能形成一種以共同模式爲導向、以全國標準加以研習和評判的國家文學。對印度來說，具有全國性的文學語言或許會好一些，不過在當前的情況下這是一件誰也無能爲力的事情。然而，考慮到知識社群的其他部分也與此有關係，因此這些障礙並非不可逾越。其他部門具有共同的語言，它們知道必須了解共同的標準，它們能夠懂得相互在做的工作，並且能夠對此加以討論。

知識社群的內部是十分分化和專門化的，即使整個社群缺少了某一重要部分（儘管這是欠缺），也不會導致其他領域的知識生活陷入癱瘓。科學和學術不直接依靠「純文學」。「兩種文化」（two cultures），確切地說，知識、創造以及由簡單化的要求而引起的發明，這些專門化的分支學科所構成的複雜的體系，無論在印度抑或在西方都是存在的（這是對世界知識社群之成員印度的褒獎，儘管它處在次要的地位）。專門化的小社群更多一些依靠與它們相鄰近且又獨立存在的小團體，從關係較遠的小團體得到的幫助則並不太多。

人文文化和科學技術文化的隔離，對印度而言，並不比對其他較爲先進的知識社群更成其爲問題，儘管由於語言問題在印度這種情況多少有些複雜化。然而，在印度的知識體系結構中存在著另一種形式的分裂，它更加有損於整個體系，對此可以而且應當採取某些措施。我認爲，造成這種情況的原因在於印度大學相

對脫離於科學、技術機構體系的其他部分。

相對而言，在比較先進的國家，大學是主要的研究中心，它們與產業研究有密切的聯繫——兩者相加產出了大部分的研究成果。而印度的情況卻截然不同，那裏的大學和產業研究產出的成果相當少，在分散隔離的各研究機構裏進行的研究得到最大份額的財政資助，同時產出大部分的研究成果。這時印度的科研成就是有害的。大學憑藉著它們的教育基金和基礎研究的能力，將在印度佔據比較重要的位置。在這種情況得到調整之前，知識社群的形成將會受阻礙。

我說這話並不是僅僅出於對大學的偏愛。對一個現代的知識社群來說，各類大學肯定是重要的，尤其是與自然科學、社會科學和技術學有關的那些院校更是重要，因為每一個晚些時候進入知識社群的成員必須通過它們的批准方能長期居留。但更重要的是，它們同使用它們的人力和知識產品的部門有多方面的聯繫。沒有被所在社會的實施部分（經濟和行政部門）結合進去的大學體系肯定要枯萎凋謝。

對印度的知識社群需要給予新的特別許可，印度的大學憑藉著它一定會佔據比現在更為重要的地位。

IV

為了從印度的事態中汲取有益的東西，非洲應當走什麼樣的道路？為了使自己的知識生活卓有成效，非洲新興國家必須妥善處理的是什麼問題？

非洲知識份子的第一個特點是，他們的人數與印度相比少得

可憐。非洲的大學都不能做到用當地的師資力量配備它們的學
校，學校聘用居留國外的人，但在目前的情況下被聘用的人並不
把此看作是自己在非洲的終生職業，短期任用的外來者無論其才
智如何出衆，他們在智力上都不可能眞正的「非洲化」，即使他
們這樣做了，但很難對他們產生持久的影響。國外來的大學教師
經常不斷地輪換，這就把沉重的負擔壓在本來就勢單力薄的非洲
的大學教師身上。那些人在非洲化的過程中很快就被提升到地位
較高的職務上，這可能意味著在知識探求道路上精力充沛而有出
息的青年人會過早挑起行政工作的擔子，這與他們知識多產能力
是相抵觸的。行政官員的增長也表明，大學和其他的知識機構爲
得到傑出的大學畢業生必有一番激烈的爭奪。行政官員肩負的政
府任務是很多的，它們減少了這些人業餘進行知識活動的閒暇時
間。對於想做高級工作、想到國外工作的非洲人來說，這是現實
的必然性，情況因此進一步惡化。他們可以提供的促進因素，至
少從目前來說是從非洲移居出去。

　　所有這些都意味著，許多不同的領域裏，以勞動時間計的創
造性的智力勞動是相當有限的。政治所關心的事務進一步減少可
資利用的時間和精力。爲保證取得最大的效果，該怎樣節儉地使
用時間和精力？受過良好訓練的人，在高標準的知識生產方面，
在有用於他的同胞方面，該怎樣運用他們的才智？

　　前面對印度的各種問題進行了思考，集中程度遠遠超出對非
洲的思考。在像印度那樣的一個獨特的國家，政治上障礙會立刻
顯現出來，而在一個有著衆多主權國家的非洲大陸上政治障礙就
更大，對這些國家來說大學是邁向現代化的重要證明。大學同時
也具有民族責任，甚至還具有地方的責任，允許此種混合物進入
一個更小的群體。這不同於印度的情況，在那裏已經有爲數衆多

的大學和大量的教師，結果是集中僅僅包括資源分配上的差別，而不是現有機構與個人的同一性的喪失。這種同一性喪失對非洲來說是不可想像的，因爲它不僅行不通而且是令非洲人討厭的。

爲克服小群體孤陋寡聞造成的孤傲自大而選擇的步驟，爲地區間和整個大陸範圍內的接觸創造了種種機會。各個小群體之間根據實際的共同興趣召開的討論會、研究會等將提供這樣的機會。有些非洲人組成了非洲知識份子協會，他們並不是單純爲了成立一個組織，而是希望以此來討論他們正在從事的或想要從事的問題。知識份子組成的協會有效提供了非洲知識界的觀念，減少了非洲內部的知識隔離感和對殖民地時期宗主國的依賴。來自國外的財政支持應當是需要的，原宗主國的參與也很好，但問題的發端和背景都必須是非洲的。

這樣的一些會議並不需要按照高標準來做精心的準備，只要有十至十二名從事相同的非洲生活問題（社會、經濟、醫療衛生、技術等問題）研究的人湊在一起便可召開。當然，這樣的會議並不排斥其他形式的合作。在非洲各大學中進行教師和學生的交流，聯合研究課題都需要大學和政府的合作，需要地區性的研究機構、非洲大陸的和地區的學術與科學團體的合作。這樣，無論是聯合研究課題還是進行交流，都將受人歡迎。

非洲尚未達到印度的狀態，在印度，大學已經從其他的知識活動中脫離出來。這部分是大學以外的知識機構不發達狀態造成的後果。但是，印度面對的問題，非洲遲早也會面對。在非洲有許多非大學的知識機構，而且是越來越多。在非洲正在進行農業、醫藥、工程技術、社會科學和社會福利的研究，只要非洲的經濟和社會在發展，那麼這些研究必定會繼續增長。人力和知識的「生產者」（producers）同它們的「使用者」（users）相隔

離，將有損於非洲知識社群的成長，因為生產者也相互隔離了。除非「生產者」與「使用者」之間有相互滿意的密切聯繫，否則的話，這個知識社群即使克服了構成要素的隔離狀態，它仍將感到自己處於所在社會的生活邊緣。儘管它可能獲得相當重要的知識成就，但它的精神和對創造性的智力工作的吸收力將受到損害。由於這個知識社群沒能成為不斷發展和成長的民族生活的一個組成部分，它因此會陷入痛苦的自我譴責之中。這個社群也容易遭受政治家和作為昂貴奢侈品的新聞業者的責難，他們這些人是外部宗主國文化的一部分。一個知識社群必定有兩個方面，在一個方面失去創造力，將在另一方面阻礙它發揮創造力。

因此，新興國家的知識社群的管理者們必須永遠牢記，在他們國家裏新的本土知識中心是突然冒出來的，因此在與外部的知識社群建立良好關係的同時，也必須同他所處社會的官方和行政部門保持良好關係。

17.知識份子社會中的大都市與地方

　　在每一個社會系統中，都有一個行使權力和得到尊敬的中心。這對於小至很少人的群體、大社團以及大社團之間的相互關係來說都是存在的。所有社會實踐中人格、財富、角色以及得到尊重的表達中出現的不平等是不可避免的。不平等導致了中心和外圍的區別。中心是由那些得到關注和尊重的人、角色和行為構成的。即使那些拒絕或無視這一中心的合法性的人，和那些故意地或漠不關心地對中心不表示尊敬的人，也承認其中心地位。（沒有任何一個大社會的中心是完全一元的，但對那些位於中心以外的人來說，它通常呈現出一元的外表。）

　　任何社會的中心常常處於一個特別的地理位置[①]。這一中心和行政、政治、經濟或文化的首都不是同一的，但因為對權力和創造力的尊敬，所以它們也可能是同一的。不同類型的中心越同一，它們就越可能在同一地點上對社會成員的思想產生最多的影響。然而，這一中心不一定就是一個城市或城鎮，它也可能是一些城鎮的組合，一個地區，對於中心之外的人們來說，或者甚至是整個國家或一個洲。

　　中心，我更願意稱為大都市，因為其具有地方含義並可以被認為是一個比單個城市更遼闊的地區，和內地或者內省的差別，

包括了城鎮與農村的差別，但是又和它們不同。它和統治者與被統治者之間，社會地位高的階層和社會地位低的階層之間，富人與窮人之間，受教育多的人與受教育少的人之間的差別大致相似。然而這些城市和農村，統治者和被統治者之間，工業、專業、行政管理和政治職業與農業和開採業之間，工業和農業，富裕和貧窮之間的關係僅僅多樣地說明了中心與外圍的更基本的關係，它們產生的影響是對中心和外圍的基本影響。

每個人在他的心中都有一張「地圖」（map）。它是對他的意義重大的「世界」或多或少的模糊形象。這是他給自己定位的一種途徑；它幫助他通過對他周圍環境事物的對比與認同樹立起他自己的主要的品質。它是一張認知圖，但在感情上卻不是中立的。它是一張不僅是歸類而且能在空間意義上定位的地圖。在任何社會中的個體與階層中間，它所包含的內容都很不相同。在某些人心目中這張地圖可能是以全世界為範圍的，而其他的都可能被限制在很小的地區內，對許多人來說，特別是對敏感者和經歷豐富的人而言，這張地圖的主要特徵就是對他接近還是遠離的大都市的定性畫像。

在任何社會中很少有人連續地完全沉浸在狹隘的生活中，沉浸在他們的家庭生活、街區生活和工作地點的直接工作中。即使這個周繞中心組成的社區對他們自身的存在和感覺並不重要，他們對中心也具有一定的感知和反應。那些由於教育、經歷和開發而且活躍的好奇心而擴大了其「地圖」的人們更願意看見「他們的」中心是一大都市而他們則是其中的一部分。在任何情況下，都能得到他們的關心和尊敬。對於他們而言，這是有活力的「創造生活」（life giving）的居住地，大都市是那些「重要事情」發生的地方。它是那些被其內在的活力和要求、順從、競爭或對抗

的創造力所激勵而產生的活動舞台。

　　大都市是活力的中心，是創造力的中心。在那裏，創造力應歸功於政治和經濟權力的存在，這一存在加強了要求創造力中心做出反應的傾向；中心裏權力的運用增強了對中心發生的任何事情加以注意的趨勢。除了因觀念或行動的內在價值而產生的說服力以外，單純是由於大都市這一事實就能產生某種品質。大多數發源於中心的品質，得益於其誕生地所具有的特殊特徵，即使它們可能並不比內省產生的好。

　　主張大都市是首要地位這一觀點的人認爲，地方上的生活是無聊的。根據這一看法，地方的存在是不開化的、缺乏想像力的、可怕的、粗俗的、簡陋的、可憐的和狹隘的。可以認爲它缺少大都市文化的新鮮、開放和文雅。由於生活在大都市文化之外自我滿足的封閉的環境中，所以顯得鄉土氣和粗野。就像大都市觀點宣稱的那樣，內地人的精神「地圖」通常就是他們居住地以及在這一範圍內令他們感興趣、滿意和不滿意的內容。這確實就是認爲「鄉村生活愚蠢」的那些人所指責的原因。

　　然而，並不是所有生活在內地的人都接受地方生活愚蠢的觀點。對於自給自足的鄉村田園生活的信仰，謙遜也好，自滿也好，溫柔也好，粗俗也好，並不是生活在內地的居民的一致特點。內地也存在另一面，即放棄自給自足並和大都市文化進行接觸。

　　那些受大都市影響的內地居民敏銳地認識到其與生氣勃勃和「賜與生命」的中心的距離，以及作爲都市人而體現出重要性的那些「眞正」重要的事物。只要找到超越因純粹地方而被忽視的途徑，地方居民就會因對自己環境和自身品質的不滿而加重負擔從而奮力前進。敏感的內地居民對大都市產生了一種自卑感，他

感覺到承認城裏所具有的道德、文化、知識和政治標準的必要性
與職責。任何生活領域內的地方居民，一旦其注意力超越了直接
性和地方性之後，就會涉及於大都市領域中正在發生的事情。認
為一個人自身的品質，可以透過被大都市生活的某些特徵同化而
得到提高對自己地方文化感覺不良的反應。（有意地拒絕大都市
的標準和努力強調地方的創造力是沒有多大意義的。）

國際規模上的大都市與地方

　　大都市與地方的關係並不限制在所給定的社會範圍內。它超
越特殊社會的範圍進入到一個更廣大的範圍中，進入到多種社會
組成的社會中。每當某一特殊的社會通過商業、武力或文化超越
自身界限而擴大其權力和聲望時，就出現了大都市和地方的關
係。因為宗教和傳統文化的差異、種族的差別以及較少的接觸頻
率，所以在一定社會中大都市和地方的關係很少是十分密切的。
然而，一個共同的價值系統開始以權力系統和文化風俗的最初的
確立中開始出現。

　　當西歐向東歐、亞洲、非洲和美洲擴展它的力量時，它就成
為不發達世界社會的中心，雖然規模上是全世界範圍的，但其統
治的滲透既沒有完全徹底也沒有被全盤接受。一個佔統治地位的
西歐與東歐、亞洲、非洲和美洲的關係的建立，把它們聯繫在一
起，使得這些地區中開始現代化的部分能把西歐作為它們的模
式。在十八世紀，巴黎不僅統治著法國，而且它也對德國皇室、
莫斯科和聖彼得堡施以影響。倫敦、米蘭和馬德里同樣也開始感
覺到其趣味和思想上的優勢。到十九世紀，西歐的影響向東一直
擴展到巴爾幹地區和中東。

　　隨著十九世紀後半段現代知識份子社會階層的壯大，倫敦、牛津和劍橋隨後登上舞台，其吸引力超越了不列顛群島直至漢堡和法蘭克福、多倫多、孟買和加爾各答、新加坡、波士頓、紐約和費城甚至頑固的芝加哥，更不用說阿克拉、巴格達、卡士穆和阿爾貝丹。隨著德意志帝國的統一和德國成長爲一支世界力量，德國學院式的文化聲稱得到美國、俄國和日本大學的擁護。從某種意義上說，至十九世紀末期世界上其餘地區在文化意義上都已成爲西歐大都市的內地。

　　在二十世紀第二個四分之一階段，美國文化創造力的中心成爲西方大都市的主要組成，從而文化中心不再限於歐洲。實際上，紐約在很多方面已經動搖了以前倫敦和巴黎對傑出成就的壟斷地位。紐約及其傳播和代表的文化現在佔領了中西部及德州，並且聲稱能和巴黎、倫敦、柏林、東京和孟買抗衡。

　　中心和地方多種成分的不同，使得世界範圍內任何一個大都市都不可能擁有徹底的控制權，一個中心可能是在某個領域形成，但卻不能在其他領域有影響力。通常可能有幾個相互競爭的大都市。不同領域的人士可能受到不同大都市的吸引。例如十九世紀的俄國，有的被巴黎吸引，其餘則被柏林吸引。在亞洲和非洲的一些新興國家裏也是如此，一方面是巴黎和倫敦，另一方面是莫斯科，同時提供可選擇的模式。對於這類事情，即使在某一特定的社會中，對於其大都市形成統一意見也是不可能的（在一個國家內部和外部）。然而，儘管存在著意義模糊、歷史的不穩定性以及實踐的不完美性，大都市和地方的關係的事實仍然存在著。

大都市與地方交互作用中的知識份子

　　那些從事智力活動的人，無論是作爲生產者還是消費者，都在一個社會系統或者社群中聯合在一起。他們通過對共同關心的領域應用共同的標準、個人的和團體之間的聯繫，以及參加同一組織網絡以實現知識生活的方式而結合在一起。這一社群存在一定程度上對國家和政府制約態度的冷淡。這一社群由於缺少強權和具體明確的地方基礎，所以是一個更爲鬆散的組織，比起用國家機器維持秩序的國家而言更不完整、更不徹底。跨國家的知識份子社群因專業、語言障礙和民族信仰而區分，但這並不一定是不可變動的或者分裂的。它是一個社群，只要知識工作繼續進行，看來也不可能消失。由於普遍意識、現代科學、學術和藝術在整個地球上的發展，知識份子社群的世界特徵越來越明顯。國際學生運動從沒有如此壯大。學者、科學家、藝術家以及文人和其他國家中他們的同行的接觸日越增多。他們詳細考察相互的工作，分享彼此的想像。他們形成了一批分散但卻眞誠的聽衆，即使他們不在場和分散在外或者不是有意識地想起他們。他們都會互相作爲對方的聽衆來建立標準和指導判斷。

　　一個社會中的知識份子社群同其他任何社群一樣，都不是平等的社群。在任何一個特定的社會裏，知識份子社群中的第一個不平等就是那些創造者和消費者之間的不平等。在創造者的圈子中有一個陡峭的等級，從最高創造力層次繼而進入在由最高創造力者設定的框架中進行工作的人，直至最低的僅僅是重複工作者。在一個特定的國家裏，存在一些具有創造力的地方，它們可能在空間上分散，或者集中在一個實驗室，或者在大學和研究所

中的某個地方。中心可能僅僅是相對的中心，他們自己可能從世界範圍內的大都市中衍生出來。同樣也存在著所謂雙重的地方，它們相對於世界範圍的大都市或者本國的大都市來說都是地方性的。

　　任何知識份子社會階層內，一個有限度的但很少是唯一的工作者圈子制定了課題的樣板，這一情況被視爲合理的。一個類似的有限度的圈子表達判斷成就的標準。有限數量的人物統治著出版社和編輯部，從而決定什麼樣的文章可以通過，使得一個作家或科學家的創作進入更廣闊的競技場，從而使得在專業領域內他的同仁們可以閱讀他的文章。一個有限的圈子影響著這些內容並起導向作用。這個方向主導了整個知識份子社群中專業部門的知識工作。

　　知識社群的秩序並不是完全自發一致的秩序，也不是那種根據部門興趣而調整的市場秩序。權威的工作是通過建立標準和基本信念進行的；也通過分配獎勵而進行，它們包括地位、報酬、職位、出版的機會、頭銜以及榮譽等等所有那些與傑出個人標準相一致的表揚。

　　知識社群中的不平等不僅僅是個體間的不平等。諸如大學、研究所、雜誌社、出版公司和專業的智力領域這樣一些機構的不平等，是因爲這些團體中不同個體的平均創造力水平而產生的。這些被關心和重視的程度不平等分佈，導致了知識大都市與知識地方的出現。

　　當然，也存在許多其他與知識無關的因素決定著知識機構在知識社群中的等級地位：過去的知識創造力；他們中個體和合作者的社會地位；各教育機構與政治權威和社會權威的聯繫，以及在全世界知識社群裏，一個國家知識社群和政治、軍事力量所使

用的工作語言的通用性。這些外在因素的重要性，可能並不比現有的決定知識大都市與地方的地位和界限的實際創造力的重要性要小。

在其他像詩歌、小說、文學評論之類的智力工作領域內，也存在著相同的傳授知識和競爭的結構。它們也都有自己的同行，也存在一些出版社和雜誌社，它們建立和維持最普遍的標準或者產生新的標準，把這些工作交給這些公司和雜誌社完成就要求關心和聲望。

在任何一個國家裏，知識社群的大都市和地方的等級制度都遠不是絕對的。對這個問題沒有清晰而廣泛的一致認識，那種從地方開始，然後成爲知識社群創造力的一部分，繼而成爲其國家大都市的一份子的可能性不是不存在的。那些不顧處境和發源地而成功地遵守這些準則的人，可以克服他們地方性的障礙。在這一時期，雖然現實和認識的相互關係這一點絕不是完美的，但一個國家大都市可以隨著創造力分佈的變化而從一個地區移向另一地區。然而知識社群中大都市與地方的差異仍然存在著。

一些重要社會中個體與機構（知識大都市）的領導圈子構成了全世界範圍的大都市。其餘的知識份子世界都生活在其光芒中，他們挖掘靈感和自尊使之能夠通過努力服從中心而向中心靠攏。

英國兩所古老的大學，在某種程度上與倫敦，在小一些的程度上與曼徹斯特，並可能與其他一、兩所現代的新大學分享領導權；巴黎大學在法國的學術生活領域所佔有的優勢，以及在美國約半打的大學對美國大學的統治都驗證了，在一個國家的學術界中存在的不平等。這些大學向他們國家的知識機構系統提供了大部分的職員；他們完成的工作是最受矚目的；關於這些學校正在

發生些什麼的話題在知識社群中最受珍愛。和這些大學相聯繫的人對知識組織和團體的統治加強了這一不平等。

　　特定國家中的某些中心的領導權是世界知識社群的一個近似縮影。一般地說，少數國家的大都市已成為世界的大都市。這也不僅僅是和現代帝國主義相聯繫的一種新現象。

　　在古代，希臘的學校，哲學家和戲劇家建立了榜樣，羅馬的知識份子都向它看齊。在稍後的中世紀以及現代的早期，義大利是知識的中心，歐洲的其他部分則為地方（直至十六世紀前實際上是一個人數非常少的地方）。在十九世紀，美國是歐洲的一個知識上的外省，首先是相對於英國而言，較小程度上相對於法國。然後，在十九世紀的後三分之一時期和二十世紀初，至少在科學和學術上它是德國大學的一個知識上的外省。（無論英國還是法國的影響都沒能徹底排除，親英者和親法者的影響比一度佔優勢的德國大學的影響持續的時間要長一些。）當日本向世界開放以後，在很多事情上它成為德國的知識上屬地。在十九世紀和二十世紀初，不管俄國在文學上取得了很大的創作成就，它是西歐，尤其是巴黎（文學領域）和德國及瑞士的某些大學（科學和學術）知識上的地方。印度過去是現在仍是倫敦、牛津和劍橋的知識上的地方；接著哈佛、麻省理工學院和柏克萊進入其中心。那些曾經或者現在仍然被英國統治的非洲地區已成為以英國為中心的地方（以不同的方式成為利物浦、達拉莫、愛丁堡的地方）。那些以前被法國人統治過的非洲的一些地區對於巴黎現在仍然是屬地。印尼在厭惡其和荷蘭的關係時，企圖擺脫和阿姆斯特丹、雷登和烏特勒克之間相似的關係，但沒能完全成功。其實，地方上的印尼大知識份子生活中的一個困難是，缺少對主要的知識大都市堅實的感情。

在每一個地方，擁有一個大都市大學的學位就等於得到了尊敬和在政府及教育機構中得到提升的資格。地方上的大學以大都市大學爲榜樣的趨勢，包括學習上的教育大綱或課程、要求使用的教本以及甚至是考試中的題目。在某些情況下它們通過協會的紐帶相聯繫；在其他情況下則通過人員的招聘相聯繫。但即使那些關係中止了，較深層的聯繫仍然存在著。

對大都市大學象徵的和眞實的依附也伴隨著對大都市出版物的依附。在一般文化中、政治和文學、《泰晤士報文學附刊》、《曼徹斯特衛報周刊》、《新政治家》、《經濟學人》、《遭遇》、《紐約人》、《快報》、《法國觀察家報》等在整個知識社群中被那些想克服其地方性的人閱讀著。在科學領域內，《自然》、《皇家協會論文集》、《物理學學報》、《劍橋數學雜誌》、《美國數學會雜誌》等等，扮演著相同的角色。閱讀它們和了解其內容是必須的。這些出版物所登載的內容是享有盛譽的。

地方區域對大都市功能的依附不僅僅在外部。更明顯地，無論是利是弊，大都市都是地方瞄準的方向。需要研究的問題的選擇和傳播、它們研究的概念和方法以及某些有成就的模式的確定，展示了廣泛的知識社群中大都市與地方系統的眞實聯繫。

對知識地方性的反應

那些不知道和不關心大都市，並且興趣只在其所生活的狹隘的區域內的人，享有受過教育的人所沒有的閉塞的自得其樂的特權。知識份子自然的求知慾和通過旅遊、學習和抱負而產生的意識的膨脹，使得地方上的受過教育的人力圖走向更大的世界。地

方上的知識份子可能具有地方生活特徵造成的遲鈍與質樸的特性，但是，如果他們行動的話，那麼這些對其地方同伴的安慰將不再屬於他們。

知識份子的能力雖然微弱，但卻可以認爲存在著一定程度的普遍有效性。他們自動地將他們的行動轉入比地方更廣闊的競技場。當生意人或工匠或者牧場主滿足自己成爲一個小池塘中無論多大的魚時，那麼就知識份子的行爲職責而言，知識份子的領域就像海洋一樣。先前選擇發現，以及在知識份子中訓練精英者的敏銳性，和將他們工作放入一普遍成就的尺度中衡量的需要越是全面和開放，也就不可避免地將知識社群置入一個網絡系統，那些標準使他不能稍有忽視或否認。他的廣泛敏銳性使他能做出自我評價，這種評價是以同行們在全世界範圍內的競爭所獲得的成就爲基礎的。更進一步，這些自我評價也以差別不十分大的方式得自於這樣一些衡量準則，諸如：大至整個知識界研究課題規模的地位；知識份子學習、授課或者做研究工作的機構的地位，以及其他在他們領域內共同協作的機構的地位；他居住的國家在國際上的地位與權力等等。

由於這些原因，地方上的知識份子處於一種不利的地位。當大都市創造中心缺乏直接的個人聯繫這一缺陷被其第二個弱點，也就是所處的次要地位所加重，敏銳的地方居民不能安於對自我封閉現狀的自我滿足。他或者必須根據大都市提供的模式尋找超越自我的途徑，或者必須尋找一些自衛的方法，回拒大都市對自己含蓄的批評，回拒那些和大都市聯繫密切的人明白表達的批評。

內地地方知識份子盯住大都市，這種緊張現象是現代知識份子生活的一個主要組成部分。只要知識份子繼續組成一種急切期

望用更普遍的標準來實行統治的社群，情況就不大可能會改變。

　　十九世紀的俄國，地方上對真正重要事務的隔絕感在文學中一再得到反應，而契柯夫的小說和劇本中表現得特別辛辣②。另一方面，農民和粗俗的鄉紳可以在他們狹小的區域內找到滿足其熱情所需的足夠的東西，但對於知識份子無論他們是創造者還是消費者，這都是不能滿足的，這一點不僅僅在《純文學》中得到了表達。俄國的內部拉力是更大的西歐影響力的一個部分。

　　整個俄國十九世紀知識份子的歷史，可以用國際規模上的大都市與地方的分類進行說明。德國知識份子的成就，最主要是德國哲學對俄國年輕知識份子產生了巨大的吸引力；然後在四○年代又為對法國社會主義的吸引所補充。關於斯拉夫主義者和西歐主義者之間的著名的爭論，以各種不同形式持續了半個多世紀。

　　這個問題是關於出自某種特殊忠誠的評價及與之相對立的根據普遍標準進行評價的一個永恆的評價問題。並且，通常在這些標準的衝突中，權力和榮譽的魅力也在天秤上增加了分量。知識份子對現實和權力信號的反應一點不比其他人遲鈍，有時甚至更強一些；力量強大的國家不可避免的要侵入，有時甚至統治他們的意識。軍事、政治和經濟力量的感染力增強了對知識成就的服從和對這些成就中固有的標準的接受。俄國人對十九世紀的俄國的不滿就是這些動機的副產品。這種不滿雖然曾經與現實有關，卻與現實而留存。蘇維埃趕超西方的心情，對西方正在做的一切的急切的焦慮，已經發展到超出了審慎所需的程度。

　　在法國，大都市和地方同樣也是知識份子全神貫注的主題。保存大都市的優雅的信念與地方的傷風敗俗的信念相對比，幾乎為每一個重要的作者所表達。巴爾札克、司湯達爾和福樓拜（Balzac, Stendhal and Flaubert）對地方社會摧殘生命的空虛都進

行了毫不吝惜的批判。福樓拜的《包法利夫人》作爲對《地方風俗》的研究，把法國知識份子對地方的觀念概括爲，只要稍具有一點敏感的靈魂，就不得不進行反抗的令人討厭的庸俗主義的故鄉。

　　然而，在國際規模上，法國知識份子並沒有面臨周圍國家的知識份子所面臨的同樣問題。十九世紀法國儘管在對其知識份子影響甚大的普法戰爭中失利，它仍然處於令人敬仰的地位。它富裕、強大並且向外擴充。沒有一個國家在值得頌揚的事情的總和上可以超過它；感覺到處於中心地位的法國知識份子一點沒意識到，除法國之外還有他們應該效忠的大都市。（僅僅在二十世紀才有許多因力量衰弱而感到驚慌的法國知識份子開始發現，還有應該在他們心中留下地位的外國的大都市。）

　　英國的地位和法國很相像。英國比法國稍晚一些成爲世界的中心。但當它一進入世界的中心，就開始和法國分享著中心的地位。英國大都市和地方的緊張關係主要在國內，但這一緊張卻是非常深刻的。整個十九世紀和二十世紀的部分時間裏，英國知識份子生活中的分界線已經形成，它將那些主要由北部激進的、意見不一致的知識份子和那些牛津和劍橋畢業生分離開來，後者與倫敦和英國國教建立的機構、較高的公務機構、律師界和法庭、議院和大學聯繫密切。倫敦——牛津——劍橋相對於其他地方已形成了三角關係。從狄更斯和艾略特（George Eliot）到艾密斯（Kingsley Amis）和奧斯本（John Osborne），從米爾（James Mill）到里維斯（F. R. Leavis）成爲一方；另一方則從華茲華斯（Wordsworth）和柯立芝（Coleridge）到伍爾芙（Virginia Woolf）和斯諾（Lord Snow），從狄斯雷利（Disraeli）到羅斯（A. L. Rowse），中心和外圍，大都市和地方之間的差別一直困

擾著英國的知識份子社會。在五○年代後半時期，反對「當權派」（中心或大都市的另一名稱）的憤恨爆發只是英國文化中長期以來許多「內部」和「外部」之間矛盾的一次交戰。

儘管由於教育機會的民主化和開放，減緩一部分曾經被拒絕進入的過去及現在都是神聖中心的地區，然而痛苦仍然存在著。「外部」不再僅停留於外圍，它現在也得到了自由表達其怨恨的機會。隨著曾經受到「外部」責難的英國權威在世界地位的降低更加強了他們對國內大都市的憤怒和指責，1956 年英法對埃及的干涉破壞了戰爭及福利國家曾經支持過去與國內大都市的和解。

然而，回顧對「當權派」（Establishment）的憤怒，對有「閃光棺材」（glittering coffin）之稱的倫敦——牛津——劍橋文化的公開的強烈指責，並沒有打破英國知識份子中佔優勢的自我滿足感。他們對自己的文化處於世界知識中心的信念，雖然被動搖卻沒有被粉碎。自從上個世紀九○年代開始巴黎產生的吸引力，本世紀三○年代俄國產生的吸引力以及過去十年裏對美國權威和成就的認識而產生的吸引力，僅代表著世界大都市基本的自我封閉的微小變化。

後來登上舞台的德國和美國這兩個西方大國關於大都市與地方的問題，比起和英國與法國來要與俄國更相似一些。都有內部的和外部的，前者作為後者的一部分功能，大都市和地方替代的概念已進入到美國和德國知識份子的頭腦中。1789 年法國大革命以後的數十年裏，德國保守的知識份子攻擊那些將法國視為無論什麼都是值得知識份子和公眾生活效仿的源泉的人。蘇維埃對「無根的世界主義」（rootless cosmopolitanism）的憎恨，在德國浪漫主義對國家界線自由主義的和理性主義的超然存在的厭惡中已有先驅。

　　德國國家社會主義得到那些討厭柏林這個作爲大都市腐敗和衰弱之典型的地方知識份子的支持。對「瀝青知識份子」（asphalt intellectuals），即大城市中的知識份子的嚴厲批評，經常是納粹對現代文化猛烈攻擊的一個主題。

　　在美國也找到了一些與之相似的情況。反對東海岸以及上流社會傳統文化在政治和經濟方面之統治的美國平民主義及其知識份子，從地方知識份子對大都市的仇恨中得到好處。韋伯倫（Veblen）和康芒斯（John R. Commons）、杜威（John Dewey）和許多自然主義小說家，都是拒絕向作爲上流社會傳統中心的英國知識份子對美國知識份子的統治做妥協的人。這一反抗在西北部的平民主義中，參議員弗萊特的革新主義及最終在新政中找到了政治媒介。較近的麥卡錫主義之名而傳播的討論是對很多美國知識份子異向性的惡意的反應。即使在今天，美國的知識生活已處於權力的頂峰，並且已認識到它已成爲一個世界的大都市，美國許多領域的知識份子仍然覺得被英國吸引（尤其是牛津、劍橋和倫敦），就如同羅馬人在古建築方面對雅典的感覺一樣。跟他們所相信的那種更精錬、更微妙、更深奧的文化相比處於次要地位的感覺常常顯露出來——甚至是在那些已經精心培育了一種平民主義的「草根性」（grassroots）態度的人中間也顯露出了這樣的感覺。同樣，美國地方居民儘管在財富上有了巨大變化，他們也仍然存在著傷痛。地方居民雖然不再是過去的他們，但地方知識份子仍然爲減輕其傷痛做著鬥爭。

　　對於亞洲和非洲發展中國家內的知識份子，地方承受著特別的重壓。大都市文化和地方文化（知識份子的本土生文化）之間非常深的脫節，再加上他對這一差別變得更敏感從而加重了其地方性。在西方國家裏，大都市與地方的差異通過許多途徑得到減

輕，這些途徑包括同的語言，或多或少相同的教育系統，每個人都共享的相同的歷史，也有一些或多或少相同的宗教傳統。更多地，歐洲歷史的記錄充滿著地方上的創造力，特別是在像義大利和德國這樣一些直到相當近的年代才統一的現代國家裏。然而，發展中國家的知識份子並沒有能夠在現代科學和學術或者現代藝術形式這樣一些能加強其自尊的領域內佔領傳統創造力的一席之地。因此，亞洲和非洲的一些新興國家內依附於現代標準的知識份子，必定經受其地方性的痛苦而得不到安慰，這些安慰指的是來自於發達國家將其大都市和地方的知識份子束成一體的道德上聯繫，都來自於在他們極其尊敬的領域內對他們祖先過去取得成就的認識。

發展中國家知識份子的現代化文化，大部分來源於大都市文化，即使在那些有著悠久歷史的現代文化中亦是如此。但這種大都市處在他們自己國家以外的地方。更進一步，大都市是一個不變的國家或地區，它先統治了知識份子自己的國家，並通過基本的外國準則的規定和許多侮辱和破壞他們的行爲而侮辱知識份子的同胞。

對此沒有任何奏效的治療方法，因爲，儘管這是痛苦的，但外國大都市的文化就是他所僅能擁有的現代文化。如果他否認了這一文化，他就否認了他自己並且否定了他將自己的社會建成一個現代社會的希望。

他在大學裏學習的課本通常來自於大都市。他所尊敬的老師在事實上或者精神上從那裏得到了教育。許多新興國家裏，他受教育所用的語言並不是本國人民的而是大都市的。在那些看到去大都市深造的優越性，和感覺到作爲一個「國外歸來者」的固有價值的親戚和老師的督促下，他開始重視去大都市進一步深造的

價值。他閱讀的許多文學作品、學習和實踐的科學、應用的管理原則，爲完成任務而推薦或尋找的經濟政策全來自於國外大都市。

　　人們能從中分享到許多尊敬的大都市文化，也是對雖然得到解放而且現代化的發展中國家的知識份子所深深陷入的地方文化的一種暗含的批判。他生活在傳統的本土文化和地方的現代文化的混合物中間，這對於保障它而言是一種壓力；對它不可避免的接近從而產生並維持對它的情感，在親戚的關心下，從小時候就形成並一直保持著。他不能像從利茲（Leeds）、諾丁漢（Nottingham）或者卡迪夫（Cardiff）來的年輕人一樣逃向倫敦，然後在其中同化他自己，並有理由期望經過幾年以後他就可以消滅其地方性。如果他違背了這一原則，他就不得不轉變成連他自己也不相信的文化。在一段時間內，作爲一個地方居民是他命中注定的。

知識份子反地方性的鬥爭

　　作爲一個地方居民，作爲知識社群中處於次要地位的感覺是不舒服的。它產生了重壓，必須尋找解脫這種重壓的方法。在某些形式上非常有價值而容易普通的解脫方法，就是將注意力從決定地方性的物體上移開。集中於社會改革，管理以及關心學生這些直接任務的努力是有價值的並能引得尊敬，而且也以合法的形式滿足了教師和公民的義務。

　　對這一解決方法很少存在著意見不一致，即能量向讓人產生興趣的大學轉移，同大都市有較多接觸，並表現出忠於創造力標準特徵的精力充沛的年輕人的煩擾。自我盲目、一個人觀察領域

晦澀不明、活躍的智力工作的倒退、閱讀和知識討論的中止、依賴於例行公事而沒有任何疑問或質疑——所有這些部分也反映出作爲地方居民而具有的困難性。對於新興國家裏的嚴肅的知識份子工作來說，這些困難加重了原來就已存在的衆多的障礙：貧窮、工作過度、公衆無興趣、政治故意對嚴格的標準保持清醒認識的接觸激勵的隔絕。

還存在著另外一種克服地方性的方法：努力學習根據大都市知識份子生活提供的模式，閱讀在大都市中被閱讀的書籍、談論在大都市寫作和發表的書籍、訂閱大都市定期發行的雜誌，以及通過關心大都市知識份子的個性和大都市文化圈中的閒談，所有這些都是上述學習的途徑。這些並沒有進入問題的中心；然而從另一方面來說，它們並沒有像知識份子成就之間的競爭那樣妨害知識的自由發展。研究課題的複製、文學和藝術模式的翻版和大學教學大綱的模仿幾乎細緻地消除了地方性的傷痛，但它們也同樣地消除了知識份子創造成就的可能性。

第三種選擇，聲稱能得到天生的傳統尊敬，在我看來是幾乎不大有可能有結果的。乍看之下，非洲個性原則或者印度遺產的傳播是因爲延續自己過去的熱望和對成爲眞實自我而非對大都市模式的低劣模仿的希望而頌揚自己。然而亞洲和非洲新興國家的知識份子由於自己的處境而決心不再表現出他們本地的傳統。無論在他的外表還是在他內心的渴望中，他都是一個現代人。他對本地文化的擁護是不夠眞實的，因爲這一擁護僅僅是他擁護的一部分，而且這是一種防衛的行爲和一種他對大都市及其標準的依附這一事實的逃避。沒有一個新興國家的知識份子會僅僅滿足於對他過去文化的複製，除非他在空想的宗教主義中找到了避難所。雖然許多知識份子受到大都市的誘惑是不可信的，以及他們

知識份子同伴的妥協是受到批評的，但他們確實是受到太多現化文化的優越性的影響，從而不再將他們封閉於自己天生的傳統文化之中。無論好壞（我想是好的），他們都沉浸在現代性的傳統文化之中以及處於和源於大都市的傳統文化之中。他們的問題是通過對大都市傳統文化創造性的同化和採納從，而使他們天生的傳統文化得到創造的擴展與豐富。這是一條超越其地方性的途徑。

知識份子地方性的超越

　　地方主義的真正治療方法是創造力。就像現代科學史和不少本世紀的科學史表明的那樣，大都市以及幫助其產生的創造力是能夠轉移的。在世界某些地方要求須被關注的大都市知識份子的經濟生活中，並不存在天生的東西。即使不平等經常在天才與那些有能力卻少天賦的人之間存在著，也沒有任何理由相信在現代知識不同領域的知識份子的創造力需要劃在歐洲及其海外殖民地的區域內。同樣，世界上也不存在不變的知識份子社會的創造力，使得整個世界區域內不可避免地注定要存在永久的地方。

　　在喚醒科學、文學、學術及藝術的創造力方面也存在著嚴重的障礙，其中一些是傳統的非西方文化的固有的憲法職責。其中一些障礙需要很長時間才能得以克服，而其他一些則可能很容易地就被克服了。只有這些困難完全被克服了，那麼現今的知識份子社會中大都市與地方的劃分，才能被一個擴大了的創造力中心的情報網所代替，這一中心在現在具有西方知識份子生活的特徵。

　　大都市與地方的差異仍然存在著，它將伴隨著任何社會創造

力差別的存在而存在著。然而這一差別與存在於各個社會之間的差別相比更多地存在於各個社會本身之中。其實，在廣闊的空間內，創造力中心的散佈的一個必要條件是大國家中和由許多小國家（在空間上指那些現在還沒有知識社群的地方），組成的地區中的知識社群所具有的創造性。在亞洲和非洲的國家性或地區性的明顯知識社群的出現，必然導致在那裏出現一個知識社群的大都市中心。這些中心將以它們和西方的連接方式（如同貴族之間的聯繫一樣）跨越國家的界線連接在一起。當他們開始安定下來做他們及他們的社會尊敬的工作時，當他們開始考慮和展望對他們而言是真正棘手的事情，而不僅僅是對西方大都市模式的仿效時，他們就開始形成了國家的或地區的知識社群。

當這一情況出現後，亞洲或非洲的知識份子將不再傾向於在大都市，這一在他們看來是十分重要具有決定性的特別領地中尋找他們知識的政治的靈感。當他們成為自己國家或地區知識社群普遍接受的成員時，此外，還被世界知識社群接受時，他們的依賴性就停止了，他們將不再是充滿痛苦或創傷的人。與此同時，他們對他們的國家在「主要大國」眼中的地位的關注也將消失，他們將全力地追逐那些對他們而言有著內在吸引力以及對他們自己社會有著現實意義的真理。他們將研究和改造那些屬於他們自己的問題，而不管其是否具有卓越的見識和廣泛的有效性，還是對他們自己所沿襲的社會是否特殊。他們將追求前者，因為他們將完全享有賦予許多問題本身以某種意義的知識傳統；他們也會出於文明社會公民的義務而注意後者，從而能在這一社會裡感到自得其所。

註　釋

①本世紀的最初三分之一時期內，美國人類生態學的學生研究了大都市統治的現象，即指由城市中心爲廣大地區提供的職業服務，在生產過程中起主要決策作用的地點和範圍，一個地區金融權力的運用，源於中心的信息在一個地區的傳播等等。隨著對人類生態學作爲一個流行的社會學主題的興趣減少，人們開始轉向對權力和地位的不平等進行研究。部分因爲沒有研究全國社會，所以區域性的權力與地位的不平等也就被忽略了。因此，忽視了地方概念現象和作爲地方居民的心態地位的現象，而這種現象部分上是一種階級地位的感覺，部分上是一種生活在地方上受到尊敬與否的感覺。

②例如，他的《三姐妹》中愛蓮娜喊道：「哦，去莫斯科，莫斯科！」「世界上沒有比莫斯科更好的地方了。」

18.亞洲的知識份子

　　亞洲的知識份子，和各地他們的同行一樣，是以知識活動、專業和職業的相對精確性**而確定**的，如像大學教師、科研工作者、文學家、神學家及新聞記者；或者是作為副業，有時候可在企業家、政治家、公務員、醫生及工程師中發現。知識份子階層的發展水平，及他們的知識機構，在亞洲的各國之間卻有很大的不同。極端的一頭是日本，它有很多的大學及研究機構，有巨大的科學學術產品，有令人感嘆的學術生產率，龐大而又繁榮的印刷出版工業及分佈密集且組織健全的售書業。其次是印度及巴基斯坦，人數很多，雖然知識機構的體制混亂，但機構的數量充足，偶爾也有質量很好的機構。此外是緬甸、印尼、菲律賓及像寮國、柬埔寨等一些小國家，他們的知識份子數量少，知識體制混亂。

　　亞洲各國的知識份子階層，甚至包括日本，他們的共同點是現代文化都起源於近代和外部世界。不像大多數的非洲國家，所有的亞洲國家，都具有宗教哲學文化的悠久傳統，其在書面形式中得到了充分的發展並由專職的管理人員負責。從西方引進的亞洲現代文化，在二〇世紀初期產生了一批精細的機構、大學、學會、雜誌等等，通過這些途徑，現代文化被再生產並被應用於本

土的問題及傳統。同時啓蒙了相當數量的本土人，使他們受到現代文化技術的良好教育。在這方面，日本和印度處於前列。當然，在日本創始者就是日本人；而在印度發起者既有印度人也有英國人。中國也同樣，是混合的發起者產生現代知識份子、大學、報刊、文學。在外國統治下的南亞及東南亞其他地區，數量很少，但仍存在一些受過現代教育的人——主要是律師及企業家——代表了本土的需求作爲壓力集團爲建立現代高等教育機構而服務，也作爲社團爲現代知識工作服務，絕人數是大城市中產生的。這些知識份子集團，規模有大有小，有具有裝備良好運行健全的組織機構，也有裝備和功能很差的機構，有的根植於西方文化有一個世紀歷史，有的則相對歷史很短，他們都曾經面對著並且現在仍面對某些共同的問題並做出某些共同的反應。民族主義、民粹主義、仇外及本土的復興，自卑感、好奇及憎恨宗主國文化，在整個亞洲都可見到，像日本這種始終保持主權的國家，以及受西方權力統治的那些國家，都表現出這種態度。

科學—技術的缺乏

在他們的職業結構中，前殖民地國家的知識階層仍然忍受著他們國家目前經濟的落後以及殖民遺產的烙印。在殖民時期，除印度外，最高級的管理職位爲移居國外的人保留，但中級管理職位的機會較多也提供給本地受過教育的人。工業和政府技術部門中的科學家及專家的高級職位過去是並且現在仍然幾乎是空白的，也幾乎沒有先進的科學研究和教學；人口的貧窮意味著對醫療服務的有效需求很低。除政府服務機關外，對於受過教育的人能展示他們技藝又有豐裕金錢報酬前景的主要機會是法律業。結

果，除日本外，幾乎所有亞洲國家的受教育階層都明顯地偏重於文科方向——文學、語言、歷史——及社會科學，而科學技術部門則相當少。日本和近來才剛起步的中國是亞洲僅有的擁有現代工業體系和多少是現代的大規模通訊系統的國家，他們擁有一個技術構成類似於先進的西方國家的知識階層。

近年，大多數亞洲國家政府一直在嘗試進一步建立或發展高等技術教育、醫學及科學研究。然而事實上，除了日本及在更小範圍內的中國外，本土建立的工業既粗陋又不願意給予專家、科學家及工程師們重要席位。（例如，印度是亞洲比較先進的國家之一，它三分之一的工程師受雇於工業，三分之二的人受雇於政府部門，而一些西方國家的比例是五分之四在工業界，五分之一在政府部門。）

因為政府部門仍然是受過高等教育的人的主要雇傭者，所以老傳統繼續存在，並確實被這一簡單的事實所強化；即亞洲新生國家十分突出的有力教育驅動在文科院系中未遭到任何阻礙——更多的學生們可以進入擁擠的講課大廳，且標準不太嚴格——而科學、醫學及技術院系因實驗室可利用的空間比例的限制而對入學名額或多或少有所限制。（而且由於這些部門的建造及裝備費比講課大廳的建造費用要昂貴得多，所以發展的速度比較慢。）

令人沮喪的狀況

在收入和財富上，亞洲知識份子總的來說是很貧困的一類人。亞洲知識職業人員的增添，雖然明顯地是偏向於中等階級出身的人，但也確實範圍太廣以致不能保持為富豪階級的子孫所壟斷。因此知識份子取決於他們的收入——經常是同時於幾個職業

獲得——並得到與大家庭體制的傳統相一致的親屬的幫助。常務
部長及其他最高級部門成員這一層次的公務員，一些有成就的醫
生和律師，少數新聞記者和大學教授，一小部分的實業家和文學
家，特別是那一些寫電影劇本的人，他們的收入允許他們能過上
西方中等階級標準的生活。大量的新聞記者，中等學校及大學的
老師，通俗文學作家，大多數的律師和醫生們他們的生活，雖然
要比他們國家中的大衆好得多，但相對來說還是貧困。他們的住
房非常擁擠，任何隱私都是不可能的；他們不能夠購買書籍。那
些自己選擇的職業具有工作及收入穩定性的人是幸運的。在底層
的是那些始終未找到哪怕是起碼願望的職業的受過教育的人。大
約有十分之一的大學畢業生不能立刻找到工作，而且可能要失業
幾年。大量受過教育的失業人員最終能找到職業，雖然這些職業
不合他們意，但維持簡陋生活是足夠了。這是亞洲不發達國家的
共同點，甚至包括日本，大學生數量劇增的結果，使知識份子中
存在著中等的失業率。

　　這種情況在印度最爲明顯，獨立前它就有許多的大學，因而
畢業生過剩。對那些獨立的高等教育制度才開始的國家來說，情
況也是這樣的。幾乎沒有一個政府採取任何措施解決受過教育的
人的失業問題。在所有這些國家中，知識份子的失業是一種城市
現象。由於缺乏舒適的環境且薪金又低，所以不願接受鄉村教師
和新區發展工作者的職業，大家族體制更加劇了這一現象。

　　傳統的知識份子——僧侶、牧師——在傳統的行乞的貧困中
生活，由於土地所有制改革及王侯地位的降低，而導致的贊助和
慈善減少，生活或許還比不上殖民統治時期。不管是巴基斯坦、
斯里蘭卡及緬甸政府對他們做出的政治讓步也好，還是那種除日
本和共產黨國家外，幾乎到處都存在的對傳統文化和它的看管人

的諂媚，亞洲各政府在改善傳統知識份子的經濟甚至他們的基本
物質待遇方面幾乎沒有作為。

知識機構

　　三個主要的亞洲國家，日本、印度和中國，是僅有的知識機
構相對發展較充分的國家。只有日本具有完整系列的狀態良好的
大學、技術學院、中等學校、教師進修學院、科學技術實驗室、
圖書館、博物館、書店、廣播電視業、日報刊物出版、科學印刷
及書評的體系。

　　印度知識機構的體系，因它的差異性及廣闊性，是任何不發
達國家中最先進的。這些機構的自我維持程度要比日本低，像所
有不發達國家所實施的那樣，要依靠政府的補貼和支援。這是因
為公共意願以及支付知識商品和服務能力很小的結果。印度的文
學市場要比日本小得多。支援這小市場的能力又因這個國家大量
不同又互不融通的文化分成多種成分而被進一步減弱。與日本對
比，這種情況在許多其他國家也並不好，日本社會的語言是純一
的。因這些緣故，新聞和文學機構，總是由於專業人員不足，商
業及技術的傳統而處境艱難，又為貧困所進一步阻礙。

　　大多數亞洲國家的大學，通常是學生超員而教職員不足（經
常是兼任教師）；他們的圖書館規模小且不完善。除日本外，幾
乎各處大學進行的科學研究都是數量不足且質量不高。書籍、雜
誌的出版組織不健全且常常是不規矩的；書的發行體制是紊亂
的。除日本、中國和印度外，科學研究供給很少。本來殖民時期
繼承下來的就相對較少，雖然新政府創建了許多研究機構，但總
的來說運作比較粗陋——在現代科學研究的傳統沒有得到很好移

植並且高度合格的人才一直很短缺的情況下，這是可以預料的。

亞洲文化的構成：現代性和傳統

　　大多數亞洲國家知識階層的文化是三重構成。首先，是現代文化，它涉及到崇尚科學的正確性及理性的、非幻術的觀點探討個人生活與社會組織的問題；也涉及到科學、文學、歷史的現代文化的主要著作中的一些知識，並且與現代文化潮流的不間斷聯繫。第二種是傳統及本土文化與現代文化的混合文化。這是一種與最新都市語言相融並且與該語言的一些主要著作認同的文化；本土語言中含有許多這第二種文化。這種文化產品沒有風格，實際是本土傳統與外部現代化的混合物。第三種文化是傳統的宗教哲學文化。

　　高級公務員、有聲望的大學教師、科學家、工程師、著名的律師、醫生、大報的總編、傑出的記者、一些政治家是現代文化的主要參與者。第二種混合文化的人大部分主要是小學和一些中等學校的教師，特別是鄉村地區和小城鎮的教師、本國的或地方的記者、中低級公務員、大多數的政治家，特別是那些中央政治精英以外的那些人，雖然屬於第一種和第二種文化的人們正在第三種文化的某些領域增加他們的份額，但傳統文化的支持者主要還是牧師和僧侶，本土或民間醫生。

　　第一層次過去曾長期與外國統治者一起為社會現代化種子的移植發揮過重要作用，但從新生的主權國家取得獨立以來，這種作用更多地由第二層次代替發揮。即使現在第一層次仍然在各自的社團，較高行政機構、法院、政黨領導層、軍隊、新聞，及大學中佔據著顯赫的中心地位。但亞洲的新時期不是民主政治就是

民粹主義的寡頭政治。第二層次和第三層次產生顯著影響的趨勢已經出現。在日本，不管怎樣，即使是知識份子中的極端民族主義者和敵視西方者，近年也一直沒有導致任何文化復興高潮。

　　當然，沒有一個亞洲國家，既使在現代化的或「西化」（Westernized）的知識份子第一層次中，其現代化及「西化」的程度已經到了在他們的觀點中、社會關係中、自我認同中或在他們的忠誠中，已不再保留一點本土傳統文化的痕跡。在這個統一體的另一頭，在第三層次中也一定很少有人會不在某些方面對他們的挑戰不做出反應。

　　通常認為第一層次是「棕色的英國人」或「棕色的法國人」或「棕色的大爺先生」（brown Sahibs），屬於逐出家園的知識份子。患了精神分裂症，「屬於懸空二個世界和又不屬於它們中任何一個之間的人」。他們經常被批評者宣稱為「脫離人民」（out of touch with the people），而這些批評者通常是來自於他們自已圈內那些受過較少教育的政治家和文學家。

　　儘管有這些批評，亞洲國家大多數西化的知識份子在觀念、家庭關係、趣味上保留著大量的本土文化。他們中許多人也知道大量的本土文化，通常比受教育較少的政治家還知道得更多，這些政治家受的教育，其實也是西方現代教育，並且他們的本土文化與其說是知識的不如說是信奉的。關於傳統文化較高層次的內容，亞洲西化的知識份子通常比他們的農民同胞知道得更多，他們經常與農民同胞做不善意的比較。他們也比大多數同胞依附於民族的理想；他們的部門主義、地方主義、地方自治主義、種族等級的束縛很可能比較少。這並不是說「西化知識份子」完全不受地方依附的影響；而只是比他們的同胞更自主些。

矛盾心理的結果

　　他們對國家的依附及對過去傳統的崇尚的同時，又總是對傳統、對世界以及人在地球上的位置的本土觀點抱有懷疑。一般來說，他們在對世界的理解上更爲世俗化，在關於好的生活概念上更爲享樂主義，在原則上更爲平等主義，更容易接受科學、技術、進步，更具有變革社會、人類的創造力。現已證明這種信念的混合，在傳統家庭結構中以及在他們的生活方式中保留本土成分方面是相當協調的。內部的緊張與衝突，至少在意識的層次上並不是經常效驗的，也無須這樣。然而「分裂的人格」（split personality）這個自我形象是這樣的深刻，它從它的社會中分離開來，滲透到現代亞洲知識份子的意識中，成爲第二精神症狀。自獨立以來，對民粹主義及煽動政治疏遠的感覺，已經導致許多人對脫離人民的指責信以爲眞。

　　第二層次的知識份子對這些問題的苦惱要小得多。他們沒有很多的現代文化。因此當「逐出家園的知識份子」遭受批評時，他們認爲自己不在受攻擊之列。他們絕大多數的文化生活生存於母語和其母文學的環境中。他們的職業活動像學校教師、地方官員、新聞記者及作家也是在這環境中進行的，他們對英語或法語的現代文化並不關心，他們並不感到衝突或悔恨。他們不讓自己脫離社會，他們過分熱衷於地方問題，這些問題總帶有本土特徵。

　　傳統的知識份子，至少是他們中更爲敏感和更爲警覺的人，在來自於大城市的西化知識份子和高級公務員還俗趨勢的壓力下，感到他們是在保衛自己。甚至去那些以佛教或伊斯蘭教定爲

宗教的國家，或直接以佛教或伊斯蘭教命名的國家，傳統知識份子認識到對國家政治，管理及知識界精英的反抗已取得了成功。他們所遭遇的衝突是外部的衝突，不是自我內心衝突。

創造力與知識的獨立性

亞洲的現代文化很多仍是沒有創造力。日本小說很繁榮；印度也還有一些**真正高質量**的文學家，存在著一些有趣的畫家。從整個來看，是呈再造而不是創造的**趨勢**。在數學和自然科學方面，日本已成爲完全的現代文化。印度在物理學領域有一些高質量成果，並且旅居國外的印度人在這個領域及其相關的領域中也一直起著顯著的作用。在印度，自然科學研究的規模很大，但整個科學領域中科學成果的質量，總的來說還不能認爲已達到國際標準。巴基斯坦在這方面不論是在數量上還是質量上似乎更不行。日本和中國是亞洲具有比較先進的現代文化的國家，兩國存在的明顯趨勢是，一些很有才華的年輕科學家都暫時或永久的從他們本國移居到西歐或北美。整個東南亞，科學研究幾乎不存在。在社會科學方面，創造性和即使只是熟練的高標準的日常工作也很缺乏。正在進行的有價值的工作是地方編史和本土傳統文化的研究。在這些領域，亞洲的主要學者現正開始與大城市的學者處於平等關係。

絕大多數亞洲國家的現代知識份子的知識給養的供給依靠西歐北美的成果，並且這種成果的內在知識層次是很高的，當有時受到對古老帝國中心的偏愛的驅動，這種驅動力幾乎對其內在本質的熱愛達到相等的程度時，高層次就可能難以爲其自身尊嚴所能接受。即使在日本，在許多工作領域中日本是世界知識團體中

具有充分資格的成員，也存在一股強大的異向性的傾向。這種視西方爲知識中心的偏見與實體知識依靠西方的繼續是有著密切關係的。只有日本具有很有生產力的現代文化，幾乎像世界現代文化一樣是靠自我維持，亞洲知識生活繼續在許多方面依賴於老的大都市中心。

與大學的教育工具和所用的教科書相關的問題變得很尖銳。實際上所有其他的國家仍然必須使用英語或法語版的教科書，或者是歐美教科書的翻譯本和改編本。因爲除日本、中國和印尼外，教育工具一直主要是大城市語言，幾乎無例外。存在一股強大的引用本地教育媒介的動力，現正在實施。民族的自尊，對殖民主義的不懈警覺，民粹主義政治的考慮，認定國家高級文化由大衆不熟悉的語言操縱的不正常性質，全都增加了這種動力，唯有教育家和高級管理人員的強大決心才能制止這個動力，然而還是緩慢讓步於不可避免的壓力。

目前和未來一代的學生都面臨著這一形勢，他們或者必須以掌握得不夠全面的語言——由於令人不能滿意的語言教育——來進行他們的高等教育，或者，如果他們在大學接受母語教育，他們的閱讀就必須依靠外語文獻或者母語寫作的水平很低的文獻。這種語言中斷的後果對於亞洲知識份子文化質量的影響很明顯。在他們自己的文化變得有創造力以前，他們與更有創造力的大城市文化的接觸將被減弱。知識階層中很少一部分人達到知識的高尚及文雅的高度在亞洲社會毫無疑問將堅持下去。但當知識份子中第二層次的比例顯著增加時，達到上述高度的那些人的比例將會減少，並且第二層次的許多人因此將被招來承擔像大學教育、新聞及高級行政服務的任務。

語言的中斷會暫時阻礙本土現代文化的創造力，並且因此將

延長依賴期。同時進入亞洲國家中的大都市文化卻因爲本土文化
的提倡以及中學、大學、書店、圖書館、雜誌以及報紙的質量低
下而受到損害。

　　這種文化的依賴總是具有低級特徵。在亞洲知識份子中對這
些低級特徵做出的反應幾乎是各地都傾向於復興運動。在新生國
家中，需要努力復興本土文化，使其更卓越並更崇高。大多數西
化的知識份子中對傳統藝術、建築，以及宗教的繼承方面的興趣
在加強，各處都在努力用現代風格進行重塑使之現代化，並尋求
文化繼承與對現代性的嚮往之間的連結點。

政界知識份子

　　亞洲國家的政治生活，除日本外，在許多方面是現代受過教
育階層的創造和義務，組成亞洲新生國家的政治精英幾乎全部隸
屬於殖民時期的各在野黨派。印度政治運動的較長歷史和受過教
育有修養的律師、企業家、政治學家及社會工作者的較早和較多
的供應量使成熟的政治精英的組成成爲可能。類似的，在印度，
爲在政府中爭取較多席位的運動的長期經驗——最終爲自治和爭
取更多席位——促成了職業政治家、政黨組織者以及「老闆」
（bosses）等組織的出現。在亞洲的其他國家，這個運動的發展
還是最近的事，傾向於利用年輕的一代，特別是學生群體。

　　亞洲的政治領袖——除了日本，其政界人員來自舊的貴族和
財閥——都產生現代知識階層，其他的群體中也確定難以產生政
治精英。地主和商人缺乏公民精神及對民族的關心；後者也總是
與種族及文化相分離，他們與地主精明地設法避免和殖民統治者
發生不愉快。公立中學、大學的教師及公務員被禁止進行公開的

政治煽動，除非他們準備放棄令人羨慕的穩固職業。因此，受雇用的男性中，受過教育的年輕人，一些有成就的律師及醫生以及大多數手頭有時間又作為較少的律師，是進行政治煽動的人員。東方宗教產生的傳統要求人們放棄舒適生活以及塵俗世界的日常義務，肯定接受慈善事業支持的生活，這些團體又促使許多知識份子中轉向較高政界並使他們能夠在提供低微收入的職業中生活。

亞洲的政治知識份子，特別是那些第一次世界大戰後步入政界的，是民族主義者及反帝國主義者。反帝國主義者幾乎是反資本主義者，因此從意義上說是社會主義者。亞洲的知識政治也日益成為民粹主義的；更多人堅持完全獨立，很少人贊同零碎地擴大範圍的自治政府，趨向於產生更多的民粹派人員。它的大部分是有修養的現代主義者也是反傳統的現代主義者，雖然為民族主義的政治熱情提供文化合法性的需要，導致了對傳統本土文化的新造成分的肯定態度。最後，獨立前亞洲知識份子的政界是反對派和煽動派，以及經常僅僅是妨礙者，因此，除了印度在二○世紀三○年代後半期有一段時期例外之外，對於民族主義者執掌政權的政治運動，只要外國統治者繼續存在，就沒有憲法上的可能性。

獨立以後，知識份子的政治觀點仍保留了許多早期的內容。那些接管政府職責的人比以前更大範圍地成為職業政治家。作為政府的人員，他們有固定的收入。他們也不得不更注意他們的政黨機器，對於大多數政黨需要比獨立前進行更大範圍的機構的建設，即需專職的、定期支付報酬的政治職業。

知識份子階層中，那些在新生政府和它支持的機構中有一席位置的人，與那些至今還滯留在外的人之間產生了分歧。前者很

快就失去了反對派的傾向；後者卻仍保持著並且甚至加劇了這個傾向。

　　統治的慣例及圈套已產生出一種類型的人及一種修辭風格，它與亞洲知識份子崇尚的無私以及崇尚那種與崇高類似於宗教理想的生活方式很不協調，結果出現了對政府的失望。有些情況下，這種失望伴隨了更多的現實主義，伴隨了放棄與政治家集團和政治家工作嚴屬性達成和解；另一種情況是失望異致脫離政治，不僅體現在行動上而且體現在感情和信仰上。非政治化是最終產品。

　　亞洲知識份子的令人驚異之處是，歐洲三〇年代政治文化在他們的政治傳統中，在他們帝國事業中、在他們對經濟問題的集體主義的見解中，以及在波動的反對西方衝擊中是如此的重要，但他們卻很少有人成為積極的共產主義者或者甚至是他們國家的共產黨的同情者。在亞洲知識份子中同路人是很普遍的——某種意義上這是亞洲知識份子的「自然的」政治見解——但是，成為共產黨或共產黨的積極支持者，不論是合法的還是非法的，卻並非普遍的。

　　論述亞洲知識份子政治不能忽略大學生甚至高中生的重要作用。在獨立運動中大量的低級煽動者來自於他們。示威，這是亞洲政治的重要組成部分，幾乎總是得到學生的支持。

　　用一些例子佐證：日本學生是格外熱衷於騷亂，艾森豪總統計畫訪問日本前進行的示威只是其中的一例。緬甸奈溫將軍的政府想號召徹底摧毀學聯，因為它是學生騷亂的老窩。印度學生在政治及政治事件中連續不斷的示威一直很引人注目。巴基斯坦的學生，即使在陸軍總司令阿育汗軍政府的嚴屬鎮壓下，還是比其他社會各界更消極地對待與這個政權的和解。在南韓，李承晚博

士政府的下台，是學生的示威起了重要作用。巴基斯坦也是因學生的幫助打倒了陸軍總司令阿育汗的統治。

　　這是一種老的傳統，同亞洲的獨立運動和現代高等教育具有相同的歷史，青春期的反抗、傳統權威的衰敗、學生生活的貧困、畢業生經濟前景的渺茫、青年特有的理想主義，一直是重要的因素。黨的政治家，特別在執政黨內外的反對派的深思熟慮的策劃，加重了這一形勢。

　　展望未來的十年，亞洲國家的知識份子的數量必定增加。整個亞洲大學人口的迅速膨脹會需要有更多的大學教師。增長中的畢業生中，有一部分人將從高知識職業或將兼職發展和追求知識。政府中的文化官員——在傳播、大學的管理方面等等——將會增加。對技術和應用科學家的需要也將增加設施，設立職位，毫無疑問將吸收很多人員。

　　就業社會也毫無疑問必定少於持有正規大學程度的書及文憑的需求者。亞洲國家經濟發展的速度不可能快得足以吸收所有希望從事高知識職業的人。較少的管理及辦公室工作職位必定增加大量學非所用的人。

　　大量人員以各種方式進入政府機關並不會使亞洲知識份子的地位有很大的提高。政府機關，除了給予的保障外，現在已不能得到像獨立前那樣的敬重。在政府機關內也有很多的人過著經濟收入僅敷支出的生活；最高智力的青年人不再認為這是唯一合適的職業，政治家尊重度的低下，不可能提高政府中任職人員的聲譽。

　　學院和大學的教學也同樣不可能提高聲譽，這種聲譽的根源是由於收入和尊貴。大量的學生在不久的將來似乎注定要接受質量平平的教育，大學教員知識傳授的平庸不可能提高他們在自己

的社團中的地位。

　　那麼更大的創造性的機遇是什麼呢？既然近期幾乎還沒有發現。或者說實施更高標準的發展的機遇是什麼呢？它從某種更深意義上說雖不是創造性的，但也將顯著提高知識才能的平均水平。關於創造性：在文學、繪畫或一般的藝術中，這種發展不是不可思議的。對於文化生活、科學學術研究、大學教學、新聞等需要學問的職業，這些非藝術範圍內所實施的改進更受制於政策，因此也就需要比藝術範圍的政策更有效的政策。在大學中主要依靠大學的領導。不久的將來從當前繼承下來的困難將是十分巨大的。印度、巴基斯坦、緬甸、菲律賓以及印尼，整個大學的情況都不好。僅在日本一些大學被平庸的混雜隊伍中區分開來，並且至少在某科學和學術領域維持下去。當然，以仍有缺陷的標準非共產黨的亞洲其他國家的形勢並不是沒有希望，那兒有人才。許多傑出的亞洲青年知識份子，不管他們的大學體制如何，自己努力達到了合格並到海外進行優良的研究生學習。（當然，許多人由於沒有得到良好的訓練，以致他們到海外後不能勝任工作。）很多人在海外學習優良，但回國後因各種因素荒廢了專業。尋找合適職業的異常困難是荒廢的一個原因；另一原因是生活在與他們同時代的有才華的男女及興趣隔離的沉悶環境中。除了政治的猶豫、官僚主義的漠視，以及身居重要職位而又成績平平的長者的嫉妒外，沒有任何其他理由可以認為這種對才華的浪費可以繼續下去。如果政治家多一點勇氣，官僚主義者多一點機警，長者多一點慷慨，那麼將有可能在人口稠密的國家出現一所或幾所高水平的大學，在東南亞講法語的國家出現一所高水平的地區性大學。沒必要為達到這一目的去改變現行開放入學的政策，雖然該改革也是使這個地區知識份子生活下降的因素之一。

所有需要做的是要下決心比目前所要做的愼重地集中資源。這種資源集中有助於解釋日本知識份子生活優越的原因。如果這樣做了，將有理由希望亞洲社會知識份子生活能找到一個新重心的中心。依靠大學的行政機構也將大獲有益，經濟政策會被改進，能聽到更多且更眞實的公衆批評，由經過科學訓練的專家組成的高效益團體的形成將會加快。科學和學術將變得具有足夠的生產力，規模小但效率高的知識團體將產生。知識的依附性及地方性將開始衰退。亞洲知識份子將在世界知識共同體中成爲平等的成員。

19.新興國家政治發展中的
知識份子

I

　　亞非新興國家的孕育、誕生和維持所經歷的全部變遷，在很大程度上是知識份子所做的努力。在整個人類歷史上，知識份子還從來不曾像在本世紀建立國家這樣的大事中扮演過角色。

　　在過去，新國家的成立源於軍事征服，源於傳統部落、封邑首領領導同一文化的民族鬧獨立，源於透過通婚、協約、征服的王子的權力逐日擴展，源於軍事政變造成的分裂。在古代，要求臣民承認皇帝的神聖只是爲了使現存秩序的合法性得到認可。政治決策，對國家權力的追逐是由這些原因造成的：王朝和家族群體的利益、王位的誘惑、權力的考慮、對職位的嚮往和經濟利益的計算。只有在現代西方，知識份子所關注的——對人本性、人的過去、人在宇宙中的位置的思索及對政治秩序特殊型態的合理性在倫理上和形而上層面的思索——才在公衆生活中佔據重要地位。

　　然而，在現代西方政治，尤其是內政，從來不光是知識份子

的天下。不管是寡頭政治還是民主政治，總有很多的任務，甚至
還包括傳達國家旨意。殖民勢力的良心和自信心受到侵蝕，在很
大程度上是知識份子領導的激烈運動的結果。無論是俗世的還是
宗教的，給他們的國人注入最初始的民族意識和民族自尊心，極
大程度上是知識份子的功績。知識分子創造了不發達國家的政治
命運，他們是鼓動者、領導人和執行者。第一次世界大戰末，甘
地的出現使人們成爲他的追逐者，這種情形一直到民族運動開始
喚起大衆情緒後才得以改觀。

　　不發達國家的知識份子在政治上的突出地位有一個負面原
因。而事實上也沒有其他什麼原因。在衆多的殖民國家，王朝在
衰退，他們的力量和能力在外國人出現前就已衰退了。首領與王
子在外族的統治下侷促不安，他們密謀、策劃，有時還武裝起
來，但他們不組織政治運動，不信奉任何觀念，當他們反抗時，
他們只爲重新奪回或得到他們自己的特權。本來，隨著現代形式
的公衆政治的出現，郡長和部長能夠組建有勢力的家族團體，像
十七世紀到十九世紀的英國那樣，但幾乎所有的殖民國家，一代
又一代，沒有產生這樣的大家族。傳統的知識份子，經文的捍衛
者，經常是——除了一些像在阿富汗的偉大例外者——不關心政
治。他們的興趣在於保存傳統文化，除了希望權威仍然在充足空
閒的有名望的貴族和地主紳士從政。牧師和教會高級官員，及頂
重要的商人——前者早點，後者近來——差不多都躍入了這個池
子。退役軍人、貿易聯盟成員，自然還有持不同政見的專業政治
家都躋身於政府雇員隊伍，在政府部門爭奪職位，在激烈的環境
中左右選擇和決策。知識份子——教授、教師、科學家、新聞工
作者和作家等——也在所有這些活動中發揮重大影響。他們在政
治上趨於激進而不保守，但他們也不得不和非知識份子的政客、

貿易聯盟成員共享天下。現代革命性的政治領域很像是為知識份子保留的地盤,即使是那些沒有被培育成或職業上不屬知識份子的人受現代革命性政治意識型態推動而變為知識份子。

亞非新建國家的知識份子在政治上的突出地位部分源於存在於現代知識份子的發展方向和革命,非立憲政治實踐及本法粗蠻政治間的不尋常密切關係。但即使是在新興國家取得統治權前的屬於市民政治的小區域和以後取得主權後擴大的區域裏,知識份子就已佔據了重要地位。他們不必要按通常情況和其他國家的創建者、統治者共同承擔政治使命。

首先,知識份子被授予了為民族的生存權益而鬥爭的原來權威者手裏,他們的傳統文化幾乎不談政治。他們準備著使自己適應任何統治者,本族的或外族的,只要統治者讓他們能繼續他們的文學研究、傳統教學和宗教儀式。

甚至,通常是既沒有軍隊可以對抗已經確立的外族,軍隊也不能向有識之士發動的現代政治運動提供軍備。除了一些外族統治者手下的裝備得令人妒羨的軍隊,也沒有軍官階層。職業軍人不少,但沒有授銜軍官或其他兵士,他們也不對政治抱任何興趣。在獨立的震撼和隱患被意識到前,1881 年埃及上校 Ahmed Orabi Pasha 策劃的運動一直沒有遇到對抗。沒有人從一開始就踏入政治這個領域,通常是從其他職業轉來而留在那裏的,一直到他們最終遭受排擠或生命終結。幾乎沒有商人或企業家會出於市民的和物質上的興趣在政治上謀全職或兼職——儘管他們中有很多人在物質上向民族主義者、甚或革命運動提供了財政上的支持。商人的謹慎和狹窄使他們脫離了政治,而不發達國家很多企業的「外來性」則進一步消解了這一階層作為政治後備軍的意義。在勞工階層不會產生他們自己的領袖,以前和現在都不會有

任何自發的貿易聯盟運動，而事實上，還不曾有自學成才的工人
能在早期爲歐美的社會活動家和革命運動喊出知識份子的心聲。
那裏沒有市民群，沒有文明的營養，不僅不能爲政治提供觀眾和
追隨者，也不可能擁有中層或高級點的領導階層。簡言之，如果
最終得使政治存活了殖民統治下的不發達國家，那麼非知識份子
政治莫屬。

　　然而，知識份子進入政治領域並不僅僅因爲人口的其他部分
不能勝任或放棄了這個責任，他們進入政治領域因爲他們在內心
有特殊的要求，在外界有積極的動力。

II

　　我們在這裏所談的是新建國家的現代知識份子──不包括傳
統知識份子。誰是我們所認爲的新建國家現代知識份子呢？大致
的第一個回答是：所有受過現代高等教育和擁有通常與之相聯的
知識份子憂慮和技能。出於一系列原因，目前關於知識份子的定
義已不同於我們曾用於發達國家知識份子身上的定義，而且顯得
更缺少選擇或分辨性，這絕不是新建國家的一種謙卑，只是對現
在盛行於新建國的受教育階層內部分層趨細的認同，同時也接受
了這一標誌著受教育階層和社會其他階層之間隔閡越來越大的事
實。在新建國中，它也是被知識份子自己或他人徵用的用以確實
知識份子身分的一個手段。

　　在新建國和那些即將獲得獨立的殖民國，知識份子屬於那些
變得「現代化」的人，他們的「現代化」不是透過把自身投入現
代商業或管理中去，而是透過在學院、大學裏開設固定的關於現

代知識份子文化的課。只有透過了這門課，才有資格被認為是知識份子，正如職業文憑是獲得一份被認為是知識份子專職的資格證書。馬克斯‧韋伯指的社會「文憑化」（diplomatization），儘管因為現在社會上職位較少，所以比起德國、英國「文憑化」範圍要小得多，但和發達國家一樣，不發達國家的文憑同樣影響深刻。自然，不能說是文憑造就了知識份子，而是因為他們長期地和現代文化打交道造成的，儘管文憑有價值，它也只是一種在他個人和他人看來對個人部分境況產生重大意義的表徵。現代知識份子文化相當活躍，因為它帶來了知識份子自身的部分轉化和生者權威與死者權威關係的改變。

知識份子的職業結構

不發達國家知識份子的職業範圍是：市政服務、新聞、法律、教學（尤其是學院和大學，但也包括中學）和醫務工作。在這些領域裏要求知識文憑或職業技能，因而能找到知識份子。（另外有的職業也要求類似的文憑證書和技能證明，像工程師和會計師，但他們通常被認為是知識份子圈的邊緣人物。）

不發達國家知識份子的職業結構與發達國家的結構有顯著不同。不發達國家知識份子的職業分佈受經濟發展水平和近來殖民程度的影響。因為它們是赤貧國家，所以缺少一個完全分離出來的中層階級。他們沒有過而且至今沒有一個可以不賣文為生的作家階層。他們只有一個人數少得可憐的工藝知識份子階層（電學工程師、工藝學家、工業化學家、統計學家和會計師）。他們還缺乏高層次的，從事著能夠指出地體現現代知識份子風貌工作的科學和人類學工作者、物理學家、生物學家、遺傳學家、歷史學

家和哲學家。

　　在殖民時代，這些國家幾乎沒有所有後面提到的職業。而且幾乎所有的不發達國家，在今天業已取得獨立的情況下，依然缺乏這些職業。在殖民時代，這些職業的缺乏是因爲貧窮，工業沒有明顯進展阻礙了工藝知識份子的需求出現，沒文化阻礙了文學作品市場的出現，較高水平的現代知識份子的創造和探索沒有得到本民族的鼓勵，而且對窮國來說，這種創造、探索也花費太大。其結果是，那些受過專門職業訓練的人在本國找不到工作，所以幾乎沒有什麼人會再試圖去獲得這種技能。

　　在殖民統治下，因爲缺乏強烈的要求，不發達國家沒能使一個強大的有活力的現代知識份子階層得以形成。稱得上知識份子的人只有一小塊市場可以施展抱負。高層次的市政服務部門一直是很誘人的職位，但是機會相當有限，因爲這個部門規模小而且職位早被外國人預先搶走了。（當印度／美國殖民統治下的最後十年時，在印度市政廳只有 1,200 個職位而印度人只佔了不到半數的席位。在其他國家，這樣的職位更少而且由本族人擔任的職務相應地也更少。）

　　因爲大範圍沒文化的緣故，新聞業幾乎停止「成長」，因而它只提供幾個職位而且並不一定有報酬。殖民統治下的新聞業與其說是吸引人的商業投資，不如說肩負著非贏利性的政治使命，而且幾乎所有新聞社規模都相當小。

　　醫學領域規模小是因爲學醫的費用昂貴，因爲對醫療保健沒有強烈要求，因爲很多高級醫療服務部門爲政府把持，而政府則把這些職位的外國人留著。較低層次的教學對知識份子們來說是沒有吸引力的。因爲這牽涉到生活在遠離大市鎮的農村所有的前途和利益的渺茫性，何況在那裏的教學工作得到的只是極端的無

償報酬，而在這種低層次的教學中，就業機會也不是很多。但在
較高層次上，機會同樣是很稀少的。在所有不發達國家中，只有
印度在 1920 年前是具備一個廣泛的現代化學院和大學系統，但從
建立的那一天直到二次大戰前，印度教育系統的修改工作就進行
得相當緩慢。除印度外，所有的亞非殖民地中，在較高學識的機
關中，僅有幾千個有效的職位，其中一些還是爲歐洲人保留的。
（尤其是美國人在中東的兩個美國學院），因此，在極端貧乏的
教育體系中，謀求較高水平的教學機會還是很不容易的。當權威
們企圖堅持一個高標準時，他們就特別在乎所雇用人員的水平。
（還應當加上在這個民族主義和反殖民主義者情緒高漲的時候，
政治上的因素同樣限制了這種加入機會，因爲很多有能力的年輕
人在他們求學時代被尋歡作樂的青春政治弄得做不了什麼事。）

法律界

　　由於上述原因，很多有天賦、感興趣並能從中獲取活力的人
步入學習法律的生涯和法律業的實踐之中。進入法律業不受種族
限制：學習過程較短並且學費並不昂貴易於負擔，再者，社會上
也有相當數量的對法律服務的有效需求。

　　殖民者們關心秩序和公正，並用他們各不相同的方式，試圖
去制定關於殖民地版圖的法律條文。富有的土地所有者階層和新
貴的商人們經常捲入花費龐大的法律訴訟之中，和律師們能夠獲
得可觀酬金的可能性都給法律業——僅僅爲上層人物所擁有的服
務業贏得了大眾的喝采。再者，在一些國家，如印度、埃及、尼
日等國家中，如果一個大學或學院的學生不打算在政府部門或外
商公司從事文書工作，他的文憑證書又能派到什麼其他的用場

呢？因此，法律學校便吸引了大批的學生，一旦拿到了法律合格證書，年輕的律師便步入了律師業的第一級台階，在這兒，他有更多的時間發展自己的其他興趣。年輕律師的業餘時間是大量政治活動的生長沃土。

親屬聯繫使地位低下的年輕律師階層的存在成爲可能。在不發達國家中，要加入有知識行業的有志之士絕大多數來自社會上比較富有的階層。他們是貴族和土地所有者的公子，是非直轄領地的公使和高官或直轄領地的殖民機構的當地官員與教師的兒子。在有些國家中，偶爾也有來自於富有的商人家庭的，儘管一般來說這部分數量不多。

與擴散的責任被不斷擴大的親屬系統的成員所接受這一背景相對，這些社會出身意味著即使職業收入不足以維持個人及其直系家屬的生活，他仍可以繼續做自己的工作。他個人收入的不足靠親屬來彌補，不像教育這種文職機構和大多數新聞界，這些行業和成員不是被資格與斷斷續續的實踐所限定，而是被實際職業所限定，在法律界，一個人不需靠透過法律實踐成爲律師來謀生。這就是爲什麼在幾乎所有不發達國家，不管是獨立前還是獨立後，法律業總是擠滿了少數非常成功的和衆多不成功的律師們。

這也是爲什麼在殖民時期法律界出現了那麼多民族運動的傑出領袖，和在新建國家中律師知識份子形成政治精英的中堅力量的部分原因。

學生

在不發達國家中，由於普遍對知識階層的不關心，導致對大

學學生的忽視和冷漠。在發達國家中，學生不會被認爲是前官方知識份子，但在不發達國家中他們卻是被這樣看待的。在不發達國家中，現代大學和學院學生被當作知識階層的一部分，甚至在他們還未曾獨立進入社會前就被如此看待，並且他們自己也是這樣自認的。可能僅在與現代知識份子傳統及那些傳統派生物的期待的緊密聯繫走上正規的開初，就能保證提供他們一個現代知識份子的職業，那些職業能授予大學和學院學生，甚至廣泛到中等學校學生的地位。

在鄉村小伙子眼中，學生享受著雙重快樂。作爲極少數獲得現代教育者的一員，他將漸漸有資格獲得一個最靠近社會中心的受人尊敬、安全而高薪的職位，如城市公務員、教師和律師。作爲一個反對外國統治者的精神主體，他又贏得了那些浸透著民族理想的絕大部分先輩們的尊敬和信任。

通常來說，在殖民地國家的學生運動只是在二○世紀二○年代才開始，但不久這些中等學校、學院和大學就成了具有侵略性的沸騰的民族主義化運動的人事源泉。自從本世紀的這個開端後，學生已經進入了騷亂的狀態，這種騷亂越來越多地滲入政治領域，直到學生成爲民族獨立運動的有生命力的動因。由不發達國家的學生組成的中等學校、學院和大學成爲了民族革命的學院了。他們所以成爲如此形狀不是管理者和教師的意圖，但盡管這樣，在他們自己的國家和巴黎、倫敦這些大都市的中心，那些重要的獨立建築師依舊被培育出來，而且在那裏他們能找到知識份子的共鳴和在那些飄搖的歲月中將他們維繫的道德支撐。

倫敦的經濟學校尤其有可能對民族主義者的情感熱情做較多的貢獻，這方面它超過世界上其他任何教育機關。已故教授拉斯克做了超過任何其他人的工作去溫暖殖民地學生的心，並且讓他

們感到豐富的西方學識支持他們的政治熱情的重大威力。

　　但是，這種情況不僅僅在倫敦和巴黎的大學中存在，在破爛的俱樂部和咖啡廳、廉價的旅館和飯店、黯淡的木瓦屋都充斥著這種氣氛。在那些駐有民族主義者組織機構的辦公室裏喧鬧而擁擠，學生們受著民族主義思想的教育，並由此獲得一定程度的民族自覺意識，同時漸漸體會到自己的國家是何等落後，意識到若要成為自己的主人，要使國家進入現代化，他們將充當怎樣的角色。像蒙納先生（Mr. Krishna Menon）、伍克魯姆哈博士（Dr. Nkrumah）、班達博士（Dr. Banda）這樣的人物只可能是在那些環境中形成的個體，他們先後促成了許多在自己國家運動中充當積極者的人物的誕生。

　　學生的政治傾向已經是青春期反抗意識的產物，這尤其產生在那麼一些人身上，他們或是從小在沉悶的傳統環境下長大，或是被身邊的長者和男性親戚們的縱容驕溺成性，反抗的新傳統曾在學生中產生，它成了自我再生產，但是學生們一旦來到就業的單位，那裡的職業前途同樣煽動學生起動亂之心。

　　在大部分處於殖民階段的不發達國家中，知識份子不被雇用引起殖民統治者和機關內政治家們的注意，也成為獨立運動領導者們的怨恨之事。但這在不發達國家至今還是一個問題，儘管他們擁有較高水平的教育體制已有相當一段時間，但他們仍不能大幅度地擴充政府機關的職員。在加納和尼日，知識份子短缺，所以，全部畢業生都能找到工作。而在僅繼承了一小部分大不列顛印度高層次教育體制的巴基斯坦，政府竭力限制通向大學的人口，特別是藝術門類方面。但在埃及和印度，儘管在政府部門中知識份子就業機會迅速增長，但大學畢業生的數量還是超比例地增大，並且目前這個問題尖銳依舊。

知識份子就業的困難比起那些地位較低或從事有害職業的人來相對容易，大多數畢業生遲早都會找到一個職業，但這並不是期望中的職業，它們往往是薪水微薄，社會地位和工作福利都不盡人意，而且往往留給在職者們一種不安，這種狀態只有在學生的尋業時期才會有。

III

遙遙領先的政治運動的性質和不發達國家的本土傳統都迫使政治生活納入宗教的渠道。宗教政治要求他們是忠誠之中最誠摯的人。

當殖民地國家的知識份子準備投身於政治時，他們是願意獻出一切的，政治成爲他們生存的最主要部分。那些不用害怕損失官方學校或大學職位的，或者沒有被他們工作中的物質優勢和心理優勢所壓制的人就變得高度政治化了。一些畢業於民族主義狂熱年代的知識份子甚至沒有認眞嚴肅地效力於某一專門職業，而是直接進入激動人心的陰謀政治，他們的中產階級出身和擴展的家族體系的經濟，同那些相對而言宗教敏感較弱的知識分子一道把這種對神的奉獻給予政治成爲可能。由於上述原因，並且因爲一個有著現代意識的自由知識份子一般不會紮根於任何不發達的殖民國家，所以即便在很緊張的政治氣氛中，知識份子依然有他自己獨立的領域。

不發達國家知識份子捲入政治的高級型態，是一種複雜現象。它有三個基本的根源。最基本的根源是對權威的某種深刻關注。即使他尋求並似乎眞的擺脫對培養他成長的強大傳統習慣的

權威影響，但不發達國家的知識份子與發達國家的同行相比，對超越自我之外的權威仍保持著某種關注的需要。的確，他越是希望從傳統的集體中擺脫出來，他就越是需要對某種新的、有所選擇的集體給予關注。緊張的政治實踐活動滿足了這種需要。第二個根源是他們缺乏獲得某種公平且暫時的成就，對於那些影響巨大的政客來說，很少有制約他們的力量。最後，不發達國家都存在某種有缺陷的禮儀傳統，它對知識份子和非知識份子產生同樣的影響。讓我們考慮這些問題的每一個方面吧。

任何地方的知識份子都關心他與當權者之間的關係。在不發達國家，權威在整體上更趨於單一，這些權威是有所選擇的人，並且是精心選擇的傳統習慣。權威因小規模的原始組織及相對低級的內在差別而顯露得不明顯，知識份子對權威的關注是所有人中最大的，對他們來說，要擺脫現實存在及對它的依賴感，是困難的。這種持續不斷的現實存在及對它的依賴感，是困難的。這種持續不斷的現實存在和對傳統權威的不寬容態度，一旦度過最初階段，就會變成某種敵意和仇恨；儘管他們可以隱匿下來，但在基本社會組織的日常生存需要的服從關係中，它卻不會消失掉。

受約制的外來環境掩飾了某種更爲深刻、不會消解的敵意，隱性人權威（Distant authority）即對它所控制的對象產生威儡，但卻是不具人格的人，如官方當局就是，並且它並不立即構成可理解人的威儡力，這種隱性權威，爲了產生敵意，就要提供某種簡單的目標。

當某個人享用權威，或當他是權威，如作爲執政黨的領導人物或人民公僕，對權威的反抗常常被那種吸入到權威之中的抗衡需要所抑制。對不發達國家的知識份子來說，權威常常是他作爲

對立面所可能被同化或反抗的東西。知識份子很少站在中立立場來進行他的活動。正是這種不發達國家知識份子的思想模式，無論是初級型態還是更原始的型態，無論是殖民時期還是獨立時期，使得任何一個人都不可能獨立於權威，因爲權威不是被俯瞰（overlooked）；人們的研究思考不可能在不考慮它的情況下進行。

隱性權威不具備那種滲透到社會各個角落的現代權威的補償能力和急迫性。它對那種被政治化了的東西，以及對那些非常強烈但不被制止的傳統力量左右的東西做出區別。對權威保持間距從心理上講要比反抗權威變得更可行。隱性權威是一種異己權威。即使從種類特徵上講，它很容易爲它自己的準則所確認，但這種異己的東西存在於那些被可視的並近似權威東西所控制的社會中，當隱性權威從特徵上講也可能是異己的，但它是否是同一種類文化類型的東西還是像殖民權威那樣在膚色、文化傳統、起源、身體上是一種異己的東西，這種反抗的衝動是所有反抗中最強烈的。

反抗權威，無論如何不可能是完全的、明確的。沒有一個人能完全解放自己，那種希望成爲某種權威和具有超越個人之外的集體中成員的需要還保存著。渴望使個人從原始型態的社會集體中擺脫出來的個體，總是感到他自己是一種自然形成的並被挑選出來的集體的一部分。並且，它必然是一個權威性的、有著巨大影響力量的權威團體。在一個不發達社會，那裏沒有教會，很少有專業和文明傳統，從主、客觀兩方面講，表面上維持著某種法制。在這一社會中，現代知識份子能夠發現同樣類型的某種權威團體嗎？這是眞正唯一未來的「民族」概念，那些組織起來主張這種「民族」觀念的人——就是「民族獨立黨」（party of national independence）。

這正是知識份子使自己陷於緊張的政治活動的原因所在（至少在一個時期是這樣的），是他尋求「原因」，一個圍繞理想而進行的思考的原因所在。也是知識份子作爲政治反對派不分享權威的原因所在。信仰政治、參與政治，認爲政治起源於邪惡以及主張診治這種邪惡的思想，也能從中找到解釋。這就是爲什麼相對非政治化的知識份子或知識份子總不是直接與政治職業發生關係的原因，絕大多數專業知識份子希望在自己的專業知識傳統範圍中工作，在一個更大的公衆環境中產生影響並超出黨派之爭，他們不只是作爲一個出衆的知識份子，甚至是作爲一個對習慣上認爲知識份子只能合乎傳統地做某種事的傳統觀念的叛道者。

知識份子這種緊張的政治過程，透過一些政治人物向個人提供影響和事業成就而被強化。在一個個人身分被傳統，如血緣關係、年齡、性別、家庭等級所規定的社會中，要靠個人努力獲得成就或在事件中留下印記幾乎是不可能的。在不發達國家的一個較大規模的社會團體中，儘管對個人地位的嚴密的原始型態的控制能夠擴展到一定範圍，但個人實現的可能性仍很小。滿意的就業機會對於殖民統治下一位受過教育的人來說，只要絕大多數行政機構和商業中的權威性位置被保留給外國人，他們的就業機會就會乏缺。只要經濟落實並且構成經濟的現代郵政系統部分相對很少，只要具備專業技術的知識份子就業機會，或創造性知識份子的勞動生產規模受到限制，那麼，知識份子就只能是很少一部分人。

受過教育的人從佔統治地位的原始型態身分支配的傳統中獲得某種解放，這種教育的內容和它對於傳統文化水準、傳統生活方式控制的解除，在個人身上喚起了透過個人自己的成就來掌握

自己的社會地位和自我尊嚴的需要。這樣的個人在這個只給他留有極少空間的社會中，到哪裏去留下他的印痕呢？

帶有某種要求和挑戰意味的政治運動對他來說是唯一公開的競技場。一場政治運動，不像一家商行、一所大學或政府部分，它可以吸引盡可能多的人投入其中。它能夠讓人有事可做，它因此提供給個人看到自己行動結果的可能性。通過吶喊、抗議、遊行、煽動、威脅、恐嚇、衝突、破壞、阻止、幫助組織跑腿、散發傳單、遊說，一個人能夠見到一些結果，並且在反對或抵制某種非人格的官方權威活動中，或在追求他自己賦予的那種新的影響巨大的權威的目的過程中，相信他的行動是有價值的。

特別是青少年期間，自我肯定的衝動和對個性和創造性的渴望達到了頂點，社會地位的傳統體系再度宣佈它對他的控制，政治似乎是唯一的領域，即在其中他可以帶著對某種令人滿意的有生力量的期待而進行活動。

獨立一旦獲得，對有生力量和成就的需要並不會逝去。對於冷漠的白痴或進入到傳統生活方式的倒退來說，政治仍是一種重要選擇。只要不發達社團仍然不發達，那麼，政治對於尋求事業成就並且專注於某種內容更為寬容，而對不是原始型態的集體的知識份子來說，事實上仍是一個主要的選擇途徑。只有當他們從職業上發生更多的變化，並且當他們發展為一個規模巨大、自我肯定的職業知識份子群體時，他們用他們自己共同的傳統和共同的組織形式堅持那種特殊的知識份子的職業，激情和活力將流入正常的途徑而不是政治。

民族主義

知識份子的民族主義思想往往單獨顯示它的基本特徵，是避免社會主義和民粹主義思想相混合的產物。只有在那些不發達國家，民族主義運動很遲才登台亮相，它被捲入到其他的意識型態潮流中，而這種意識型態潮流對民族主義運動來說並不是必要的組成部分。

不發達國家知識份子的民族主義思想在知識份子所謂的那種國民性不復存在時，它便會顯現出來。它的最初動力似乎來自於統治者與被統治者之間距離感的加深，引起對外來統治者的空間和種族上的疏遠和在種族上維繫統治者與被統治者的特殊關係的消失。一個不受歡迎的統治者（無論他是爲人們所害怕還是受人尊敬）作爲一個全體，同別的享受主體權力的人一樣，是這個過程中的一個階段。對過去的榮耀和文化傳統的發現，常常不只是一個行動，而是一個追溯既往的行爲，即爲了那個新想像出來的集體宣稱自己的這種判斷爲合理的。

現代文化從歷史的角度講，是一種外來文化，它的同化作用在這一過程中具有實在意義。在絕大多數不發達國家中，第一代立憲政治人物相對地非常「西化」。對前一代的普遍反對產生了第二代人，青年的一代對西方文化更爲反感，並且這種反對激勵他們與本土文化建立基本關係而在思想上很少有進步。這爲一種更爲深刻的民族文化觀念提供了一發源地。此外，也爲喚醒民族自我意識提供了基礎。它既不與傳統文化維持一種簡單的聯繫，也不是對他們同胞的一種具體的體驗過的愛，而這些同胞使得知識份子總是成爲民族主義者。這些東西假若是對血緣關係的一種

先在感覺，那麼，對於許多原因來說，它都是缺乏的並且經常是這樣的。事實上，「本國人」對於現代知識份子來說，由於與外來統治者的共同區別，而成為一種預先假定的東西。對強大而令人恐懼的外來統治者的強烈忿恨，與那種對血緣關係的感受或對傳統文化的自覺欣賞相比，前者可能是一個更為重要的因素。

現代知識份子的這種忿恨產生了一些結果：最重要的東西隱含在越來越大的踏入市政界和獲得晉升的障礙中，另外與這緊密相關的是，本土現代知識份子直接或間接地，經歷或聽說了外族統治者及其手下辦事人員加諸他們身上的傷害，他們有被侮辱的感覺。在加爾各答（Calcutta）大學集會上，柯仲（Curzon）閣下著名的關於孟加拉國受過教育者的毀譽性評價只不過是形形色色諸如此類的輕視、傷害和玷辱中的一個變本加厲的例子。這種藐視已延伸到生活的每個角落——文化上、知識上、宗教上、經濟上、政治上和個人身上。很長一段時間，本土知識份子在和外國人交往中，總懷著悲憤和將受侮辱的感覺。即使現在獨立了，他們依然對侮慢很警戒很敏感地就能察覺到。而這種情緒在他們最初階段的民族主義運動中達到了頂峰。

而當本土知識份子在對照他們的文化和外族文化，他們真正覺得後者的優秀和值得肯定時，情形就變得更為難堪。一種過分武斷的民族主義是尋回自尊的努力，是面臨外族城市文化和力量的強盛想克服自卑感的努力。

因而也就很容易理解，在獲得獨立前，當憲法改革運動已沉寂下來時，知識份子政治最為關心的是：民族獨立。政治化的知識份子普遍以為在獲得獨立以後，任何渴望都是能自動實現的。即使是在真正獲得獨立後，在一個國家已贏得權力，充滿各種企望，政治使命也不可避免地變得迫近而繁雜時，情形也沒有多大

改觀。民族主義依然是最重要的行動力量之一，它隱含在其實並不眞正相關的許多政策中，是幾乎每一次行動，每一項政策的試金石。

不發達國家知識份子政治中的社會主義和人民黨主義因素，都次於或源於比它們先要以民族主義及其期望。經濟政策如果有能力把國家帶引到世界水平上去就能獲得合法性。因爲要顯示「集體個性」（collective personality）的獨一無二而美化了民眾，當代文化被發掘出來重新發揚光大是爲了向人們尤其是那些曾經否定過它的人，證明他們民族的偉大價值。對外政策首先是「公眾關係」（public relations）政策，它的制定不是爲了像發達國家那樣去維護均衡或在鄰國裏增加實力，它是爲了提高民族聲譽，爲了讓其他國家注意到他們的聲音，並讓他國尊重他們，關注他們。「世界」、「帝國主義世界」（imperialist world）其實在新建國家的知識份子心中佔有很大位置，他們是這些知識份子創造勞動完滿程度的評判人和觀眾。

儘管如此，除了民族主義的首要地位，它並不排除任何其他使命而停留在無有狀態上。不發達國家的知識份子並沒有如他們自己有時但很憂傷地談到，或者，更爲苦澀地被國內外毀譽者所斷言的那樣，已失去了「部落特徵」（detribalized）。在很多方面，他們還依戀著社會生活、文化的傳統方面。這些深層次的聯繫包括與他們自己部落、種族集團、特權社團的教會上聯絡，包括必然會產生的對公眾政策和國內政治同盟出現的要求。這種聯繫的存在是民族主義情緒的補充滋生源。不發達國家許多知識份子依賴於他們自身和他們的國人，依賴於他們對自身的克服，非常熱情地投身於轟轟烈烈的民族主義運動。

外國語的擴大使用以類似的程度，在知識份子的日常生活裏

激起了民族主義力量。知識份子閱讀大量的法語、英語材料和他們感覺上對法、英文化的繼續依賴，他們創造自己的文化，甚而在政治、行政和司法上都感到有必要繼續使用法語、英語，他們意識到在他們本族語能夠適合於現代生活需要前，將還有一段緩慢而痛苦的過程，卻不能避免地觸痛他們敏感的神經。不斷地肯定他們與民族、文化的關聯是平息他們創傷的一種努力。

社會主義運動

不發達國家知識份子的社會主義運動（Socialism），基本上，起源於他們對神學權威，對共同人道，對他們本土文化的反神學傳統的感情。更直接地說，它是他們的教育狀況、主旨及他們的民族主義情緒的產物。

總體上看，不發達國家的知識份子紛紛獻身政府，儘管他們也可能激憤起來反對有些特殊的權威。他們認為現代的權力分配是當前經濟和社會不公平現實的泉源，他們於是尋求一種新的權力分配以此作為代替原來那個的手段。他們對國家現狀的嚴厲批評部分地表明了他們對無人格權威的不信任和他們對一個更有神學性的替代之道的信心。他們不相信商人有能力增加國家福利。有意識或無意識地，他們對那些追逐財富的人幾乎不懷同情心。

沒有任何一種偉大的傳統文化給予商人以高的地位。即使在知識份子起來反抗傳統文化或悄悄滑離傳統文化時，他們也總是保存著傳統文化對商人不高評價的那部分。在他們的頭腦裏，商人生涯是反英雄性的，遠離神聖性並且他們也永不會有這些屬性。知識份子很少在私人商務所謀職，而當他們為需要所逼踏入這個行業時，他們就感到惶惶不安。在私人商務企業工作的知識

份子總任人指責地背棄了他的天職，儘管他背棄的職業也不過是市政工作者或律師。經濟體制受商人出於自身利益的決策左右，這個想法讓不發達國家的知識份子感到很不愉快——而且，更有打擊性的是，在發達國家被知識份子統治的商人處境卻並不太好。

只要不發達國家的知識份子堅持走憲法改革道路，僅限於關注行政和選舉制度，那些更深層次的源於傳統本土文化的處置權就不會進入他們的政治。他們幾乎接受現存一切社會制度。然而，當他們開始轉而關心社會和民族，當他們脫離「表面的膚淺的」（superficial）政治而開始轉而接觸政治上「莊嚴神聖」（sacred）的東西時，他們本質中的朝向社會主義者的潛力就很明顯了。

不發達國家知識份子的內部發展和歐洲知識份子中的社會主義思想的興起是同步的。對此，不發達國家的知識份子感到沮喪。知識份子的社會主義運動力量增強了引人注目的殖民宗主國的力量。從二〇世紀二〇年代到四〇年代，已故拉斯基（Harold Laski）教授的例子激發和增強了許多說英語的不發達國家年輕知識份子的轉向社會主義的信心。沙特（Jean-Paul Sartre）則在1945年以後在說法語的知識份子中扮演了一個類似的角色。

亞非知識份子大量移民歐洲去深造和進行培訓幫助了社會主義觀念的傳播。亞洲人潮水般地湧向歐洲教育中心始於十九世紀九〇年代，他們集中地參與政事則是在二〇世紀二〇年代。非洲學生成潮地湧到歐洲始於二〇世紀二〇年代，1945年以後變得更爲廣泛。從第一次世界大戰末和俄國革命開始，亞非的年輕人在世界和祖國大事的推動下，發現他們處於一個幾乎全球範圍的鼓勵、贊成他們成爲社會主義者的氣氛裏。

　　作為國內政策的社會主義和對外族帝國主義政策的敵對情緒之間的聯繫——這種聯繫在社會主義思想和它的列寧主義變體的基本原理中是固有的。儘管並不是在任何時代，並不是任何的社會主義者都擁有這種聯繫——這種聯繫使得歐洲尤其是英法的社會主義運動對來到歐洲文化都會的亞非學生來說，變得更容易接受。

　　這些使得社會主義運動顯得有理想光彩的因素，應該加進這些學生本國的大商務事業的性質。尤其是在所有的情形下，不發達國家的大商務事業都被外國資本家所擁有和控制著。不光是歐洲人，後來的美國人，在亞非擁有大產業，而且中國人、敘利亞人、黎巴嫩人、印度拜火教徒、亞美尼亞人、希臘人和義大利人也離開他們自己的祖國到這兒展示罕有的事業。因為罕遇當地的競爭對手，他們在不發達國家建立起龐大的組織積累了大量財富。即使是在中央制的大國裏，種族集團的分化和民族的分裂也經常帶來這樣一種情形：儘管私營商人和管理他們事務的人生活在一起，屬一個「國籍」（nationality），不過不屬一個「社團」（community），私營商人還是被認為是外國人物，是不能對知識份子以忠誠做道德判斷的人。商人，按他們職業的性質來說，永遠不被算作「人民」的一部分，他們的集團特徵更證明了只能把他們算作「人民」的異己份子。

　　另一方面，社會主義經濟體系的運行是和那些知識份子性質的原則相符合的，並由那些受這些「原則」（principles）浸染人士來引導。這個體制看來是唯一可能代替私營經濟的選擇。敢於和這樣顯見的結論持不同意見的知識份子在幾乎所有的不發達國家、殖民國或主權獨立國，形成了一個知識份子階層的小小分裂部分。

　　還應強調，不發達國家知識份子的社會主義運動是在他們痛苦地意識到自己祖國的貧窮以後的產物。民族感的強化使得「人民」的發現變得必要。煽動性的活動使他們和「人民」——民族主義的一個模糊教義，甚至是以它最自由的形式——相接觸，這些活動還把「人民」這個概念帶到了知識份子的意識中去。還經常，當他們在外國學習一段時間回來後，在他們接觸了社會主義思想，經歷過高漲的民族覺醒後，他們赤貧的祖國人民的面貌給他們以療傷的力量。在面對他們祖國的貧窮，使很多知識份子感到苦惱、痛苦。他們因他們國家的落後而感到羞辱。他們知道西方國家是怎樣步步強盛的，他們聽說了一個落後的蘇聯是怎樣迅速地發展成為世界上最有勢力的工業大國。還有什麼能比提倡社會主義來解決困苦生活和他們的目前感覺，他們的期望，他們的背景更相和諧的呢？而且，在此之上，再加上這樣的事實，他們的祖國是被資本主義國家控制著的，而社會主義是表敵意於帝國主義的。那社會主義地位的確立就有了另一個動力。

人民黨主義

　　在過去的一個半世紀裏，在不發達國家和發達國家的知識份子政治的人民黨主義（Populism）之間，存在著家族般的聯繫，究其原因，部分是由於世界化進程對一個剛起步的尚未成熟的、世界範圍的知識社群所起的作用，同時，它也反映了中心都市與偏遠省份之間的緊張關係，這種關係源自於建立世界範圍知識社群的趨勢。

　　知識份子倡導的人民黨主義又起源於德國，它批判了所謂精英統治體系的軟弱，讚揚了神聖羅馬帝國，放棄了帝國體制，實

現統一了的德國。人民黨主義批判了中央集權政體，尤其批判了那些體現了社會基本要素的政府、學院、教會當局的主張，批判他們固執地改為他們有權利統治社會。人民黨主義是對城市資產階級的否定，它以為「民族」必須植根於「民眾」之中，而不是在現存在的權利機構之中。

在俄國，人民黨主義也是類似環境下的產物，對於當時流行的迷戀於西方事物的憎惡，使人民黨主義得以進一步的發展。對西方事物的迷戀當時甚已超過了對親法蘭西帝國的迷戀。而德國的人民黨主義就是對它的反擊。在俄國，知識份子大都對西歐懷著熱愛，他們因此感到失望，甚至為他們「放棄自我」去「追求外國偶像」而有犯罪感。俄國的知識份子同本國的政府、教會、學院分離開來，對本國的商業資產階級懷著敵意，由於西歐 1848 年革命的失敗而使西歐的幻想也破滅了，他們無路可走，只能選擇了「人民」，他們稱之為智慧的源泉，拯救俄國的力量源泉。

在美國，人民黨主義的產生，同德國、俄國也沒有很大的區別，它在美國的產生，是基於對東部那些齊目排外的知識份子集團和掌握國家東部的政治，產生集團的反抗，因此，在美國人民黨主義也是一種為那些不同意社會當權者，和當地知識份子觀點的人提供的一些堅實的基礎，同時，也是偏遠的殖民地同宗主國抗爭的一個方面。

在欠發達國家，人民黨主義的形成過程大致相同，知識份子本同傳統社會的當權者，比如：首領、蘇丹、王子、地主與牧師，又同西化的議會制的政客分道揚鑣。他們只能選擇「人民」、「非洲人品」和「印度農民」等來支持他們對於自我靈魂與自我社會的拯救。

人民是一種榜樣，一種標準。緊密聯繫人民是有益的，區分

尊重與輕視的標準，就是與人民的親疏程度。在這些國家中，知識份子普遍擔心和指責那些「脫離人民大眾」的人。許多人責備自己，而多數人則指責其他知識份子。

事實並非如此。欠發達國家的大多數知識份子，並不像那些詆毀他們的人暗示的，脫離他們本國的文化，他們生活在本國文化的氛圍中，他們的妻子或者母親就是人民的直接的代表，他們同自己的家庭，保持著緊密聯繫。這些家庭則是充滿了傳統信仰為習慣的。擁有現代文明確使他們不同於他們的前輩。但這種文化只在某種程度上發生，而且傳統文化在他們的思想中繼續存在等發展。

所謂「脫離群眾」的說法，嚴格地講，並不是由於知識份子接受了「外國的」現代文化，而是他們感到他們同他們的同胞之間的距離，而這距離又是欠發達國家所特有的種族、部落、血緣、種姓等制度造成的，由此產生同胞之間缺乏真正的民族化同感。人民黨主義是民族意念的附加詞，它需要一種更準確的認同感，知識份子感到一種真正的壓力。這種壓力，是由於他們掌握了某些外源文化。

知識份子偶爾提到此事，證明了他們已意識到這種壓力的存在，他們對於外國文化的選擇，顯示了他們著眼於尋找同民族主義相協調的出路，因為知識份子贊同這些觀點，從某種意義上說，信仰這種觀點。於是他們常試著用本土主義的形式來修正它，本土主義則是頌揚人民的傳統，並把這些傳統於現代的、外國的文化並置。

這種本土主義的影響強調了一種煽動性的政治趨勢，並促進了「為人民著想」和「親近人民」這兩種不同做法的競爭。它強化了對受過教育的人的歧視，敵視現代教育，而這種現代教育正

是新型知識份子有效發揮他們的作用所需要的，否則，他們將不再成爲知識份子，他們的國家也會隨之沉淪。

然而，儘管「人民」思想已先入爲主佔據了人們的思想，知識份子所倡導的人民黨主義，也不必同普通百姓結合，或者是緊密聯繫，或者以一種更爲民主的方式。人民黨主義同人民是一致的，但並不需要人民，對於一個視人民爲社會經濟秩序變革工具的專制政體，人民黨主義同樣適合，他們的文化與現實觀點是前進道路的障礙。

人民黨主義是寡頭政體和民主政體以後所有介於它們之間的政體的合法原則。人民作爲傳統文化的象徵，即使是在傳統文化被侵蝕，傳統文化的衛道之士被輕視貶低的時候，也是政府提出的各種策略爲之服務的未來利益所在。

對抗主義

知識份子的人民黨主義是對抗那些執政者的產物，執政者用那些誘惑他和他同伴的外國文化來治理自己的國家，它是對抗主義（Oppositionalism）綜合現象的一個側面。

這種反對權力機構的傾向，初看起來，似乎很容易找到其淵源。從實踐上來說，殖民地時期，權力機構成立，所有的政治就包含了並且至今仍包含著動物式的殘暴的對抗，無論這種對抗採取何種形式，諸如：陰謀、破壞、暴力、暗殺、秘密或公開的新聞攻勢、公眾集會、抵制、遊行示威、不合作或者是代表機構中採取不合作態度。對於外國統治者的反對與阻撓總是主要目的，如果不能分享權利，那麼對抗就是唯一的選擇。

雖然與權力機構離異的程度不同，但是，離異總比多元化社

會中的離異更深入、更激烈。對抗主義是那些被排除在權力機構外的政客的對抗，他們既不接受當時政權的統治，也不接受它的目標，因此，他們原則上拒絕把政府的困難視作急需解決的任務。對抗主義是由環境、情勢和絕不同外國勢力分享權力的主張決定的，唯一為對抗主義所追求的權力機構是徹底的、排斥性的。對政府的統治，在達此目的前，對抗主義的策略就是對抗，知識份子的對抗態度還有另一個與殖民統治者甚大關係的原因。在大部分欠發達國家，文化中的傳統風格在權力的具體實施中得以充分體現。在處理各種社會問題時的全知全能，至少傳統中有這樣的信仰，得力於它全方面的有效統治，儘管這樣的傳統執政者的實際管理措施已不再為知識份子所尊敬，但傳統的期望仍然存在。具體化的、判定界線的、非個人性的權力機構，給人的印像是一個軟弱的，不可以去擁護愛戴的機構，它與被統治者之間缺乏某些內在的聯繫。外國勢力，或其在當地的代理統治者，使人們沒有熱愛和願望去更進一步理解法制的含義。

在欠發達國家，知識份子儘管受到外國文化的薰陶，並完全接受了現代的政治原則，但在心底，他們還是反對一個相對軟弱、自制的政府，即使這種政府，根據普通的種族關係的紐帶，是他們自己的政府。即使他們擁有同一種文化，並在爭取民族獨立的鬥爭中形成了同志關係。

這就是在贏得獨立後，在欠發達國家中的知識份子中依然存在著理想幻滅的根本原因。獨立之後所發生的一切都值得牢記，尤其是當戰後出現的那些經選舉產生，擁有公眾民主的新議會制的政體，他們都需要用現代化的管理體制進行管理，儘管它們缺乏必需的行政人員，它們還必須實施法制，開始時，它們都是缺乏傳統與領袖個人魅力的非人格的，遠離大眾的機器，這些機器

只能透過雇用那些表面上具有領袖魅力的個人，並使其佔據政府要職，以平衡大眾對官僚—法制制度的厭煩。

因此，政治領域有對抗的建立，如同欠發達國家社會中其他領域那樣，同建立在該國文化傳統基礎上的國民性是和諧的。

從韋伯（Max Weber）對俾斯麥（Bismarck）的批評，及俾氏在德國國會專制施加給反對黨的絕對影響中，可得出一個普遍結論。但如果宣稱這一結論放之四海而皆準卻不一定正確。韋伯認為因俾斯麥政權及其繼承者形成的不負責任的反對黨，一旦掌權將沒有能力進行盡責的、有效的統治。他還斷言（這一點對我們現在的討論更爲重要），他們將無法成爲一個負責的反對黨，去按照議會的那一套規則工作。上述結論在某些不發達國家中似乎並不適用。如在印度，某些文人政客特別是第一任首相尼赫魯，完全能夠適應從一個勢不兩立的反對黨轉變成一個盡責冷靜的執政黨，一些社會黨人和無黨派人士更是能夠以非常明智和盡責的方式發揮其反對黨的作用。同樣的現象在加納和突尼斯也有不同程度的表現。一些文人政客儘管沒有做到像過去渴望的那樣民主和自由，或是像尼赫魯那樣成功地實現了民主和自由，但他們畢竟顯示了相當的統治能力。不少獨立運動中的煽動叛亂者後來成爲了最高秩序中的盡責議員。

不過，韋伯（Max Weber）的論斷還包含著不少正確的東西。不發達國家中的知識份子在他們獲得獨立之後，只要他們不掌權，他們就傾向於採取一種及政治的、對立的態度。他們感到不滿。他們不喜歡憲法這種形式，他們不願依憲法行事。許多人想阻撓政府工作或完全放棄政治活動，開始退縮到反對任何機構政治或至少是任何不能保證徹底清除舊有秩序的政權。

缺乏公民意識

　　儘管不發達國家的知識份子在他們自己的國家裏創造出了民族國家這個概念，他們並沒能創造出一個民族國家。他們自己就是那個環境下的犧牲品，因為具有民族性並不一定能成為公民。在一個主權國家擁有公民權就使人產生了一種與那些開國者接近的感覺，它是在總體中的一種參與感，一種享有共同事業的感覺。這種感到為整體一部分的感覺是關心集體的福利和對它負責的基礎。它超越了不可避免的分歧，與整個國家之凝聚力比起來這些分歧就不那麼重要了。在政治生活中，這樣的局面就成了公民意識的優點。

　　公民意識並沒有成為不發達國家知識界從政的主要特徵。高度的政治化總是伴隨著這樣一種概念，即只有那些信奉同樣原則和立場的人才是國家政體完全合法的成員，而不這樣做的人都被一條鴻溝隔開。在許多享有主權的不發達國家中，執政黨和建立這些國家或與之相聯的知識份子，都傾向於認為反對源與他們的分歧是原則性的，不可調和。他們感到他們就是國家和政府，而那些不贊同他們的人不僅僅是政治上的對手，還是完全的敵人。反對黨的看法也是差不多的。這就是高度政治化的結果。

　　文人政客之缺乏公民意識傳統其實先於他們的誕生。建立在血緣和等級制度上的傳統社會並不是公民意識的社會，他們不知道公民權，因為在由地域決定的政體中，成員的資格無須具備權利的義務。傳統社會的一些早期特徵：血緣、年齡、性別和地域並不是用來定義公民的特徵。在一個多元化的社會裏，這些特徵無論如何是不會與公民權不相容的。在一個更為單一化的傳統社

會裏，他們反而會扼殺早期的公民意識。

　　獨立運動的道德基礎使這些缺乏公民意識的傳統得以延續。獨立運動自視為民族的化身，在成功之後就自視為國家的化身。一旦反對派出現在議會和新聞界，並不依附於國家，就似乎證實了這樣一個缺乏耐心、過分敏感的政府的信念；反對派想顛覆國家，是無法與之調和的。

　　這並不意味著在每一個不發達國家都不存在具有公民意識的知識份子，他們有些人屬於政府，有些人屬於反對黨，有些人在新聞界、大學或從事其他自由職業。不過他們顯然是少數。他們所依附的傳統，儘管在有些國家是存在的，但畢竟是脆弱的。

IV

　　在不發達國家中，現代知識份子從政經歷了三個階段。印度的第一次高峰出現在叛亂及對其鎮壓和從第二次世界大戰的創傷中恢復的那些年。在一些國家，哪裏有一個受過現代教育並且具有一定政治意識的階層，哪裏就會有對於立憲自由長期的爭辯。黑非洲的第一階段來得相對要晚，持續持間也比英國的印度和中東要短。在東南亞發展的進程也大大縮短了。東南亞和黑非洲在現代文化和司法機構建設上的落後及較少的出國留學者，造成了它們所擁有的知識份子階層要少，之後的立憲自由更簡單和脆弱，在知識份子階層幾乎不存在的地方，政治也只能是剛剛出土的萌芽。

　　這是律師和記者從政的階段，他們的政治成為名人的政治。他們是受到過良好教育的人，大多數人在殖民地的宗主國學習

過；他們吸收和欣賞宗主國的文化及自由立憲的政治觀點，在他們去英國和法國的部分時期，這些觀念幾乎是不容置疑的。

　　他們不是革命份子，他們並不總想搞獨立，至少在近期內不想搞，在早期階段，他們最大的不滿是限制其同胞進入代表外國主權國進行統治的政府部門。他們也希望立法機關應當能略微代表一下像他們那樣的人。這兩種關切可以粗略地解釋為狹隘的階級利益，但它們的實際含義要更好，更為了自由。他們要求參與國家管理和投票表決預算開支，在他們心目中這些都是嚴肅的事情。

　　他們是在這樣一個等級制度的傳統中成長起來的，在他們自己眼中或是其他人看來，土地所有者的知識份子是國家的主人。只要那是一個國家，他們就感到那是「他們的」，差不多全是他們的。許多人出身於過去享有權勢的家庭，這種家庭在農村仍然是有權有勢。因此他們就理所當然地認為應該參與自己國家的治理，他們並不想對國家主權提出原則上的異議。

　　他們在學習法律的過程中獲得的自由立憲思想與他們這些觀念吻合，歐洲因為爭取民主而處於動盪不安中——勞工運動和社會主義運動正在形成，而且總的來說，那些在第一次世界大戰前去宗主國學習先進科學的少量非洲人和大量亞洲人並沒有接觸到這些。他們想要一個他們能夠參政的政府，這個政府應當是自由的而又是法制的。

　　因為他們大多是律師，他們在與當局打交道時已變得能言善辯和自信，行政管理機構也是現代政客不可或缺的一種工具。訴訟手續的程序又使他們有時間脫離開本行業。一旦情況需要，他們能夠在繼續從事本行業的同時投身到社會洪流中去，參加會議並發言，為新聞界著書、寫小冊子和文章，為闡述他們的主張常

常會見統治者的代表，參加一些諮詢和代表團體。

隨著這種律師參政的形成，一個運用報紙和周刊的新聞界也力爭成形，他們使用的是大都市的語言，但同時也使用本地語。記者並不是職業性的。他們通常是一些離職的政治律師或是一邊幹律師一邊從事新聞工作；他們中還有一些離職的教師，想擔任公職的人，曾經在政府任職的人。他們通常是一些受過良好教育的人，帶著些他們所敬慕的維多利亞式和歐洲大陸式的資產階級的莊重，這些都使得那個政治發展階段的政治生活具有莊嚴而正派的特色。

作爲記者，他們並不追求物質利益。他們並不想致富。他們對提供新聞和娛樂不感興趣。他們不是以新聞業謀生的。當他們無法以新聞業或其他行業謀生時，他們毫無疑問是依靠親友和保護人的贊助生活。他們之所以幹記者這一行，是因爲他們可以接觸到一小部分有文化的公衆，並得到密切反響，還可以呼籲實現一個法制政府的理想，在這一政府中那些被統治階級中最合適的人選是可以插手政治的。

這些新聞記者和律師政客除了他們自己沒有追隨者，像那些生活環境類似、思想相近的人，如自由商人和巨賈、首領和土地所有者。領袖和追隨者只組成了一個很小的團體。只有在印度絕對數字相對要大些。在中東他們人數要少些，在非洲和東南亞其他地方他們的人數幾乎微不足道。但無論如何，他們透過他們的活動創立了現代知識份子傳統的基礎，這一傳統現在還保留著。

即使在鼎盛時期，他們也沒有自己的活動領域。他們受到一群更有主動性的人的挑戰，這些人不像他們那樣對西方統治者和西方文化感到滿足。他們是那些在第二階段成爲政治舞台中心人物的先驅者。然而在第一階段還有一種知識份子活動深刻影響了

隨著的政治發展，儘管這一活動本身並不主要是政治的或根本與
政治無關。

　　在不發達殖民地時期，充滿熱情的宗教和道德自新運動伴隨
著政治運動的發展。開始這過去在民族文化中有顯著成就的國家
的特徵，即那些國家現在正處於衰退中，但仍有文學和建築遺產
可供當代人想起他們國家昔日的輝煌，那些由本地文化階層擔任
聖文守護者的國家也具有這一特徵。因此十九世紀大部分時間
內，在印度和中東，傳統文化的主角特別是在印度教和伊斯蘭教
中，都在尋求淨化他們的遺產，將它復興、或與現代因素融合。
印度和中東的目標都是要恢復傳統宗教文化且建立在其基礎之上
的社會，因此面對西方文化和宗教的侵蝕要樹立它的價值。

　　這個通過衰敗文化傳統的復興來喚起民族自我意識的運動不
是直接具有政治性的。代表憲法規定下自由主義的現代人精力充
沛，他們與富有守舊意識的傳統主義者之間並無多大的聯繫。這
兩種運動幾乎獨立進行，它們之間不存在對抗性，甚至相互不存
在警惕性。

　　道德復興的實施者並不是世俗的社會改革者，從這裏所用的
字義來看，他們不是現代知識份子。他們對現代文化的衝擊力非
常敏感，他們是迫切需要重新肯定自己的傳統文化之人。他們的
任務是清潔文化──這意味著具有宗教性──這種文化是從他們
所謂的歷史偶然的生產物中產生的社會遺產，而這種生長物使現
代人聲名狼藉，使國家喪失世界尊嚴，與西方文化相比，尤其顯
得衰弱而毫無價值。他們聲稱：他們宗教傳統中必不可少的成分
通過復興、清洗或配合可以以更適合現代社會的形式重新組合。
如果可行，這種文化可以自我推銷給盲目傾慕西方文化的那些國
人，這些人是西方文化稱職的狂熱份子，他們認為大多數必須提

供的東西——尤其是科學、技術組織型態——對他們國家的發展、重振世界雄風十分必要。他們堅持無論如何國人不能面對西方而喪失自己的靈魂，恰恰相反，他們必須通過接受自己的更新更純的文化傳統以發現自身的存在。

　　「維多利亞」（Victorian）式的老一輩知識份子雖不仇視這些說教，但也沒有去太多地注意它們。在政治發展的第二步，這種道德重現和自我更新的努力有著十分深遠的影響。在第二階段，憲法限制下自由主義似乎消失了，或縮小到十分狹窄的範圍，而道德、宗教的改革運動開始並演變爲愛國主義。這時，傳統文化中的宗教成分消失了，對傳統文化本質的讚美變成了每一次獨立運動和新階段前的前奏。

　　通過憲法下自由主義和宗教道德的更新，殖民地國家的知識份子到達了第二個階段——熾熱的政治化的愛國主義。隨著這種運動改變，政治行動的僅作旁觀者的模式也發生了變化。

　　印度是所有不發達殖民地國家中第一個展開這種運動的。它是一個傳統的本土文化十分豐富、文化發展最系統最全面的國家。外國侵略者在這裏佔領的時間最爲長久，因而土生土長的知識份子和宗主國的西方文化之間的交流，促使產生了比亞非其他任何一個國家更爲長遠豐富的現代傳統，它擁有最大、最具特性的現代知識界。在印度的十九世紀八〇年代，迷戀西方文化的第一階段過去了，這個階段自行產生了。

　　而在歐洲，則是進入了一個社會主義無政府主義蓬勃發展的時代。俄國、愛爾蘭的舊恐怖主義亦呈上升趨勢，在亞洲、俄國革命運動已廣爲流傳。同時，俄國的民粹主義、愛爾蘭的新芬黨（Sinn Fein）、義大利的燒炭黨的英勇事跡贏得一片讚譽。麥錫尼、史坦貝克，克羅伊絲比這些名字在印度年輕一代的知識份子

中也無人不知。葉慈（Yeats，愛爾蘭詩人及劇作家——譯註）在
文學界中是一個代表力量的形象，人們隨之對愛爾蘭文藝復興產
生了感情，並堅定了印度文藝復興的信念。從英國引進的
「*rishis*」系列叢書在此出了名，其中一部分被譯成了孟加拉語。

　　在公眾生活中，漸漸拋頭露面的跨世紀的新一代對憲法限制
下之煽動不再滿足，對僅僅以增多印度民眾公眾設施，周密印度
憲法爲目的也不再滿意。印度傳統文化通過「Ramakrishna
Mission」和「Arya Samaj」復活了。新的印度民族自我意識佔據
了年輕一代的心靈。他們不再相信宗教，但相信傳統文化的深遠
影響。「Maharashtrian」和孟加拉恐怖主義並沒有考慮這種期待
建立起來的社會政治秩序，而僅僅希望印度脫離外國統治，使印
度成爲印度意義上的印度。

　　十九世紀下半葉，遠在金色海岸埃及這種運動也發生了。半
個世紀以後，東非也爆發了，在敘利亞、伊拉克，同樣的形式也
出現了。在擁有較小知識界的國度，運動的範圍、強度並不亞於
印度。

　　在這些小國家，存在著一種傾向，認爲老一輩憲法下的自由
主義、小打小鬧的改革都是從屬於外國侵略者的，他們對外國文
化、外國政府體制感到茫茫然，後來，知識份子政治化的民族主
義以各種形式出現，這對形成更完善、更光明的體系起到了強化
作用。亞非的知識份子中具有社會主義傾向的政治活動產生於第
一次世界大戰後，發展於第二次世界大戰後，這種形式展示了潛
在的強烈的愛國主義意識。

　　對政治上的關心起源於早期的政治興趣，與對傳統文化產生
的高度敏感喚起的愛國情緒融匯貫通。「第二代」（second
generation）的政治活動比前輩們開展得更深入，到現在仍餘音繚

繞，而新政治運動的深度也更強烈，更有政治意義。亞非知識界的政治化使自由的上一代名譽掃地，操著標準的法語、英語，受過良好教育、溫文爾雅、對政治以外的東西感興趣，這種紳士行為不再適用於這一代人了。

參與外國捲入的世界主義運動對第二代的政治運動有著推動作用。第二代的知識份子像那些前輩或後輩一樣，也接觸西方文化。在亞非的極端愛國主義運動，在西方被認為合法，於是，他們從國外尋找支持和安慰，他們認為他們的行動是跟隨世界潮流的，這種潮流向著新的自由體系邁進，成為世界一部分的觀念融匯到了國內外關係日益緊張的第二代政治運動中，也加劇了與之衝突的愛國主義。

印度第二代處於初級階段時，在亞非殖民地國家中，這運動還僅僅是一個概念。那時，俄國革命爆發了。不久，甘地在印度政治上佔領了優勢，這兩個運動喚起了民粹意識，這種意識在先前的愛國運動中已悄然存在了。

第二代早期領導者對「古老傳統」（ancient traditions）漠不關心。與之相比，早期政治家則是自由溫和並且激進的，在甘地和列寧的引導下，他們上升到了中心地位。

殖民地國家的政治並不專業化，但它已成為一種行業，許多人為政治而服務，而不是像專業政客那樣吃政治飯。由於殖民地內的知識份子與其所處的社會層次有緊密聯繫，因此，他們的政見常常很深刻，同時，知識份子對政治也充滿熱情和才幹。

如人們所預料，知識份子對政治的熱情極大地影響了年輕一代。律師和一些政府中就職的官員和職員，或是極願意從事此業的人，紛紛成為政治領導階層。緊跟其後的是學院、綜合性大學及高等學府的學生，雖然他們本身沒有這些教育機構。第二代的

絕大部分政治號召和運動都來自學生。

事實上，第三階段的知識份子政治是由一些處在專橫統治者領導下的知識份子所控制。

這一階段，獲取了革命果實的知識份子從知識份子階級中分離出來，知識份子政客的陣營產生了分裂。一個部門的政權被知識份子掌握，最初執政時他們還不能充分勝任，於是依靠在權的知識份子，但漸漸地，他們覺得自己不同於在野的知識份子了；他們把知識份子看成是愛發牢騷、不可理喻的吹毛求疵者或是民族的道德墮落者。當權知識份子也不再感覺自己像在為獨立而奮鬥時那樣與知識份子階層有密切的相關了。政府的職責和挑戰使得他們不敢有些許的鬆懈，在花大量時間和那些非知識份子或早已脫離知識份子隊伍的黨政首腦或要員周旋時，他們的知識份子意識減少了，對昔日戰友的反動言行就越來越感到不順眼了。

反對派磁鐵般吸引著知識份子這一事實，加劇了知識份子階層的分裂。儘管在最高層政權的領導中，有許多受過薰陶的知識份子，他們由於搞過運動，管理過事務而成為了強硬的政客，因而也不再關注知識份子的利益和事務。所以那些仍屬專業知識份子的人就很自然地、習慣地站到了對立面，雖然他們常聚集在公共場所或咖啡廳，外表上在談論研究課題，彷彿是個純粹的自我意識上的知識份子。

當權知識份子的轉變暴露了反對派的雙重心理。對權力的憎恨常常不過是對之迷戀的另一面。知識份子一旦當權，立刻認同了曾恨之入骨的政權，並全身心投入反對他們原先所努力爭取的東西。他們已將自己與政權合二為一，並認為自己就是政權的象徵。在為獨立而奮鬥期間，他們認為自己是民族的代表，誰反對他們，誰就是人民大眾的對立者，就是把靈魂賣給了外國人；而

一旦他們掌握了政權，他們就把自我等同於政府，所有反對他們的人就成了政府的敵人。

從另一方面來說，反對派的心理保留了所有舊面貌。他們對官僚主義僅僅是泛泛而無關痛癢地批評一通；指責政府腐敗時，僅僅宣稱這是脫離民眾，背叛了民族道德，這也被指責其敗壞國家在世界的聲譽，企圖推翻政府建立又一殖民地國家。

第三階段的反對派心理具有第二階段所不曾具有的特點，例如：覺醒意識。第二代的反對者幻想一種無形的、融洽而輕鬆快樂的社會狀況；而殖民期後的反對派沒有這種烏托邦式的閒適來安慰他們的憂鬱。

被捲入激烈政治運動中的反對主義使在野的反對派陷入消極狀態；並非是政治不再吸引他們，而是許多知識份子從中深感沮喪。

在其他方面，相當堅實的政體流於一種刻板的政治運動中的極端主義。在某些時候，這種極端者消極的選擇偽裝為傳統主義；換句話說，偽裝成列寧主義的面孔。這兩者都在更高理想的名譽下，培養了一種緊張情緒，以及完全是對混亂妥協的在職政府的排斥。

V

實際上，每個新政府初始總採用一種有代表性的政體，以允許公眾自由。不管此政府在歷史上民主的協議式的因素怎麼樣，事實上，選擇和確定政體的特點就證明了知識份子在新政府建立中所起的作用。只有通過知識份子接觸了周圍大世界中的現代政

治觀點,種種決定才能做出。單單這便足以證明那些活著的貴族的後代。在殖民地時期是現代政治生活的第一階段。

新政權的命運,不管是堅持了民主還是退回到獨裁的政府,仍像未來的一切那樣不可斷定。然而,只要他們不解體爲幾個地域性的小王國,只要他們至少立志於「現代」(modern),知識份子將繼續在未來的社會層次形成中產生巨大的作用。

在大多數新政府中,知識份子在統治階層佔有重要的地位,儘管他們的地位不如搞政治運動時那麼有影響。隨著新政權的鞏固,政治成爲一種職業,而不再是一種號召的工具。原先出現的專業政客、軍事人員及平民百姓被迫在外表上減少知識份子氣。政治機器的形成已經不可避免地、也將始終意味著要求組織者必須略具知識份子的處世方法、興趣愛好或憐憫心,這樣才能在政治英才中取得更傑出的地位。反對黨包括相當一部分身居要職者,他們的任務是剔除生活在現代知識份子傳統中的那一部分。

即使在政府中,如果有點民主的話,一些專業政客的領導人物也願意接受和贊助知識份子。現代教育的威望將繼續升高,因此任何政黨和政府都希望接近他們,而且,適合當政治領袖的人必將層出不窮,這就迫使黨派領袖雖不情願但也不得不注意知識份子的動向。然而,同時,知識份子的敵對傾向和對任何政客,尤其是新政府中政客的刻薄抨擊,將加劇他們的不情願。

只要反對黨存在,就會理所當然地接近知識份子,以便替他們抨擊政府及其領導人。這些反對黨成爲他們天然的避難所。

當不發達國家完全被獨裁者或某軍事集團或一個政黨所控制時,以較狹隘的方面來說,知識份子在政治生活中的地位將下降。公關的政治活動減少和縮小了知識份子的活動範圍,更有甚者,因爲意識型態的屬性,一黨政體極可能在領導階層中給部分

知識份子以一席之地。

撇開不發達國家的民主問題，知識份子毫無疑問地將繼續為民眾福利和高等教育奔走。當政府擴大自己的活動範圍，當對工程、教育、公共宣傳、保健和社會福利、社會調查及自然科學的高素質人員的需求增加時，知識份子將大大增加。

如果新政府在獨立的第一個世紀就避免拉丁美洲國家的命運而發展經濟謀求社會進步，知識份子對國家政體會不予關心而使自己本身的隊伍日益擴大，更具色彩。他們將在自身文化機構系統中，在不同的技術、管理、教育、醫療方面得到充分發展。

很大程度上，知識份子在社會中的結構取決於知識份子供與求之間的平衡的建立。如果高等學府的畢業生很充足，那麼他們的工資待遇將很低。讓我們設想，當新國家的經濟朝著大生產方面發展，衡量文藝的政治生命的標準會在現行的壓力下倖存下來。當知識份子在實用科技、政府部門、工商業管理部門、科技、學術研究和文學領域中找到職業時，他們會比現在更多姿多彩。由於這種多樣化，他們會少些情感，少些常識般的意識。

比起過去，新知識界將出現更多的專業化、更多的世俗化而減少些文化同情，他們的觀點也會少些政治化而多些實用性和職業性。正像發達國家長期以來顯示的，每種文化職業養成了自己獨特的傳統和工作方式，和過去一樣，這些傳統吸收利用了發達國家豐富多彩的文化傳統，創造力得到肯定和認同，為此，必須提供一種必要的客觀實現方式。不發達國家的知識份子在此過程中，停止向依附型、偏狹型方向發展。在世界知識共同體中，他們必將成為有的已經成為完全平等的公民。種種世俗領域的經濟生活為知識份子提供了有成果、令人滿意的職業機會。獨立的創造性和吸收性主導傳統的建立，也許會促進思想分歧的減少。雖

然，不會徹底根除但能減少事變的頻繁，平息事變的粗暴。許多
對政治頗有興趣的人不再那麼強烈地要直接參與日常的政治生
活。他們中更多人願意在國家的發展中起基本的、但並非是立竿
見影的作用。他們不再像現在那樣對周圍不時出現的問題那麼關
心，他們處理長久意義上的問題。面對政黨制的眼前問題或在職
的社會名流的觀點有所疏忽。那些來自源頭的意見和來自人事研
究的長期發展的間接政治影響帶來了很大程度上的滿足。政治家
們也許學會欣賞平等，也許對於參與這種活動的知識團體有更大
的價值。

　　知識份子很可能保持著直接參與政治的基本愛好。現代文化
的傳統根源的深厚，使得這種鍛鍊知識份子力量的內在傾向不可
避免。知識份子的政治激情不必是革命化或意識型態化，在世俗
秩序中同樣起作用。在競選、國會、議席的政治立場方面的觀
點，知識份子繼續起著獨特和必須的作用。爲了這種存在的可
能，政治社會——世俗秩序本身必須首先存在。

　　這就給我們帶來了政治發展的一個典型的反論。知識份子要
繼承他們眞正的地位，他們必須生活在政治社會中，但如果這些
最大的受益者不幫著克服重重困難的話，世俗秩序就建立不起來
了。其中的一些困難存在於知識份子本身，存在於進入他們內部
的政治、文化傳統。這結果取決於他們在現代社會中的代表禮
儀，他們必須用他們的才幹、優點、好運來超越他們本身的缺
陷、濃重的無禮和傳統規則的頑固不化。

20.知識份子、輿論與經濟發展

I

　　直至十九世紀後半葉，西方國家的經濟都是在沒有知識份子推動的情況下向前發展的，技術革新家、企業家和經理人均沒有受過高等教育，他們對知識幾乎沒有什麼興趣，只是在金融業中，由於有少數幾個人，如李嘉圖（David Ricardo）、羅傑斯（Samael Rogers）、格羅特（George Grote）等的出現，情況才稍有不同，但也僅此而已，因爲金融業的發展同樣未能夠得到經濟學家及其他專業或業餘人才的推動。大學裏的研究生們對自己國家中商業與工業的實際情況不聞不問，而熱衷於成爲學者、神父或教父、政府官員（這種情況最先出現在德國，然後逐漸擴展到歐洲各國），他們也進入醫藥界、法律界，但卻從來未進入自己國家經濟生活這一關鍵領域。相較而言，英國知識份子對經濟算是最爲感興趣的了，然而他們實際參與經濟活動的量卻是最少的；在法國，由於有幾個聖西門的擁護者，情況稍好一點，但也僅此而己；在德國，一個人受過高等教育和追求知識反而成爲這

個人不願意參加創造性經濟活動的標誌，在美國，大企業家既沒受過高等教育，更非知識份子。

　　值得慶幸的是，當時的經濟生活還用不著知識份子的參與，而是靈巧而富於發明創造力的手工藝人（這點在工程及其相近行業中表現得尤其突出）。商業不可抑制的慾望與極強的隨機應變能力，成為歐洲十六世紀到十九世紀末巨大經濟發展的強大動力。不時地會有某個大物理學家或數學家發明了某種機器並將其應用於工業，但是，這些機械發明的大部分不過是些中看不中用的玩意兒；絕大部分機械發明均來自在某一行業中工作的人（企業家或工人）。有目的地憑藉科學手段來孕育技術發明這一現象，只是在十九世紀末才開始出現。從本世紀開始，首先在化學領域裏，大學裏的研究生們憑藉課堂上獲得的專門知識和科學的工作方法，開始在工業部門發揮重要作用。只是到了二○世紀，許多大型企業和聯合企業才開始紛紛建立大型的科學實驗室（應用性和純理論性的均有）。塑膠、合成纖維、輕型金屬、噴汽機螺旋槳——諸如此類標誌著現代工業技術水準的發明創造，均是透過名牌大學或技術學院中物理系、數學系、化學系、冶金系、航空系等研究生的研究工作而取得的。工業和商業中重要的發明創造，都是由此類院校實驗室中培養出來的工程師和科學家做出的。儘管如此，在那些效率和人民生活水準均在不斷提高的國家（加拿大、美國、比利時、義大利、西德等）中，現代工業進步的主要推動力仍來自未受過教育或受教育不多的人們。企業的價值取向仍是基於傳統之上的，而這種傳統歷來不為知識份子所廣泛認同。

　　新興國家如印度、印尼、緬甸、馬來西亞、加納和斯里蘭卡的情況又很不同。這些國家的工業中沒有會發明創造的能工巧

匠，也沒有富於創新、敢於承擔風險的企業家。這些國家的工匠，不論技術如何熟練，總是僅僅局限於某一固定的傳統行業，遇到新問題時，若沒有他人的用心幫助，就會一籌莫展。這些國家中，工業企業家大都是外國人，有才幹的本國人經營的幾乎都是商業和金融業。創造了歐美工業文明的那種階層的人士，對於這些國家工業的發展幾乎起不了什麼作用。對工業化和現代化最熱情的支持，來自於那些與西方各國有密切聯繫的人們（不論他們是生活在歐、美各國，還是以歐美各國代理人的身分生活在這些國家）。與西方的接觸方式，主要是透過西方的教育機構，或者是由西方出資或贊助的本國教育機構這兩種方式。受過教育的人所嚮往的工業文明，是業已存在於西方（包括蘇聯）的那種形式和規模的工業文明。野心勃勃的獨立手工藝人所建立的小規模工業企業根本引不起那些受過教育的人的注意。工業化與現代化的主要支持者是知識份子（儘管他們不是唯一的支持者，也不一定是最有力的支持者），他們所認為的工業化，在很大程度上，應由從未受過任何技術訓練，也沒有任何實際經濟工作經歷的知識份子，即他們自己來承擔。大部分新興國家中流行的是這樣一種觀點：西方工業發展的過程不適用於本國實際情況，提高工業產出和效益的方法只能是透過計畫、政府創業、政府管理，有目的地應用科學手段和和方法以解決實際問題。在某種程度上，上述觀點來源於如下的觀念，即生意人要麼是外國剝削者，要麼就是貪污腐敗、目光短淺，與金融業相互勾結，任意操縱市場的奸商。這些生意人對他們自己的創造力，承擔風險的能力，甚至利用工業來達到增加財富的目的等均缺乏自信。事實上，人們對商業缺乏敬意，更深層的原因是人們歷來對商業的功能及其活動持鄙夷態度。知識份子對商業的一貫不信任態度，部分是一個宗教

問題，部分是強有力的宗親制度的產物。不管這種不信任的根源在哪裏，有一點是顯然的，那就是，在推進新興國家工業化的過程中，各國的統治階級將不會過多的考慮個體商人的作用。

這樣，工業進步中的人力資源就必須由知識份子來構成，他們是大學培訓的政府官員、科學家、經濟學家，以及往技術學院系統培訓，而不是工人中靠經驗產生的工程師等。

受過良好理論和應用經濟學教育的經濟學家們，在新興國家裏推行經濟發展計畫時，比在那些經濟發展早已定型的國家中更容易做到所推行計畫的一致性和完整性。因為那些已定型的國家中有一大批經驗豐富，力量強大的商人集團，他們會對計畫的實施產生影響。二次大戰後，英國決定採用政府計畫的經濟體制，當時有大批經驗豐富的商人可用來充任政府文職人員，有一大批受過大學教育的，在大學、研究機構、經濟刊物出版等部門從事教育、研究和撰寫文章的經濟專家出任政府官員。貧窮國家則缺乏這種資源。情況最好的國家，充其量不過在大學或文職人員中有數個高級經濟專家，有數個可充任文職官員的商人（但即使有，政府一般也不願意使用他們）。那些較差的國家則幾乎缺乏所有這些人才資源。這些國家中，體力充沛的人都喜歡選擇警察為其終身職業，智力超常者則加入了行政官員的行列。在這些國家中能夠經營大型企業的工業家屈指可數。

大部分這種類型的國家所需要的高級經濟專家、高級經濟——行政官員、統計學家要比目前所能提供的質量高得多。大型建設項目如水力發電站、工廠、鐵路等都需要一大批受過高等技術教育的工程師，改善農業就需要有受過適當教育的人員從事農業研究和其他一系列相關工作。另外，幾乎所有新興國家都想躋身「福利國」（welfare state）的行列，要實現這一目的，就必須有

大批訓練有素的教師（小學到大學），他們所從事的工作有的只是少數幾個人能懂的專業科學研究，也有偏遠落後村莊中校園外的各種活動；還必須有物理學家和社會工作者；還必須有記者、電影劇作家、作家和評論家以進行文化傳播。總之，必須有一大批知識份子去身體力行，才能使經濟計畫得以完成，才能使社會進步得以實現。

今天，知識份子在自己所從事的領域內能夠充分發揮自己的創造力，且具有權威。賦予他們這樣的重任，恐怕在世界歷史上也是前所未有的。我們需要具有客觀判斷能力，求知慾極強的人，他們能夠感受到哪怕微小的經濟增長，他們能夠理解經濟活動的複雜性和不可控制性，而這種複雜性和不可控制性均是創造性經濟活動中不可避免會碰到的問題。不過，知識份子對如此艱鉅任務能否勝任，有多大的把握仍是一個問題。還需要有大量的律師，具有一般文學興趣的文學士，許多能言善辯，敢於諍言的時事評論家，在這一大批知識份子中，還應有極少數最最優秀的高級知識份子。所有這些知識份子，面對各種困難而不倦地工作著。

II

亞洲新興國家均具有強大的文化傳統，佔主導地位的是宗教。因此，宗教傳說極受人們的崇敬。這種文化的最終產物（或最終產物之一）就是宗教對個性的征服。不貪求世上的物質享受，為達到淨化靈魂的目的，對世間有生命還是無生命物的奉獻持規避態度，所有這些都集中反映了這些國家傳統的文化活動。

由於文化傳統中宗教色彩太濃，使得許多傑出的知識人才均致力於經書的詮釋而不能他顧。傳統的學府只對古代經卷的詮釋感興趣。日常社交、匠人工作及經驗、對自然現象（物理的、化學的）的探求等均不是這些國家中傳統知識份子所感興趣的東西。

目前，在這些國家中，現代知識份子對於傳統知識份子持鄙夷的態度。傳統知識份子認為是神聖的，現代知識份子則認為是迷信的或無足輕重的。這兩個知識份子集團間幾乎沒什麼接觸。他們的生活方式、文化興趣和所追求的知識有天壤之別。不過他們之間有一點是共同的，那就是都希望自己國家的經濟能夠得到發展。

低度發展國家中的現代知識份子在思想與文化方面，顯示了很強的同一性。長篇小說沒有能夠在西方之外（不包括日本）國家繁榮的原因有許多，其中一個重要原因是因為這些國家不能體驗日常實實在在的生活。在這些經濟欠發達國家中，小說與傳記中有關普遍現象的自然主義描寫與回憶性的寫實均不多見。這種現象不只存在於文學領域，其他領域也有類似的情況。學習工程與自然科學（特別是實驗性較強的生物學與物理學）的人幾乎不懂人文科學，反之亦然。透過實驗探求知識（一般都相當危險，如美國），尤其是那些需要田野工作的學科，低度發展國家中的優秀人才幾乎從不涉足。

這種狀況，部分應歸咎於西方國家的影響。西方統治者在印度、緬甸、印尼設立了大批中等學校、大專院校，以培養中、低級公務員、高級職員則由西方各國的人或者受過當地大學教育的人擔任。因此，只要院校是由當地主辦的，其實質就不會有太大改變（不論在獨立前，還是獨立後）。這些院校根本不打算培養科學家，也不打算培養工程師。這種情況，在一定程度上曾存在

於十九世紀的英國（當時的殖民帝國），人們認為培養科學家與工程師並不是大學的事情。此外，新興國家中土生土長的工程師或科學家就業機會偏少，也是造成此種狀況的一個重要原因。未獨立的國家在工業化後，其高級科技人員均來自殖民國。受過教育的人們對於接受科學技術知識缺乏功力和刺激。這樣，從傳統上來說，科學與工程技術得不到其應有的支持。

綜上所述，對知識的漠不關心，對操掌自然界缺乏熱情，以及對實在事物感覺遲鈍，都深深紮根於這些國家自有的舊傳統和由西方統治者輸入的新傳統之中。由於這個緣故，低度發展國家中有文化的階層人士，不論他們認為應如何發展科學與技術，都是做不好或做不到的。

此外，儘管傳統藝術、音樂、雕刻與宗教的內在價值又開始受到人們的普遍重視，然而崇尚西方文化的風氣依然是愈演愈烈，即使是傳統文化受到世界普遍認同的印度及其他亞洲各國也不例外。不僅那些在牛津、劍橋、海德堡、巴黎或麻省等習過的人崇尚西方文化，那些從未在國外讀過書的人也對西方文化有著強烈的認同感。他們熟悉《新政治家》（*New Statesman*）、《經濟學人》（*Economist*）雜誌，認識羅素（Bertrand Russell）、艾略特（T. S. Eliot）、海明威（Hemingway）、沙特（Sartre）格林、（Graham Greene）、卡繆（Camus）、奧登（Auden）及福克納（Faulkner）；他們對英國工黨內的爭論瞭如指掌，也熟知貝克特（Samuel Beckett）的戲劇。在亞洲國家中，甚至於科學家的工作，也受英、美、德等國科學家的影響，好像存在著一個無形的指導機構似的，而英、美、德等國的科學家卻不會有這種態度。這種外國（指西方各國）文化引力中心的形成，在一定程度上，是由於各新興國家對西方各國科學、文化、哲學等活動（儘

管質量均很高）的過度崇拜。當然，這不是文化引力中心轉移的唯一理由；即使這一理由成立，它也不會產生阻礙經濟發展和國民素質提高的作用。恰恰是伴隨文化引力中心轉移而來的恐外情緒（xenophilia），才會對低度發展國家的文化、科學和經濟構成危害。

恐外情緒與狂熱的民族至上主義並存並不矛盾。實際上，極端民族主義者經常會不自覺地感到自己是一個具有恐外情緒的人，恐外情緒的危害不是人們所稱的「知識份子與人民相分離」，因為在落後的國家裏，知識份子不是相互攻訐，就是受反對他們的政客或外國觀察員的口誅筆伐。

在任何國家裏，知識份子確實是「與人民相分離」的，實際上也應如此。每個社會中，不同的技術均與不同人的愛好與觀點相聯繫，這樣才能產生勞動分工的需要。若一個社會中，不允許有個人與個人之間絲毫的獨立，這樣社會肯定不會得到人們的尊敬；即使在要求個人愛好和觀點高度統一的集權體制下，儘管政府不喜歡，仍存在著一定程度的獨立性。恐外情緒是有害的，因為它表明國民對外來文化有極強之抵制心理，對社會與物質世界漠不關心，這樣就幾乎使文化的植入成為不可能，最終，國民對自己的優、缺點，存在的問題，以及自己的喜好均不能做出正確的估計。這樣，勢必使所有人民結成一個現代國家的凝聚意識不斷淡化。這樣的「社會盲點」（social scotoma），並不是由於西方化而造成的；它是階層制社會（hierarchical society），即較高等級的人對其等級以下的人缺乏感情而造成的，這種階層制更由於仍廣泛存在於社會中的強大的宗親關係網而得到進一步的強化。它也是「不沉湎」（nonattachment）這一宗教傳統的產物。「不沉湎」這一宗教傳統，在較為發達的宗教如印度教、佛教和

伊斯蘭教中備受重視，並且這一傳統，在不同的具體宗教背景下，以其各自不同的方式，正日益頻繁地被人們所感覺到。

III

有效的經濟發展，不僅僅會使機床、播種機、船舶噸位等的絕對數字增大，它還會透過自我擴張這一自動過程，使勞動生產率和人民的生活水準計畫提高，有效的經濟發展不僅需要資本、熟練勞動力和自然資源，還需要能夠對企業營運的實際狀況與適應能力做出估計，訂出計畫並且確保在計畫與營運管理方面有充足的人力供應。這一點異常重要。在本文第一部分中，我們已對影響人才充足供應的各種可能障礙做了闡述。但是，對於計畫者和營運者應如何對機器與人力之間的搭配關係做出評估，還沒有予以充分討論。迄今為止，人們普遍認為，評估各個發展項目和整個經濟計畫的有效性應由政府、或政府召集外國專家來做。

但這是不夠的。政府不應成為唯一的評估者。只有在政府是機器設備、人力的唯一支配者的前提下，才需要政府對過去的營運活動做出客觀評估，並依此制定出未來的計畫。也不應依賴外國專家來做此評估。因為他們對實際情況缺乏了解，這會造成評估的不真實。此外，為了取悅低度發展國家政府，這些外國專家會對其同事們採取諂媚、拉攏的態度。因此，評估部門應由該國獨立的機構來完成，這些機構的人員應由獨立的、與被評估人是有同樣文化背景的人來充任。

計畫的制定者與執行者，均受過良好的教育，作風幹練，有紮實的經濟理論知識，熟悉經濟管理。但僅此還不夠，還應具備

好的信譽，對自己所從事的事業滿懷熱情，充滿信心。他們能以輕鬆的心情對待失敗，小視困難，對自己也不過分自責。其理由是：身居高位的官員，由於長期任某一職務，會對他所從事的領域非常熟悉，並會對現實形成一種不太輕易改變的看法。這些人的心理負擔一般很重，在沒有他人幫助的情況下做出獨立和事關全局的決定時，他們會覺得沒有足夠的精力和時間。（可惜稱職的人才實在太少，而政府低級部門中雖有冗員，卻缺少優秀人才可供利用。）。

進一步而言，幾乎所有的高級公務員與經濟顧問均是知識份子。他們的世界觀是現代化的，接受的文化是西方的（雖然政治上不一定是親西方的）。這樣，他們一般不被政府官員所信任。儘管這些政府官員也是知識份子出身，但由於他們更具大衆和民主傾向，他們傾向於批評那些在外學成者。這些學者在國內的生活方式或多或少有些西化，並且在學術方面取汲的成就也較政府官員爲高。與政府官員相比較而言，管理人員處境有些不妙。因爲當政治家們在爲國家的獨立而奮鬥時，高級管理人員卻在國外統治者領導下的工廠、學校工作。高級管理人員對由此而招致的批評甚爲敏感，這樣就大大削弱了他們反對自己政治上司一些不切實際的空想與計畫的勇氣。由於以上種種原因，政府內部有效的自我反省就顯得不夠。又因爲新興國家都傾向於向社會主義發展，因此，針對資本主義社會中，私有性市場競爭和破產等環境所做的評估就不能適應於這些國家的實際情況。因此，來自政府外部的、詳細而有建設性的批評，即興論（public opinion），就成爲一種必不可少的手段。僅僅依賴於觀察經濟發展數量方面的表現是還不夠的。

蘇聯在東歐的衛星國的經濟計畫是失敗的例子。這部分是由

於蘇聯對這些「殖民地」（colonial）以經濟剝削，更為重要的原因是，由於計畫的制定者與經營者被剝奪了他們反省的權利，而這種反省正可以使他們發現自己是否犯了錯誤，並告訴他們如何去改正錯誤。公正的批評必須擁有一定的自由度，它不應受到政府的控制和審查。在新興的非共產主義國家中，這種自由廣泛存在著。除此之外，還應保證有廣泛的外部約束機制。還應有對政治感興趣的知識份子，不論其專業為何；需要有精明的經濟專家，具有責任感和實踐能力，思想敏銳、頭腦活躍的思想家。他們為了自己國家的人民，能夠過上好生活而盡心盡力地工作著，他們摒棄一切教條主義和盲目狂熱行為。這種人才普遍匱乏，低度發展國家尤甚。它需要批評意見的機構，如經濟上自立的出版社，校園內外民間或各利益集團的民聲研究機構，國會透過辯論與諮詢的方式發揮那些自己雖有興趣卻無法顧及的事或人。這樣的機構在新興的經濟低度發展國家中也很少見。

　　在幾乎所有這種類型的國家中，由於政府是最大的經營管理者，使得有才幹的、訓練有素的知識份子的供需矛盾更加尖銳，最優秀的知識份子均被政府用高薪、特權和比大學、報社、雜誌社與私人企業好得多的職位等條件聘用，這樣中產階級甚至國家本身也失去了應有的輿論監督。由於文化與政治的傳統的作用，現在已經到了非足以輿論不可的時刻。

　　有組織的輿論機構有報社、國會、大學和民間與各種利益團體。這些機構在目的上與政府是一致的，與政府有緊密的聯繫，他們希望國家興盛如同希望自己興旺一樣。電台則一般由政府或公共公司控制，電台批評政府的行為一般較難，它需要電台的領導具有很高的能力才能做到，這一點在低度發展國家中還未做到。因此，出版機構（報紙或期刊）就應負擔起批評和傳播公眾

和政府意見的使命。

　　新興國家中的報社還承受著許多其他的壓力，許多優秀的評論員（實際的或可能的）不斷退出新聞部門，最終被政府所擁有，使得這種輿論監督形同虛設。其他的壓力還有諸如高文盲率和貧困，使報紙的發行量受到限制，這樣，銷售收入和私營企業廣告收入就會太低，不能維持正常的發行量。最終，報紙將被限制在一個狹窄的範圍內發行，要麼依靠政府的廣告收入，要麼承認政府為出資人，否則就無法生存下去。這點與西方國家截然不同，地方政府退出在某一較為尖銳的報紙上作廣告，這種制裁措施常常有深遠的影響，它會使其他報紙在報導政府較為敏感的問題時變得小心翼翼，使他們不敢過分追究事情的來龍去脈。即使有很強經濟實力的報社，也不敢為消息過於靈通的批評家提供太多的發言機會，以免引起不必要的麻煩。

　　報社缺少資金還意味著記者的工資很低。報社很難吸引有才幹的年輕人。人員有限，不能進行必要的分工，以對經濟計畫中各種專門問題進行分門別類的判斷和評價。構成一個有組織的、能提供建設性意見的、負責任的輿論機構，除上述明顯的阻力外，還有一些來自歷史的深遠原因。首先，對現象世界的種種「不沉湎」這一新興國家的古老傳統，被新聞業表達為對事實的冷漠（factual uninterestedness）。當然，他們並不是有意要傳播不實訊息（儘管不實訊息已成為經常事件），只是由於他們對於事實缺乏追根究柢的熱情，而強烈的好奇心，對於目前發生事件的「什麼、哪裏、何時」極感興趣，正是一個好的新聞記者和高級分析專家或評論家所必須具備的素質。

　　這種不求實的工作態度，由於國家獨立鬥爭時期的客觀需要，曾被強化過。除外國人擁有或編輯的報紙外，外國統治者統

治時期的新聞風格幾乎都是煽動性、聳人聽聞的。對於細節的過分追究和正經的研究，被認為是沒有必要或不合時宜。只是在本世紀五〇年代，才有少數自由民族主義者（他們崇尚人民民族主義），才開始把愛國自由主義與華麗的文體一道拋棄。僅僅是反對使用華麗詞藻和不斷地抱怨世道的不公平，還不足以稱之為公平的評價和批評。不可能執政的在野黨解決問題的思路不可能影響到執政黨。新聞業在低度發展國家中是當作為某一理想服務的工具，它不是一種職業或商業，這一特點至今仍存留在低度發展國家的新聞業中。即使編輯有心讓記者去挖掘事實依據，他們實際上都並不希望記者真的這樣去幹。記者們也不認為發表新聞背景報導是他們自己的職責。一旦政府新聞官員「發佈」（handout）了某一條新聞，他們就算是完成了任務。結果，報刊雜誌充斥了內閣部長、國民議員等的長篇大論、官方公佈的新聞。頭二版新聞不是立足於對政府或私人經濟、政治等活動的研究。因此，文章就顯得很普通，要麼肯定、要麼否定，缺少不同意見間的爭論。只要報導不合於傳統，即使報導屬實、很重要，若被國會調查委員會發現，就不會見諸報端。人們發現，報導西方的政策走向和白人對有色人種的壓迫，要比報導本國的日常問題容易得多。

　　還有一點需要說明的是，詳細的訊息不一定就對政府有用。國會開會的報導要經過很長時間才能出現在報紙上。政府和公營公司的各種報告要見諸報端也要相當長一段時間，而且這種報告不易被人們獲得。政府不願意自己的行為被報紙批評或分析，這樣，他們就可以像外國統治者時那樣，繼續他們的統治。

　　新興國家中，對政府政策有效的、負責任的批評仍然沒有出現，障礙當然是很多的。即使已有足夠的證據，對政策持同情態

度的當事人也不願意在公開場合批評政府的行為。新興國家說穩
固是很穩固，說不穩固也很不穩固，他們在困難中摸索前行，有
些謹慎的知識份子對自己國家的獨立十分看重，而不願意看到這
種獨立的喪失。他們不願意外國人再來統治，但也不願意受制於
自己的人民，被他們「戳脊樑骨」。他們清楚新生的國家建立在
傳統思想與共產主義不斷侵蝕的不穩定基礎上，建立在貧困的農
民基礎上，他們盡力避免一切有可能削弱政府權威的行為。在改
善本國經濟的過程中，他們則盡力避免出現阻礙生氣勃勃景象的
任何阻力。新興國家中，一部分消息靈通，學識淵博的知識份
子，吸收了階層制度這一傳統思想，使他們的權力蒙上了一層神
秘色彩，這樣對他們進行批評簡直成了不可思議的事情。（這種
傳統看法，進一步提高了權威的神秘性，但同時也帶來了不合理
法，不顧事實的胡批亂鬥。由於新的統治集團官僚主義嚴重且不
尊重傳統，這樣就缺少了宗教文化中領袖魅力這一重要特點。這
成為對政治感興趣的各知識份子集團之間發生衝突的最重要根
源。）

　　新興國家的出版單位中，濫用批評的事情時有發生。有些是
小道消息傳播者造成的，有些是不滿現政府的人造成的，另有些
則是那些失意的理想主義者造成的。理想主義者之所以樂於為國
家的獨立而奮鬥，主要是出於深刻的種族感情和民族存亡的正義
感。一旦這些理想不能實現，他們便會對現政府產生不滿。當
然，這些批評都不是嚴肅認真的，他們對於如何用適合於治理現
代統一國家的方法，治理一個四分五裂、傳統色彩濃烈的國家所
會遇到的巨大困難知之甚少。濫用批評就像一個犬吠成性的狗，
只有當另一個更為強大的黨派或利益集團取代現行政府之後，才
可能使這種現象消失。這種批評從來就不是一種善意的、有益的

批評。這些故意的批評家，即使與政府有著共同的目標，他們也沒有絲毫實事求是的要求，更沒有賴以作爲實際評價和建設性建議的事實基礎。新興國家的政府對這樣的批評輕則壓制，重則迫害。政府成立自己的出版機構用來說出自己想聽的話。

由此背景可知，計畫編制官員和行政官員要從知識份子那裏獲得同情和全面的批評建議幾乎不太可能，因爲知識份子雖然不在政府任職，但他們卻不能獨立於那些官員已感知的世界而生活。而這些官員同樣沒有意識到竟有如此巨大數量的事實，而且這些事實間還有著千絲萬縷的必然聯繫。

同樣，立法者在了解執行者的工作情況時，報紙、雜誌對當前國家實際情況也給不出多少材料，也不能給予對政治感興趣的公眾以訊息和評價。因此，立法者需要更進一步依賴於執行官員和執政黨的中央官員。

IV

在目前，利用報紙、期刊對經濟政策或實踐進行有效的批評和獨立的評價，時機還不成熟。報紙、期刊在這方面的許多工作還有賴於諮詢工作的開展。諮詢工作是一定要進行的工作，有些國家已開展此項工作，一般由獨立的大專院校和研究所中的工作人員承擔。這些學者的觀點，透過學術刊物、專題論文、專著、講學、討論會、報紙或期刊的形式來發表。所有這些對指導和理解政府行爲均發揮了積極的作用。學校中正規的知識份子組織，作爲政府經濟活動的顧問，不論本身如何符合實際需要，如何重要，均不能取代上述形式的意見發表形式。在理想條件下，不定

期地召集大學中的經濟學家和人類學家開會，可以提供計畫人員和行政官員自己所能給出的更爲公正和廣泛的建議。不過，只有在顧問本人積累了大量知識的前提下（通過自己研究或他人的研究均可），才能保證諮詢富有成果。

與西方國家不同，新興國家中的學術研究，沒有爲公眾利益而進行公正和客觀研究的傳統。牛津統計學院、劍橋應用經濟學系，與哥倫比亞大學有密切聯繫的國家經濟研究所，大學中有能力的經濟學家、社會學家和政治科學專家，他們就政府關心的一系列問題、政策和活動一直研究不息；任教國立經濟與社會研究所（National Institute of Economic and Social Research）、任教艾克頓社團（Acton Society）、華盛頓布魯金斯研究所（Brookings Institution），所有他們的研究出版物等等。所有這些在新興國家中均找不到對應組織和機構。普拿（Poona）的小型果克黑爾經濟與政治科學研究院（Gokhale Institute of Economic and Political Science）在低度發展國家中可以算是獨一無二的，因爲該研究院中的知識份子完全獨立於政府，且他們是有很強的實驗能力和傾向。新德里的經濟與工業研究會（The Council of Economic and Industrial Research），儘管名義上是獨立的，但實際上，它所有的研究問題均由政府給予。政府提供研究問題這種形式，雖然不是一定會損害對所研究問題採取公正態度，但這確定在一定程度上會使政府失掉從更爲公正的經濟發展計畫研究中獲益的可能性。

目前，在新興國家中，實際上還沒有一個公正的社會研究是在大專院校以外的機構中完成的。印度計畫委任研究項目委員會、聯合國教科文組織（UNESCO），以及其他機構，對此問題還沒有給予太多的注意，近期內得到改善的希望也不太大。大學

與政府關係緊密，因此與出版機構一樣，大學要對政府的經濟政策和實踐做出公正、求實的分析研究也是比較困難的。一個青年人，若他在國內表現出了很強的學術研究能力，那麼他要麼出國深造，要麼被政府雇用，除此別無第三條路可走。當這個受到良好教育的青年人從西方學成回國後，他就具備了較高的學位、敏銳的分析能力、尊重事實和調查研究的意識，以及解釋經濟現狀的能力，這樣他一般會在國家某一個部裏被委以重任，或者在大學裡給他劃一個位置。若他接受了前者，那麼除了高薪水外，他還享有許多特權，並且他會有自己馬上可以為國家大幹一場的感覺，他還將整日與智力超群、文化素質高的其他知識份子為伍。若他接受了後者，除了低薪水外（比政府的薪水要低得多，他將面對枯燥乏味的教學工作和令人心煩的日常工作；他所擁有的圖書館很差，遠遠不如部裏的圖書館（部裏的圖書館利用現代的交通工具，可以以最快的速度得到任何在國外大學、紐約剛剛出版的重要著作，而大學的圖書館即使能獲得這種書，也需要經過很長一段時間才行）。此外，他會有年紀比他大的同事，這些人對他的既有成就滿懷妒忌，對他不能甚至不願提供任何有益的學術幫助。而對此種困難，即使他能寫出點東西來，他也得自掏腰包打印及出版。要出版研究成果，他將碰到異乎尋常的困難，如讀者範圍大小，出版世界缺乏組織的狀態。因此，許多人將會選擇前者，接受政府的任命。所以，除個別極端優秀的人才外，大學裏收集的幾乎都是二流角色。當然個別的優秀青年會選擇大學，但更多的是選擇了政府部門。這樣一直下去，情況只能是越來越糟。

　　同樣，出版部門也碰到了同樣的問題。要理解到底碰上了什麼樣的難題，計畫的哪個部分出了錯，如何才能避免此種錯誤，

就必須從一個較爲廣泛和公正的角度出發才能做得到，可見政府的計畫活動很難做到符合實際和嚴密細緻。現在，政府官員還不會從來自大學的批評中學到東西；相反，他們採用的是秘密和粗暴的手段，而這不僅影響了經濟的效率，也損害了政治的民主性。經過反覆傳播，大學研究成果會被報社、國會和公眾所同化，輿論需要有事實支持，政府若不顧事實，那它只能是在錯誤的道路上越走越遠。

V

雖然國會經常會犯錯誤，但它在形成輿論的過程中卻起著一定的作用。他們發揮作用的方式一般是對政府進行不斷的考察和批評，對政府不斷地施加壓力，最終使政府行爲符合理性。報紙上對學前爭論問題的報導之評價，在政治團體上較有文化的人群中引起注意，最終會透過不明朗的渠道達到公眾，形成輿論。在低度發展國家中，國會的日常工作不是受制於某一大黨派（如印度），就是受制於眾多的小黨。這些小黨中沒有一個可以大到足以形成一個穩定的政府，也沒有一個可以代爲有威脅的對立黨。在許多低度發展國家中，執政黨的立法者（這也同樣適用於反對黨，若有的話）在國家獨立運動中曾有過輝煌的歷史，他們英勇過人，富於獻身。而在需要紮實知識的專業工作中，在需要承擔風險和經營複雜的經濟組織活動中卻建樹甚少。即使他們早期所受教育很高，多年的政治動盪，鐵窗生涯，反對派別的謾罵，集團間的傾軋，使他們的知識水平又回到了他們二十來歲時的水平。進入行政部門的同齡人，無論在知識還是政治經驗方面均勝

他們一等。在公務員與控制公務員的立法者之間衝突一直不斷，這在任何社會中均不可避免，而這種情況，由於欠缺發達和龐大的經濟開發計畫，更趨惡化。立法者處於極其不利的地位，他們更需要新聞部門和大學裏知識份子的幫助。遺憾的是這種幫助目前還沒有。新聞部門和大學裏的知識份子不能給予他們任何幫助，原因前面已談過。此外，還由於知識份子對政府官員從來沒有好感，即使他們能夠給予幫助，他們也不願意這樣做。

在某些方面，低度發展國家中，執政黨或反對黨的普通議員、黨派政客，如同商人一樣，很不受人尊敬。不管發生任何衝突，若一邊是少數傑出的是有神秘色彩的領導人（他們領導了國家的獨立鬥爭），另一邊是地方一般的立法者，知識份子的同情心將會放在前者的一邊。新聞部門與大學裏的知識份子對於普通的立法人員幾乎不給予任何幫助。同時，由於知識份子的好奇心不強，缺乏一般市民所擁護的勇氣，「事實感不強」等，採用曝光方法，來阻礙普通立法人員以社區、宗教，甚至個人的名義對公務人員施加不恰當的壓力這一點上，知識份子起不到任何作用。

因此，不僅興論不能得益於國會（而這點在一個活潑、自信的國會前提下並不困難），國會還自顧不暇。國會中知識份子的素質普遍不高，所使用的知識份子均是在政府部門挑剩下，又被出版部門和高校挑過的人員。不論在一黨制下，還是在多黨制下，國會只能充當一個聽話的橡皮圖章的角色，那就是被動地、受強制地批准和擁護領導人。

VI

　　與低度發展國家不同，經歷過緩慢和分散發展的國家所考慮的均比較成熟。國會、新聞機構、獨立的知識份子階層，透過大量能夠避免惡意攻擊以謀求實現自己目標的自願團體把這三者連結在一起。這種民間的利益集團不存在於低度發展國家中。未獨立之前，低度發展國家的現代化只是一個部分的被動過程。公務員制度和大學體系，作為現代化的重要組成要事，統統由外國統治者來建立和控制，唯一土生土長的現代公共機構是反對黨的出版部門和煽動性政治活動。大型商業企業、教會和慈善機構、各種公共活動（國家復興和獨立的活動除外）均未產生。這些組織的政治領導還未產生，而這些領導在現代西方國家輿論的形成和傳播中起著重要的作用。地方政治活動不是國家復興和獨立鬥爭運動，就是純粹傳統意義上的活動，由於殖民統治，使得這些國家的現代市民生活未能產生。

　　雖然有諸如製造業者協會、商人聯合會這樣的現代利益集團，但要把這種團體普及開來，卻並非易事。環境對他們不利，知識份子不願受雇於他們，因為知識份子認為服務於商業是對自己理想的背叛。社區組織或政治組織，一般透過個人代表或示威遊行的方式來表達自己的願望，而不是採用分析或辯論的方式。因此，雖然低度發展國家也有來自壓力集團的壓力，但壓力集團表達他們的呼聲的方法卻很不正常，它不能使輿論的質量得到有效的改善。

　　要想把這巨大的差距縮小，只能依靠知識份子。低度發展國

家中的知識份子應承擔起行政領導和專家的責任,這是他們自己
國家的傳統、現狀以及他們自己成見所決定的。他們還應創造輿
論,提供客觀的專家建議。離開了這些,政府的計畫就會走上歧
路。

VII

　　低度發展國家若想按照他們自己希望的那樣向前發展,就必
須非常經濟地利用他們的物質資源,而要做到這一點,他們就必
須非常有效地開發和培養自己的知識份子責任。

　　這一任務非常艱鉅,也將碰到許多始料未及的困難。發展經
濟雖有困難,但至少有先例可循。知識發展,要兼顧科學和學者
的需要,要為公眾服務做好準備工作,這些都需要人們有目的地
去幹才行。不管幹得好壞,這些工作在西方國家中都是順其自然
發展的。總之,這樣的工作將異常的艱鉅,在此方面成功的先例
不多見,影響成功的不確定因素卻異常的多。

　　為了保證輿論能起到有效的作用,在一定程度上,批評者應
把自己放在與被批評者平等的位置上。批評者不應為隔離感或自
卑感而煩擾。被隔離感、依賴感等抱怨情緒會使一個人變得不再
坦率、不再有理智。因此,在權力所及範圍內,中央與地方政府
應努力在新聞界和高等學府中培養自治和自尊的風氣。透過有意
識地取消政治壓力,有意或無意地對評論員意見或學術觀點的自
由表達採取保護的措施,這一點並不難辦到。例如,高級職務應
由獨立於政府的董事會自行任命。所任命的人可以是外地人,也
可以是外國人,此外,還可以採用能使出版社和學院經濟獨立的

財政金融政策。如可以進一步增大對報紙、雜誌上所做廣告收入稅的減免額，私人對學校的捐獻在超過一定數量後，可以適當增大減免稅額等。

進一步地，應在高級公務員與學校員工之間建立一種高度平等的機制。在亞洲國家中，尊敬學者與教師的傳統是一種很有價值的資產，可惜這種情況由於對強有力的世俗當局的極度崇拜而遭到了破壞。很有必要按照現代社會的需要重建這種傳統。當然，對一種傳統進行重建，將會非常困難。提高知識份子素質，增加他們（至少應包括那些最優秀份子）的報酬則是一種間接的方法，這種方法還會帶來其他一些令人滿意的結果。

應有一、兩所一流的大專院校，其工資水平不低於具有同等能力的高級公務員的工資。這樣就使得高校中的優秀知識份子不致被政府部門全部搶走。應使學校工作與高級公務員的工作無論在收入水平上還是在學術上具有相同的吸引力。只有這樣才能為全面地評價經濟政策及其趨勢打下一個基礎。

到西方去學習以獲得高學識的學生在出國前就應有紮實的基礎，他們在國外的學習情況也應隨時督察，只有這樣，低度發展國家中優秀知識份子的絕對數量才能明顯地增加。目前，低度發展國家中有相當數量的青年人在美國和英國深造，花費了外國政府和私人機構提供的大量外匯。這些外匯的相當一部分使用不當，許多來自低度發展國家的學生適應不了當地國家的學習生活，他們對讀書不用功，浪費了大量的時間。是否可以在每一低度發展國家中設立一個獎學金委員會。該委員會應與有較多本國留學生就讀的大學建立合作關係，這樣就可以建立一個比現在更為有效的督促和指導體系。系主任、「外國學生顧問」（foreign-student advisers），對自己所管理學生的背景，這些學生回國後將

會碰到哪些實際問題均一無所知。因此，對於這些旅居國外的學生應如何有效地利用這一學習機會，他們提不出什麼有益的幫助。

　　把退休後的高級公務員吸引到學校的教學和研究隊伍中，也是一種有效的措施。高級公務員是低度發展國家的寶貴財富，退休後就任他們等死是不明智的做法。他們中的大多數來自高位，不僅智力超群，更有全面的文化知識。他們對目前局勢的獨到的分析和判斷，對學校生活是一種寶貴的補充，同樣，對輿論形成也是有益的。

　　高等職務的終身制（新興國家採用英國模式）有許多優點。它可以產生合作精神，保證政策的統一性與有效性。不過，從引入外部建議和純外部建議更中肯、貼切的觀點來看，就必須對這種模式做一些必要的修改。是否可以這樣，每次把那些願意從事研究工作、新聞來訪或教學工作的高級文職人員安排去工作一到兩年，然後再調回到他們原來的工作崗位，職位以假如他們不離開原職情況下現在可能得到的職位爲準。由於有了這種體驗，這些經濟學家（文職人員）就會對自己國家的現象採取一種較以前更爲尖銳的批評態度，他們還會經常地爲他們「外出」時所結識的人們通報消息。由共同體基金發起的一個類似組織，現在已開始運行。他們把國家管理階層的公務員送到國外進行學習和研究。本人認爲可分配的地方有「外國領土」（foreign territory）的工業、新聞業、自己國家的大學，或與自己有類似問題的其他低度發展國家。

　　政府也應針對出版行業制定一系列類似的措施，這是因爲新聞記者，包括社會科學的教授，應增強他們自己對經濟生活的理解，他們所研究的政策與活力應針對和限於本國所面臨的實際問

題。可以把新聞記者或教授作爲負有某種責任的正式人員的方式，分派到政府或私營企業裏工作一到兩年，然後再回到報社或學校，他們的職務按假如他們不離開而可能得到的職務來安排。

　　低度發展國家中的新聞工作者素質的提高，可以透過設立類似於尼曼研究基金的方法來實現。那些在自己國家的經濟和政治生活中做不懈努力的人，應給他們提供這樣的機會。低度發展國家中一旦建立了這種先進的大學中心，就應該設立研究基金。這不是哈佛、倫敦政經學院等的專利。由國際出版署發起而設立的地區性或國家級出版機構已在這方面有了令人欣慰的發展。

　　不管諮詢人員對政府和經濟領域如何精通，若他們手頭沒有準確的統計數據可供使用，他們的評價建議將不會比普通人更好。因此，政府應在多出版報告資料方面下功夫。出版資料所反映的恰恰就是經濟的實際情況，記者與研究人員可以很方便地獲取這些資料，而不必透過政府出版官員之手，公務員應將所有不屬於軍事保密性質的數據提供給新聞記者或研究人員。政府報告和國會各委員會的諮詢報告應保證及時發表，且很容易獲得。確實，政府出版部門很需要來個大整頓，這點在低度發展國家中顯得尤其重要。

　　以上所有措施均是爲了以下目的：①將新興國家中不同派別的知識份子團結在一起；②使他們更具實際精神；③對他們自己國家所面臨的問題有更清醒的看法；④更加意識到他們自己在推進經濟和社會發展中所負的責任。這些建議也許不過是自費唇舌，如果知識份子只想隨波逐流，或比隨波逐流好一點，成爲一個專業人員或者牢騷滿腹的空談家。那麼知識份子將不會有什麼影響力。對知識份子嫉妒，且聽不進批評的政客與公務員們，將仍然會繼續搖搖晃晃走他們的路，儘管路上佈滿了石頭。

21.新興國家政治發展中的
群眾領袖和中堅幹部

I

　　新興國家政治發展最大的威脅是蠱惑人心的政客。一種政治制度的建立，其先決條件是建立起有效的現代化管理體制、穩定的輿論機構、現代的教育體系、民眾的自由信念，以及能代表民意的、有審議權與立法權的機構。這些是政治發展的前提，是主權地區的居民能感到歸屬，且官方認為合法秩序建立的前提。政客的行為和主義，浮誇領袖人物的超凡魅力，有時也是通向這方面的捷徑。煽動者的行為和主張〔即過去所謂的「煽動」（rabble-rousing），現在所謂的「群眾動員」（mobilization of the masses）〕用華而不實的演說和個性魅力的顯現，努力使民眾結合成為一個偉大的民族。它幾乎總是要負擔那些反應敏捷的群眾領袖所提出的，極難實現的要求和期望。它具有煽動民眾的傾向，使民眾相信他們不時感受到的牢騷抱怨，是源於群眾領袖的政敵之過於從容而謹慎的行為。群眾領袖的行為和主義引起騷亂、暴動，它能促成一時的改善，但它所製造的矛盾衝突阻礙了一個進步的、現

代化政治秩序的成長。

　　當然，群眾領袖的主義和行為並不是新興國家發展的唯一障礙。自然資源的匱乏、發掘這些國家資源所需資本的缺少，以及沒有組織性的技能和紀律等等一系列缺陷，阻礙了在亞洲、非洲形成穩定的現代化政策。除了自然資源的匱乏以外，這些障礙沒有不能克服的，而且技術的發展甚至還可能緩和自然資源的匱乏。這些障礙既非「應急計畫」（crash programs，由一些對毫不相關的陳腔濫調的反覆強調所組成的）所能逾越，但也不是它造成的。是由於落伍者或意見不同者的固執才造成了障礙。

　　一個現代化政策的發展需要自我形象的重新塑造、智囊機構的重組、任務的重新定位和時刻表的重新安排。這些組成了更深層次的觀點。這些必須首先在少數國家內得到發展，而這些國家的民族主義發展，在初期依賴於實施並堅持這種行為。領土完整的發展，在管理判斷方面技能的發展，具有適度準時、誠實、負責任的幹部隊伍的發展，以及一部分人當中民族至上觀點的發展，所有這一切都需要時間。它們需要時間，因為它們依賴於基本品質的形成，機構的傳統結構，家庭、教育團體、企業和政府機構的傳統。儘管這些不必在大多數人身上產生，但也不是很快就能被創造出來的，它們通過研究、實踐、個人的相互作用而形成，而這種過程總是需要數年。它們不會因演說家的說教就會一下子形成，所以不會很久也不會迅速實現。除了皈依宗教或準宗教的態度，那些迅速形成的東西不會深入到內在氣質中去，故而是不會持久的。人們可能很快產生熱情，然而在大多數人身上熱情的本質不會持續，熱情的天性也會在它所面臨的秩序方面產生極大的要求，和根本改變的期望，但是新興國家的國情滿足不了這樣的期望。

　　堅持不懈的努力是進步的先決條件——這不僅因為努力本質上是一種精神美德，而且正因為在進步過程中處理錯綜複雜的事務需要這種努力。不懈的努力具有這樣一種功能，它著重於解決艱鉅的任務，制定能夠支配實施這些任務的準則，以及使這些準則得以具體化的各種規則。某些對手的極度憎惡，以及狂熱地相信對手的力量在不斷的增長，這會產生類似於上述的功能。處在政治金字塔頂峰的頑固不化的狂熱份子，可能成功地給人這樣的印象：它代表了一個能使政治制度現代化的意識型態的導向。意識型態的狂熱可以恫嚇他們的直系部屬，並使他們趨於服從，甚至會感染他們，使他們共享作為精英份子所擁護的信仰和具有感召力的激情。

　　我們不是說壓制手段對社會現代化的過程無所裨益。人們可以被迫履行特殊的職責，甚至達到一種相當低程度的高效率。如果他們看到他們的同事挨打，或被帶去受苦受難的情景，他們大概會發揮自己的能量，做一些期待他們做的事。但他們的適應性差，工作效率低，他們會砸碎讓他們幹活的工具，無論怎樣，他們多少是算會幹活的。這情況對於常規的體力勞動尤為真實。工作越複雜，壓制手段的有效性就越低。政治現代化的職責與常規體力勞動的秩序不同，然而就財富的創造而言，國民生產總值的提高是對政治發展的一個貢獻。壓制手段可以為政治發展做貢獻，但僅僅是間接的。

　　除了對西方社會和白人的仇視及泛非主義的信仰，他們沒有足夠的智慧來構成意識型態。在新興國家中正缺乏一種既有能力，使民眾群情激昂且富有魅力的個性，又具有一定動力和方向的意識型態。新興國家還沒有形成它們的意識型態。泛阿拉伯主義、泛非主義——非洲人的個性，表達起來總是精力充沛的，甚

至是強烈的。但在意識型態的意義上說，他們實在是太缺乏個性，沒有什麼獨特的東西。

缺乏意識型態支撐的領袖人物就帶有蠱惑的性質，這種蠱惑即我所說的煽動。無論發達或落後的社會，政客的行為和主義表面上是對普遍民眾的宣傳，而事實上它是對社會分配體系中最善變、攻擊性最強的反對份子的煽動。在抵禦外侮的民族危難時期，它是必要而且是合適的。然而，涉及到國內問題，它的主要作用和目的是為了劃分民眾，團結那些響應它的人去反對假想中的國內外敵人。

新興國家是遵循傳統的「分隔勝於統一」的法則徹底分割而成的。最敏感和最易起反應的忠誠之徒勢必被那些急於尋求讚許認可的政客所利用，而且他們通常透過謊稱全民族的危險，吸引「不忠誠之士」投向他們這些民族的信條，這些詭計產生於「帝國主義者」和「殖民主義者」。新興國家的政治家們幾乎沒有把廣大的窮人和文盲作為自己的聽眾，也沒有人從整個社會的利益出發，盡量不去激發那些與現代化任務無關的敵對情緒（尼赫魯（Nehru）和奈瑞爾（Nyerere）也許是僅有的兩個人。）。

煽動家的行為和主義在新興國家中幾乎是不可避免的，正如它在發達國家也是永恆存在的一樣。哪裏有政治競選和社會性選民團體的認可，哪裏就會有一個巨大的推動力，它是政治職業文化中存在的強大的人民意志這個因素造成的。政客的煽動（mobilized）需要利用廣泛影響的宣傳媒介，他們甚至明確表示，必須動員那些散佈在許多通訊不易進入的村莊裏的無知民眾為國家的進步服務。這是拉邦（Le Bon）已被遺忘的觀點。即使是一個很理智的頭腦，為迎合大量的聽眾也會變得衝動。政治演說的結構（消息的長短安排、非雙向的溝通方式，以及認為聽眾

比自己水平低的信念）使他們更需要那些粗厲沙啞的陳腔濫調。

　　煽動家的行為和主義必須被當作一種社會現實而接受，它可以透過廣播來擴充。它對現代人不可能做出什麼大貢獻，除非某些特殊的例外，明顯的一個例子像在突尼斯，煽動家也是一種奇力斯瑪型的人（charismatic person），他透過對公眾利益明顯而又眞誠的關心，並且廣泛有效的兌現諾言，便給人留下深刻的印象。韋伯認為，一個同德國一樣擁有眾多派別的國家將自始至終會從公民投票的總統選舉中獲得好處。他從對美國的思考中攝取了靈感。印度首相尼赫魯則明顯地認為，他作為印度的象徵，憑他的出現就可以完全控制住印度的離心傾向。在突尼斯共和國，這個提議可能為布爾吉巴（Bourguiba）總統的經驗所支持，而蘇卡諾（Sukarno）總統的著名演講才能則可能促成了印尼內部的團結，但只要蘇卡諾有一點點考慮不周的話，那他的演講所產生的聯合不可能是穩固的，因而對印尼的政治現代化不會有多大幫助。同時在印度，尼赫魯不知疲倦的演講加強了易遭毀壞的團結，但只不過加強了統一管理中較重要的一些因素，這個「統一」具體表現在印度的行政和管理機構的一致性，以及印度的軍事力量與由新聞記者組成的社團都不干涉政治。那些新聞記者主要駐紮在英語出版社，不管他們有什麼不足，卻是以「完全的印度人」（all-Indian）的眼光看待事物。

　　印度的情況是有啓發性的。團結是實現政治現代化的必備要素。區域性的地方觀念和種族部落、宗教派別的超越必須服從在較大的民族社群裏成員資格的大體一致的接受，並作為每個人自我形象的基本成分。但是，民族社群的成員資格如同直接演講的產物，是對權力的有力信任嗎？是對權力的好感？看起來「像眞的一樣」的事實眞的是眞的嗎？中心處的內聚力和實力（不僅是

流於詞語的實力的象徵），將使精英人物及其操縱的體系合法
化。

　　大多數新興國家的民衆是相當容易馴服的，而且會遵從大多
數不需要加以改變的常規，甚至會接受一些他們認爲合法的常規
破除。如果社會的中心是健全穩定的，那麼民衆就會逐步進入民
族社會；反之，如果中心遭受擾亂並且是分裂的，他們就不會進
入。

　　米爾（James Mill）說過，只須在工人階級面前樹立一個值得
尊敬的、努力工作的中層階級作爲典範，就不用擔心他們的投票
會出格。只要根據實際情形在細節上做必要修正，這個原則就適
用於新興國家。知識份子作爲理性見解的源頭、中層階級的智力
中心，必須振興起來去彌補缺陷，捕捉存在於政治精英身上富有
鼓動性的、奇力斯瑪式的光輝。這些中心的建立將產生高水準的
技術工作、誠實的職業、眞誠的關係。從中心出發，它將從側面
影響後繼者，上至政治精英，下至普通民衆。

　　這個品質是一種不變的、單調的盡忠職守，對完成緊要任務
的命令無條件服從，這就是我們所說的職業道德和職業自尊品質
（*Berufsethos and Berufsstolz*）。它們是側重職業化、專業化分工
和以業績爲重的文化的重要部分。它們還沒有完全被亞洲和非洲
的新興國家所吸收，成爲其文化的一部分。它們也並不是同那些
舊文化完全矛盾的，就像大量的個別事件所表明的一樣。這類品
質可以在新興國家中篩選和培育出來。這可以從社會中存在的許
多公務員，有極大感染力的、雖爲數較少而又不感情用事的職業
記者，認眞而有條理的技術專家，嚴肅而不時帶點創造性的學者
風度和熟練技巧的知識份子身上得到驗證。

II

工作認眞專一，並具有強烈職業責任感的社會階層的形成也許是新興國家政治發展的最重要的前提。它的形成是必需的，不僅因爲他們的技能爲完成精英份子的偉大抱負所需，更主要是因爲他們平凡且實事求是的精神是必需的，可以作爲一種機制來消化吸收煽動性言論的衝擊，減弱它的干擾，甚至可能消除它的影響。

在近乎所有的新興國家，主動性已經從重要人物傳遞到政客和他們的「走廊男孩」（verandah-boy）顧客，城鎮變成了政治生活的最重要活動場所。在周圍的輿論中營造一種有吸引力的均衡是必要的，因爲輿論爲政治家們提供了活動的文化。他們畢竟是城裏人，至少是被城市化了的人。他們對那些受過教育，而且就在身邊對他們品頭論足的人很敏感。能緩和蠱惑民心的煽動的均衡物是實事求是的精神。

推行實事求是精神的人通過各種各樣的途徑來緩和政客的行爲和主義。先進的現代化教育的訓練和職業實踐的訓練是主要的方法（在這裏，演說不是成功的決定因素）。他們是醫生、工程師、技術專家、大學教師、研究人員、高級公務人員和一些中學教師、管理者。與他們部分一致的是一批新聞記者、編輯、廣播專業技師、生產者和播音員。這些人從事的都是相當具體的工作，它們有著相當特定的期望，並有非常具體之標準的目標。他們中的大多數從業者是在大城市，例如大學、醫院、研究院等機構受到了培訓，以及在傳統上要求準時、勤奮、可靠的大型企業

裏被培訓，這些企業中的多數專業人員及其表現接近這些標準。

這些人數目不大，而且通常由於距離、職業的專業性以及各不相同的交際愛好而彼此隔離。如何把他們召集起來，形成一個非常團結、充滿自信，彼此充分理解的團體便成一個問題。這個團體可以成爲政治家中的一員，甚至最終可以包括落後國家領導階級的低層和年輕的一代人。

未受束縛的專業團體的建立將會幫助形成一個技巧熟練的、認眞平凡而又努力工作的團體，這些專業人員由於對地位和能力的相互尊重而聚集在一起，並且受到他們相似的愛交際本性的支持。以上這些爲經濟和社會發展所必需，但是它們對於政治發展的重要性更大。它們將爲鐵腕人物提供實事求是的意見，用以判斷政策的優劣，不爲政治幻想的熱情煥發所操縱。

印度現在已經出現了這樣的文化，它不可能是支持或擁護技術管理者的文化。它不是韋伯倫（Thorstein Veblen）尋求的西方社會的拯救——「蘇維埃專業技師」。在印度沒有任何跡象表明這些人渴望作爲一個聯合團體來接管政權。原因很多，舉一個例子來說，儘管專職人員對於民族進步和影響它的政策感興趣，但他們還沒有高度政治化，他們提供判斷，表達觀點，評論他們所憂慮的事件，但他們不會全神貫注於政治而排斥其他任何事。自己的工作是他們的重心。

III

難道已經在新興國家的教育階層萌芽的職業上的務實精神，不可能變成狹隘的專業化嗎？它會不會產生過分的技術專業化傾

向？這個情況在美國難道沒有一定程度的反映嗎？如果有反映，難道不會逐漸破壞反映公民意見的多元系統的早期形成或阻止它的出現嗎？我認為不會。

我的理由如下：新興國家的人接受了國外或先進的現代化的訓練，他們將會在自己的國家形成一個階級，這個階級包括其他受過相似訓練的人。除去特定的實際內容，這種培訓因具有不同於大多數普通民眾的文化的一般特徵而顯得與眾不同。它是現代的文化，把有此文化者與那些未受此訓練的人區別開來。它授予此種文化的持有者以獨特的身分和地位，並參與形成他們的自我意識。對每一個人來說，儘管他的具體專業和技術內容與他的現代化毫無關係，但它有助於具有現代文化的其他人達成一定程度的團結。技術專業化的界限是可以超越的，這不是因為各個領域的知識已結合成知識的統一整體，而是由於現代知識各種專業領域的個別載體可結合成一個單獨的階級，他們對某些現代文化共同的高度評價構成了對技術專業化界限的超越。

那些受過現代高等教育的人形成一個單獨的階級，這將導致形成它自己的文化。這是一種在相當大程度上由一些歡樂的事情、生活方式和標準，以及同仁的聲名彰著等一系列事情的轉迴交替的文化。但是它也具有某些實實在在的事情，即職業的聲望、對才藝的看重、勤奮和職業上的廉潔誠實。

不考慮君權的吸引力，這個階級多少有一種脫離政治的傾向。從迷夢中覺醒，一種截然不同的傾向，願望加倍的受挫，勢利和灰心，這些都將使人脫離政治上的目的而採取一種不偏不倚的見解。如果它們不被其他一些因素（諸如情感的克制、生活上的相對成功、獲得較多的利益，以及由現代化的第一步驟引起的對新的生活秩序的接受）所緩和的話，這些動機本身就會導致一

種反政治的態度。這個不具有狂熱民族主義的階層，有一種「關心國家」的觀念。它的成員開始感到國家是「他們的」，就像政治家們高聲演說一樣的流暢。他們認為，他們和那些政治家同樣是國家的管理者，儘管他們沒有叫嚷和宣揚這些。

並非每一個教育階層的人都持有這樣的態度，與之相反的思想仍根深蒂固。當現實沒有符合他們的願望時，由獨立運動培植起來的幻想就只剩下了悲哀的殘渣。貧窮和失業、感到自己是多餘和無能的觀念，使得知識份子彼此疏遠了。自我設計在其他方面的「失敗」更是加劇了疏遠的感覺。這就是我們在印度觀察到的事實，雖然所有的國家都有類似的傾向，但這種趨勢還是很少在別的國家裏被發現，因為印度的發展速度，尤其是能為知識份子的結合提供更大空間的經濟實力的發展速度，暫時大於國家知識部門的容量和海外機構所能提供的職位（而海外機構既是主要的需方，也是供方），這導致了「疏離者」後繼有人。不管它如何努力，完成學業後的就業的確定，對彌補一種隔離的反政治的普遍傾向有著重要意義。

我不希望被誤解。受過教育的階層之中並不都是些完美無缺的人。他們在追求科學真理、熱衷文藝表達、精通業務，或者教化民眾等事務上並不一定齊心協力。他們肯定也有虛榮心、懶惰和不稱職。他們中間肯定有肆無忌憚的馬屁精和掌權者，更多的是自掃門前雪的人。在他們自己的國家，這種人算是好的了。當然，還有許多屬二、三流的人，他們往往躲在懶惰與驕傲自滿的屏幕後面，荒廢了自己的能力。

受教育階層中這些被玷污的人是他們本身個性的弱點所致，不充分的訓練和他們所處的貧窮環境使他們深受其害。他們所在的各個國家裏知識機構和職業機構的不適當發展，他們與宗主國

保持的片面的聯繫，或者他們與宗主國的聯繫破裂了，這些都能使他們成爲犧牲品。他們也是他們人數稀少的受害者，因爲在一個知識貧乏的環境中不具備充分的刺激因素。

IV

　　儘管如此，他們仍然是自己國家將要經歷的現代化的執行者，同時也是精神支柱。沒有他們積極和充滿活力的參與，國家的現代化就不會有進展。他們知道自己是爲人所需的，這使他們增強了自信心。除了在被需要的地方有所作爲，另外他們實際上會去完成他們認爲有意義的事，他們的世界觀變得更加實際，更加堅定。

　　有效地扮演上述角色不僅是培訓他們的目的，也是他們賴以生存的職業文化的要求。如果與外界完全隔離，那麼只有性格最強，最具創造性的個人才可能表現出他具備的水平。大多數人或多或少地需要其他志趣相投的人的支持，他們這些人享有共同的衡量標準，爲他們提供楷模，並對他們的表現和才藝進行評價。沒有這些事情，他們就會恢復原狀，進入馬虎、冷漠、孤立和麻木的狀態。他們會漸漸疏遠同時代的那些成功者，他們更容易被對政治精英的屈從所可能帶來的得益所誘惑。這是一條迂迴曲折的道路，因此要迷途知返是困難的。

　　獨立的輿論中心的形成條件是，在首府要有一個團結的、相對統一的專家階層，那麼它才能夠抵抗、部分抵銷，甚至消解煽動家致命的空洞。這是一個極不容易實現的條件。在大多數的新興國家裏，完全屬於這個階層的人數很少。他們經常分散在各個

不同的地方。在地處首府之外的大學裏，一些頗有見地的重要意見沒有機會進行交流，而且在大學教師之間還有其他的壓力，這導致了一種不切實際、完全疏遠的敵對狀態。新聞記者們也在暴露聳人聽聞的醜聞和擁護政府的威嚴之間猶豫不決。那些爲政府的報紙工作的記者則受束縛更甚，他們的觀點受到嚴格的限制。公務人員必須腳踏實地、守口如瓶，那些受雇於外國公司的人員，也必須處處小心，以免使自己受到損害民族利益的控告。

　　每個人都要面對這些令人心煩意亂的、使人分裂的因素，而又要感到他們是在自主地工作。在他們那裏，有從英美西方歸國的人，有從莫斯科歸來的人，還有的人從未出過國，在他們這些人之間存在差別，其中既有階層的等級差別，又有因衝突經過調整後的平衡。

　　那裏還存在著特殊才能的差異。人文主義教育與法律教育之間、科學和技術教育之間存在著差異，以及從殖民地宗主國輸入的，而且從一定程度上也是各專業內在固有的其他所有的區別與分裂傾向之間都存在著差異。

　　加強知識階層的力量是很必要的，因爲它對我們生活的貢獻就像它對經濟和社會發展的貢獻一樣大，因此這些專業化知識的模式不能削弱，必須通過加強擁有它們的人的團結來促進它們的發展。在地方一級，可以通過專業組織來加強；在區域一級（如在西非或南亞等地區）可以通過專業會議、交流和合作來加強；在國際範圍則可以借助於同大國雙邊的、週期性的密切交流來加強。經過一段時間，隨著人數增加，這種類型的職業發展將威脅到現存的知識階層的統一。

　　進一步的職業專門化將導致一種更狹隘、更不連貫的政治關心。在發達國家，較優秀的國內傳統和強大的興論機構，使它們

的社會能抵制那種全力追求自我滿足和專業化的偏執傾向所造成的影響。新興國家更難做到這一點。只有在獨立的輿論機構強大到足以避免技術專家的參與和支持之後，上述的一切才有可能做到。

在大多數新興國家中，過度專業化有礙於加強獨立的輿論機構的力量，因為技術專家們為政府服務，而使社會推行現代化的重要經驗具體化。他們在政府高級部門的活動對指導性意見的形成有重要作用，但是公眾卻不知道這是他們的觀點。大學和中學教師缺乏實踐經驗和在此基礎上的發言權，而且他們固有的趨向於疏遠政治的傳統，並沒有因獨立而見削弱。新聞記者們，根據國內外直接或間接得到的傳統，傾向於一種反政治的態度。在新興國家，這種情況通常又與對統治當局「修正」的必要性，以及他們自己對事實的關注程度，他對所報導的事件是否熟悉等因素有關。

因此，技術專家（包括受過教育的大型工商企業的經理們）能較好地對一些實際的社會問題做出冷靜的判斷。專門化和能使他們獨自享用專業上的同事的成果的人數進一步增長，將意味著削弱公眾意見對傳媒的影響。

新興國家中現存的或可以被創造出來的，能夠阻止技術專家和商業經理隱退的東西是什麼？是否受過先進的現代教育的人們界限劃分（其中一小部分人能阻止專家和經理們陷入過分自信、自樂），以及共同的現代文化是阻止這種隱退的現時保證。但是這個保護物不會一直存在下去。人員會增加，中等教育的發展將使受過較高教育的人和沒受過教育的人之間的劃分顯得不那麼明顯。目前，使技術專家、經理繼續留在知識界，使他們轉變成為知識份子的因素將不會無限期地存在下去，離心力將得到加強。

V

　　在新興國家裏，何種新的向心力能在一定程度上防止技術專家和經理們從「知識階層」（intellectual class）跌落下來？一種答案寫在技術業課程的提綱上，這些也同樣適用於先進國家和不發達國家。人文社會科學和社會學關於自我理解的那部分，被英、美、法的技術培訓機構和新興國家的相對應的機構所採納，成了工程和科學教程的一部分。

　　斯諾（Lord Snow）提出的答案，在我看來似乎是錯誤地回答了這個問題。這不是存在於兩種文化──人文文化和科技文化之間的分歧問題。它應當是創造和建立第三種文化的事情。一種深層次自我理解的文化，一種不僅僅是個人的自我理解，而且也是社會的自我理解的文化。這第三種文化已經早期萌芽於目前的社會科學的某些部分，並且足以成為新興國家文化的有用成分（我們必須認識到社會科學的主要傾向是對第三種文化懷有敵意的。）。

　　倘若按照斯諾的說法再稍做一點延伸，那麼可以說這第三種文化，並不是人文文化和新興國家需要的自然科學文化的一種整合，而是一種職業文化和公民文化。職業文化將使現代政治發展需要的多元化趨向植根於那兩種文化之中，而公民文化則將賦予這兩種文化一種與蠱動性政治家的政治意識型態文化，相並列的立場。

　　公民文化在影響上、權利上，以及它與政客文化的衝突方面都處於弱勢。政客文化的核心人物控制了財力，在某些方面它們

可以操縱知識階層的良知。知識階層僅對政客顯得那樣的不果斷，部分地是因為他們對自己的生命、經濟狀況等等，總是瞻前顧後，權衡利弊得失。他們甚至對自己不同意的事情所做的反對也是猶猶豫豫的，這是因為那些政客們在處世謹慎、避免被人指責不忠誠的知識份子面前，謊稱他們是民族存在和反殖民主義的象徵。在未發達國家，想做一名正直誠實的知識份子要比在發達國家更加困難。許多知識份子將會去趨炎附勢，有一些人則乾脆隱退。

如果他們退到了專業的領域，那麼這樣的隱退就絕不是一種徹底的損失。只從直接的意義來說，它確實造成公民領域的衰弱。從間接的方面講，開闢專業領域，形成職業社群或準社群，這些都將有助於社會文明的建立。透過創造可供選擇的現代的依附客體，它將有助於隨後的文明成長，並且因此將提供一種選擇以克服過度的政治化傾向。

22.新興國家的科學發展

　　亞洲和非洲新興國家的領導人大都不是科學家。韋斯曼（Dr. Chaim Weizmann）博士是唯一集科學盛譽和政治顯名於一身的人，但自他成為以色列總統後，他已永久地停止了其科學事業。新興國家中的領導人很少有曾在大學裏以科學作為專業來學習的。尼赫魯先生便是這樣少數中的一名，但是他終究不是一名實踐科學家，儘管他對科學和「科學觀」（scientific outlook）具有較強的鑑賞力。

　　其實大部分新興國家的情形則完全不同。那些新興國家的著名職業政治家來自各種不同的階層：法律界、教育界、新聞界、醫學界、下等平民和私營者，偶爾也有來自小商業者，但主要地來自於體力勞動階層。

　　然而，儘管他們幾乎沒有受到過科學教育或具有科學經驗，但是他們中的大部分人對科學的欣賞都溢於言表。這有著各種不同的原因。當今，科學是民族強盛的標誌之一；一般來說，它與綜合技術聯繫在一起，因而明顯地與經濟發展相聯繫。今天，一個大國的形象包括有先進的科學訓練和科學力量。人造地球衛星和諾貝爾獎學金已替代了戰鬥巡洋艦，並被列於鋼和電產量之上作為衡量國家強盛的尺度。對曾經統治這些國家的宗主國的深厚

文化感情，以及社會主義的吸引力都增強了這樣的信念：科學在理想國家中佔居著重要的地位。對少數馬克思主義者所構成的新興國家來說，很容易產生出一種對科學的多產潛力的信念，因為他們模糊地把馬克思主義等同於科學，並因此籠統地將科學當作社會改造的工具。

他們對科學的關心還有另外更重要的原因。明智的政治家和公務員們都認識到經濟的發展需要有許多受過技術教育以及一些能深入技術和科學領域進行研究的人才。他們知道，若沒有技術的教育和研究，他們所擁有的自然資源——土地、水、礦產和植物就得不到開發、增產和開採。在許多新興國家，那些管理者從殖民統治者手裏接收過來了各種各樣的科研機構，而且在某種情況下還得到了所有的科研人員。這些人不管是僑居的還是本土的，他們對科學在政治行為的必要性都記憶猶新。此外，新興國家在哪裏接收或新辦一所大學或其他高等研究機構，哪裏便同時產生一種為科學利益而需要科學教育、技術和職業教育的呼聲。

新興國家中，只有以色列和印度曾大規模地興辦科學。巴基斯坦曾就科學狀況和需求頒發過一個專門委員會的報告，而且也曾為報告的一些建議付諸實踐而做出過努力。尼日通過 Ashby 報告對發展科學和技術的研究與培訓完全採取了謹慎的態度。在絕大多數新興國家中，人們依然十分重視科學。政治、教育和行政官員遲早要充分關注促進科學與技術研究和培訓的政策宣傳任務。我將闡明一些他們一定要解決的最一般的問題。

研究的需要

需求是迫切的。經濟的發展需要資源的探勘，需要對它們的

數量和質量預以評估。沒有運用最好的發現和評估方法進行廣泛
而持續的調查，就做不到這點。土地、礦產、海洋生物和動物、
植物、水資源、降雨量、昆蟲、植物和動物疾病、勞動力、大眾
健康等等——在所有這些要素中，一個渴望經濟發展的國家必須
對其所處的地理位置、它能夠指望的以及它必須予以重視的一切
都一清二楚。這種評估的手段就是調查，而且幾乎所有新興國家
的首要任務就是組織調查設備和有技能人才的配備。

這不需要某位重要人物的初始研究。那些技術早已在發達國
家形成，而許多殖民統治者和他們的商業附庸，在地質、動物、
昆蟲、水文及其他門類的調查中已取得了一些進展。現在機構的
方式已被確立了起來，所需要的技能相當明確，而且技術相當有
用。許多新興國家所缺少的就是勞動力。依靠外國專家來進行調
查就提供一些急需的資料來說是有用的，但他們不令本國有才幹
的科學家留下任何有價值的東西。

他們還需要另一類其困難程度相當的研究。這是一種不同於
計數和編報清單之類的技術研究，某種意義上它就是要試圖發現
某個從來不為人所知的更有分析性的真理。它所要發現的不是一
些基本的科學原理，而是一種將其他國家已經知道並已應用的工
農和農業工序運用到新的情況中的方式。這種「適應性研究」趨
向於把現在技術知識應用到氣候、地質或當地環境和產品的化學
特性。這種研究並不需要能獲得諾貝爾獎水平的大天才，但他必
須要有一定的科學素養。在不遠的將來，正是這種研究的興起，
將成為左右新興國家領導人的主要關係之一。

在相當程度上，沒有必要把基礎科學研究非常高地置於新興
國家的議事日程之上——純研究根本不可非常直接並富有成效地
應用於經濟問題。即使勉強做了這些被認為值得做的事情，憑藉

在新興國家中十分稀罕的，對科學研究的天賦和感受性，其代價
也是十分昂貴的。與經濟和社會發展的迫切需要密切相關的資本
的短缺，幾乎限制了需有昂貴的實驗裝備或相當數量的，經過嚴
格訓練的科研人員的一切基礎研究。

　　不過，即使暫時沒有基礎研究也行，但技術研究則需要有一
個詳盡而昂貴的基礎——技術研究與生物和自然界的宏偉調查研
究相比，似乎顯得相當枯燥乏味。首先，技術研究與其他任何研
究一樣。都需要有一批訓練有素的研究者。這些研究者必定或在
當地機構或在國外接受訓練。這兩者所需要的費用都是昂貴的，
而且爲了不至於被造成浪費，還需要賦予想像力和責任心。除非
配備有一批能夠維護或修理複雜的機械和儀器，並設計一些簡單
儀器設備的，具有熟練技能的機械師或工藝師，那麼無論研究者
如何訓練有素，他們的裝備如何完備——常常是花很多錢從歐
洲、日本或美國進口來的——他們也將不能取得什麼工作進展。
在許多新興國家中，當地的傳統技工已有很高的水平，但他們通
常都不是機械技能方面的。在西方國家，科學使工業獨立化，但
它得益於工業因製造和修理設備所必需的工藝的實效性而得到的
發展。這樣一批技工在新興國家還是非常缺乏，但是技術的發展
不能等到這一短缺的解決。在新興國家中，這樣一批人才的產生
不能等到一切工業革命來解決。需要做些有組織的努力，而且在
爲研究的培訓提供裝備和設施方面，政府行爲是不可或缺的。

　　另外，技術研究還需要有科學的初中級教育。除了不再需要
中等教育的技術員工外，那些要到學院或大學裏繼續深造外的人
將會自願地從事工作，除非他們在科學方面有比現在有效的教育
更好的中等教育學校。這是一件涉及到爲高等學校培訓科學教
師，爲中等學校的科學教程制定計畫，以及配備裝備和實驗設施

等問題的事。還有，若沒有中等科學教育的綜合性政策，和執行這些基本政策的堅定有力的行動，那麼就很難設想為經濟發展而進行的技術研究會有什麼重大的進展。

由此，新興國家中的科學研究活動幾乎必然是這樣的：即政策在其中起著最重要的作用。任何一個新興國家的商業交往、私有工業和農業經營都未必會開展技術研究（印度的阿姆達貝德的農業研究所是其中極少數例外之一。）。慈善基金和私人捐贈的實驗室——印度除外，在那兒它們是十分難得的——實際上不存在的。如果要開展科技研究、培訓研究人員、維護實驗室和培訓機構，那麼要麼由政府提供急需的資金，要麼就根本沒有這樣的行動。

新興國家所面臨的形勢已不是十七世紀歐洲的形勢，當時科學是業餘愛好者的工作，他們要麼生活有保障，要麼就是得到資助並能憑藉十分貧乏的設備進行科學研究。新興國家不需要花費很高的原子核反應處或無線電望遠鏡，他們不需要深入研究宇宙空間的特性。不過，科學或技術的一般研究，也遠不是極小部分特別富有的科學家之外的任何人的財力所能承受的。私人資助或捐贈的學院不會提供研究的設備。用於科研和科研培訓的財政必定來自於政府。

新興國家中每屆政府所面臨的問題就是怎樣為科技安排預算並安排多少；在科學和技術間的資金運用進行怎樣分配；什麼樣的機構可以經常花費這筆分配的資金；最後，究竟要創設什麼樣的機構。更根本的問題是，政府如何資助研究和培訓以更好地鼓勵創造、發明和引進吸收。這些工作都將是必要的，無論是政府還是領導機關為其利益，而決定支持純科學或應用科學與技術，不管是集中所有的財力用於技術培訓，還是劃一部分培訓費用分

給科學，不管是在國內創設先進的培訓機構還是選派優秀的年輕科學家和技術專家到國外進一步接受培訓。這些問題的每一方面都能得到有力的理論證明，而且在任何情況下它們都不是互相排斥或互相抵銷的。

不管兩個選擇因素如何組合，以經濟和社會發展的目標看，抉擇是很容易做出的。然而，這並非是許多新興國家的常有情況。做出在科技研究與培訓中進行花費的決定，通常是出於為提高國家威望的考慮（如許多國家的原子能計畫）；是來自於許多學校機構的壓力，他們希望能使他們的研究人員在國外時的研究繼續進行下去；是由於蘇聯和美國之間的裝備競賽，以及其他一些因素，在此不一一列舉了。

當然，對一個政府——或一個中央機構——來說，如果不是不可能的話，要規劃科技研究是困難的。在重要的位置上規劃基礎研究尤其不可能。科學和工業研究委員會最好能為傑出而能幹的人士提供科研經費和設備，並寄予殷切的希望。然而，這倒是可能的，即制定或建立一系列優先發展的，建立在經濟發展有序計畫基礎之上的技術研究計畫，或者至少開展一些關於發展主要目標的摸得著的研究，以及適合於各個目標的必要的研究條件。例如，對需有十年以上時間的研究的近似估計——這肯定是模糊的、不確切的——允許有一個有關研究所需的人力和設備的粗略估計。科學與技術人員的充分登記——這很難堅持下來——可以在某種程度上揭示出關於技術研究所需人力的估計是不令人滿意的，而且在供應恆定的條件下也可能是空的。這種預料的差異將依次為科學和技術的人力政策，及科學和技術的教育政策等等的制定提供根據。

這種政策可能關係到對一些科技人員必要素質的培訓，和其

他在國內的培訓不是十分經濟的那些人的國外培訓。對當地農業和工業的技術問題進行深入研究的，可預計到的需求量可以爲成本的估計提供依據，這些成本包括：爲購置裝備所需要的外匯總額、某個時期內需要培訓的研究人員數、技藝嫻熟的工藝師數，以及爲使中等學校成爲培養技術專家和技術研究人員的「貯水池」而需要科學教師的人數等諸如此類的問題。這項規劃不可能是精確的，但它可能比因迫於聲譽的考慮或一時的感情衝動等因素而偶然採取的行動要好得多。

另一個問題是研究的組織問題。有多少項目要大學、學院和技校中進行研究？有多少個項目要在政府部門中進行？有多少項目要在比較自主的實驗室和研究所進行？什麼是做出這一份工的原則？農業外延的伸展與農業研究之間最理想的關係，如何能最好地建立起來——是將它們合併到一個聯合機構，還是通過另外途徑？怎樣能最好地闡明工業和工業研究？人們可以在這項頒佈科學發展政策時必須考慮的問題表中，繼續增加新的問題。再者，人們也許會說他們不相信政策會提供一套穩定的、完全可靠的準則。可以斷定所有這一切表明了其所做出的決定比在其他情況下更謹愼，對問題的認識更清楚。

科學思潮

即使對那些就經濟發展而言最重要的而且最適宜經濟解決的問題有明智的選擇，即使以最經濟的辦法培養出足夠的合格的科學家，即使大量的財力被用於建造大廈、配置設備以及支付薪水——對科學政策來說問題還沒有完。這並非只是設備、建築、對問題的正確選擇以及正確培訓之類的事，它還是一個有關傳統

和在研究機構中的寬廣環境方面的事。

科學和技術研究近年來已越來越組織機構化，以致於在現代科學歷史上，前幾個世紀由研究人員為抵制國家和教會的干擾而培養起來的本能保護作用，在新出現的情況面前可能被徹底粉碎或被證明是沒有必要的。當今，科學家工作中的關係網絡，比起以前任何時候都更加稠密和錯綜複雜，而且分神的干擾來自於其他的方面。曾幾何時，科學家憑藉非常有限的設備，除了助手或幾名學生之外根本沒有任何組織可依靠，從事著他們認為必要的事業。出版的東西很少而且很容易就被掩蓋。也許有人會說，現在科學設備的巨大開支和科學環境水準的提高，使得科學工作比以前更加依賴於政治和官僚的支持。研究過程本身已經高度地組織化了，與在此前的幾個世紀相比，現在的合作者和各種組織團體要多很多。研究團體和個別研究機構的結構已變得更加複雜。其實，科學一旦成為業餘愛好者和大學教師的工作，研究之風不僅在大學中而且在獨立的研究機構、工業實驗室和政府部門中馬上就能找到。這些不同研究方式間的關係產生了以前從未存在的問題。綜上所述，它們產生了一個當科學是一個自由體系時，完全不清楚的「科學政策」問題。

儘管純科學和應用科學之間的關係仍然令人迷惑，但它引起了一種在過去純科學的發展從未有過的，令人不安的關注。科學因此進入了一個在堅決支持有組織的科學發展的人，如在培根（Francis Bacon）和皇家學會早期歷史上的著名人物看來不可思議的溫室之中。

這些變化有著廣泛的分歧。關於科學研究在經濟上和現實上意義的承認，以一種空前的方式把科學納入了經濟之中。有些計畫是不能取消的，即使我們認識到對科學發展進程的規劃有其不

可能性，以及制定技術科學的應用計畫方面存在許多缺陷。

因此，科學在各方面發展起了一個精緻的社會體系，並以某種還不知道的方式，巧妙而複雜地與社會其他方面聯結了起來。公務員和政治家們、科學家們，這些曾放棄第一線的科學實驗而成為科學的管理者，現在不得不把新募來和新加入科研隊伍的人員，包納到傳統的科學團體中做出決定。他們必須以平衡各個科學活動、調整純科學和應用科學，以及大學與獨立的研究機構之間的比例和關係等方式來分配資源。在所有這些決定中，主要的考慮因素必然並常常是，新的問題和新的實踐任務，降臨到我們面前的科學知識長河中的知識增長和吸收。

總之，這種科學傳統的擴展和同化，是有關訓練出來的科學好奇心和感受性的科學素養的產物。組織、設備、財政支持和大量的人力都只是進行這一科學素養訓練的工具。實際上，新興國家是否暫時放棄純研究而集中精力從事應用研究，其間並沒有什麼差別。應用研究的成功進行，幾乎是與純研究一樣都依賴於科學的素養。所以，要牢記科學素養的核心是因具有創造性的科學工作的傳統感染而形成的，這對那些管理者以及發展經濟、促進科學研究，對於改善人類福利來說，是至關重要的。

因此，在新人員的招募政策中，在這些新招募人員的培訓中，以及在對這些受過訓練的人員的聘用中，科學的管理者們——不管他們是政治家、公務員還是在以前曾是科學家——必須牢記這一點：他們對科學的好奇心、感受性和無私奉獻，都是與正規的、清楚明白的科學原理和技術，具有著同樣重要的地位。是建立新的培訓中心或在現有的中心建立新的部門，還是送青年人到國外去培訓，在做出決定時必須由此考慮到這樣的事實，即他們的任務是培養人的科學素養，和提供有利於進行科學研究的外

部環境。實驗室和教育部門的組織，以及安置從國外培訓回來的
畢業生的制度必須做出安排，以避免因枯燥乏味的上代人和冷漠
遲鈍的官僚遺風使這一科學素養遭受挫敗。

　　在新興國家中移植和培養科學素養是一個比在先進國家中更
難的問題，那兒這種素養已具備很長一段時間了。後者在溫室方
法引入之前就提出了科學素養的培養問題，而且在某種意義上，
通過在大學或獨立研究機構的研究中的培訓而獲得的自我複製能
力，能使它得到自我保護。在新興國家根本沒有這樣一種科學傳
統的能力可以依靠。它幾乎是從頭開始，從少數人開始。這部分
少數人將不得不擔當起培訓另外一些人的骨幹，擔當起培養那些
將進一步培養其他一些人的骨幹，以及維護和再現將成為其他人
榜樣的對科學的好奇心、發明和感受性的化身。他們不僅要使別
人保持科研活動，而且要使自己保持科研活力，避免使他們因沉
重的工作和管理環境，以及缺乏管理者和政治家們的關心，而耽
溺於對其重要地位的享受並喪失對科學的熱情。要保持這一科學
熱情並把它傳輸到他們國家新創的科學團體中，他們必須讓他們
富有生氣的科研人員，與國際科學團體保持一種無形的、幾乎是
無國界的密切關係。如果由於對其科研人員缺乏關心，或者由於
煩瑣的地方事務的干擾，或者因為民族自大而制約了對科學素養
的耕耘，從而使他們失去了這些科研人員，那麼他們將會跌進毫
無生氣的粗俗地方習氣之中，他們那科學的肥沃生產力將終止，
而且他們也會把在下一代人才應該具備的品德喪失殆盡。在發生
這些問題的國家中，其一切科學事業終將陷入泥淖之中。

　　概括而言，新興國家對應用科學和技術的需求更甚於純科
學。確實，許多當代技術是純科學新發展的結果。這本身不會削
弱新興國家對技術的優先考慮。通過暫時的合理分工，在集中精

力消化和改進與他們面臨的實際問題有關的技術時，新興國家可以利用較發達國家的科研成果，然而，即使依靠這一分工，也不會只是一個做一些在老牌國家已經做好的，有關農業、公衆健康或動物繁殖之類事情的問題。從後者那裏得到的知識必須進一步予以擴充並吸收消化，以適應每一個國家的特殊情況，這種擴充和吸收的任務需要有對科學的靈性、好奇心和想像力——不是重大發明所需要的量而是這種素養的質。

在這擴充和吸收消化的過程中，領導們必須要成爲具有傑出天賦的富有能動創造精神的人——他們吸收了科學經驗所賦予的修養和感受性。他們必須成爲科學團體的成員，成爲科學研究傳統的參與者。這些素養必須從他們那裏輻射出去，以影響、活躍青年人——他們指導或領導的缺乏高等教育的技術人員。他們的創造力將激勵與他們共事的人及其同行——他們會受其鼓舞而亦步亦趨。要把傑出的科學人才留在他們自己的國家並保持他們旺盛的創造力，爲基礎研究提供大量設備是必要的。在這個程度上，職權將會被引入與優先發展技術研究相一致的政策之中。

科學政策

進行上述冗長的概述是爲了闡明我的觀點，即新興國家的科技政策不只是一個決定優先權和分配資源的問題，它還是一個在實驗室和大學中創造宜人的科學工作的條件，這些工作條件包括研究隊伍的組織、管理者與研究工作者之間的關係、研究工作者中上下輩之間的關係，以及許多其他的微妙因素——如果這些因素處於不恰當的位置，它們就會使好的打算廢除，大量的財政資助被取消。

　　我僅做些一般闡明的科技政策問題所涉及的面非常廣泛,除了科學特有的領域、技術和經濟政策以外,它們涉及到人與人之間的關係和大規模的管理組織等微妙問題。一個好的科技政策必須具有廣泛的見識和平衡諸多因素的能力。一旦特別明確的政策路線被確定下來,那些經常可以多元解決的問題——不管是好還是壞——就不再這樣了。

　　做出會決定科學政策重大方向的最全面決策的那些人都不是科學家。當然,他們也不會是實踐科學家。他們會成為部長和公務員。他們需要科學家的忠告,而且一旦他們聽取了這些忠告並做出重大的財政決策,他們一定會充分信任科學家。這些決策肯定是全面性的,但是由於它們會是決定性的,而且由於它們的分歧將會錯綜複雜,因此它們必須由那些每個新興國家都能在科學家及其海外同事中產生出來的最豐富、最可靠的科學感受所指導。因此,除非政策型態的手段和精神是最有秩序的,否則執行政策的手段將是不大有用的,而且最有價值、最不可征服的科學精神也不可能會完善政策的失誤。

23.膚色、世界知識社群和亞非知識份子

I

膚色就其本身而言是毫無意義的。它不像宗教，因爲宗教是信仰，由某一信仰群體自願或世襲繼承而來，並深受傳統思想的影響。膚色也不同於親屬關係，因爲它是塑造、安置和維繫單個人的有形的結構。膚色亦非知識文化，因爲知識文化是信仰，是對世界（或其中某些特殊部分）的觀點。膚色甚至也不等同於民族，因爲民族是關於某個文化社群各種信仰的重疊，針對的是特定地域這一社群共同的基本存在方式。判斷一個人屬於哪一個特殊的宗教群體，屬於哪一種特殊的思想流派，或具備什麼樣的民族性質，都取決於他的思想、他闡釋現實所用的思維表達方式。一個人根據這樣的**意義模式**（pattern of meaning）對現實進行闡釋，他的闡釋可能是虛假的，無疑具有週期性和模糊性。儘管一個人的思維不是判定他具有何種信仰、何種思想和民族的唯一因素，但是它確是一個大前提。膚色問題就不是這樣的了。

膚色僅僅是膚色而已。它是一個按自然法則形成的事實，一

個光譜學方面的事實。我們不能從一個人的膚色推斷出他的信仰和在任何社會結構中的社會地位。膚色就像身高體重——思維不包括在內。但是膚色吸引著思維，是衝動性情緒和信仰所關注的焦點。膚色激發的情緒不同於審美情緒，膚色也不含有任何的道德意義；擁有何種膚色並非取決於生活的好與壞。膚色不表達任何意義，不包含任何世界觀，不產生任何情感。思維並不在膚色中形成，膚色亦非社會關係，其本身毫無意義。

那麼，為什麼人類自身這一毫無意義的特性會對許多人種的自我形象產生如此重大的作用呢？僅僅是因為歷史一不小心就在兩個不同膚色的人群中不平分權力和財富，而導致其中之一被稱為白人，另一群則被稱為有色人種嗎？還是因為，白人經常超出常規濫用權力傷害有色人種，從而使後者察覺到膚色的作用，感受到了傷害進而產生越來越強烈的憤怒情緒呢？

為什麼膚色問題成了各種易於引起情感反應的意見所關注的焦點，其最簡單明瞭的原因是，膚色是一種用以區別來自社會邊緣的人和來自特殊團體及上流社會中心的人的最為容易的方法。著色作用的不同象徵著或表明當今財富和權力、貧困和衰弱之間，有名望與默默無聞之間，在當今學術活動中有傑出貢獻和無成就之間的差異。膚色也與過去的事件相關聯。首先，與過去的恥辱、傷害、蔑視等事情有關係。軍事征服、外國的統治、文化上遭貶低和個人當眾受辱、政治上的抑制、軍事上的鎮壓，以及幾乎其他每一種高壓統治，總括起來構成了有色人種歷史的重要組成部分。有些有色人居住在曾經是殖民地的國家，或由其傳承下來的國家裏，他們都滿懷痛苦地牢記著這一切。膚色是用來喚起所有悲傷和不平的短暫症狀。此外，它還能是什麼呢？

征服和虐待不是由歐洲列強帶入亞洲和非洲的。很久以前，

某些亞洲人征服了另一些亞洲人，通常在另一些非洲統治者的幫助下，阿拉伯人利用並奴役非洲黑人。但是，人們記住的只是歐洲征服者。普遍記住歐洲征服者的原因是：因為這些征服者在時間上離現在的人們最近，並且對所有成年人和大多數青年影響最大。其次，還因為同以前的帝國征服者相比，歐洲征服者使國家遭受的災難更深重。在一定程度上，更多的痛苦來自被記住事件的清晰程度。此外，這種更晚近的統治（君主統治和國內統治）反覆灌輸道德、政治和對其自身進行批評的理性準則，也把先前的君王統治者未曾使用過的習慣做法教給了人們。白人把宗教和政治文化內含的，並在他們自己國家裏加以宣揚和奉行的標準帶入亞洲和非洲，一旦接受了這些標準便使它們在亞非的存在，同實施之間產生脫節現象，也使有色人種國家裏處理他們問題的指導標準變得不堪忍受①。同樣還有另一些原因。歐洲征服者來自遙遠的地方，他們可不是離得較遠的鄰居，他們有著不同的膚色。

　　暴政總給人帶來痛苦。由外來種族所實施的暴政更是不得人心，許多明顯的膚色差異強調了外來種族的民族性和外來性。在亞非，如今從種族意義上說的外國人專橫的不合理性幾乎都消失了。那麼，為什麼在亞非知識份子的心目中它仍然引起那麼多痛苦呢？在他們的國家裏，知識份子不再遭受白人的剝削、粗暴的對待或遭到侮辱。為什麼他們仍然感到，在殖民主義統治下的少數地方，或在美國和英國還存在著蔑視他們同膚色兄弟的情況？

　　當有色人發覺自己同處於中心的「白人」有膚色造成的差別時，那種被排除在中心之外的感覺，如同身分低下的人遭人輕視的感覺，以及總是招人「揭傷疤」的感覺，達到了苦惱的頂點。政策和習俗上顯而易見的傷害、隱含的蓄意侮辱，以及對個人的

任意蔑視，正傷害著有過這些經歷並把受傷害者看作自己人的人們。

II

對膚色區別的解釋確有許多眞理，它表明膚色的分佈格局與權力和財富的分佈格局是一致的。膚色與下等地位的一致性，在殖民社會、白人佔優勢的社會以及世界社會中加強（有些人說是導致）把「膚色認同」解釋爲是「階級認同」的變體觀點。在這樣的主張中也包含了一定的眞理，即認爲以白人爲中心的使用「白色」與「有色」兩個範疇，作爲邊緣的有色人種被同化，是造成膚色差異的部分原因。但是，儘管這些假設是有價值的，它們卻不能提供一個徹底的解釋。不作爲一種選擇性的，但作爲一個完整的解釋，它涉及到生命現象，另外它也排除在考慮之外。該解釋是這樣的：按膚色的自我識別從人類發現它是難以省卻的基本聯繫這個意義上講，有著自身的起源。

由親屬關係和地域處所造成的自我識別，其突出性和普遍性已被人所知，但是人們認爲這是不言而喻的，因此在現代化社會研究中被人們所忽視。正因爲自我識別的突出性和普遍性被人們認爲是理所當然的，所以在分析上難得使人的需要同他生成時的地點與時間聯繫起來，也難得使人感受到共同具有這種出身的人所具備的親切之情。只要生物存在狀況對單個生物體是有價值的，那麼在人類存在中對基本特性的關係或親屬關係的需要將是地域性的。膚色認同是種族認同的一個特殊變種，而種族認同是這種需要的具體化表現。在民族性現象中也存在親情之感和具有

共同的基本特徵的感覺。

　　用膚色進行自我識別必然會涉及共同的生物學意義上的出身，它被認為是親和力得以建立的紐帶，有時候也被看作共有它的人產生職責和團結的基礎，以及沒有這種出身的人所以分裂的原因。在其自然型態中，生物學的出身在同一種族中拒絕接受其他膚色的人。

　　對具有共同出身的人產生親切感有著很大的個體差別，如同每個人對神的需要有很大的差別一樣。在這種需要顯得薄弱的地方，它經常會被膚色認同和其他相類似的東西形成的文化和社會結構大大的加強起來。同膚色劃分一致的階級認同（或民族認同），可以加強膚色認同淡薄的傾向。親屬關係和地區性的依附關係的優勢減少了，與此同時，民族性和膚色的重要性提高了。後兩者提出了擴大特殊的基本識別的範圍。在多數情況下，種族在許多方面優先於民族，而膚色卻只在極少數情況下如此。種族儘管保留許多原始的、經常是想像出來的基礎，但它仍然趨向於文明。

　　在民族性中，本原的因素開始減少。本原的因素服從「理想的」或「靈性的」（ideational）因素〔「精神」（spirit）、「本質」（essence）〕，人們認為它們包含著意念。因此，共同的語言被人們當作民族性中的決定性因素，就絕非偶然之事。

　　人們極願把神聖的東西看作是特殊的存在，或者是一種象徵，而本原就是人的意願所關注的問題。人類取得的偉大成就，就是把神聖的東西重新定位到理想（the ideal），把自我和親屬一地緣群體的生物特性與地域特性，重新定位到可以被思想和想像力理解的存在。但這種重新定位非常不穩當。它不能充分完成便成了人類許多苦難的根源。儘管猶太人使本原的種族因素保持在

重要地位，但猶太教和佛教均發生了變化。猶太教在基督教和伊斯蘭教當中取得了高度發展。然而，在已經建立了這些宗教的文化中，沒有一個使對本原的崇敬變得多餘。但由於宗教的發展和政治的聲明，在一定程度上對本原的崇敬還是改變了。對本原和「理想」的崇敬可以變得淡薄，甚至消散得無影無蹤。儘管有的時候會出現加強和集中的情況。現代社會的成長就是一部這種淡化與消散的歷史。然而，有一種很難使這種崇敬沖淡的重要的基本特性仍然存在。這就是膚色。

在亞洲和非洲廣闊的範圍內，特別是在亞非知識份子當中，透過膚色自我確認並沒有被專門看作是它的根本特性。膚色也不是自我確認的唯一標準，或者說也不總是顯性的標準。在他們的自我確認過程中起著不可忽視的，也許是不確定的作用，因為膚色象徵著非洲人和亞洲人在其自己的社會中的地位和許多其他特性，無論在殖民地時代還是在獨立後的世界都是如此。對知識份子來說，諸如在世界知識社群和他們的社團中的地位，這些社團和那些曾經統治過他們的帝國當權者的關係，以及與其他先進國家之間的關係，等等附加因素，恰好都與膚色的自我確認相一致，並強調了它的重要性。當這些附加的因素減少時，由膚色造成的自我確認也將削弱其強度。但是膚色認同的本原有什麼重要性呢？膚色會在亞洲人和非洲人自我形象的形成中產生一些壓力嗎？膚色會讓某些強力超越知識份子的自我形象，並且對知識事物做出回答時施加它的影響嗎？

III

　　現在我要暫時離開作為自我認同之焦點的膚色這個話題，來看一看知識份子（包括文學家、記者、科學家和學者）的自我認同可能發生的變化。除非新興國家內部是統一的，如同一體化的民族社會，否則知識份子對民族性與文化的關注將會增長。他們也將把自己認同為是跨國界、跨地區和超越大陸限制的知識社群的成員。

　　從地域的廣度和接納的標準方面來說，知識社群是最具普遍性的社群，它的支持者遍佈全世界。作為其中的一名成員，一個人必須又忙於知識活動，又處於知識行為表達與激起的思考狀態。原則上來說，在確定任何分支機構的成員資格時，或者在提升某人在社團和名譽的等級制中的資格時，諸如親屬關係、地緣關係、宗族關係，或勢力範圍等等基本特性，沒有一種具有正當的根據。（當然，實際上這些基本特性在接納人們成為特殊的社團成員時有時會起到支配作用，但利用這些基本特性的人知道，他們正在違反知識社群的規則，雖然這些規則是說不清楚的，無以名狀的。）知識社群所具有的普遍性，是因為它應用了世界公認的一般準則，並發揮了重大作用。那些受過教育和訓練的人認為這些規則是正確的，有重大作用。有時，知識社群可能看上去並無真實性，只是對某種行為和思想狀態的象徵性的名稱，它事實上根本不是團體。儘管知識社群有許多附屬的社團性質的部分，例如，國際性的科學和專業協會，但它實際上並不具有共同的結構。儘管它有許多輔助性的權威機構，如大學、研究所、刊

物和專業學會等，但它們不是正式的權威機構。它缺乏正式的信條，但它具有許多規定成員資格的條款與信念。確實，它作爲一個單獨的團體，恐怕是不存在的。然而，全部否定它的存在，這卻是一個非常有害的想法。知識社群附屬的專業化領域越是實際存在的事物，它們就越容易被理解。

世界科學社群便是這些領域之一。它是科學研究工作者的社群，是在世界各個地方的教育與科研中取得效驗的眞正科學的從事者的團體。其中的成員很容易相互聯繫，這部分是因爲所有的成員，無論他們在哪裏，無論他們是什麼人，每一個獨立的、專業的論題對他們都是共同的；另外也因爲他們用的所有符號和標記都是通用的，另一部分原因是，科學，特別是科學研究，使用一種或幾種共同的書面語。

國際科學社群有三條內部區別的主要界線。第一，透過獨立存在的知識領域來區別，它是如此的明顯，以致於某些領域的成員經常不能同其他領域的人，非常有效地交流各自的興趣和研究結果，甚至都不能同自己一個國家和大學的人進行交流。第二，按照個人素質和集體研究項目的性質加以區別，結果致使個人和教育機構（系、大學、實驗室）形成一個類似於等級制度的東西。接著就是第三種區別，即地域的差別和較大範圍內的等級差別，它們既存在於一國內部，也存在於國與國之間。在國際知識社群中，整個國家成爲以特定的國內機構取得的平均成就，爲基礎評價工作價值的單位（在這兩條中，對集體價值的評估是評估個人工作凝聚起來的平均標準；作爲一種結果，特定的個人，他們所在的機構，以及他們的國家所達到的等級，彼此之間只有不完全的聯繫。）。

人們通常忽略這些縱橫交錯的區分和分隔界線，但國際的科

學社群確實還是存在的。專業科學家因他們的知識非常專業化，阻礙他們交流彼此最為通曉的知識，他們把這些人稱為「科學家」。他們認為他們有一些重要的共同之處，雖然是普通的、無關專業的事情。不管他們這些人各自在做什麼專題研究，科學家們有共同的英雄——伽利略、牛頓、達爾文、孟德爾。科學家們相信，他們屬於同一個群體，因為他們執行和承擔某些類型的活動，保持著將他們聚合在一起的某些心態，這將使他們與其他類型的人分離開來。他們共同接受科學過程的原則，接受真理的絕對價值，並且懂得為謀求真理值得花費代價。從這種共同關係出發產生了相互依賴關係，相互依賴的不是作為人的科學家，而是作為觀念承載者的科學家。

　　當然，科學社群的成員也可以是其他社群的成員，他們中的許多人在可靠、認真地履行那些具體的職責。各個州和自治市、研究室和大學各系的行政人員也是政治黨派、教會、俱樂部、市民和職業協會的成員。他們有不同的民族和宗教信仰。然而，這些特性和表徵，沒有一個在原則上被允許用來玷污科學家們所認可的科學家職責，或者被允許用來損害他們感到的全體科學家都具備的親密關係。在評估其他科學家的研究工作時，一位科學家不允許任何其他的責任干預他作為一名科學家，來觀察、思考和評判這種佔壓倒性優勢的責任。在科學社群比較次要的一些活動中，這些其他一類的職責和忠誠有時起到了較大的作用，雖然普遍認為在特殊場合下才會如此，在原則上它肯定遭人斷然否定。

　　在社會科學中（不包括經濟學），工作者們很少具有共同的文化。而經濟理論家和經濟學家相互談論的，不是關於一組共同問題和一批共同文獻的知識，社會學家和政治科學家在他們的學科裏除了有一點共同部分之外，其餘的便明顯地是各吹各的號。

他們相對來說較少有共同的符號和標誌。各門社會科學的數據大多成了對特殊事件的描述，同收集數據和產生社會科學家的不同領域有日益密切的關係。此外，許多社會科學家研究的問題越來越多地摻雜了他們自己的情感，雖然這些問題要求並且經常達到不偏不倚的高級水平。這種不偏不倚的超然態度多少可以用一般理論或特殊技能加以說明的，就這一範圍而言，它使科學家們有了一個可以說話的共同領域，因而在國際性的知識社群中獲得成員資格。然而，社會科學家的國際社群不像自然科學家社群，既不聯合也不統一。社會科學家的自我確認比自然科學家更多地受個人情感的影響。

除了普通的語言學和某些經典的科目，人文學科比社會科學更偏狹。許多人文學科的研究工作涉及制度和精確性，並且對呈現為歷史、現代語言、文學、宗教、哲學和藝術作品等形式的國家或地區（不是大陸就是區域）的文化遺產進行解釋。在這些領域中進行的工作，有許多僅僅對進行這些工作的某個國家的國民有影響，而這並不是主要由語言障礙造成的。歷史和社會學取得的學術成集，有一些是造成一致意見的要素，而有的則成了繼續保存這種學問的各民族社會產生紛爭的部分原因。歷史和社會學的學識需要相對比較少的跨民族的自我認同。

不過，社會科學和人文學科的實踐有著不可忽視的內在民族性。首先，對一個特定國家的社會與文化的研究不超出那個國家的國民範圍。對東方和非洲的研究，包括歷史、宗教、社會、文學和語言的研究，把歐洲和美洲的社會科學家和人文學者同被研究的那些國家原有的學者聯繫了起來。這些研究也具有它們的學科技能、學科的帶頭人和一些範例，無論身處何地，學者們都可以共享這些研究。社會科學和人文學科的世界社群是拼湊起來

的,比自然科學家社群的整合性要差,但它們是民族內部的知識
社群。

　　文學不具備共同的教學機構的基礎(大部分是研究院)(lar-
gely academic),也沒有嚴密的、系統發展的傳統,不像科學和
學術的某些分支在大專院校裏經過了一番磨練。在傳統中比較突
出的是多樣性,而缺乏連貫性。但是,在既講英語又講法語的非
洲,小說必定是在英法文學傳統這個較大的背景裏被考察。無拘
無束的口語和書寫體傳統進入亞非散文作家創作的作品中,歐洲
以外的小說家趨之若鶩的偉大歐洲模式有助於形成和引導亞非國
家裏的小說家的工作。詩歌創作表明這些較後的特徵有了進一步
的擴展。莎士比亞、雨果、葉慈(Yeats)、艾略特和藍波
(Rimbaud)在全世界都有影響,在詩人中創造了某種統一感。

IV

　　世界範圍的知識社群既不多,也缺乏連續性,而且它們的組
織化程度也不高。它覆蓋的範圍非常有限,也沒有完全一致的意
見。然而,在大多數知識生活領域裏,各種團體的成員幾乎或根
本不會按照國籍、信仰、種族、黨派和階級來評價學術成就。一
位非洲小說家他想的是,人們應當把他當作小說家而不是非洲人
來加以評價。如果一位日本的數學家取得的成就被說成是由他的
膚色所致,那麼他肯定會認為這是一種侮辱;而一位美國的物理
學家將會覺得很滑稽,如果對他的研究評價涉及到他是「白
人」。

　　每個社群都有一個象徵和代表其最高價值的中心,權威透過

這個中心來維護這些價值，同時也得到應有的尊敬。在這一點上，知識社群與初級群體以及宗教信仰團體沒有什麼兩樣。現代知識社群的中心大部分在西方——英聯邦、西歐及北美。近年來，蘇聯的沙皇俄國變得更像一個中心（文學不在此例），而日本也正在開始成爲另一個中心。由於這兩個新中心的語言在其國家以外不及西歐和北美的語言那樣廣爲人知，因此它們都存在著明顯的欠缺。最近它們也已向前發展了許多，但它們還是不如先前的那些中心深入現代的亞非文化。原殖民地宗主國的文化依然是許多新興國家知識生活的中心，這也是由於一些顯而易見的原因造成的，諸如許多便利是透過先前的統治者引入的語言所提供的，另外，新興國家在現代作品方面的文化生產力相對較低。新興國家對知識成果——書籍、期刊、學術機構的服務、研究成果和科學調查——日益增長的需求，已經給當地或本土的知識力量加上了一個難以支撐的負擔③。結果造成人們依賴最容易獲得的來源，大多數情況下（印尼除外）最易獲得的就是前統治者的文化。民族自豪感、現實主義以及列強在尋求新興國家的認可中的競爭，都或多或少地改變了這種形式，但都不是根本性的。

　　教育機構的構造是雙方基於一種設想而組織起來的。就殖民地具有一種現代生活而言，這種設想是，殖民地都處於宗主國中心的邊緣。在沒有大學的地方，大學是按照宗主國的模式建立的。許多在大學任教的教師，無論是本土的還是移民的，都是在宗主國大學裏接受的訓練。書店裏出售的書籍也都來自宗主國的出版機構，因爲現在仍同過去一樣，那裏的出版社有組織地向殖民地市場供應圖書。期刊也是如此。無論是在宗主國大學還是在政府或傳教士開辦的學校裏受訓的年輕人，他們都學習殖民地宗主國的文化。如果他們變得富有創造性而且多產，他們也會像處

於中心的知識社群的成員一樣出色。

這些情況在亞非的新興國家也依然存在，不過差別相對小一些。在知識社群中，中心與邊緣的一個結構性差別就是中心的學者和科學家具有更高的知名度，而在邊緣的只有罕見的幾個人因他們的成就會像在中心一樣平等地、或多少有點平等地被人們接受。他們享受殖民地宗主國通行的標準，並且以此來衡量他們自己。他們也意識到，正是他們自己的成就使他們處於和中心的領導人物相等的地位，但優越於中心裏更多的平庸之輩。然而，邊緣意識或屬土意識的影響仍然在那些已變得富有創造性的人當中保存著，因爲他們的成就仍未被知識的組織機構和成果的出版機構所看重。他們還沒有成功地改變國內外的知識社群成員頭腦中的那張地圖。

在一個具有共同語言和文化的國家裏，這也許不會產生很大差別。然而，當中心和邊緣位於不同的國家時，那完全是另一回事了。知識中心在經濟、軍事上更強大一些，因而也更加著名。那裏搞知識工作的人比較多，成果、數量也因此而很豐富，人們對待它們的態度也更加認眞。這不但是因爲它的學術水平高，還由於出產這些成果的國家更爲強大和更有名望。此外，原殖民地宗主國的文化是前統治者的文化，或者是那些在他們的頭腦中無論怎樣依然與前統治者有聯繫，但身處邊緣的人所具有的文化。所有這些都增強了邊緣的知識份子的自尊。同時，處於國際知識社群邊緣的國家，它們的現代文化也不是這些地區本土文化的延伸。

在一個國家的知識社群中，有自卑感和優越感氾濫的情況。誰都不會願意別人把自己看作平庸之輩，在知識上依賴於他人，眼睜睜地看著整個世界讚揚他們。然而，除了保護失敗者和瀕臨

失敗的人免遭極端痛苦的一般性機制外，屬於在知識等級中的高級文化也能減輕失敗引起的壓力，如同因爲屬於同一民族的成員會在一定程度上減輕不平等造成的痛苦。

對亞非知識份子來說，這種情況是更爲複雜和不令人滿意的。他們不是中心文化的國際知識社群的成員。他們有自己的民族和地區文化，其中包含了其他民族、國家的知識份子伙伴不能與之分享的他們自己的尊嚴與地位。這就在一定程度上切斷了他們同那些知識同道的聯繫，減小了學術聯繫的一致性的紐帶。像所有的人類創造一樣，他們自己民族和本土的文化也進一步受到評價的影響。具有許多分支和悠久歷史的複雜文化的評價標準，在知識社群中比個人成就的評價標準更受限制和更具矛盾性。個人對他們的文化持有的特殊情感，像貫穿於血緣關係和早先經歷的那種情感一樣與他們有密切的聯繫。對這些特殊情感的評判，比評判現代文化各個領域更具一致標準的成就更具「相對論的性質」（relativistic）。但是，新興國家的知識份子受知識社群中心那些人施加於他們文化中的價值次序的影響。雖然在知識工作的一些特別領域，他們表現傑出，但並不能使他們全面地傑出，他們也感到了這點。

從一定範圍講，各種文化是根據它們的「現代性」（modernity）來加以評價的。由於對現代性來說是極端重要的關於知識價值的評定標準，在民族價值的評定標準中成了非常大的部分，因此對作爲一個整體的民族文化來說，存在著這樣一種傾向，即傾向於把各民族文化按照知識方面的成就水平粗略地分一分等級。

在現代科學和學問比較有限的範圍裏，亞非國家傳統遺產的現時無用性似乎是毫無疑問的④。然而，當關注點轉到更廣闊的文化領域、宗教和文化精神時，這種中心和邊緣之間的一致被推

翻了。在這些領域裏有一些東西是同時發生的，社會依靠它們經過漫長的歲月而達到當前的樣子。它們已經逐漸融化進了思想和藝術作品之中，其中的一些已引起了人們的關注，喚起了在諸多方面都全然不同於亞非國家的社會結構與文化的中心國家的尊敬⑤。而且它們也是這些國家的許多知識所依靠的真正對象。即使在不存在這樣一些領域的地方，它們也可以作為人類過去的創造性成就和品質的偉大痕跡而被人利用。因此，它們值得世界觀眾的尊敬；透過那個象徵，它們提高了參與者的名望，或者在其他方面與之有關的人，和那些也屬世界知識社群一部分並具有一定水平的名望。本土的傳統文化提供了一個可供選擇的中心的幻影，而亞非的知識份子被吸引到這上面。

V

　　反抗中心的要求有一種分佈廣泛的起源。亞洲和非洲的知識份子在某種程度上要比加入世界知識社群的知識份子多。他們也是受地域限制的成員，但比地方社團和劃定的民族要多，並且是皮膚色素不同於那些佔優勢地位的人種的次種。

　　這些等級分類造成的他們的認同意識，部分地是他們被吸收進世界知識社群的產物。透過加入世界知識社群，他們逐漸超出了狹隘的地方性，並且上升到民族性、區域性和大陸性的高度。透過家庭中的教育和訓練，透過在殖民地宗主國或按其模式形成的自己國家的教育機構裏的學習而取得的經驗，以及經過在宗主國的一段時間的居留，他們開始意識到，他們與過去的自己有所不同，而且也不同於正在改變中的自己。他們開始認識到，他們

屬於殖民地人民，屬於獨特的大陸。他們領悟到，他們自己具有民族性，他們把此看成是與他們極力抵制的權威當局管轄的地區相關聯的。自我界定是一種消極的東西，是把自己從強大和沉悶的統治中心劃分出來的過程產生的結果。

把所有的差異集中起來，其中有一個最能表現他們與宗主國之間差異的特性。這就是膚色。膚色差異意識加重了其他的差別意識。它不僅僅象徵著那些差異，而且作為一種獨立的生物學起源和分離的物種的一員，它還是自我認同的焦點。

VI

本原和意願兩方面的衝突在知識份子中是尤其明顯的。他們由於是知識份子，因此在某種程度上對社會來說便成了意願之事的看守人。知識活動是對「靈性」（ideational）領域的培養。亞非知識份子對國際知識社群中心的關係中所發生的變化，可能減低膚色認同的強度。在知識社群中處於一種鄉巴佬的地位，是亞非知識份子耿耿於懷的心病之一。它只會被他們自己的國家和世界的結構性障礙（既有教育機構方面的也有社會方面的）所加重。

當越來越多的亞非知識份子在自然和社會科學、人文學科以及文學方面開始進行卓有成效的和創造性的工作時，他們的地位將會開始改變，同樣，他們的膚色認同也將改變。在非洲和亞洲的一些學院和城鎮裏，個人開始產出成果，這些成果使他們自己得到世界其他地方處於中心的同事們的鑑賞。他們一旦開始造就自己的某些後繼者，他們將從邊緣性的地位顯現出來，達到中心

性的地位。這已經在某些領域和某些地方發生了。例如，加爾各
達和德里的統計學和經濟學理論。一旦這些成就通過它們的再生
產和擴大對印度的影響開始紮下根來，那麼印度的知識邊界必定
會縮小。對亞非其他國家而言，類似的進程也是不難想像的。它
們不可能在短時間內發生，但當它們發生的時候，對國際知識社
群中處於次等位置而感到的極度緊張將會緩解。然後，眞正的公
平觀念將進入共同標準感和成果共享的意識。

　　隨著國際知識社群中的各創造中心出現新的中心，亞非知識
份子將不再認爲，以膚色作爲識別要點之一的反中心的要求是如
此迫切的事情。贊同對中心進行抵制，其理由不過是爲眞實的事
情設想出來的一個代替物。爲了達到那些知識份子追求的目的，
即要求獲得創造性成就應有的禮遇，提出反對或抵制中心是根本
不可能達到此目的的。

　　「反抗西方價值」（revolt against Western values）的動力將
減弱。除非從它們是西方最近的歷史培育出來的這種意義來說，
否則就不能說價值是西方的價值。它們將日益完全地成爲已經勉
強地和參差不齊地存在著的樣子──世界範圍的知識社群的普遍
價值。

　　在他們的社會裏，文化品味的提高將同樣會減小膚色自我認
同的作用。密切相關的民族觀念將使「膚色世界」（world of
color）分化，並且將加強這樣一些因素，即能夠把對「嚴肅的」
情感的需要從膚色遠遠地轉移到可供選擇的非與生俱來的因素。

　　當這些變化發生時（希望它們的發生是合理的），對膚色的
本原的情感還會繼續存在下去，但它將失去外部的支持，在思想
感情上它將不再表現得如此強烈。就像種族、親屬關係和鄉土的
情感一樣，膚色的本原性情感也將殘存下來，但不會達到使理智

和想像脫離正常活動那樣的強烈程度。如同在從前由本原性的情感和某些特殊標準統治的地方，逐步建立法規和政治公正那樣，知識社群及其普遍性標準的建立，將抑制由膚色的自我認同培育出來的忠誠。儘管這種認同永遠不可能完全消失，但是它將變得越來越不明顯。

註　釋

①參閱：喬德胡瑞（Nirad C. Chaudhuri）偉大著作的獻辭：一位無名
印第安人的自傳。（1951, 紐約）

②有一位偉大的印度官員，他是最有理智和最具現代性的人之一。在
他的思想中沒有一點仇外思想的痕跡，也看不到蠱惑人心和懷舊復
古的跡象。他在論述英國最近的限制英聯邦移民的立法時寫道：
「歷史嚴酷地表明，英國這個曾經是議會制度之母，民主和法制規
則的發源地，自由和公平裁判的故鄉，被壓迫和被摧殘者避難所的
國家，現已從很高的地位上跌落下來。如今英國已公開宣佈自己是
一個充滿了膚色意識的國家。英國需要不斷補充勞動力，但它將留
意大多數新工人的皮膚是否是白的，他們並不需要歸屬於英聯邦。
政治上都屬十足的外國人，但葡萄牙人、希臘人、西班牙人比南愛
爾蘭人、西印度人、尼日人和印度人要好得多……」

「工黨政治家，無論他們對以下事情在道義上的確信多麼有力，
也許他們中的一些人已喪失信心。他們發現，選舉人，即普通的英
國人對此反應強烈。英國人不同於有色人，如黑人或棕色人，他不
願有色人靠近自己。政治家們擔心，不趕走有色人的政黨會失去選
票，那麼，與選票相比，原則、道德或其他東西究竟是什麼？……
由一位政治家領導的黨，或者有幾位政治家的政黨，能做到有力抵
制普遍反感造成的影響，並決定去教育選民，而不是向偏見讓步。
但英國最近的一位政治家是邱吉爾，而今天威斯敏斯特（Westmin-
ster，英國議會所在地——譯註）裏面的人則都顯得軟弱無力。」

「英國人也是如此，對種族歧視的宣傳應持的態度對我們是比較
重要的。在訪問英國期間，我們中有不少人都遇到過一些膚色偏見
的事例。（記者記得他於 1921 年首次訪問英國和 1962 年最後一次

訪問英國的經歷）我們已把種族歧視歸於個人或小部分人的歧視。我們中的大多數人都不想起草一份起訴書來狀告作爲整體的英國人民。但是，現在由女王陛下的政府應重提出的國會提案使我們相信我們犯了錯誤，相信全英國的人民不會因爲我們的膚色而寬恕我們。這是一個重要的情況，我們對此的回答也是同等重要的。」

「很明顯，任何自尊的人都不會強使自己入夥於他不想去的團體，因此所有的褐色膚色的人和黑人都避免出於任何目的而去英國。這在教育上會造成一些損失，但現在許多國家的教育都大大提高了，它們甚至比英國還要好。在黑人和褐色人國家，與英國的商業往來在盡可能的減少，對英國官員與商人也不表現得非常友好。用自我克制代替激情反應畢竟是對惡意侮辱的最起碼的回擊。我們必須做一種特別嘗試，以避免透過英國人的眼光去看世界，形成一種有教養的印度人特別推崇的作風。沒有真正的理由把英國發生的事或那裏的人們所想的事看作爲對我們是特別重要的，也沒有真正的理由透過《泰晤士報》、《衛報》、《新政治家》等刊物與那兒的生活齊頭並進。今日的英國終究不過是一個離開歐洲西海岸的小島，它不是世界的中心。」

「我們希望英國人民沒有受到傷害，在我們當中了解英國人民並把它的許多子女作爲朋友的那些人的心目中，英國總是一個溫暖的地方。但我們認識到英國政府議案的含義。同詛咒你膚色的人你不可能保持特殊的關係，也不可能親熱起來。請記住，有色人醫生和護士如此受歡迎，顯然因爲他們是有用的人，他們只能被人當作傭人來尋求。難道他們只是貪圖錢財，爲了物質享受而付出崇高的精神代價，把靈魂出賣給嘲笑他膚色的人，而那些人卻並不反對利用他們的有用之處（如同羅馬貴族使喚可用來撫慰自己精神痛苦的希臘奴隸），利用他們以犧牲有色人爲代價換來的特殊的技能？（不

列顛的阿拉斯加〉，《意見》，孟買，Vol.6 no.15,（1965.8.17），
第 3-4 頁。

③的確，當能夠從國外獲取時，沒有什麼理由期望當地的資源或人力
　提供所需的一切，這樣做不僅造成稀有資源的浪費，而且也超出不
　發達國家的能力。

④對於印度、中國以及伊斯蘭，中東在古代科學和數學上的成就，情
　況是十分不同的。

⑤繆勒（Max Müller）以及西方的其他印度學家在十九世紀末期對印
　度教的復興的影響，以及歐洲人對非洲雕塑的欣賞對二〇世紀非洲
　人自尊心的影響。只要對這些進行一番思考，你會覺得很有趣的。

國家圖書館出版品預行編目資料

知識份子與當權者／希爾斯（Edward Shils）
　　著；傅鏗　孫慧民　鄭樂平　李煜譯 --
初版. -- 臺北縣新店市：　桂冠，2004 [民
93]

　　面；　公分. --

　　譯自：The Intellectuals and the Powers and
　　Other Essays

　　ISBN 957-730-454-0（平裝）

1.知識份子

546.1135　　　　　　　　　　93003725

08818

知識份子與當權者

The Intellectuals and the Powers and Other Essays

著者——希爾斯（Edward Shils）
譯者——傅鏗　孫慧民　鄭樂平　李煜
責任編輯——吳宗昇　劉彥廷

出版者——桂冠圖書股份有限公司
地址——台北縣 231 新店市中正路 542-3 號 2 樓
電話——02-22193338　02-23631407
購書專線——02-22190778
傳真——02-22182859~60
郵政劃撥——0104579-2　桂冠圖書股份有限公司

印刷廠——海王印刷廠
裝訂廠——欣亞裝訂公司

初版一刷——2004 年 6 月
網址——www.laureate.com.tw
E-mail ——laureate@ laureate.com.tw

本書若有缺頁、破損、裝訂錯誤，請寄回調換
ISBN 957-730-454-0　定價 —— 新台幣 450 元